Elemente zur Kritik der Werttheorie

Friedrun Quaas/Georg Quaas (Hrsg.)

Elemente zur Kritik der Werttheorie

PETER LANG
Frankfurt am Main · Berlin · Bern · New York · Paris · Wien

Die Deutsche Bibliothek - CIP-Einheitsaufnahme

Elemente zur Kritik der Werttheorie / Friedrun Quaas ; Georg Quaas (Hrsg.). - Frankfurt am Main ; Berlin ; Bern ; New York ; Paris ; Wien : Lang, 1997
ISBN 3-631-30102-2

NE: Quaas, Friedrun [Hrsg.]

ISBN 3-631-30102-2

Printed in Germany 1 2 3 4 6 7

Inhaltsverzeichnis

Vorwort der Herausgeber

Manchmal spricht auch die Geschichte eines Buches Bände über den Zustand der Theorie. Als einer von uns beiden Ende 1994 die Initiative ergriff, um die Koryphäen auf dem Gebiet der Arbeitswerttheorie oder auf dem benachbarten ihrer Kritik zu bitten, ihre aktuelle Sicht in Form eines Aufsatzes zu einem gemeinsamen Buch beizusteuern, da lag dem die Erfahrung eingefahrener Routinen in Ost und West zugrunde, die sich - trotz der sogenannten Wende - zum hundertsten Jahrestag der Publikation des dritten Bandes von Karl Marx' *Kapital* zeigte: man blieb lieber unter sich und bewegte sich um so ungenierter in den eigenen Kreisen. Eine politische Spaltung in Sachen einer wissenschaftlichen Theorie ist aber fast genauso unerträglich wie die der internationalen Gemeinschaft in Blöcke - zumindest für den interessierten Wissenschaftler. So wurde es zu einem erklärten Ziel dieses Buchprojektes, Wissenschaftler aus Ost und West zu vereinen, aus dem ehemaligen „Ostblock" wie aus der „westlichen Welt", aber auch in geographischem Sinn: vom östlichen Tokyo bis zum westlichen San Francisco.

Die Liste der Autoren belegt, wie weit wir damit gekommen sind. Wohl niemand wird bezweifeln wollen, daß die meisten Autoren international anerkannte Wissenschaftler sind, deren Kompetenz notorisch ist. Zweifellos ist das Spektrum repräsentativ für die angestrebte Zielsetzung. Es weist aber auch schmerzliche Lücken auf, die nur zum kleineren Teil dem Unvermögen der Herausgeber geschuldet sind. Darüber hinaus muß es unserer Uninformiertheit zugerechnet werden, wenn wir den einen oder anderen Experten übersehen haben. Dafür bitten wir um Nachsicht - und hoffen auf die Zukunft.

Keinen Kontakt fanden wir - oder wir verloren ihn wieder - zu: *M. Hild* (Budapest), *W. Jahn* (Crawinkel), *A. Jeck* (Kiel), *U. Krause* (Bremen), *E. J. Nell* (New York), *P. Thal* (Halle) und *W. Wygodski* (Moskwa).

Wegen Arbeitsüberlastung, aus gesundheitlichen Gründen oder anderen widrigen äußeren Bedingungen sagten ab: *A. Bródy* (Budapest), *F. Helmedag* (Chemnitz), *H. Richter* (Dresden), *T. Otani* (Tokyo), *J. Zelený* (Praha) und *K. G. Zinn* (Aachen).

Zum Gegenstand bereits alles gesagt zu haben oder nicht mehr daran zu arbeiten gaben an: *J. Köhler* (Freiberg), *H.-D. Kurz* (Graz), *M. Morishima* (London) und *J. E. Roemer* (Davis bei San Francisco).

Das ist also die Liste unserer Fehlschläge. Um so mehr möchten wir denjenigen danken, die ohne Zögern bereit waren, ein Resultat ihrer Forschungen zur Verfügung zu stellen - sei es nun älteren oder neueren Datums. Bei den ersteren haben wir darauf geachtet, daß sie nicht nur im deutschsprachigem Raum noch nicht erschienen sind, sondern waren darüber hinaus bemüht, erkennbare Druckfehler in Absprache mit den Autoren zu beseitigen. Dies bedeutete zeitweise eine intensive Mitarbeit der Autoren an der Gestaltung des Textes. Hervorhebenswert ist

auch die Geduld aller Beteiligten, selbst nach zwei Jahren Planungs- und Bearbeitungszeit den Glauben an eine Veröffentlichung nicht verloren zu haben.
Diese Geduld wurde allerdings einer harten Belastung ausgesetzt. Wir befanden uns gerade mitten in der Arbeit, als sich der *Metropolis-Verlag* ohne Angabe von Gründen aus der vereinbarten Kooperation zurückzog. Kurz nach diesem Ereignis informierte uns Fritz Helmedag darüber, daß die von ihm in den *Jahrbüchern für Nationalökonomie und Statistik* initiierte Debatte zur Werttheorie einige Turbulenzen ausgelöst hatte, die ihn nun so sehr in Anspruch nähmen, daß an eine Erfüllung seiner Verpflichtungen uns gegenüber nicht mehr zu denken sei. Der daraufhin wiederholte Versuch, den Chef des o.g. Verlages umzustimmen, brachte nur einen geringen Informationsgewinn und keinen Erfolg.
Nach kurzer Verhandlung erklärte sich der *Verlag Peter Lang* aufgrund der von uns vorgelegten Autorenliste bereit, das Buch zu publizieren. Es ist uns deshalb ein Bedürfnis, den Verantwortlichen dieses Verlages, insbesondere Frau *Dr. C. Frank* und Herrn *O. Sichert*, unseren Dank für ihre Unterstützung des Projekts auszusprechen.
Den Herausgebern ist aber auch klar, wie stark sie während der Zeit jener Unklarheiten das Vertrauen einiger Autoren in Anspruch nehmen mußten.
Zum Abschluß dieser kurzen Geschichte sei es uns erlaubt, deutlich zu machen, welche Überzeugung zugrunde lag, all den deprimierenden Fehlschlägen - von den äußeren Lebensumständen einer ostdeutschen Wissenschaftlerexistenz einmal abgesehen - zu begegnen. Dies läßt sich in wenigen Sätzen beschreiben:
(i) Die Werttheorie ist eine der entwickeltsten sozialwissenschaftlichen Theorien - sowohl hinsichtlich des differenzierten begrifflichen Apparats, der mathematischen Durchdringung und der in zahlreichen Diskussionen beleuchteten Aspekte - was andererseits noch nicht ihre Wahrheit verbürgt.
(ii) Auf kaum einem anderen sozialwissenschaftlichen Gebiet ist die Datenlage so günstig wie in der Ökonomie - auch wenn vielleicht noch nicht alle für die Werttheorie relevanten Daten vorliegen mögen. Ernstzunehmende Tests stecken, wenn man so sagen darf, noch in den Kinderschuhen. Dies ist zum Teil auch einer mangelhaften theoretischen Entwicklung zuzuschreiben.
(iii) Eines der wichtigsten und schwierigsten Probleme der heutigen Zeit besteht in der gerechten Verteilung der Arbeit und ihrer Früchte - beides berührt Aspekte, die im Mittelpunkt der Arbeitswerttheorie stehen. - Vom rein wissenschaftlichen Standpunkt sollte es sich also lohnen, auf diesem Pfad ein Stück weit voranzugehen.
Wenn wir trotz jener außerordentlich günstigen Bedingungen in der alltäglichen Wirklichkeit nahezu das Gegenteil erleben, so muß man wohl auf starke entgegenwirkende Faktoren schließen, zu denen sicherlich die folgenden gehören:
(i) Da ist vor allem die Diskreditierung der Marxschen Theorie durch den „real existierenden Sozialismus", die sicherlich noch viele Jahre nachwirken wird.

(ii) Nicht zu unterschätzen ist die in Ost und West mehr oder weniger offen ausgesprochene Abneigung gegen eine Mathematisierung des sozialwissenschaftlichen Denkens - einschließlich der vornehmen Zurückhaltung gegenüber empirischen Überprüfungen von Theorien.
(iii) Nicht ohne Wirkung ist das breite Wohlgefallen an der „glänzenden Bestätigung" aller nicht-marxistischen Theorien, in die man die Tatsache des siegreich erscheinenden Überlebens mehr oder weniger zivilisiert organisierter „marktwirtschaftlicher" Systeme umdeutet.
Den Herausgebern möge zugestanden werden, daß sie nicht aus Gründen einer billigen Anpassung an den Zeitgeist in den Titel dieses Buches das Wort *Kritik* aufgenommen haben. Es ist auch nicht nötig, auf den Marxschen Gebrauch dieses Wortes zu verweisen, wonach beispielsweise die Kritik der ökonomischen Kategorien durch ihre *systematische Darstellung* realisiert wird. Auch im alltäglichem Wortsinn sind die meisten Beiträge zu diesem Buch *Kritiken der Werttheorie*, die mit einer hohen systematischen Konsequenz operieren und keineswegs nur die Marxsche Version dieser Theorie im Blick haben. An den Begriff eines Systems oder einer Theorie, die das Ganze überblicken läßt, reichen die gegenwärtig verfügbaren Darstellungen allerdings noch nicht heran. Darum handelt es sich eben um *Elemente*, die zwar ein Gesamtbild vermitteln, aber keines, das schon in sich stimmig wäre.
Um punktuell ein Beispiel zu nennen, wie sich eine Systematik über verschiedene Beiträge hinweg herstellen ließe: *Gerhard Huber* kritisiert am Marxschen Begriff des Produktionspreises, daß er „wenig glücklich" gewählt worden sei, weil seine Dimension nicht die eines Preises, sondern „nach wie vor Arbeitszeit" - will sagen, die des Wertes - sei. Daß Hubers Ausdrucksweise, bei der die Dimension des Wertes in der Arbeitszeit gesehen wird, selbst nicht exakt ist, ergibt sich aus dem meßtheoretischen Beitrag *Peter Rubens*. Andererseits reicht es nicht aus, die Verschiedenheit der Dimension von Wert und Arbeitszeit bloß *meßtheoretisch* festzustellen; es ist vielmehr ein bestimmtes Maßverhältnis zwischen vergegenständlichtem Wert und verausgabter Arbeitszeit, das in der Werttheorie definiert werden muß. In diesem Punkt kann man auf den Beitrag *Ian Steedmans* zurückgreifen, wonach die für jede Arbeitergruppe spezifischen Maßverhältnisse proportional zu den je unterschiedlich gezahlten Löhnen sind.
Sicherlich wäre es nicht sonderlich schwierig, solche zum Teil nur terminologischen Unterschiede punktuell zu vereinheitlichen. Das Problem besteht aber darin, daß dies nicht der einzige Differenzpunkt ist und daß vordergründig terminologische Probleme manchmal in grundverschiedenen theoretischen Auffassungen wurzeln. Um beim obigen Beispiel zu bleiben: Steedmans Rückgriff auf die Lohnverhältnisse widerspricht einer rein werttheoretischen Lösung des Problems, wie sie u.a. von *Zalai* vertreten wird: zwischen beiden müßte also eine Entscheidung vorgenommen werden. - Das sind sicherlich einige innertheoretischen

Gründe, weshalb es bisher an einem überzeugenden Integrationsversuch der verschiedenen werttheoretischen Elemente fehlt.
Die Reihenfolge der Beiträge orientiert sich an folgendem Schema: *Philosophische Grundlagen* (Kuczynski, Tairako, Ruben), *dogmenhistorische Reflexionen* (Schefold, Meyer), *systematische Einzelfragen* (Huber, Steedman, Zalai), *Anwendungsprobleme* (Klemm, Quaas). Daß dabei die Zuordnung der einzelnen Aufsätze bestenfalls anhand eines hervorstechenden Merkmals erfolgt und deshalb ziemlich oberflächlich sein mag, ist das Los jeder Klassifikation.

Thomas Kuczynski stellt die elementaren Grundlagen der „Arbeitsgesellschaft“ dar, zu denen sicherlich der Stoffwechsel der Menschen mit der Natur genauso gehört wie die Notwendigkeit, ihn gemeinsam mit anderen Menschen zu vollziehen. Für Kuczynski ist das, was den Menschen aus der Natur heraushebt nicht etwa das Denken oder der Gebrauch von Werkzeugen, sondern die Herstellung von Arbeitsmitteln durch Arbeitsmittel. In diesem stark modifizierten Sinn wird der Mensch in diesem Aufsatz als eine Art homo oeconomicus betrachtet. Vermittelt über die Eigendynamik der Arbeitsmittel(re)produktion stellt sich dann auch die typisch menschliche Geselligkeit her, die man bei anderen, höher entwickelten Tierarten nicht findet: menschliche Beziehungen sind durch Dinge - insbesondere durch Werkzeuge - vermittelt, die selbst immer schon Resultat eigener oder fremder Arbeit, aber auch deren Voraussetzung sind. Wenn die so begriffene Arbeit für das Überleben der Menschen eine Naturnotwendigkeit ist, so auch die Aneignung der Arbeitsresultate der anderen, also im weitesten Sinne der Stoffwechselprozeß der Menschen untereinander. Dessen abstrakt-allgemeine, soll heißen: für jede Gesellschaftsform gültige - innere Struktur stellt Kuczynski in Form chemischer Reaktionsgleichungen dar.
Für die Kritik der Arbeitswerttheorie ist dies insofern von Bedeutung, als auch Marx bekanntermaßen glaubte, seiner ökonomischen Theorie ein philosophisches Modell des Arbeitsprozesses einverleiben zu müssen. Von diesem Modell unterscheidet sich das hier vorgestellte nun nicht nur durch die Form einer Reaktionsgleichung, in der zusammengedacht werden kann, was im Marxschen Modell der einfachen Momente des Arbeitsprozesses noch separat erscheint: die Dimensionen der Beziehung zur Natur (mit ihren Momenten Arbeitsgegenstand, Arbeitsmittel und der Arbeit selbst) und der Dimension der Realisierung dieser Beziehung durch Umformung des Arbeitsgegenstandes in das Produkt. Ein weiterer Unterschied besteht in der Betonung der Natur als Reserve für weitere Produktion sowie der nicht wieder in den Arbeitsprozeß integrierbaren Abprodukte und Arbeitskräfte. Bedenkt man, daß auch Sraffa seine berühmte Darstellung der Warenproduktion mittels Waren mit einer Art chemischen Reaktionsgleichung beginnt, so darf man wohl darauf gespannt sein, wann, wie und von wem diese zweifellos wichtigen Elemente der Arbeitsgesellschaft zu einem einschlägigen mathematischen Modell weiterentwickelt werden.

Kuczynski will Probleme formulieren helfen, aber er erhebt nicht den Anspruch darauf, selbst ökonomische Modelle zu entwerfen. Der eine oder andere von ihm hervorgehobene Gedanke mag deshalb durchaus schon in der einen oder anderen wissenschaftlichen Tradition eine Rolle spielen. So kann man aufgrund der Steedmanschen Theorie der negativen Werte bezweifeln, daß - wie Thomas Kuczynski sagt - *die Herstellung* von Abprodukten Kosten verursacht; man könnte vielmehr der Meinung sein, daß sie als Träger negativer Werte genau dann Kosten verursachen, wenn sie konsumiert (verbraucht) werden sollen. - Doch dies mag den Leser genauso strittig erscheinen wie Kuczynskis speziellere Thesen - sein viersektorales Reproduktionsmodell kommt jedenfalls nahe an eine exakte mathematische Formulierung eines allgemeinen Modells des ökonomischen Reproduktionsprozesses heran.

In einer zutiefst von Marx geprägten Terminologie entwickelt der japanische Philosoph *Tomonaga Tairako* seine Thesen, in denen er mit dem bisherigen Verständnis des Marxismus als einer Theorie abrechnet, die einer revolutionären Elite dazu dienen soll, die ausgebeuteten und unterdrückten Massen in eine kommunistische Zukunft zu führen. Tairakos Hauptthese ist, daß der von Marx gefundene praktische Materialismus Wissenschaftlern und Philosophen die Aufgabe stellt, ihr Denken im gesellschaftlichen Lebensprozeß zu verorten und damit gegen die Verselbständigung der Theorie vom Bewußtsein der praktisch tätigen Individuen entgegenzuwirken. Hegels Wissenschaft der Logik wird als eine solche Verselbständigung identifiziert, die zugleich aber die doppelte Entfremdung (Versachlichung und Verdinglichung) der sozialen Beziehungen in die Menschen beherrschende Sachzwänge (Geld, Kapital, Staat) exakt beschreibt. Dabei greift der Philosoph auf seine schon früher vorgestellte Theorie der Entfremdung zurück.
Auch wenn man die Rolle der logischen Kategorien anders als Tairako definiert, lohnt es sich, in seine Gedankengänge einzudringen, da sie einen der wenigen ernstzunehmenden Versuche darstellen, der Idee des Sozialismus nach dem weitgehenden Zusammenbruch seiner praktischen „Realisierungen“ eine neue philosophisch-theoretische Grundlage zu schaffen. Von der Stichhaltigkeit und Akzeptanz dieser Grundlage wird es vielleicht einmal abhängen, ob solche „Abstraktionen“ wie das Wertgesetz in Zukunft als Ausdruck menschlicher Selbstentfremdung oder soziales Faktum aller menschlichen Produktion angesehen wird.

Von jeder Denunziation des Geldes als Ausdruck einer dem menschlichen Wesen entfremdeten Produktionsweise frei ist dagegen der Beitrag von *Peter Ruben*, in dem das Problem der Messung in der Ökonomie zum Gegenstand gemacht wird. Genauer gesagt ist die logische Fundierung grundlegender ökonomischer Kategorien wie der des Gebrauchswerts, Werts, Preises, der Arbeitskraft, Arbeitsintensi-

tät etc. mit Hilfe meßtheoretischer Überlegungen das hauptsächliche Ziel des Aufsatzes. Ausgehend von den einfachsten meßtheoretischen Unterscheidungen werden - durchaus im Sinne des Aufsteigens vom Abstrakten zum Konkreten - schrittweise immer komplexere Ausdrücke abgeleitet, die dann an passender Stelle der theoretischen Entwicklung auf qualitativ verschiedene Ebenen projiziert werden: zentral ist sicherlich die Ebene der oben genannten ökonomischen Kategorien, in deren Sinn die meisten Ausdrücke interpretiert werden und aus der sich in beinahe spielerischer Leichtigkeit - und darin zeigt sich eben die Meisterschaft - eine Rekonstruktion der wichtigsten Ausdrücke der Marxschen Wertformanalyse ergibt. Daß Ruben nach wie vor die weitergehende Rekonstruktion der logischen Figuren - seien sie nun in Hegels Wissenschaft der Logik präsent oder nicht - ebenfalls im Blick hat, wird am Schluß des Beitrages deutlich.
Sicherlich bedarf seine an dieser Stelle äußerst gedrängte logische Interpretation meßtheoretischer Ausdrücke zu ihrem vollen Verständnis noch weiterer Erläuterungen, die zum Teil in den anderen Schriften des Autors gefunden werden können. In Bezug auf die Rekonstruktion der ökonomischen Kategorien oder der Wertformanalyse kann man Ähnliches anmerken. Doch es ist sicherlich nicht die Absicht des Autors, auf den genannten Gebieten eine auch nur annähernd vollständige Darstellung zu liefern; Rubens Beitrag macht vielmehr auf die dringende Notwendigkeit aufmerksam, in solchen Wissenschaften wie der Ökonomie, die zunehmend mathematisiert und quantifiziert werden, die meßtheoretischen Grundlagen weiter zu durchdenken. Seine Überlegungen zur Werttheorie haben hierfür exemplarische Bedeutung.

Bertram Schefold wählt einen Ausgangspunkt, der die (Arbeits-)Wertdebatte unter dem Blickwinkel ihres Beitrages zum Verständnis von Wirtschaftsgeschichte und Geschichte des ökonomischen Denkens ausleuchtet. Für den speziellen Zweck des Autors spielt es dabei weniger eine Rolle, welche Bedeutung der Arbeitswerttheorie in der Gegenwart noch beigemessen werden kann.
Der Zusammenhang zwischen Werten und Preisen, der im Kontext des Transformationsproblems Stoff für eine lange und von den meisten der Beteiligten als abgeschlossen betrachtete Diskussion geliefert hat, wird von Schefold auf der Folie neoricardianischer Denkweise rekonstruiert, nämlich als an Sraffa angelehnte „moderne Formalisierung des klassischen Systems von Werten und Preisen". (Marxsche) Arbeitswerte lassen sich auf diese Weise aus den Preisen ableiten; Abweichungen zwischen beiden Größen treten dann auf, wenn die Profite positiv und verschieden von Null bzw. die Lohnrate kleiner als Eins ist. Während aber Marx eine der Funktionen der Arbeitswerte darin gesehen hatte, die Grundlage für die Berechnung Produktionspreise zu stellen, fällt diese Funktion in der neoricardianischen Betrachtungsweise weg. Die Idee von Sraffa, eine Standardware so zu konstruieren, daß sie eine möglichst einfache Beziehung zwischen Lohnrate und Profitrate liefert, die identisch ist mit jener, die man bei Verwendung der Ar-

beitswerttheorie erhält, macht die Funktion der Arbeitswerte als Berechnungsgrundlage für Preise in der Tat überflüssig. Wozu soll das Wertesystem dann noch taugen? Schefold diskutiert einige Phänomene, für die die Arbeitswerttheorie nach seiner Auffassung sogar versagt. Dazu gehört einmal das Phänomen der „Bewertung" und „Entwertung" von Fixkapital, welches wiederum mit dem Problem der Erklärung negativer Werte verbunden ist. Ein anderes bezieht sich auf die Interpretation von Profit als umverteilten Mehrwert, bei dem das Paradoxon entsteht, daß die Profite auch dann positiv sein können, wenn der Mehrwert kleiner als Null oder negativ ist.

Im Ergebnis dieser erfolglos gebliebenen Suche nach einem tieferen Sinn der Arbeitswerttheorie zieht Schefold letzteren auf einen einzigen Punkt zusammen: die historische Bedeutung. Ansätze, wie sie in der Antike durch die Aristotelische Unterscheidung zwischen Gebrauchswert und Tauschwert und im Mittelalter durch die auf wirtschaftsethischen Überlegungen der Scholastiker basierende Sympathie für ein „Arbeitswert"-Konzept entstanden sind, finden ebenso Beachtung wie diejenigen der präklassischen Autoren Locke und Petty. Die Entwicklung innerhalb der Klassik nimmt beide Dimensionen in sich auf, die eher qualitative und die eher quantitative; für beide gilt, daß eine *reine* Arbeitswerttheorie nicht intendiert wurde, die Arbeit als *alleiniger* Anspruch auf Eigentum erschien genau so inakzeptabel wie die Arbeitszeit als alleiniges Maß der Werte. Die Gestalt, die Marx der Arbeitswertlehre schließlich verlieh, konnte das quantitative Verhältnis zwischen Werten und Preisen nicht zufriedenstellend klären. Da in der Folgezeit einerseits dieses Defizit immer stärker ins Bewußtsein rückte und auf der anderen Seite die mathematischen Instrumentarien entwickelt wurden, die zu seiner Behebung erforderlich sind, ist nach Schefold als ein wesentliches Resultat der Marx-Kritik einzuschätzen, daß das Transformationsproblem als gelöst betrachtet werden darf.

Selbst wenn - wie Schefold einräumt - der Mainstream der gegenwärtigen ökonomischen Theorie neoklassisch geprägt ist, hält er gleichwohl die historische Einsicht für angemessen, daß die ökonomische Theorie insgesamt in ihrer Entwicklung durch die Arbeitswerttheorie berührt worden ist. Eine unmittelbare theoretische und/oder praktische Relevanz sieht Schefold hingegen nicht. Dies gelte jedoch nicht für das klassische Erbe insgesamt. Fortschritt, Wachstum und Verteilung werden als Bereiche thematisiert, für deren Analyse und Entwicklung klassisches (einschließlich Marxsches) Gedankengut nicht nur fruchtbar gemacht werden könnte, sondern möglicherweise unentbehrlich ist, weil eine diesbezügliche Überlegenheit der Neoklassik nicht auf der Hand liegt und letztlich wohl auch nur unter großen Schwierigkeiten zu plausibilisieren wäre.

Die *Verteilung* ist es auch, die eigentlich im Mittelpunkt steht, wenn Schefold mit der von ihm gewohnten mathematischen Eleganz eine Standardware einführt, deren Preis bei einer Änderung des Profits konstant bleibt. Auf dieser Grundlage können die Abweichungen der Preise „nach oben" und „nach unten" registriert werden, die sich bei einer Änderung der Profitrate ergeben. Für diesen Zweck sind die Überlegungen Schefolds von einem Nutzen, der jenseits der Kritik des Verhältnisses zwischen Wert- und Preistheorie bei Marx zu suchen ist.

Dietmar Meyer unternimmt eine dogmenhistorische Analyse der mathematischen Untersuchungen zur Analyse der Wirtschaftstheorie im allgemeinen und der Arbeitswertlehre im besonderen. Zunächst rekapituliert er, wie die im 17. Jahrhundert einsetzenden einfachen mathematischen Formulierungen ökonomischer Sachverhalte im 18. Jahrhundert an Prägnanz gewannen, um im 20. Jahrhundert zu hoher Blüte getrieben zu werden. Meyer schließt auf eine Spaltung der Ökonomen in zwei Lager, das der Freunde und das der Feinde der Anwendung der Mathematik in der Ökonomie. Entgegen der in der Dogmengeschichte meist üblichen Anbindung des Entstehens einer „mathematischen Richtung" der Ökonomie an eine wohlbekannte Schule der Grenznutzentheorie des 19. Jahrhunderts - von deren Vorläufern sei einmal abgesehen - , datiert Meyer die „eigentliche Etablierung der mathematischen Ökonomie als eigenständige Schule innerhalb der Wirtschaftstheorie" auf die Zeit nach dem 2. Weltkrieg. Die in relativer thematischer Autarkie um die Jahrhundertwende einsetzenden Formalisierungsversuche der Marxschen Arbeitswertlehre, deren Impulsgeber er im Transformationsproblem sieht, bilden den Kern der weiteren Überlegungen Meyers. Dazu scheint es ihm sinnvoll, Marx' eigene Beziehung zur Mathematik ins Blickfeld zu rücken, und zwar durch Rückgriff auf Marx' Selbstdarstellung, die Fremddarstellung durch Zeitgenossen und neuere dogmenhistorische Erkenntnisse. Ob Marx ein guter Mathematiker war, erscheint prima facie fast als eine rein scholastische Frage. Ein wesentliches Resultat diesbezüglicher Überlegungen zeigt jedenfalls, daß Marx die ökonomische Theorie hoch genug schätzte, ihrem Reiz auf die intellektuelle Herausforderung durchaus erlegen war, sie in der Praxis allerdings nicht virtuos genug zu handhaben vermochte, um diese Herausforderung tatsächlich auch zu meistern. Daß ihm dazu vielleicht nicht das nötige Geschick, aber der Instinkt fehlte, zeigt beispielsweise seine Präferenz für die Differentialrechnung, die - wie wir heute wissen - für die Formulierung der objektiven Wert-Preis-Theorie völlig unmaßgeblich ist. Sicher, die Antwort auf Morishimas Vermutung, daß Marx die sich der Differentialrechnung bedienende subjektive Wertlehre akzeptiert hätte, muß letztlich spekulativ bleiben; interessant wäre sie allemal, impliziert sie doch die Frage, in welchem Licht er dann seine eigene Theorie gesehen hätte.
Unter der Rubrik „frühe Modelle der Marxschen Arbeitswertlehre" wird das Bortkiewicz-Modell referiert und von Meyer als Nachweis für die logische Konsistenz der Arbeitswertlehre von Marx kommentiert. Mit der Einbeziehung der Umschlagzeiten in das Modell gebühre Bortkiewicz ein Platz unter den Pionieren der Formalisierung nicht nur der Wert-, sondern auch der Kapitaltheorie.

Unter dem Druck des eher praktischen Erfordernisses der Verwirklichung zentralgeplanter Volkswirtschaften entstanden in der Sowjetunion der 20er Jahre Formalisierungsansätze, die im Modell von Leontief theoretisch ausgefeilt und verallgemeinert wurden. Meyer erwägt einen Vergleich der Modelle von Bortkiewicz und Leontief für lohnenswert. Trotz der formalen Ähnlichkeiten zwischen beiden erkennt Meyer aber doch erheblich andere Sichtweisen ihrer Urheber.
Die oben bereits erwähnte, prononciert herausgestellte dynamische Entwicklung der mathematischen Wirtschaftstheorie nach dem 2. Weltkrieg bedeutet u.a. auch, daß die Marxsche Werttheorie unter Einbeziehung der intersektoralen Verflechtungsbeziehungen des Leontief-Modells neu modelliert wurde. In diesem Zusammenhang wurde die Idee der exogen vorgegebenen Löhne präzisiert.
Inwieweit die Marxsche Werttheorie wirtschaftspraktische Bedeutung einnehmen kann, rückte in das Zentrum der theoretischen Untersuchung, nachdem erstens die Entdeckung mathematischer Theoreme neue Perspektiven eröffnet hatte und zweitens - zumindest trifft das für die planwirtschaftlich organisierten Volkswirtschaften zu - ein dringendes, unmittelbar pragmatisches Interesse an der Lösung ihrer Wirtschaftskoordinationsprobleme signalisiert wurde. Meyer konstatiert, daß sich mit Hilfe derartiger Ansätze qualitative Aussagen zur Marxschen Werttheorie machen lassen. Die Frage, ob die Marxsche Arbeitswertlehre mit mathematischen Modellen formuliert werden könne, sei jedoch nach wie vor ernsthaft noch gar nicht aufgetaucht.

Marx before Sraffa - mit diesem Appell will *Gerhard Huber* dem Neoricardianismus nicht den offenen Kampf ansagen, sondern er hebt darauf ab, Stil und inhaltliche Diskussion der mit dem Transformationsproblem zusammenhängenden Thematik zu rekonstruieren, wie sie vor Steedmans *Marx after Sraffa* in der politökonomischen Profession vorherrschend waren. Das Anknüpfen an jene Tradition bedeutet jedoch keinesfalls eine romantisch-verklärte Rückkehr zu längst ausdiskutierten Fragen. Statt dessen bringt Huber einen neuen Gesichtspunkt in die Diskussion ein, dem - von einer nichteingelösten Anregung Baumols einmal abgesehen - bisher keine Aufmerksamkeit gewidmet worden ist.
Gingen alle Betrachtungen und Analysen zum Transformationsproblem bisher von dem Marxschen Diktum aus, daß Mehrwert in Durchschnittsprofit verwandelt werden müsse, um von den Arbeitswerten zu den Produktionspreisen zu gelangen, schlägt Huber eine neuartige Lösung vor, die auf der Transformation von Mehrwert in Profit und (!) Grundrente basiert. Der Ansatzpunkt für diese unkonventionelle Vorgehensweise wird damit erklärt, daß die traditionellen Lösungen ein Kernstück der Marxschen Verteilungstheorie einfach ignorierten. Nach Marx tritt der Mehrwert in drei Erscheinungsformen auf, nämlich als Profit, Zins und Grundrente. Eine Transformation der Werte in Produktionspreise mit der Bedingung übereinstimmender Mehrwert- und Profitsummen muß vor diesem Hintergrund als eine Vereinfachung erscheinen, die Huber *zerstörerisch* nennt. Um

diese zu beseitigen, führt er den Begriff des Bruttoprofits ein, der aus Nettoprofit (dem Profit im ursprünglichen Sinne) und (absoluter) Rente besteht. Aus dieser Definition ergibt sich das Erfordernis, dem Bortkiewicz-Modell mit seinen drei Abteilungen der Produktionsgüter-, Konsumgüter- und Luxusgüterproduktion eine vierte hinzuzufügen: Neben der Luxusgüterabteilung, in der die „Profitgüter" produziert werden, wird eine Abteilung eingeführt, in der „Rentengüter" hergestellt werden. Außerdem kann nun auch die (Brutto-)Profitrate nicht mehr wie ursprünglich summarisch betrachtet werden; sie gliedert sich in „Nettoprofitrate" und „Rentrate".

Das Produktionspreisschema enthält damit vier Gleichungen, von denen eine willkürlich als Gleichgewichtsbedingung benutzt werden darf, um das System zu lösen und die Nettoprofitrate zu berechnen, die natürlich auch in diesem System mit der gesellschaftlichen Durchschnittsprofitrate zusammenfallen muß.

Huber bietet eine solche Lösung, enthält dem Leser allerdings den eher zufälllig gefundenen Lösungsweg vor, wie er selbstkritisch anmerkt, wenn er die Herleitung der Durchschnittsprofitrate *r* für „nicht eigentlich nachvollziehbar" hält. Dafür bietet er allerdings eine numerische Illustration. Neben den Preisen für die durch menschliche Arbeit erzeugten Waren taucht hier auch der Preis des (nicht durch menschliche Arbeit erzeugten) Bodens auf. Grund und Boden erscheinen somit als ein dem produktiven Kapital ebenbürtig an der Verwertung teilnehmendes Kapital.

Nach der Präsentation dieser überraschenden Variante - die möglicherweise die gesamte bisherige Diskussion zum Transformationsproblem relativiert - untertreibt Huber fast bis zur Koketterie, wenn er seine Lösung des Transformationsproblems als eine letztlich doch nur akademische Fingerübung stigmatisiert. Er selbst legt ja offen, was sie bedeutet, nämlich nicht weniger - vielleicht aber doch mehr - als einen neuen Zugang zur verteilungtheoretischen Seite der Ökonomie auf werttheoretischer Basis.

Auch wenn Huber damit die Position der Werttheorie nicht unbedingt in einem besseren Licht sehen will: manch' grobschlächtiges Naserümpfen über den vermeintlichen Widerspruch zwischen erstem und drittem Band des *Kapital* wäre wohl unterblieben, wenn - ja wenn, Hubers Beitrag eher zur Kenntnis genommen worden wäre und wenn er sich in der weiteren Diskussion als stichhaltig erweist. Doch für Theorien ist es nie zu spät.

Ian Steedman nimmt den Begriff der abstrakten Arbeit als Wertsubstanz zum Anlaß für die Frage, ob in Marx' Herangehensweise irgendein Nutzen enthalten sei, der über denjenigen der Wertkonzeption der vormarxschen Klassik hinausgehe. Letztere interpretiert Steedman als ein „Quantitätskonzept der Arbeit", dessen Quintessenz darin besteht, das Aggregationsproblem heterogener Arbeitsarten über die Aufsummierung der Lohngrößen zu lösen.

Über eine Reihe vereinfachender Annahmen - wie Abwesenheit von Fixkapital, Kuppelproduktion, Krisen, interventionistische Aktivitäten u.ä. - wird zunächst das klassische Tauschwertkonzept rekonstruiert, das die relativen Preise zwischen solchen Gebrauchswerten bestimmt, die das Ergebnis der Verausgabung unterschiedlicher Arbeitsarten sind.

Die (mathematische) Verallgemeinerung jenes Ansatzes erfolgt durch sukzessive Einbeziehung dreier mit der Marxschen Theorie verträglicher Annahmen, die in jedem Fall zum gleichen Resultat führen: Der Vektor der Mengen abstrakter Arbeit kann nicht unabhängig vom Vektor der Lohngrößen sein, oder anders ausgedrückt, „die *einzig* akzeptable Aggregation der konkreten Arbeiten unter dem Gesichtspunkt der in ihnen enthaltenen abstrakten Arbeit [ist] diejenige, bei der der Vektor **a** [der Mengen abstrakter Arbeit je Einheit konkreter Arbeit] streng proportional zum Vektor der Löhne ist."

Steedman will also beweisen, daß der einzige Weg, eine einheitliche Mehrwertrate sicherzustellen, in der Annahme einer strukturellen Identität zwischen der abstrakten Arbeit und den Löhnen besteht.

Läßt sich aber eindeutig entscheiden, ob Marx diese Position tatsächlich vertreten hat? Steedman sucht nach expliziten und impliziten Belegen in dessen Schrifttum. Vermittelt über das Wissen um Marx' gründliche und nachweisbare Kenntnis der klassischen Lohntheorien erscheint es ihm wahrscheinlich, daß jenem die „Lohngrößen-Aggregation" nicht nur bekannt war, sondern daß er sie auch akzeptiert habe, da jegliche - im entgegengesetzten Fall vermutlich artikulierte - Kritik unterblieben sei. Steedman zieht dazu entsprechende Textstellen in den Schriften von R. Cantillon, A. Smith, J. und S. Mill, D. Ricardo und S. Bailey heran. Um zu zeigen, daß Marx der klassischen Sichtweise zumindest in einer seiner Frühschriften gefolgt ist, wird insbesondere seine Kritik an J. Proudhon analysiert.

Die Auffassung vom Goldgeld als physischem Repräsentanten der als abstrakte Arbeit geronnenen Arbeitszeit wird ausführlichst anhand der *Grundrisse* nachvollzogen. Dies erfolgt mit dem Zweck, die Vorstellung nahezulegen, Marx hätte mit seiner Behauptung, daß „Werte Goldgrößen werden" eine Synonymität dieser beiden Begriffe im Sinn gehabt. Wäre dies der Fall, könnte der Begriff der abstrakten Arbeit jenseits seiner Bedeutung als „Umschreibung des Fakts, daß jede spezifische Arbeit ein Teil der gesellschaftlichen Teilung der Arbeit ist" mit Steedman wohl tatsächlich als bloß schillernde Metaphorik betrachtet werden.

Marx hat aber sehr klar zwischen Wert und Tauschwert unterschieden. Gold als Maß im Tauschprozeß meint etwas anderes als abstrakte Arbeit als Wertkonstituens. Wird dieser Begriff als vermeintliche Phrase geopfert, geht die qualitative Dimension der Marxschen Werttheorie ein Stück weit verloren und sie bliebe tatsächlich kaum mehr als ein „Quantitätskonzept der Arbeit".

Wendet man auf diesen Sachverhalt überdies den in Peter Rubens Beitrag ausgeführten Gedanken an, daß auch den ökonomischen Größen bestimmte und unterscheidbare Maßeinheiten zugeordnet werden müssen, und zwar derart, daß es beispielsweise nicht angeht, die Wertgröße in Arbeitszeiteinheiten auszudrücken, so muß man wohl zu der Konsequenz gelangen, daß Preise und Werte in der gleich strengen Weise unterschieden werden sollten.

Das Marxsche Konzept der abstrakten Arbeit impliziert normalerweise die Annahme, daß die Arbeit unter dem Aspekt ihrer wertschaffenden Funktion als homogene Arbeit aufgefaßt wird. Da Arbeit als gebrauchswertproduzierende Tätigkeit evidenterweise aber nicht homogen ist, kann die Frage nach dem Verhältnis zwischen homogener und heterogener (einfacher und komplizierter, gelernter und ungelernter, niederer und höherer) Arbeit keineswegs als trivial beiseite geschoben werden. Ist es möglich, komplizierte Arbeit auf einfache Arbeit zu reduzieren bzw. „Umwandlungsquoten" zwischen beiden Größen festzulegen?
Ernő Zalai widmet sich dieser Frage unter Einbeziehung der Marxschen Voraussetzung einer einheitlichen Mehrwertrate. Werte nichtidentischer Waren als Produkte heterogener Arbeit lassen sich formal als Eigenwertproblem darstellen. Zalai unterzieht zunächst die auf Morishima zurückgehende „Umwandlungsquoten"-Methode einer kritischen Überprüfung. Diese Methode reduziert gelernte Arbeit in dem Sinne auf ungelernte Arbeit, als sie einen modelltheoretisch separaten Produktionsprozeß für (gelernte) Arbeitskräfte unterstellt. In der formalen Darstellung zeigt sich eine Konsequenz der Vorgehensweise von Morishima, die einen klaren Verstoß gegen Marxsche Intentionen bedeutet: Marx hatte eine einheitliche Ausbeutungsrate strikt angenommen, und zwar nicht, weil er damit eine „Modellannahme" konstruierte, sondern weil er sie als historische Tendenz erachtete. Systemimmanent zu bleiben fordert demnach, diese Annahme nicht aufzugeben. Dies ist im Vorgehen Morishimas aber nur in einem Spezialfall möglich, der die Eigentümlichkeit aufweist, daß gelernte Arbeit auf dieselbe Weise behandelt werden müßte wie andere Waren auch; ein Fall, der in der Auffassung von Zalai allerdings den empirischen Beobachtungen widerspricht. Die Realität lasse erkennen, daß gelernte Arbeit nicht nur gemäß den Kosten der Reproduktion entlohnt wird, sondern auch gemäß den Kosten der Ausbildung.
Unzufrieden mit der Morishima-Lösung, verwirft Zalai diese dennoch nicht in Bausch und Bogen, sondern sucht nach einer alternativen Methode, die Umwandlungsquoten zu bestimmen, um die gelernte Arbeit auf ungelente Arbeit „umzurechnen". Grundlage ist das Marxsche Diktum, daß der Wert der Arbeitskraft durch die Reproduktionskosten bestimmt wird, woraus folge, daß die Werte gelernter und ungelernter Arbeit auf verschiedene Weise bestimmt werden müssen; der Wertevektor gelernter Arbeit enthält mehr Bestimmungsgründe als der Wertevektor ungelernter Arbeit. Zalais Einbeziehung der Mehrwertrate schließlich führt zu einem Eigenwertproblem mit simultanen Lösungen für das vollständige Wertsystem: den Wertevektor der ungelernten Arbeitskraft, den Vektor der Werte heterogener gelernter Arbeitskraft, den Wertevektor gewöhnlicher Waren und die einheitliche Mehrwertrate. Eine spezielle Lösung führt Zalai im Schlußteil

seiner Arbeit anhand eines numerischen Beispiels vor. Zuvor jedoch gleicht er seinen Lösungsvorschlag mit alternativen Vorschlägen ab, beispielsweise mit jenem von Bródy, für den er zeigen kann, daß er auch im Fall der Annahme einer einheitlichen Mehrwertrate (den Bródy selbst bezweifelt hatte) Geltung beanspruchen darf.

Nach dieser subtil demonstrierten theoretischen Übung könnte der Leser sich zufrieden zurücklehnen - vorausgesetzt, er hat sie auch verstanden. Dies scheint Zalai ihm nicht zu gönnen, denn er läßt offen, ob man überhaupt legitim verfährt, wenn man - so wie er - annimmt, daß die wertschaffenden heterogenen Arbeiten proportional zu ihren Werten sind, wie dies im Fall der Existenz einer einheitlichen Mehrwertrate unterstellt ist. Differenzen in den individuellen physischen, psychischen und intellektuellen Fähigkeiten, Bildung in ihrer Eigenschaft als meritorisches Gut, normative Verzerrungen bei der sozialen Anerkennung unterschiedlicher Arbeiten etc. unterlaufen möglicherweise den gesetzmäßigen Charakter einer Tendenz, die Marx noch wahrnehmen konnte.

Zalai selbst hat dieses Problem für eine empirische Theorieprogrammatik jedoch klein gehalten, als er das normative Element durch die Konsumkosten für die ungelernte Arbeit zuzüglich der Ausbildungskosten für die gelernte Arbeit konkretisierte. Die Allgemeingültigkeit seines Modells wird aber zweifelsohne durch die unrealistische Voraussetzung eingeschränkt, daß die Reproduktion einfacher Arbeit keine Arbeitskräfte (Dienstleistungen) erfordert.

Der Beitrag *Hans Klemms* geht bis zur Bortkiewicz-Problematik zurück. Während letzterer Wert- und Preis als parallele Strukturen auffaßt, deren quantitativer Zusammenhang mathematisch exakt darzustellen ist, begreift Klemm den Produktionspreis als eine sich historisch herausbildende Struktur. Der Ausgangspunkt dieses Prozesses wird durch ein dreisektorales, im Vergleich zu Bortkiewicz leicht modifiziertes Modell des ökonomischen Reproduktionsprozesses beschrieben, dessen Relationen zunächst durch vorgegebene Werte bestimmt sind. Es wird angenommen, daß der nach der Produktion erfolgende Austausch der Produkte durch eine Durchschnittsprofitrate geregelt wird, die auf jenen Werten basiert. Die den Austausch beherrschenden Preise garantieren eine „gerechte" Verteilung des Mehrwerts - trotz unterschiedlicher Kapitalzusammensetzung in den drei Sektoren. Die zu den modifizierten Preisen erworbenen Waren gehen in weiteren direkt (als Arbeitsgegenstände oder -mittel) oder indirekt (als Lebensmittel der Arbeiter) wieder in die Produktion ein; die Kosten der nächsten Periode sind so bereits verwandelte Wertpreise, die die Basis für die Bestimmung der Rate des Durchschnittsprofits verändern. Für den darauffolgenden Austausch gilt aber nicht nur eine veränderte Durchschnittsprofitrate, sondern wiederum modifizierte Preise usw. usf.

Modelltheoretisch gesehen handelt es sich um einen Iterationsprozeß, der mit einem einfachen Computerprogramm realisiert werden kann. A priori ist nicht auszumachen, wohin die simulierten Preise tendieren werden, da ihr Grenzwert von den Ausgangsdaten abhängen könnte. Klemm bezeichnet den Grenzwert, gegen den die verwandelten Wertpreise unter vernünftigen, d. h. werttheoretisch sinnvollen Ausgangsdaten, tendieren, als Produktionspreis. Was hier als „werttheoretisch sinnvoll" bezeichnet wird, sind zumindest die von Klemm diskutierten Varianten unterschiedlicher Kapitalzusammensetzungen in den drei Sektoren des Modells. Die Zahlenbeispiele zeigen, daß das entwickelte Programm das Invarianzpostulat „Wertsumme = Preissumme" realisiert. Ergebnis der Computersimulation sind beobachtete Regelmäßigkeiten, die bei der Herausbildung des „Produktionspreises" auftreten. Am Ende seiner Studie deutet der Autor an, worin eine Fortentwicklung des Modells bestehen könnte: in der Berücksichtigung der Wirkung, die das Verhältnis von Angebot und Nachfrage auf den Preis hat. Ein solches Modell wäre dann sicherlich auch in der Lage, Strukturen zu erfassen, die die bekannten Marxschen Gleichgewichtsbedingungen verletzen - und trotzdem funktionieren und sich entwickeln.

Ein weiteres Anwendungsbeispiel werttheoretischer Reflexionen wird im Beitrag von *Georg Quaas* geboten, das den Kausalzusammenhang von Konkurrenz und Unterentwicklung modelliert. Anlaß für ein solches Vorgehen wird in der unzureichenden Begründung von Unterentwicklung durch Rekurs auf realgeschichtliche Entwicklungen gesehen. Gleichwohl wird schon zu Beginn klargestellt, daß auch der eigene Erklärungsansatz nicht den Anspruch auf umfassende Wahrheit erheben will, zum einen aufgrund der Unumgänglichkeit modelltheoretischer vereinfachender Voraussetzungen, zum anderen, weil eine wissenschaftstheoretische Einsicht ernstgenommen wird, nach der die Leistungsfähigkeit von Theorie Grenzen hat.
Vielmehr versucht Quaas, den Tendenzcharakter einer Entwicklung werttheoretisch zu erklären, die das Phänomen der Unterentwicklung in diesem Jahrhundert fortgeschrieben und zu ökonomischer Polarisierung geführt hat. Das Ziel dieses Erklärungsversuchs könnte umschrieben werden mit der praktischen Funktion von Theorie, die hier darin besteht, Anleitung zum (wirtschafts)politischen Handeln zu sein.
Im Modell wird eine Industriestruktur unterstellt, für die gilt, daß in jedem Industriezweig in n (örtlich und zeitlich) getrennten Produktionsprozessen Produkte derselben Art hergestellt werden. Damit wird eine Konkurrenzsituation der n Hersteller um den Absatz ihrer Produkte unterstellt. Ein wichtiges Datum für den Platz in der Hierarchie der Konkurrenten wird unter diesen Bedingungen zweifellos durch die Arbeitszeit fixiert, die aufgewendet werden muß, um das industriezweigspezifische Produkt herstellen zu können. Da die Kenntnis dieses Datums aber keineswegs in ursächlichem Zusammenhang mit der tatsächlichen Absatzchance steht und der Einzelanbieter womöglich einer „Wertillusion" hinsichtlich seines Produktes erliegt, muß ein objektiver Referenzpunkt als Maßstab herange-

zogen werden, um die jeweilige Anbietersituation zuverlässiger einschätzen zu können. Die Rolle dieses Maßes nimmt im Modell die gesellschaftlich notwendige Arbeitszeit ein, die Quaas als einfachen arithmetischen Durchschnitt aller Arbeitszeiten der *n* Produktionsprozesse des Industriezweiges konstruiert. Wertbildend wirkt demzufolge die verausgabte Arbeitskraft jenes Produktionsprozesses, der eben deswegen gesellschaftliche Durchschnittsqualität besitzt, weil er genau die durchschnittlich notwendige Arbeitszeit verausgabte oder - mit anderen Worten -, weil in ihm Produktivkraft von industriezweigspezifischer Durchschnittsqualität wirksam wurde.
Die Wertgröße wird im wohlbegründet linear-funktionalen Ansatz von Quaas als durch die Größe der Arbeitszeit determiniert betrachtet, aber nicht als mit ihr identisch. Die Performanz der einzelnen Produkthersteller läßt sich über die Wertgrößenbestimmung ermitteln; die Sieger und Verlierer im Konkurrenzkampf anhand dieses Indikators stehen fest.
Ein Spezialfall ist der des Monopolisten. Quaas zeigt, daß auch dessen Situation nicht konkurrenzfrei ist, zwar muß er sich nicht mit Produzenten gleichartiger Waren messen, aber auch für seine Position gilt, daß sich das Phänomen der Konkurrenz werttheoretisch ableiten läßt, nämlich über das Verhältnis zu anderen Industriezweigen.
Die werttheoretische Rekonstruktion der Konkurrenz erlaubt Schlußfolgerungen, die die Ursachen der Unterentwicklung in einem bisher nicht ausgeleuchteten Rahmen erscheinen lassen: So wird nachgewiesen, daß unterschiedliche Produzenten infolge ungleichmäßiger Verteilung der produktivitätsbestimmenden Faktoren ihre Existenzsicherung mit unterschiedlich hohem Aufwand betreiben müssen. Dies verschärft sich noch durch die Tatsache, daß produktivitätsfördernde Faktoren genau an den Standorten konzentriert werden, die sich ohnehin schon durch produktivere Wirtschaftseinheiten auszeichnen. In der Folge werden letztere eine arbeitskräftemäßige Ausdehnung vornehmen können, was potentiell die Performanz der reichen, gesättigten und privilegierten Wirtschaftssubjekte noch steigert. Da es nach Quaas in einer warenproduzierenden Gesellschaft jedoch nicht möglich ist, die eigene Stellung zu verbessern ohne relativ dazu die Lage von Mitkonkurrenten zu verschlechtern, schlußfolgert er, daß sich die Austauschbedingungen der rückständigen Wirtschaftseinheiten selbst dann noch verschlechtern, wenn Äquivalentenaustausch praktiziert würde. Die Bedeutung der Arbeitswerttheorie kann daher keinesfalls in der Forderung naiver Arbeitswerttheoretiker liegen, daß Werte die Preise ersetzen sollten oder zumindest zur Erklärung der Preise unerläßlich seien.
Der Beitrag ist außerdem als der Versuch zu verstehen, der Werttheorie eine neue Dimension zu erschließen, die ihre empirische Überprüfung jenseits einer speziellen Preistheorie und der umstrittenen dialektischen Entwicklungskonzeption erlaubt: dies sind die allgemeinen Phänomene der hier nicht wie üblich einfach vor-

ausgesetzten, sondern erklärten Konkurrenz, die mit Warenproduktion und Warenaustausch notwendig verbunden sind.

Wirft man einen abschließenden Blick auf den Inhalt dieses Buches, könnte Erstaunen über den hohen Aufwand an Mathematik und Philosophie zur kritischen Darstellung der Arbeitswerttheorie die Folge sein. Doch in einer Zeit, in der die Verteilung der Arbeit gleichbedeutend mit der Verteilung des Wohlstandes geworden ist, sollte das Nachdenken über eine Theorie, die die Arbeitszeit zu ihrem zentralen Punkt macht, nicht obsolet geworden sein.

Die Herausgeber sind für Anmerkungen, Hinweise und Kritiken dankbar und leiten diese gern an die Autoren weiter.

Leipzig, den 14. Oktober 1996 Friedrun & Georg Quaas

Thomas Kuczynski

Von der Natur der Arbeit ODER Das Ende der Arbeitsgesellschaft - ein soziologisch-politologisches Mißverständnis?[1]

Ich möchte mit einer sehr trivialen Feststellung beginnen: Der Mensch ist ein Teil der Natur.

Erstens ist er ein Produkt der Naturevolution, und dies gleich in zweifacher Hinsicht: Zum einen ist er als Säuge*tier* Teil des *Tier*reiches, gehört - zusammen mit den Menschenaffen - zur Familie der Primaten, besitzt mit diesen gemeinsame Vorfahren, zum anderen hat er sich als besondere species Mensch nur entwickeln können, weil die natürliche Umwelt des Vormenschen sich historisch so entwikkelte, daß sie überhaupt die Entwicklung des Vormenschen zum Menschen, zur Gattung *homo sapiens sapiens*, ermöglichte.

Zweitens ist die Erhaltung der Gattung Mensch untrennbar an den natürlichen Vorgang der Zeugung und Fortpflanzung gebunden.

Drittens ist das Leben und Weiterleben des Individuums, des einzelnen Exemplares der Gattung Mensch, unabdingbar an den natürlichen Vorgang des Stoffwechsels gebunden, die Atmung, die Ernährung und das Ausscheiden der Stoffwechselprodukte; dabei ist der Stoffwechsel selbst wieder ein auf biochemischen Gesetzen basierender Vorgang, und einer seiner Bestandteile als natürlichem Vorgang ist dessen Aufhören, der Tod des einzelnen Menschen.

Das Eingebundensein des Menschen in die Natur und in die natürliche Evolution ist also eine Naturnotwendigkeit.

In Ansehung dieser elementaren Tatsache sollten wir uns allerdings von der preußisch-protestantischen Vorstellung verabschieden, daß Naturnotwendigkeiten stets furchtbar schreckliche Dinge sind, vor denen wir am besten die Augen ganz fest verschließen. Das Gegenteil kann auch der Fall sein: Essen und Trinken können in völliger Kulturlosigkeit und als bloße Nahrungsaufnahme betrieben werden, aber wir können dieser Naturnotwendigkeit auch mit großer Lust genügen. Wir atmen ja Tag für Tag ein und aus, aber daß frische Berg- oder Meeresluft etwas Schönes - übrigens: etwas Naturschönes - sind, stellen wir spätestens dann fest, wenn wir unsere stinkenden Städte verlassen. Daß der Naturnotwendigkeit

---

[1] Dem Text liegt ein Vortrag zugrunde, der im Rahmen der Alternativen Ringvorlesung an der Humboldt-Universität zu Berlin am 25. Oktober 1994 gehalten wurde. Die ursprüngliche Intention, die eine Kritik der Theorie vom Ende der Arbeitsgesellschaft beinhaltete, mußte wegen der Notwendigkeit, erst einmal die elementaren Grundlagen der sogenannten Arbeitsgesellschaft selbst darzustellen, etwas in den Hintergrund treten.

der Fortpflanzung mit ungeheurer Lust Genüge getan werden kann, muß ich hoffentlich nicht gesondert betonen. Und jenen, denen das Denken - übrigens auch ein Naturprozeß - ein besonderes Vergnügen bereitet, wird es Freude machen, bei *Swift* (in *Gullivers Reisen*) nachzulesen, daß die Menschen nie so nachdenklich und gedankenvoll seien als wenn sie zu Stuhle gingen.

In diesem Zusammenhang ein Wort zu dem so arg verkannten und mißbrauchten *dictum Hegels*, Freiheit sei Einsicht in die Notwendigkeit. Nein, daß wir Einsicht zeigen sollten und Vertrauen besitzen gegenüber irgendwelchen höheren Instanzen, die uns von solchen Notwendigkeiten oder auch den sogenannten „Sachzwängen" sprechen, war damit ganz sicher nicht gemeint. Solch kindlichen Gemüts waren weder *Hegel* noch die Hegelkenner von *Marx* bis *Lenin*. Die meinten vielmehr, man müsse Einsicht genommen haben in die Notwendigkeit, ihre Struktur und ihre Entwicklung, mithin *hinein*gesehen haben in das, was, *Goethe* zu zitieren, die Welt im Innersten zusammenhält, also in das reale, das wirkliche Verhalten der Menschen und der Dinge. Sicher ist, daß ohne eine solche Einsichtnahme in die Notwendigkeit Freiheit nicht zu erringen ist. Freilich, ob derartige Einsichtnahme schon die ganze Freiheit bringt und ist, das allerdings steht auf einem ganz anderen Blatt und darf füglich auch bezweifelt werden.

Immerhin: Ohne Kenntnis des Fallgesetzes wäre es den Menschen nicht möglich gewesen, es *scheinbar* außer Kraft zu setzen und zum Mond zu fliegen. Näher betrachtet, finden wir allerdings und paradoxerweise zu diesem Vorgang, daß die Menschen Dinge produzieren, „die es in der Natur nicht gibt", durchaus ein Pendant in der Natur: Auch im Laufe der Entstehung und Entwicklung des Lebens wurden Dinge - nämlich chemische Verbindungen - produziert, die es in der - unbelebten - Natur nicht gab. Offenbar ist die Fähigkeit, etwas Neues hervorzubringen, kein Spezifikum des Menschen. Sie ist ein essentieller Bestandteil der natürlichen Evolution. Und daß die gesellschaftliche Produktion mit den Naturgesetzen so kompatibel ist wie die biologische mit denen der unbelebten Natur, versteht sich hiernach von selbst.

Übrigens zeigt eine historisch fundierte Betrachtung des Arbeitsprozesses in seiner elementaren Gestalt, daß die produktiven Kräfte des Menschen sämtlich in der Natur vorhandene Kräfte sind, insofern also *kein* Unterschied zwischen Mensch und Natur vorhanden ist. Sowohl das Elementartripel Arbeitskraft - Arbeitsmittel - Arbeitsgegenstand wie die in und mit ihm realisierten Elementarbeziehungen (Produktionsverfahren - Arbeitsverfahren - Arbeitsorganisation) sind sämtlich Produkte prähumaner Evolution. Auch das immer wieder heilig gesprochene Denken finden wir in seiner elementaren Gestalt im Tierreich vor - Analysieren, Synthetisieren usw. usf.

Allerdings: Erst der globalökologische Prozeß diluvianer Klimaveränderung erzwang den Übergang von der Protoarbeit zur Arbeit ihrem Begriffe nach, das historische Werden (die Etablierung) eines von der Natur unterschiedenen (aber mit ihr vollständig kompatiblen) Systems von Produktivkräften, das seine eigene Ge-

schichte hat. In diesem Sinne verstehe ich auch *Hegels* Bemerkung in der *Wissenschaft der Logik* (im Abschnitt über den „Hervorgang der Sache in die Existenz“): „Die Sache *ist*, eh' sie *existiert*...“ (Bd. II, Berlin 1971, S. 99).
Dieser Übergang vom Sein zur Existenz manifestiert sich in unserem konkreten Falle, wie gesagt, weder im Gebrauch von Arbeitsmitteln noch in deren Herstellung (wie sie auch bei höherentwickelten Tieren gelegentlich zu finden ist), sondern in der Herstellung von Arbeitsmitteln durch Arbeitsmittel: Während nämlich die prähuman gebrauchten bzw. hergestellten Arbeitsmittel nach Beendigung des Arbeitsprozesses in das Dasein als bloße Naturgegenstände bzw. -kräfte (zurück)fallen, bleiben sie jetzt als zu diesem Zwecke hergestellte erhalten, gewinnen damit ein sogenanntes Eigenleben, nämlich historisch fortwirkende Existenz.
Auch wenn höherentwickelte Tiergattungen gelegentlich Werkzeuge gebrauchen und in diesem Sinne arbeiten, so ist für sie Arbeit keine überlebensnotwendige Existenzbedingung. Dagegen ist die Gattung Mensch als Resultat natürlicher Evolution in der Situation, daß elementare Voraussetzungen für ihr Überleben im Arbeitsprozeß geschaffen werden und eine elementare Voraussetzung für das Überleben der Individuen darin besteht, sich die Resultate eigener oder fremder Arbeit anzueignen, wobei ich auf dieser elementaren Ebene die Art Arbeit, die von den Arbeitenden geleistet wird, außer Acht lassen darf. Insofern können wir durchaus und im doppelten Sinne über die *Entstehung der Arbeit als Naturnotwendigkeit* sprechen: Erstens ist unter den damals herrschenden globalökologischen Bedingungen der Entstehungsprozeß selbst eine Naturnotwendigkeit gewesen und zweitens ist damit auch die Arbeit selbst als Naturnotwendigkeit entstanden.
In der Aussage, daß Arbeit für das Überleben der Gattung Mensch eine Naturnotwendigkeit ist, ist eine einfache Tatsache ausgesprochen und keineswegs ein ethisches Urteil etwa der Art gefällt, daß Arbeit etwas besonders Ehrenhaftes sei und was dergleichen mehr an Mythologemen vorhanden ist. Wer derartige Mythologeme bekämpfen will, soll das ruhig tun - ich halte auch nicht viel von ihnen -, aber sich nicht einbilden, damit einen Deut daran geändert zu haben, daß die Menschen nur überleben, weil sie sich die Resultate vergegenständlichter Arbeit aneignen können.
Wir können auch sagen, und damit komme ich zu einem zweiten Punkt: Die Gattung Mensch kann sich nur reproduzieren, weil und insofern zumindest einige ihrer Mitglieder produzieren.
Ausgangspunkt des Reproduktionsprozesses ist also der Produktionsprozeß. Von allen historischen Besonderheiten und Entwicklungen abgesehen, wirken in letzterem aufeinander ein:

- Arbeitskräfte A_j (j= 1, 2, ..., n_A)
- in der Natur vorgefundene Stoffe und Kräfte N_j (j = 1, 2, ..., n_N)
- schon produzierte Produktionsmittel K_j (j = 1, 2, ..., n_K).

Nach Abschluß des Produktionsprozesses sind, zugespitzt formuliert, vorhanden:

- Produktionsmittel K_j ($j = 1, 2, ..., n_K$), darunter neu hergestellte wie auch im vorangegangenen Produktionsprozeß nur teilweise verbrauchte
- Konsumtionsmittel L_j ($j = 1, 2, ..., n_L$) zur Reproduktion der Arbeitskräfte
- Abprodukte E_j ($j = 1, 2, ..., n_E$), die weder in den Produktionsprozeß zurückkehren noch in den Konsumtionsprozeß übergehen
- verbrauchte (nicht mehr arbeitsfähige) Arbeitskräfte A'_j ($j = 1, 2, ..., n_A$).

Bezeichnen wir mit $p_j > 0$ die verbrauchten Mengen (Inputs), mit $q_j > 0$ die produzierten Mengen (Outputs), mit r_j die nicht verbrauchten Mengen (Reserven) und mit S den Summationsoperator über alle j, so können wir den Produktionsprozeß in Form einer chemischen Reaktionsgleichung beschreiben:

$$S(p_j+r_j)N_j + S(p_j)A_j + S(p_j+r_j)K_j \Rightarrow$$
$$\Rightarrow S(r_j)N_j + S(p_j)A'_j + S(q_j+r_j)K_j + S(q_j)L_j + S(q_j)E_j \quad (1)$$

Die Form einer chemischen Reaktionsgleichung ist hier zur Verdeutlichung der Tatsache gewählt, daß die verschiedenen Elemente auf der linken Seite nicht einfach zusammenaddiert werden können, sondern im Produktionsprozeß aufeinander einwirken. Der Unterschied zwischen Addition und Aufeinandereinwirken sollte uns noch aus dem Chemieunterricht bekannt sein: Das Aufeinandereinwirken so hochgiftiger Substanzen wie Natrium und Chlor hat keineswegs ein doppelt so starkes Gift zum Resultate, sondern das relativ harmlose Kochsalz.

Beide Reaktionsgleichungen - die chemische wie die ökonomische - genügen übrigens dem Satz von der Erhaltung der Materie. Überhaupt ist Produktion im physikalischen Sinne *nur* Formveränderung, denn die Menge vorhandener Materie (Masse plus Energie) verändert sich im Gesamtsystem überhaupt nicht. Im physikalischen Sinne gibt es daher auch keine erweiterte oder verengte Reproduktion.

Wir können das auch beweisen, allerdings nur, wenn wir den Elementen des Produktionsprozesses neben all ihren Besonderheiten die allgemeine Eigenschaft „zugestehen", physikalische Objekte zu sein, mithin über Masse und Energie zu verfügen. Hinsichtlich der Chemie müssen wir uns nur daran erinnern, daß von einer Beschreibung mittels Reaktionsgleichungen zu einem System algebraischer Gleichungen übergegangen werden kann, weil die miteinander reagierenden Stoffe und Energien miteinander vergleichbar sind. Diese Vergleichbarkeit, etwa von Giften und Kochsalz, bedeutet allerdings nicht, daß Gifte und Kochsalz dasselbe wären, sondern nur, daß sie eine gemeinsame Eigenschaft haben. Daß andere Eigenschaften nun häufig nicht mit den Mitteln der Physik zu messen sind, sollten wir wiederum nicht der Physik zum Vorwurf machen.

Aber so wenig wir von erweiterter (bzw. verengter) Reproduktion in den Termen der Physik sprechen können, so sehr können wir das in Bezug auf die vom Men-

schen angeeignete Natur, in Bezug auf das, was wir in Anlehnung an Vernadskij *Noosphäre* nennen wollen. Insofern aber die Noosphäre Teil der durchaus *finiten* Biosphäre ist, findet erweiterte Reproduktion ihre absolute Grenze dort, wo alle Biosphäre in Noosphäre verwandelt ist.
Offensichtlich beschreibt die Produktionsgleichung (1) noch keinen Reproduktionsprozeß, denn das einzige, was ihr zufolge reproduziert wird, sind die Produktionsmittel. Die übrigen Elemente des Prozesses werden innerhalb desselben entweder nur verbraucht und nicht (re)produziert (Naturressourcen und Arbeitskräfte) oder nur produziert und nicht verbraucht (Konsumtionsmittel und Abprodukte).
Die Reproduktion der Arbeitskräfte erfolgt im Konsumtionsprozeß. In ihm wirken aufeinander ein die verbrauchten Arbeitskräfte A'_j, die zuvor produzierten Konsumtionsmittel sowie in der Natur vorgefundene Stoffe und Kräfte. Allerdings umfaßt der Begriff „Reproduktion der Arbeitskraft“ zweierlei. Erstens die Reproduktion der Arbeitskraft ein und desselben Individuums, das auf diese Weise am nächsten Tag so arbeiten kann wie am vorherigen usw. Aber dieser Art der Reproduktion sind bestimmte Grenzen gesetzt, spätestens die biologisch absolut gesetzte Grenze, daß das Individuum stirbt. Daher gehört zum Reproduktionsprozeß der Arbeitskraft auch, die mit ihrem Ausscheiden aus dem Produktionsprozeß an ihre Stelle Tretenden zuvor zu produzieren, zu ernähren usw. Ebenso gehört in diesen Prozeß die Reproduktion der wegen Krankheit zeitweilig nicht Arbeitsfähigen, denn in diesem Falle handelt es sich ganz offensichtlich um die Wiederherstellung der Arbeitsfähigkeit, also Reproduktion der Arbeitskraft.
Im einfachsten Falle - und nur diesen kann ich hier darlegen - erfolgt die Organisation des Konsumtionsprozesses durch die Arbeitskräfte selbst; es gibt also niemanden, der nur innerhalb des Konsumtionsprozesses arbeitet. Bei all diesen Prozessen entstehen Abprodukte E_j, so daß wir auch den Konsumtionsprozeß in Form einer chemischen Reaktionsgleichung schreiben können:

$$
\begin{aligned}
&S(p_jA'_j) + S(p_j+r_j)N_j + S(q_jL_j) \Rightarrow \\
&\qquad \Rightarrow S(r_j)N_j + S(p_jA_j) + S(q_jA''_j) + S(q_jE_j), \qquad (2)
\end{aligned}
$$

wobei A''_j die potentiellen (Nochnicht-)Arbeitskräfte bezeichnet.
Schließlich haben wir zu beachten, daß ein Teil der entstandenen Abprodukte durch natürliche Prozesse in Naturstoffe und -kräfte zurückverwandelt wird:

$$S(p_jN_j) + S(q_jE_j) \Rightarrow S(q_jN_j)\,. \qquad (3)$$

Damit erhalten wir ein erstes, ganz elementares Reproduktionsmodell (siehe unten!). Auch auf dieses Modell trifft zu, daß alle seine Elemente auch die physikalische Eigenschaft besitzen, über Masse und Energie zu verfügen, mithin auch im physikalischen Sinne meßbar sind. In der hier vorgelegten Form ist das Modell

allerdings noch kein ökonomisches, sondern sehr viel allgemeinerer Art und hat damit den Vorzug, bestimmte, in den traditionellen Modellen ökonomisch nur unzureichend oder gar nicht faßbare Aspekte des Reproduktionsproblems historisch-ökonomisch zu verdeutlichen, *als Problem* überhaupt erst zu formulieren.
Beginnen wir mit den Abprodukten. Sie sind ökonomisch wertlos (obgleich ihre Herstellung durchaus Kosten verursacht, sich in ihnen ein bestimmtes Quantum Arbeitszeit materialisiert hat), dürften daher als solche in Modellen ökonomischer Reproduktion offensichtlich keine Rolle spielen. Aber ebenso offensichtlich spielen sie in der gegenwärtigen Wirklichkeit des Menschen eine große und immer größer werdende Rolle.
Dies resultiert daraus, daß die Natur - ökonomisch betrachtet offensichtlich ein *ebenso* wertloses Ding - nicht mehr in der Lage ist, die anfallenden Abproduktmengen auf dem Wege der natürlichen Reproduktion abzubauen und in von Natur aus vorhandene Stoff- bzw. Energieressourcen zu retransformieren. Umgekehrt gewinnen Naturressourcen offensichtlich immer erst dann eine ökonomisch *relevante* Gestalt, wenn sie nicht mehr zur Verfügung stehen und gesellschaftlich reproduziert werden müssen, mithin nicht mehr Naturressourcen sind.
Klar ist allerdings auch, daß wir diese beiden Vorgänge - Umwandlung von Naturressourcen und Abprodukten in Produktions- bzw. Konsumtionsmittel - in ihrem sozialökonomischen Gehalt mit den bislang benutzten Meßgrößen (Masse und Energie) nicht beschreiben können. Eine solche Erfassung ist aber offenbar dann notwendig, wenn es sich um Prozesse handelt, die über jenen Bereich hinausgehen, den die Produzierenden einzeln oder gruppenweise in sich selbst genügender Wirtschaftsweise bearbeiten, wenn die Menschen gezwungen sind, darüber nachzudenken, auf welche Weise sie die vorhandenen Naturressourcen, Produktionsmittel und Arbeitskräfte einsetzen, um Produktions- und Konsumtionsmittel zu ebenfalls näher zu bestimmenden Zwecken zu produzieren.
Die Frage stellt sich um so dringlicher, als heutzutage viele Arbeiten nicht geleistet werden, weil sie sich - angeblich oder tatsächlich - nicht rechnen. Wenn wir bedenken, wieviel Arbeit zu leisten wäre, um die Menschen *weltweit* auf einem menschenwürdigen Niveau mit Nahrung, Kleidung und Wohnung zu versorgen, um Umweltverschmutzung und Zerstörung der Biosphäre zu beseitigen, um auf dem Wege von Erziehung, Bildung und Kultur dem werdenden Menschen Einsicht in die Notwendigkeit zu verschaffen, wenn wir all diese für ein Überleben der Menschheit mit Notwendigkeit zu leistenden Arbeiten zusammenaddieren, dann ist meines Erachtens klar, daß wir dann und nur dann von einem Ende der Arbeitsgesellschaft sprechen können, wenn wir Arbeit auf das reduzieren, was sich in dem gegenwärtig herrschenden Wirtschaftssystem rechnet. Diese Reduktion bedingt dann *nolens volens*, daß die heute -zigmillionenfach vorhandene Arbeitslosigkeit als Indiz oder gar Beweis für die eigene Theorie angesehen wird.
Wenn wir dann noch glauben, daß die diesem Wirtschaftssystem adäquaten, in Geldquanta ausgedrückten Rechengrößen die einzig möglichen sind, dann müssen

wir auch jegliche Berechenbarkeit des Reproduktionsprozesses in Abrede stellen. Wir haben aber gesehen, daß der Reproduktionsprozeß in der Wirklichkeit wie auch rein rechnerisch dem Satz von der Erhaltung der Materie genügt. Auch wenn das für unsere Zwecke einer menschenwürdigen Gestaltung dieses Reproduktionsprozesses nicht genügt, so widerlegt es doch die Vorstellung, daß sich Reproduktion jeglicher Berechenbarkeit entzieht.

Im übrigen müssen wir drei Fragestellungen klar voneinander unterscheiden: Ob etwas von der Sache her berechenbar ist, ob *wir* über die Mittel verfügen, diese Sache zu berechnen, und ob wir sie *tatsächlich* berechnen. Der Raum in dem wir sitzen, hat eine bestimmte Länge, Breite und Höhe, die wir beispielsweise mit einem Zollstock messen können. Aber auch wenn wir keinen Zollstock zur Verfügung haben, überhaupt kein Meßgerät vorhanden ist, oder wir sogar der Meinung sind, daß es sich bei Länge, Breite und Höhe um bloße Einbildungen scheinpragmatischen Denkens handelt - sie sind als solche vorhanden, vollkommen unabhängig davon, ob jemand da ist, der sie mißt.

Betrachten wir nun die Elemente des Reproduktionsprozesses, so stellen wir fest: Die Herstellung der Produktions- und der Konsumtionsmittel erfordert ein bestimmtes Quantum Arbeitszeit und die Menschen fungieren eine bestimmte Zeit lang innerhalb des Reproduktionsprozesses als Arbeitskräfte. Zeit aber ist zunächst ebenfalls ein Phänomen, das mit den Mitteln der Physik meßbar ist. Welche Art von Zeit wir messen, ist ebenfalls klar, nämlich Arbeitszeit. Insofern löst sich alle Ökonomie in Ökonomie der Zeit auf.

Es wird sich allerdings zeigen, daß die mit den Mitteln der Physik in Sekunden, Stunden usw. meßbare Arbeitszeit wesentlich zu unterscheiden ist von jener, die sich im ökonomischen Sinne in den Arbeitsprodukten vergegenständlicht hat und die Substanz dessen ausmacht, was ich Arbeitswert nennen möchte.

Zunächst muß ich allerdings noch dem Einwand begegnen, daß für die Herstellung der Naturressourcen keinerlei Arbeitszeit aufgewandt worden ist. Diese Feststellung ist richtig, aber wir sollten sie wesentlich präziser fassen: Die für die Herstellung der Naturressourcen verausgabte Arbeitszeit hat den wohldefinierten Wert Null. Und das ist etwas ganz anderes: Was keinen Arbeitsaufwand erfordert, kann auch nicht bei der Berechnung von Arbeitsaufwendungen berücksichtigt werden, dagegen kann und muß ein Arbeitsaufwand Null selbstredend in eine solche Rechnung eingehen.

Das wird schlagartig deutlich, wenn wir uns vergegenwärtigen, daß zwar eine Berechnung des Arbeitsaufwandes für die Herstellung von Naturressourcen unsinnig ist, aber nicht die Berechnung jenes Arbeitsaufwandes, um solche Produktionsbedingungen herzustellen, die ursprünglich von der Natur gratis geliefert und nun als Produktions- oder Konsumtionsmittel reproduziert werden müssen, wie etwa heutzutage solche Überlebensnotwendigkeiten wie Trinkwasser und Atemluft.

Retrospektiv hat sich somit in diesen Reproduktionsbedingungen ein Arbeitszeitaufwand vergegenständlicht, der solange gleich Null ist, solange die Wiederherstellung der Produktionsbedingungen auf natürlichem Wege erfolgt. Insofern ist er Resultat gesellschaftshistorischer Entwicklung, und wir können die Aussage, Natur an sich habe, ökonomisch betrachtet, keinen Wert, zu jener präzisieren, sie habe den wohldefinierten Arbeitswert Null.

Ebenso haben Abprodukte solange keinen Wert, solange sie nicht in den gesellschaftlichen Reproduktionsprozeß zurückkehren - kehren sie aber in diesen zurück, so sind sie keine Abprodukte, sondern Rohstoff für weitere Produktionsprozesse, haben mithin *eo ipso* Wert. Das wird besonders deutlich, wenn wir solche Stoffe betrachten, die über Jahrhunderte ungenutzt als Abprodukte auf Halde gingen und heute als Rohstoffe genutzt werden. Allerdings ist auch klar, daß ihr gegenwärtiger Wert überhaupt nichts zu tun hat mit der Menge an Arbeitszeit, die vor Jahrhunderten auf ihre Herstellung verwandt worden ist.

Die einzige Größe, die in unserem System ökonomischer Reaktionsgleichungen unmittelbar gemessen werden kann, ist der Aufwand an lebendiger Arbeitszeit. Dagegen ist der Arbeitsaufwand, der sich schon in einem zeitlich früheren Reproduktionsprozeß vergegenständlicht hat, einer solchen Messung nicht mehr zugänglich. Wir kennen damit auch nicht den Arbeitsaufwand, der sich in den nunmehr hergestellten Produkten vergegenständlicht hat. Aber das ändert nichts an der Tatsache, daß sich in ihnen Arbeit vergegenständlich hat.

Bezeichnen wir nun die Meßgröße für den Aufwand an lebendiger Arbeit mit h_A und die für die vergegenständlichte Arbeit mit dem Arbeitswert w_i (i = L, K, E, N, A, A'), so können wir für den Idealfall ein viersektorales Reproduktionsmodell entwickeln:

1. Produktion und Reproduktion der Produktionsmittel:
$$p_{KN}w_N + p_{KK}w_K + p_{KA}h_A = q_{KK}w_K + q_{KE}w_E$$

2. Produktion der Konsumtionsmittel:
$$p_{LN}w_N + p_{LK}w_K + p_{LA}h_A = q_{LL}w_L + q_{LE}w_E$$

3. Retransformation der Abprodukte:
$$p_{EN}w_N + p_{EK}w_K + p_{EE}w_E + p_{EA}h_A = q_{EK}w_K + q_{EL}w_L + q_{EE}w_E$$

4. Reproduktion der Arbeitskräfte:
$$p_{AN}w_N + p_{AL}w_L + p_{AA'}w_{A'} = q_{AA}w_A + q_{AE}w_E$$

Ökonomisch betrachtet, ist der Arbeitswert der Naturressourcen Null. Bei einem gegebenen Aufwand an lebendiger Arbeit h_A ergibt sich aus den ersten drei Gleichungen der Arbeitswert nicht nur der Produktions- und Konsumtionsmittel, sondern auch der der Abprodukte *im Moment ihrer Retransformation*. Aus diesen

Werten ergibt sich gemäß Gleichung (4) das Maß der Veränderung des Wertes der Arbeitskraft, und da diese im Moment ihrer Geburt als Noch-Nicht-Arbeitskraft den Arbeitswert Null besitzt, ist damit auch ihr Wert bestimmt, allerdings rekursiv.

Dabei ist es auf dieser Ebene vollkommen gleichgültig, ob *wir* in der Lage sind, diese Messungen vorzunehmen, und ob wir sie vornehmen. Die Maßbeziehungen selbst sind vorhanden, gleichgültig, ob wir das wissen oder nicht. Und ob die Arbeitenden das wissen, ist wieder eine andere Frage. Die allermeisten haben es in den vergangenen Jahrtausenden sicherlich nicht gewußt - genauso übrigens, wie sie nicht wußten, daß sie ihr ganzes Leben lang Prosa gesprochen haben.

Nicht ganz so gleichgültig ist, daß der Gesamtreproduktionsprozeß in der Wirklichkeit sich nicht in vier säuberlich voneinander geschiedene Komponenten aufteilt, sondern in eine Vielzahl von miteinander verschlungenen Einzelprozessen. Dadurch gibt es *realiter* viel mehr Bestimmungsgleichungen als Unbekannte, so daß die Arbeitswerte überbestimmt sind. Allerdings ist auch diese Überbestimmung oder Überdetermination keine Erfindung des Menschen, sondern findet sich in faktisch jedem komplexeren System wieder, so beispielsweise, um nur das einfachste zu nennen, für den Physiker im Dreikörperproblem.

Aber schon aus den Lösungen dieses so stark vereinfachten Gleichungssystems ergibt sich ein sehr verblüffendes Resultat: Die auf der Inputseite einzusetzenden Werte können nicht vorausgesetzt werden, sondern sind selbst erst Resultat des Reproduktionsprozesses. Sie sind nur retrospektiv feststellbar (mathematisch gesprochen: mittels rekursiver Funktionen zu berechnen). Aber die Verblüffung verschwindet, sobald wir die allgemeine Problematik der Berechnung von Werten (wie auch von Preisen) auf dem Boden einer richtig-gestellten Arbeitswerttheorie betrachten.

Nehmen wir den Arbeitslohn. Er ist ja keinesfalls, wie des öfteren behauptet, Geldausdruck der Kosten, die für die Produktion der Ware Arbeitskraft aufgewandt werden, auch nicht Geldausdruck des Werts der Ware Arbeitskraft. Dies wird ganz offensichtlich, wenn wir allein die Kosten zusammenaddieren, die für die Bildung und Ausbildung der Arbeitskräfte ausgegeben werden müssen und auf diese Weise in den Wert der Ware Arbeitskraft eingehen. Natürlich bekommt niemand Monat für Monat diese - eben schon längst verausgabten - Kosten bezahlt. Was *mehr oder minder* als Arbeitslohn gezahlt wird, das sind vielmehr die Kosten der *Re*produktion der Ware Arbeitskraft, um im Beispiel zu bleiben, die Kosten der Reproduktion des Könnens, der Fähigkeiten und Fertigkeiten der Arbeitskraft. Dabei bringt das *mehr oder minder*, von allen gesellschaftlichen Bedingungen abstrahiert, das jedem Reproduktionspreis inhärente und stets tentative Moment der *ex-ante*-Bestimmung erst *ex post* exakt fixierbarer Preise zum Ausdruck.

Überhaupt ist ja festzuhalten, daß Beschaffungspreise zwar in die Gewinn- und Verlust-Rechnung der wirtschaftenden Einheiten eingehen, aber nicht in die Verkaufspreise der dort produzierten Waren: Auch wer zu teuer eingekauft hat, kann faktisch nur die aktuell gültigen *Wieder*beschaffungspreise in Rechnung stellen, und diese Wiederbeschaffungspreise sind ja, arbeitswerttheoretisch betrachtet, nichts anderes als in Geld ausgedrückte Reproduktionspreise. Umgekehrt wirkt, beispielsweise, eine Erhöhung der Erdölpreise auch auf die Benzinpreise: Obgleich doch in den Kostpreis des Benzins „eigentlich" der ursprüngliche Einkaufspreis des Erdöls eingehen müßte, ist es der aktuell gültige Wiederbeschaffungspreis für das in der Benzinproduktion verbrauchte Erdöl, der in die Rechnung eingeht.

Aber damit aus diesen Beispielen nicht sofort ein Mißverständnis entsteht, muß ich noch einmal betonen: Daß sich in jedem Arbeitsprodukt ein bestimmtes Quantum Arbeit vergegenständlicht hat, gilt vollkommen unabhängig davon, ob es auf einem wie auch immer gearteten Markt erscheint oder nicht. Im Rahmen des soeben skizzierten Gleichungssystems sind die Arbeitswerte rekursiv berechenbar, ohne daß ein einziger Zirkulationsakt vollzogen wäre. Das Gleichungssystem gilt auch für Ökonomien, in denen überhaupt kein Markt vorhanden ist, es demzufolge auch keine auf dem Markt erscheinenden Waren gibt. Insofern ist eben auch sehr genau zu unterscheiden zwischen dem Arbeitswert und dem, was auf dem Markt als Tauschwert oder Preis erscheint.

Daß die Erscheinungsweise einer Sache nun ihrem Wesen vollkommen widersprechen kann, ist keine Erfindung böswilliger Philosophen, sondern betrübliche Alltagserfahrung. Wir sehen jeden Tag die Sonne auf- und untergehen, also sich um die Erde drehen, und wissen doch, daß wir das Falsche sehen. Aber diese falsche Sicht hat die Menschen über Jahrhunderttausende nicht daran gehindert, sich einigermaßen auf der Erde zurechtzufinden, ja, die ersten Sternkarten der neuen Astronomie waren so schlecht, daß die Weltumsegler zu Recht die alten vorzogen.

Der Markt ist heutzutage für die *Abschätzung* von Arbeitswerten bestenfalls so geeignet wie die alten Sternkarten damals - von einer Messung der Arbeitswerte auf dem Markt kann ja sowieso nicht die Rede sein. Ich sage bestenfalls, vielleicht ist der Markt dafür auch so gut geeignet wie ein Zollstock zur Messung von Atomdurchmessern und interplanetaren Entfernungen. Nur bin ich nicht der Meinung, daß aus der Unbrauchbarkeit des Zollstocks resultiert, daß es Atomdurchmesser und Galaxien überhaupt nicht gibt. Wir müssen nur die geeigneten Meßvorrichtungen entwickeln und die Bedingungen, um sie auch anwenden zu können.

Wie notwendig gerade die Frage der Bedingungen ist, zeigt sich auch in folgendem: Es gibt ja heute gesellschaftlich zu reproduzierende Teile der Natur, die zumindest gegenwärtig noch nicht ge- und verkauft werden, überhaupt nicht auf dem Markt erscheinen und demzufolge offenbar auch nicht Ware geworden sind. Ein sofort einleuchtendes Beispiel hierfür ist die notwendig gewordene *Re*produktion von Atemluft. Daß dessen Reproduktionskosten heutzutage betriebswirtschaftlich so behandelt werden, daß sie entweder auf den Verkaufspreis der verkaufbaren Güter und Dienste aufgeschlagen oder im Nachhinein als Ökosteuer erhoben werden, ändert an der Problemstellung nichts. Im Gegenteil zeigt die sich beständig zuspitzende Situation im Klimabereich, daß genau diese betriebswirtschaftliche Rechnung in eine weltwirtschaftliche Fehlrechnung von geradezu katastrophaler Wirkung resultiert.

Es liegt durchaus im Bereich des Möglichen, Atemluft auf dieselbe Weise in eine Ware zu verwandeln, wie für Bewohner der *großen Städte* das Mikroklima *mittelbar* eine Ware geworden ist, denn es wird durch Klimaanlagen produziert. Auf diese Weise ist, in Übereinstimmung mit und unter Ausnutzung unserer Kenntnis von den in der Natur wirkenden Gesetzen, eine nahezu vollständige Abschottung von der industriell verseuchten Natur zu erreichen. Diese Entwicklung wäre auch kompatibel mit den derzeit wirkenden ökonomischen Gesetzen. Allerdings wäre sie nichts anderes als die praktische Umsetzung jener Horrorvisionen, die die Huxley, Welles usw. über eine geteilte Welt (die *happy few* und die von ihnen völlig getrennt lebenden *Arbeitstiere*) entwickelt hatten - und wenn wir bedenken, daß die Prokopfmenge verbrauchten Wassers in Afrika gegenwärtig niedriger ist als die, die in den USA pro Kopf allein für Toilettenspülung aufgewandt wird, so hat sich die Welt dieser Vision schon beträchtlich angenähert.

Ich habe das Beispiel Atemluft auch gewählt, weil es so besonders deutlich macht, daß die ökonomisch-ökologischen Weltprobleme wohl nicht auf dem Wege des Rückzugs aus der Weltwirtschaft und in die ökosozial organisierte Kleingemeinde lösbar sind. Vorschläge dieser Art verkennen die Größe des Problems und offerieren bloße Scheinlösungen, ganz abgesehen davon, daß Welt*wirtschaft* nur der ökonomische Ausdruck dessen ist, daß wir in *einer* Welt leben. Sich von dieser Welt abkoppeln zu wollen, zielt im Grunde - ob diejenigen das wollen oder nicht - nur auf eine andersgeartete Teilung der *einen* Welt, in deren besserer Hälfte die ökosophisch organisierten *happy few* angesiedelt sind. Die durchaus theoretische Frage, ob und wie lange die Menschheit auf diese Weise überleben könne, kann unbeantwortet bleiben, da das Vegetieren in einer solchen Gesellschaft - jedenfalls meiner Meinung nach - in gar keinem Falle erstrebens- oder gar lebenswert wäre.

Betrachten wir daher die gegenwärtig vorliegenden Ergebnisse der Verwandlung von Biosphäre in Noosphäre, so ist von *nous*, zu deutsch: Vernunft, wenig zu verspüren. Damit Noosphäre das wird, was ihr Name besagt, müssen wir aber tiefgründig Einsicht nehmen in das Naturnotwendige. Dazu gehört auch Einsicht in den naturnotwendigen Arbeitsprozeß. Handeln wir entsprechend der gewonnenen Einsichten, wird es uns vielleicht auch gelingen, ihn in etwas zu verwandeln, was den anderen Naturnotwendigkeiten an Lust und Schönheit gleicht, also in das, was ein alter Grieche namens *Euripides* als *kalos ponos* bezeichnet hat, eine schöne Last.

Tomonaga Tairako

Materialismus und Dialektik bei Marx

1. Die eigentümliche Logik des eigentümlichen Gegenstandes und die Kritik der Philosophie überhaupt - der Horizont, den das Manuskript *Zur Kritik des Hegelschen Staatsrechts* erschlossen hat.

Es ist zuerst wichtig zu erfassen, was für einen Sinn überhaupt die Philosophie und die Erkenntnistheorie bei Marx hat. Wenn man nach der Dialektik des *Kapitals* fragt, handelt es sich zumeist nicht um eine konkrete Durchführung der wirtschaftswissenschaftlichen Analyse der kapitalistischen Produktionsweise und um eine konkrete Darstellung der analysierten Verhältnisse, sondern um eine allgemein anwendbare, wissenschaftliche Methode, die bei jeder wissenschaftlichen Analyse beliebiger Gegenstände in jedem Wissensbereich gelten soll, d.h. um eine allgemeingültige, wissenschaftliche, marxistische Erkenntnistheorie, die man durch die philosophische Analyse des *Kapitals* konstituieren will. Marx kommt es aber darauf an, diesen Anspruch aller bisherigen Philosophien auf allgemeine Anwendbarkeit abzulehnen und umzuwälzen. Wenn man den richtigen Zugang zur Dialektik des *Kapitals* finden will, darf man nicht vergessen, daß es sich bei Marx um einen radikal-kritischen Denker handelt, der die von Hegel zur absoluten Methode aller Wissenschaften erhobene *Philosophie als Philosophie* überwinden, daher jede *Philosophie als Philosophie*, einschließlich jeder radikal-kritischen Philosophie, aufheben will. Hier handelt es sich also um eine besondere Philosophie, die nicht mehr Philosophie bleiben will.

Es ist bekannt, daß Marx zuerst durch die Kritik der Hegelschen Philosophie seine eigene Philosophie entwickelt. Weniger bekannt ist, daß er in vollem Ernst seine Hegel-Kritik zugleich als „Kritik der Philosophie überhaupt" (*Ökonomisch-philosophische Manuskripte*), die materialistische eingerechnet, durchführt. Dieses Unternehmen findet seinen Ausdruck in seiner ersten umfassenden Hegel-Kritik, in der Schrift *Zur Kritik der Hegelschen Rechtsphilosophie*.

Marx formuliert den Grundcharakter der Hegelschen Philosophie folgendermaßen:

> „Der Übergang der Familie und der bürgerlichen Gesellschaft in den politischen Staat [...] wird also nicht aus dem *besondern* Wesen der Familie etc. und dem besondern Wesen des Staats, sondern aus dem *allgemeinen* Verhältniß von *Nothwendigkeit* und *Freiheit* hergeleitet. Es ist ganz derselbe Übergang, der in der Logik aus der Sphäre des Wesens in die Sphäre des Begriffs be-

werkstelligt wird. [...] Es sind immer dieselben Categorien, die bald die Seele für diese, bald für jene Sphäre hergeben. Es kommt nur darauf an für die einzelnen, konkreten Bestimmungen die entsprechenden abstrakten [nämlich logischen (T.T.)] aufzufinden" (Marx 1844, S.10f.).

„Er [Hegel][1] hat zu einem Product, einem Prädikat der Idee gemacht, was ihr Subjekt ist. Er entwickelt sein Denken nicht aus dem Gegenstand, sondern den Gegenstand nach einem mit sich fertig und in der abstrakten Sphäre der Logik mit sich fertig gewordnen Denken. [...] Ihr [der Gegenstände] Schicksal ist vielmehr prädestiniert durch die 'Natur des Begriffs' [...] Der 'Begriff' ist [...] das agens, das determinirende, unterscheidende Prinzip. 'Idee' und 'Begriff' sind hier verselbständigte Abstraktionen" (ebenda, S.15).

„Nicht die Rechtsphilosophie, sondern die Logik ist das wahre Interesse. Nicht daß das Denken sich in politischen Bestimmungen verkörpert, sondern daß die vorhandenen politischen Bestimmungen in abstrakte Gedanken verflüchtigt werden, ist die philosophische Arbeit. Nicht die Logik der Sache, sondern die Sache der Logik ist das philosophische Moment. Die Logik dient nicht zum Beweis des Staats, sondern der Staat dient zum Beweis der Logik" (ebenda, S.18).

Gegen Hegel setzt Marx seinen eigenen Standpunkt:

„So weist die wahrhaft philosophische Kritik der jetzigen Staatsverfassung nicht nur Widersprüche als bestehend auf, sie *erklärt* sie, sie begreift ihre Genesis, ihre Nothwendigkeit. Sie faßt sie in ihrer *eigenthümlichen* Bedeutung. Dieß *Begreifen* besteht aber nicht, wie Hegel meint, darin, die Bestimmungen des logischen Begriffes überall wieder zu erkennen, sondern die eigenthümliche Logik des eigenthümlichen Gegenstandes zu fassen" (ebenda, S.101).

Wie man aus diesen Zitaten klar ersehen kann, beschränkt sich Marx' Kritik nicht auf eine Kritik an der idealistischen Philosophie Hegels, sondern erstreckt sich darüber hinaus dem Inhalt nach auf die Kritik an der Philosophie überhaupt als einem abstrakten Denken. Seine Kritik besteht also darin, jede Auffassung der Philosophie (oder der Logik oder der Wissenschaften) zu kritisieren, nach der sich die Philosophie (oder die Wissenschaften) von der wirklichen empirischen

1 Hinzufügungen in eckigen Klammern stammen vom Autor - d.H.

Welt verselbständigt und durch ihr abstraktes Denken ein System der „Kategorien" oder der „Begriffe" konstruiert, die als allgemein geltende Gesetze auf konkrete Gegenstände aller Art angewendet werden können. In solcher Philosophieauffassung kommt es bei der philosophischen (oder wissenschaftlichen) Erkenntnis der Gegenstände auf die Subsumtion der einzelnen Gegenstände unter die entsprechenden abstrakten Begriffe an. Man braucht dabei nur logische Begriffe, wie z.B. „Wesen" und „Erscheinung", „Notwendigkeit", „Allgemeinheit", „Besonderheit" und „Einzelheit" usw. herauszufinden. Sobald sie gefunden sind, wendet man nur die in der philosophischen Logik schon vorweggenommenen logischen Zusammenhänge auf die Darstellung der Gegenstände an. Die Konstruktion der streng exakten Logik im Sinne des Systems der allgemein anwendbaren wissenschaftlichen Begriffe soll die wichtigste Sache sein. In dieser Denkweise werden Begriffe versubjektiviert und wirkliche Gegenstände zum bloßen Prädikat der Begriffe degradiert. Diese „Umkehrung von Subjekt und Prädicat" (ebenda., S.12) charakterisiert, was Marx oben „die philosophische Arbeit" oder „das philosophische Moment" nennt.
Im Gegensatz zu dieser Verselbständigung des abstrakten Denkens charakterisiert Marx seine eigene Methode als Erfassen der „eigenthümlichen Logik des eigenthümlichen Gegenstandes". Damit wird offensichtlich die Konstruktion eines der konkreten Analyse der konkreten Gegenstände vorausgehenden Systems von allgemein anwendbaren logischen Begriffen abgelehnt. Er sucht hier nach einer Art des Wissens, die Begriffe nicht versubjektiviert. Während „die philosophische Arbeit", d.h. „die Sache der Logik", ausschließlich mit der Arbeit, die hinter den einzelnen Gegenständen steckenden allgemeingültigen, gesetzmäßigen Zusammenhänge zwischen den Kategorien herauszufinden, bzw. mit der Subsumtion des Einzelnen unter das Allgemeine zu tun hat, besteht „die eigenthümliche Logik des eigenthümlichen Gegenstandes", d.h. „die Logik der Sache", in der Methode, die differentia specifica jedes Gegenstandes gründlich zu analysieren.

> „Eine Erklärung, die aber nicht die differentia specifica giebt, ist *keine* Erklärung" (ebenda, S.12).

Jede wissenschaftliche Erkenntnis setzt zwar die Vermittlung begrifflicher Bestimmungen voraus. Die ununterbrochene Arbeit, diese Bestimmungen bis zum konkretesten Punkt, zur Erklärung der differentia specifica, zu konkretisieren, ist aber die erste Aufgabe der *Logik der Sache*. Man darf trotzdem nicht vergessen, daß selbst diese konkreteste Erkenntnis der differentia specifica immer noch im abstrakten Element des Denkens stecken bleibt, insofern sie nur eine Erkenntnis durch Begriffe ist, wie nahe sie sich vermittels aller konkreten Bestimmungen dem Gegenstand auch nähert. Wir müssen also prinzipiell das Konkrete im Denken vom wirklich Konkreten unterscheiden. Hierin finden wir die zweite Aufgabe der *Logik der Sache*. Hegel hat diesen wesentlichen Unterschied ignoriert und das wirklich Konkrete auf das begrifflich Konkrete reduziert (aufgrund seiner These der Identität von Denken und Sein).

> „Ein Moment des Begriffs ist die 'Einzelheit'; allein dieß ist noch nicht *Ein Individuum*" (ebenda, S.26),

so kritisiert Marx Hegels Identitätsauffassung. Diese Kritik hat ihn zu einer klar materialistischen Auffassung geführt, in der man von der Grundkonzeption ausgeht, daß der Gegenstand, die Wirklichkeit, die Existenz aus keinen begrifflichen Bestimmungen entwickelt werden kann, diese vielmehr erst mit der Voraussetzung jener (als ihrer Subjekte) ihren Sinn gewinnen können, und die Wirklichkeit daher als vorbegriffliche Instanz ursprünglicher als alle Denkbestimmungen ist. Diese Grundkonzeption geht durch alle seine folgenden Werke. Sie ist im Abschnitt: „Die Methode der politischen Ökonomie" in „der Einleitung zu den *Grundrissen der Kritik der politischen Ökonomie*" an der nahezu einzigen Stelle, an der der spätere Marx die Methode des *Kapitals* einigermaßen systematisch zu formulieren versucht, ausgedrückt:

> „Hegel gerieth daher auf die Illusion, das Reale als Resultat des sich in sich zusammenfassenden [...] Denkens zu fassen, während die Methode, vom Abstrakten zum Conkreten aufzusteigen, nur die Art für das Denken ist, sich das Conkrete anzueignen, es als ein geistig Conkretes zu reproduciren. Keineswegs aber der Entstehungsprocess des Conkreten selbst" (Marx 1857-1858, S.36).

2. Die materialistische Geschichtsauffassung und der praktische Materialismus

Marx' Methode geht also von der bewußten Rücksicht auf die Grenzen des Denkens in seiner Beziehung zur Wirklichkeit aus. In *Zur Kritik der Hegelschen Rechtsphilosophie* bewegt sich Marx' Kritik noch in der abstrakten Sphäre, solange er sich, wenn auch kritisch, mit der Logik Hegels beschäftigt. Das ist freilich eine unentbehrliche Voraussetzung für einen neuen philosophischen Ansatz, für den die *Praxis* der ihr Alltagsleben führenden, wirklichen *Individuen* in den Mittelpunkt aller theoretischen Erkenntnis rückt. Wir können den genialen Ansatz in einer unauffälligen Bemerkung lesen, in der es sich um die Kritik am Paragraph 277 der Hegelschen Rechtsphilosophie handelt:

> „Es kömmt dieser Unsinn dadurch herein, daß Hegel die Staatsgeschäfte und Wirksamkeiten abstrakt für sich und im Gegensatz

> dazu die besondere Individualität faßt; aber er vergißt, daß die besondere Individualität eine menschliche und die Staatsgeschäfte und Wirksamkeiten menschliche Funktionen sind; [...] und daß die Staatsgeschäfte etc. nichts als Daseins und Wirkungsweisen der socialen Qualitäten des Menschen sind" (Marx 1844, S.22).

Es scheint hier, als ob nur eine selbstverständliche, geradezu banale Wahrheit ausgedrückt würde, daß alle möglichen Gegenstände der Sozialwissenschaften als „menschliche Funktionen" betrachtet werden sollen. Aber wenn man so einfach dächte, würde man den Kern der Marxschen Gedankenrichtung mißverstehen. Denn er stellt sich durch das ganze Werk hindurch nicht die Frage, wie man die Gesellschaft als einen Gegenstand des Wissens sozialwissenschaftlich auffassen kann, sondern vielmehr, warum alle bisherigen Philosophien, egal ob idealistisch oder materialistisch, nicht in der Lage waren, bei Auffassung der gegenständlichen Welt die wirklichen Menschen, die verschiedenartige soziale Tätigkeiten alltäglich betreiben, als Subjekte zu behandeln. Marx' Kritik richtet sich nicht auf den Wissensgegenstand, sondern hauptsächlich auf das wissende Subjekt selbst, das sich zu ihm theoretisch verhält. Wenn wir das, was im oben angegebenen Zitat über „Staatsgeschäfte und Wirksamkeiten" gesagt wird, auf die Denktätigkeiten der Philosophen und der Wissenschaftler anwenden, werden wir der Marxschen Grundauffassung der Philosophie begegnen, wie sie in den *Thesen über Feuerbach* erklärt ist.

In dieser Grundthese ist die Weise des Fragens, wie man in der Philosophie die primäre Frage stellt, viel wichtiger als die zu findenden Antworten, weil eine falsch oder ungenügend bearbeitete Fragestellung unseren Blick der Erschließung weiterer fruchtbaren Fragestellungen verschließt. Die erste zu stellende Frage ist nicht, was man bei der Konstruktion der von vornherein als Gegenstand der Erkenntnis gesetzten Welt (Natur und Gesellschaft) für ursprünglicher hält, das Geistige oder das Materielle - wobei vorausgesetzt ist, daß der Erkennende (Philosoph, Wissenschaftler oder Kritiker) als Subjekt der ganzen Welt gegenübersteht, um diese anzuschauen; das, was in solcher Fragestellung unreflektiert vor jeder Überlegung als selbstverständlich vorausgesetzt ist, muß in erster Linie kritisch untersucht werden. Die primär zu stellenden Fragen sind für den jungen Marx erstens, wo, d.h. an welchem sozialen Ort, sich der die Welt Erkennende selbst befindet (quaestio loci), und zweitens, welche spezifische Bedeutung für ihn das erkennende Verhalten zur Welt in seinem ganzen Lebensprozeß, in seiner Lebensweise ausmacht. Mit anderen Worten: was für einen Sinn hat die bestimmte Verhaltensweise, bei der wir uns als ausschließlich erkennende Subjekte zur Welt als einem lediglich zu erkennenden Gegenstand verhalten, in unseren Lebenstätigkeiten, in denen wir uns doch zunächst und zumeist zur Welt praktisch verhalten (quaestio modi vitae). Durch Bearbeitung dieser beiden Fragestellungen erschließt Marx der Philosophie einen neuen Horizont. Die Untersuchung der primären Fragestellung führt ihn zu einem neuen philosophischen Ansatz, der nicht mehr von der Trennung des die Welt Erkennenden von seinem Gegenstand ausgeht. Indem wir die erkennenden Subjekte in die gegenständliche Welt zurückversetzen, sind wir erst in der Lage, den Gegenstand in dem Sinne subjektiv zu fassen, wie es in der ersten *These über Feuerbach* als die wichtigste Aufgabe des neuen Materialismus gefordert wird. Durch die zweite Fragestellung kommt er zu einem ebenfalls neuen Ansatz, in dem das Erkennen jeder Art als ein Moment oder ein Modus der Praxis, d.h. des Lebensprozesses des Menschen, aufgefaßt wird. Marx bezeichnet jedes Denken, das das Erkennen als die Tätigkeit des Verstandes oder der Vernunft von den anderen menschlichen Lebenstätitigkeiten verselbständigt, als „abstrakt" und das Verhalten des so verselbständigten Subjekts zu der einseitig als Gegenstand der Erkenntnis gesetzten Welt als bloße „Anschauung" oder „Theorie". Der bisherige Materialismus, den Feuerbachschen eingerechnet, geht von einem solchen „abstrakten" Denken aus. Deswegen bleibt der philosophische Materialismus insofern immer noch dem Wesen nach *idealistisch*, als er, wie heftig er auch mit dem Idealismus kämpfen mag, sich nur innerhalb des Elements der Philosophie als wesentlich „abstraktes" Denken bewegt.

> „... der *abstrakte Materialismus* ist der *abstrakte Spiritualismus* der Materie" (ebenda, S.98).

So hat Marx in seiner ersten ausführlichen Hegel-Kritik auch den Hauptmangel des bisherigen philosophischen Materialismus charakterisiert.
Erst nachdem wir die von ihm gestellten zwei Fragen in ihren Erschließungsmöglichkeiten neuer Dimensionen des Denkens verstanden haben, erreichen wir einen Standpunkt, von dem aus wir den Marxschen Hauptgedanken in den *Thesen über Feuerbach* verstehen können.

> „Die materialistische Lehre von der Veränderung der Umstände und der Erziehung vergißt, daß [...] der Erzieher selbst erzogen werden muß. Sie muß daher die Gesellschaft in zwei Teile - von denen der eine über ihr erhaben ist - sondieren" (Marx 1845, S.5f.),

so heißt es in der dritten These. Damit der Erzieher selbst erzogen werden kann, muß er sich in denselben Raum versetzen, in dem die zu Erziehenden sich befinden. Zunächst muß die Distanzierung des Erziehungssubjekts vom Erziehungsobjekt aufgehoben werden.
Unter „Anschauung" versteht Marx alle Denk- und Praxisweisen, in denen sich der Beobachter oder der politische Aktivist von der Gesellschaft distanziert, um diese objektiv zu betrachten bzw. revolutionär umzuwälzen, sich also in eine privilegierte Position versetzt, um sie wissenschaftlich bzw. politisch zu beherr-

schen. Daraus folgt, daß die ganze Gesellschaft hierbei in zwei Teile gespalten wird, einerseits in Eliten jeder Art, die sich irgendwie aktiv zu ihr verhalten, und andererseits in die Massen, die stets als passive Objekte der wissenschaftlichen bzw. politischen Bearbeitung behandelt werden. Dem jungen Marx zufolge bleibt eine für die Aufklärung typische Denkweise, nach welcher die politischen Eliten die Gesellschaft so zielbewußt und zweckrational, wie es im ökonomischen Arbeitsprozeß der Fall ist, verändern können und sollen, indem sie die Massen führen, in dem *Irrtum der Anschauung* befangen. Wenn man den berühmten Ausdruck der elften These benutzt, „haben" sie, wenn sie sich auch politisch radikal betätigt haben mögen, „die Welt nur verschieden *interpretiert*" (ebenda, S.7). Im Begriff der Praxis, der dem der Anschauung gegenübersteht, drückt sich ein für Marx eigentümlicher philosophischer Standpunkt aus, der praktische Materialismus, bei dem es darauf ankommt, die aus der Welt herausgehobenen (erkennenden oder politischen) Subjekte in die mit Unrecht als (passives) Objekt bestimmte Welt der Massen zurückzuführen.
Die Aufgabe der materialistischen Geschichtsauffassung besteht deshalb darin, diese Grundkonzeption des praktischen Materialismus zur Grundlage der Geschichtsschreibung zu konkretisieren. Ihre Hauptthese:

> „Nicht das Bewußtsein bestimmt das Leben, sondern das Leben bestimmt das Bewußtsein" (Marx 1845-1846, S.27)

ist zwar sehr bekannt - aber wer hat jemals überdacht, um wessen Bewußtsein es sich in jener These handelt? Die Antwort ist, daß es sich hauptsächlich um das Bewußtsein des Erkennenden selbst, nicht um das der zum Gegenstand der Wissenschaft gemachten Massen handelt. Marx wollte den Wissenschaftlern die Fragen stellen, an welchem Ort sie sich befinden, wenn sie abstrakt denken (quaestio loci), und welche Stellung ihr Erkennen in ihren Lebenstätigkeiten einnimmt (quaestio modi vitae). In diesem Sinne ist nach Marx die materialistische Geschichtsauffassung nicht die Erweiterung und Anwendung eines allgemeinen materialistischen Grundprinzips auf die geschichtlichen Phänomene, sondern gerade das Grundprinzip selbst.

> „Das Bewußtsein kann nie etwas Anderes sein als das bewußte Sein, und das Sein der Menschen ist ihr wirklicher Lebensprozeß" (ebenda, S.26).

Diese Grundkonzeption legt Marx auch seiner Auffassung vom Verhältnis des erkennenden Subjekts zum erkannten Objekt in der *Kritik der politischen Ökonomie* zugrunde, wie man den folgenden Stellen entnehmen kann:

> „Die Produktionsweise des materiellen Lebens bedingt den [...] geistigen Lebensproceß" (im Vorwort *Zur Kritik der politischen Ökonomie. Erstes Heft*, Marx 1859, S.100).
> „Das Ganze wie es im Kopf als Gedankenganzes erscheint ist ein Product des denkenden Kopfes, der sich die Welt in der ihm einzig möglichen Weise aneignet, einer Weise, die verschieden ist von der künstlerisch-, religiös-, praktisch-geistigen Aneignung dieser Welt" (in der Einleitung zu den *Grundrissen der Kritik der politischen Ökonomie*, Marx 1857-1858, S.37).

Das größte Unglück für den Marxismus war, daß eine szientistische oder positivistische Denkrichtung in seiner Geschichte vorherrschte, in der man strenge Wissenschaftlichkeit für den Beweis der Überlegenheit der Philosophie hielt. In einer solchen Gedankenrichtung wurde die materialistische Geschichtsauffassung nur als eine wissenschaftliche Methode betrachtet, die dazu dient, die geschichtlichen Phänomene gesetzmäßig zu erkennen, wobei man ihre Hauptaufgabe, die Wissenschaftler zur Reflexion über ihre sozial-geschichtliche Gebundenheit zu veranlassen, völlig ignorierte. Wenn man die Thesen der materialistische Geschichtsauffassung ohne diese Reflexion ausschließlich auf die Forschungsgegenstände anwendet, werden sie zu einem ökonomischen Determinismus degradiert. Die materialistische Geschichtsauffassung muß sich in ihrem genuinen Sinn auf die Überwindung des szientistischen Vorurteils der Wissenschaftler richten, insofern diese vorgeben, dank der wissenschaftlichen Methode den in der alltäglichen Arbeiten aufgehenden Menschen ihre zwar zugehörigen, aber ihnen unbewußten Gesetze prädeterminieren zu können. Die materialistische Geschichtsauffassung wurde durch ihre szientistische Ausnutzung gerade ins Gegenteil verwandelt, nämlich in eine Methode, die die Trennung der von den geschichtlichen Gesetzen determinierten Menschen von den diese Gesetze erkennenden Wissenschaftlern verfestigt und verewigt. Daher wurde der prinzipielle methodische Sinn der Praxis bei diesem Gebrauch der materialistischen Geschichtsauffassung völlig aus den Augen verloren.

3. Dialektik des *Kapitals* als Logik der Verkehrung

Nachdem wir Marx' Auffassung von den Wissenschaften und der Philosophie überhaupt untersucht haben, gelangen wir nun zu einem Punkt, an dem wir die Dialektik des *Kapitals* in ihrem eigentlichen Sinn verstehen können. Wie schon gesagt, besteht Marx' theoretisches sowie praktisches Interesse darin, erstens die Prozesse, worin sich die Herrschaft des Abstrakten über die Individuen durch die Verkehrung von Subjekt und Objekt entwickelt, theoretisch zu begreifen und zweitens darüber hinaus die unter dieser Herrschaft des Abstrakten verlorene

Subjektivität der wirklich lebenden Individuen praktisch wieder herzustellen. *Zur Kritik der Hegelschen Rechtsphilosophie* führt dieses Projekt der Befreiung von der Herrschaft des Abstrakten unter deutlichem Einfluß Feuerbachs als Kritik an jeder Spekulation aus, die die von der empirischen Wirklichkeit abstrahierenden Begriffe versubjektiviert. Aber kurz danach entwickelt sich Marx' Denken zu der Einsicht, daß die radikal-materialistische Kritik an der Religion oder der spekulativen Philosophie nicht genügt, um die Individuen wirklich von der Herrschaft des Abstrakten zu befreien, und daß die Religion sich gerade aus der wirklichen, sinnlichen Welt (d.h. der vorliegenden ökonomischen Struktur der bürgerlichen Gesellschaft) als dem realen Geburtsort aller Entfremdung herausbildet. Diese neue Sicht führte Marx zur Kritik an Feuerbach, der diese sinnliche Welt im Gegensatz zur Spekulation unkritisch bejahte. Deshalb begann Marx, sich kritisch in die klassische politische Ökonomie zu vertiefen.
Interessanterweise ist aber Marx zu der Auffassung gelangt, die Hegelsche Philosophie als die Philosophie der alles verkehrenden bürgerlichen Gesellschaft wieder positiv einzuschätzen, indem er erkannte, daß das versachlichte Abstraktum, wie z.B. Wert, Geld, Kapital, das in der bürgerlichen Gesellschaft wirklich herrschende Subjekt ist. Für Marx handelt es sich bei Hegel um eine geniale Philosophie, die die zuerst zu begreifende, aber letztendlich praktisch zu überwindende, verkehrende Struktur der bürgerlichen Gesellschaft - wenn auch abstrakt im Horizont der spekulativen Logik - exakt beschreibt, aber natürlich unter dem Vorbehalt, daß Hegel insofern kritisiert werden muß, als er in den entfremdeten Verhältnissen verweilt und nicht versucht, diese der Kritik zu unterziehen. Diese Marxsche Rückwendung von Feuerbach zu Hegel deutet sich darin an, daß er Hegel nicht mehr mit dem „logische[n], pantheistische[n] Mysticismus" (Marx 1844, S.8) charakterisiert, der im Manuskript *Zur Kritik der Hegelschen Rechtsphilosophie* eine entscheidende Rolle gespielt hat. Auf diese Weise verdoppelt sich die Marxsche Hegel-Kritik in eine theoretische Kritik, die darin besteht, daß Hegel das Denken als Begriff abstrakt verselbständigt, und in eine praktische Kritik, die nur durch die praktische Überwindung der modernen bürgerlichen Gesellschaft in einem langen geschichtlichen Prozeß ausgeführt werden kann. Diese doppelte Kritik entspricht einer wichtigen Verdoppelung des Abstrakten in das theoretische und in das wirkliche. - Damit haben wir uns hinreichend auf die Untersuchung der logischen Struktur des *Kapitals* vorbereitet.

> „Es ist [...] die Verdinglichung der gesellschaftlichen Produktionsbestimmungen und die Versubjektivierung der materiellen Grundlagen der Produktion, welche die ganze kapitalistische Produktionsweise charakterisiert" (Marx 1894, S.887).
> „Wir haben [...] den mystifizierenden Charakter [der kapitalistische Produktionsweise] nachgewiesen, der die gesellschaftlichen Verhältnisse [die gegenseitigen Nützlichkeits- und Gleichheitsver-

hältnisse der Arbeiten der Warenproduzenten in der Warenproduktion], denen die stofflichen Elemente des Reichtums bei der Produktion als Träger dienen, in Eigenschaften dieser Dinge selbst [Gebrauchswert und Wert als zwei der Ware selbst inhärente gesellschaftliche Natureigenschaften] verwandelt (Ware) und noch ausgesprochener das Produktionsverhältnis selbst in ein Ding (Geld). Alle Gesellschaftsformen, soweit sie es zur Warenproduktion und Geldzirkulation bringen, nehmen an dieser Verkehrung teil. Aber in der kapitalistischen Produktionsweise und beim Kapital, welches ihre herrschende Kategorie, ihr bestimmendes Produktionsverhältnis bildet, entwickelt sich diese verzauberte und verkehrte Welt noch viel weiter" (ebenda, S.835).

„[...] in dieser ökonomischen Trinität [...] ist die Mystifikation der kapitalistischen Produktionsweise, die Verdinglichung der gesellschaftlichen Verhältnisse, das unmittelbare Zusammenwachsen der stofflichen Produktionsverhältnisse mit ihrer geschichtlich-sozialen Bestimmtheit vollendet: die verzauberte, verkehrte und auf den Kopf gestellte Welt, wo Monsieur le Capital und Madame la Terre als soziale Charaktere und zugleich unmittelbar als bloße Dinge ihren Spuk treiben. Es ist das große Verdienst der klassischen Ökonomie, [...] diese Personifizierung der Sachen und Versachlichung der Produktionsverhältnisse, diese Religion des Alltagslebens aufgelöst zu haben. [...] Dennoch bleiben selbst die besten ihrer Wortführer, wie es vom bürgerlichen Standpunkt nicht anders möglich ist, mehr oder weniger in der von ihnen kritisch aufgelösten Welt des Scheins befangen und fallen daher alle mehr oder weniger in Inkonsequenzen [...] und ungelöste Widersprüche" (ebenda, S.838).

Handelt es sich im *Kapital* um „die Anatomie der bürgerlichen Gesellschaft" (Marx1859, S.100), in der das Kapital als das übergreifendes Subjekt entwickelt werden muß, so drückt sich die methodische Rolle der Dialektik in den obigen Zitaten aus dem letzten Abschnitt des dritten Bandes des *Kapitals* (Die Revenuen und ihre Quellen) in zusammengefaßter Form aus. Die Dialektik des *Kapitals* besteht demnach darin, alle Stufen der Verkehrungsprozesse in der modernen bürgerlichen Gesellschaft, von dem elementarsten Verhalten der produzierenden Individuen als der *wesentlichen* Subjekte ausgehend, zu verfolgen, um die Genesis der auf den Kopf gestellten Produktionsweise, worin Geld und Kapital als bloße Naturdinge sich im Alltag der bürgerlichen Gesellschaft in die scheinbaren, aber wirksamen Subjekte der gesellschaftlichen Produktionsverhältnisse verwandeln, zu erklären. Diese dialektische Methode findet ihre fundamentalste Begründung im 4.Abschnitt des ersten Kapitels des ersten Bandes des *Kapitals*: Der Fetischcharakter der Ware und sein Geheimnis. Hier geht es um die folgenden doppelten Verkehrungsprozesse: nämlich um die erste Verkehrung, die *wesentlichen* Produktionsverhältnisse der Menschen in Produktionsverhältnisse *der Sachen* zu verwandeln, und um die zweite, folgende Verkehrung, die gesellschaftlichen Bestimmungen dieser sachlichen Verhältnisse von diesen abzulösen und zu verselbständigen und so als die von vornherein dem Ding selbst inhärenten *natürlichen* Eigenschaften erscheinen zu lassen. Meine 1983 veröffentlichte Arbeit definiert die erste Verkehrung als *Versachlichung* und die zweite als *Verdinglichung*, um die begriffliche Unterscheidung zwischen Versachlichung und Verdinglichung in die Marx-Forschung einzuführen. Bei der *Versachlichung* handelt es sich um die Verkehrung der Verhältnisse zwischen Menschen in solche zwischen Sachen, aber noch in der Dimension der gesellschaftlichen Verhältnisse, während es sich bei der *Verdinglichung* um das Verschwinden der Dimension der gesellschaftlichen Verhältnisse in die der dinglichen Eigenschaften handelt. In dieser letzten Dimension sind dann alle die kapitalistische Produktionsweise charakterisierenden gesellschaftlich-geschichtlich bestimmten Formbestimmungen verschwunden, und es entsteht die im Alltag der bürgerlichen Gesellschaft dominierende *Selbstverständlichkeit* als eine Folge der ihre eigene Genesis verheimlichenden Verkehrung[2].

Ein Schlüsselbegriff in der Dialektik des *Kapitals* ist der des Scheins. Was damit methodisch gemeint ist, ist die Spaltung der bürgerlichen Gesellschaft in wesentliche und scheinbare Verhältnisse. Die wesentlichen Verhältnisse können sich selbst nicht anders als in der Gestalt der scheinbaren Verhältnisse offenbaren, worin die Stärke des Positivismus der sogenannten „Vulgärökonomie“ besteht, während andererseits der Scheincharakter der Erscheinung erst wissenschaftlich verstanden werden kann, wenn man einen hinter ihr stehenden wesentlichen Zusammenhang unterstellt und die Erscheinung auf einem Umweg als dessen Verkehrung bestimmt. Es ist leicht zu verstehen, daß Marx die Vulgärökonomie kritisiert, weil sie in der Selbstverständlichkeit der scheinbaren Verhältnisse befangen bleibt. Es ist aber methodisch gesehen wichtiger, daß er die Gegenposition, auf der man diesen Schein als eine bloße Täuschung oder eine irreführende Oberfläche betrachtet, ebenso hart kritisiert. Marx verteidigt die Wirklichkeit des Scheins als notwendige Erscheinungsform gegen die Denkweise der Aufklärung, daß aller Schein für diejenigen, die sich mit wissenschaftlichen Theorien ausrüsten, verschwände. Wenn aber die Analyse des wesentlichen Zusammenhangs in letzter Instanz auf die wissenschaftliche Bejahung der Wirklichkeit und der Notwendigkeit des Scheins in der Erscheinung hinausläuft, wozu muß die wissen-

2 Über die begriffliche Unterscheidung zwischen Versachlichung und Verdinglichung siehe Tairako (1983) und Tairako (1987).

schaftliche Untersuchung einen solchen großen Umweg überhaupt unternehmen? Warum kann man die Erscheinungen nicht direkt begreifen?
Die Antwort auf diese Frage erhält man, indem man auf das ursprünglich praktische Interesse Marxens an den Wissenschaften zurückgeht. Sein Interesse bestand, allgemein ausgedrückt, in der Befreiung der wirklichen Individuen von der Herrschaft des Abstrakten und in der Einsetzung der Individuen als wirkliche Subjekte der Gesellschaft. Seine grundsätzliche Einstellung, die wirklichen Individuen als Gegenstand der Wissenschaften stets auch subjektiv und nicht nur objektiv aufzufassen, bestimmt seine Problematik für die theoretische Betrachtung der modernen bürgerlichen Gesellschaft und findet ihre konkrete Ausführung in der Methode, den Verkehrungsprozessen nachzugehen, in denen sich die Produktionsverhältnisse der Menschen als Subjekte der Produktion in der Wesensdimension notwendigerweise zu den Verhältnissen der Sachen als Subjekte der Produktion verwandeln.
Auf der anderen Seite würde hier, wenn der Schein seine Wirklichkeit für denjenigen verlöre, der das hinter ihm stehende Wesen (oder Gesetz, wie z.B. Wertgesetz) entdeckt hat, eine Teilung der Menschen entstehen in diejenigen, die im Bann des Scheins befangen bleiben, und diejenigen, die die Wahrheit im Wesen geschaut haben. Dies wäre eine Form des der alltäglichen Praxis vorgreifenden Wissens, wogegen Marx seit jeher ankämpft. Die Dialektik als Methode der Kritik der politischen Ökonomie ist daher von dem tiefer liegenden Interesse motiviert, daß die Theorie den prinzipiellen Sinn der Praxis der in der „Religion des Alltagslebens“ (dem wirklichen Schein der bürgerlichen Gesellschaft) befangen lebenden Individuen bestätigen muß. Daraus erschließt sich nun ein neuer theoretischer Horizont: man soll die theoretische Perspektive zur geschichtlichen Aufhebung der modernen bürgerlichen Gesellschaft nicht in der Dimension der Kritik der politischen Ökonomie, sondern erst in der Dimension der Theorie von der Praxis der wirklichen Individuen, die aufgrund der Entwicklung jener Kritik erst wissenschaftlich begründet werden kann, auffinden. Diese Begründung der Praxis macht die eigentliche Aufgabe der Entfremdungskonzeption im Unterschied von der Theorie der Versachlichung aus.

4. Die Grundproblematik der Theorie der Entfremdung

Die Hauptaufgabe der Marxschen Lehre von der Entfremdung besteht nicht nur darin, zu erklären, wie die menschlichen Subjekte sich selbst in versachlichten Verhältnissen verlieren, sondern die Prozesse zu erfassen, in denen sich die zunächst und zumeist unter die Herrschaft des Kapitals als eines versachlichten Subjekts subsumierten, arbeitenden Individuen innerhalb der entfremdeten Verhältnisse zu aktiv-kritischen Subjekten ausbilden, die in der Lage sind, die kapitalistische Produktionsweise praktisch zu überwinden. Das Hauptthema der

Theorie von der Entfremdung besteht, kurz gesagt, nicht in der Analyse des Selbstverlusts des Subjekts, sondern in der spezifischen Form der Bildung des Subjekts. Man erinnere sich an das sechste Kapitel in Hegels *Phänomenologie des Geistes*: „Der Geist - B. Der sich *entfremdete* Geist. Die Bildung", in dem es sich bei der Entfremdung um die durch eine ihm selbst fremde Macht erzwungene Bildung des Subjekts handelt. Obwohl Feuerbach diesen Begriff von Hegel übernimmt, läßt er die für Hegel entscheidende geschichtsphilosophische Implikation weg und entwickelt die Entfremdungstheorie in einer ahistorischen Dimension des menschlichen Wesens, in der es sich um den Verlust des Menschen als Gattungswesens durch die Religion handelt. Es ist zwar eine Tatsache, daß Marx unter dem Einfluß von Feuerbach zum Materialismus gelangt ist. Daraus entstand die immer noch verbreitete Interpretation des Marxschen Entfremdungsbegriffs, daß er nämlich die Feuerbachsche Auffassung der Entfremdung, d.h. deren Vereinseitigung als bloßer Verlust des menschlichen Wesens, übernommen und sie einfach auf die gesellschaftlich-geschichtlichen Phänomene angewandt hätte, sogar noch nachdem er die Feuerbachsche Entfremdung in ihrer Abstraktheit kritisiert hatte. Aber, wie schon gezeigt, nähert sich Marx an Hegel im Verlaufe der Kritik an Feuerbach wieder an. Die Wende von Feuerbach zu Hegel fand bei der Niederschrift der *Ökonomisch-philosophischen Manuskripte* im Jahre 1844 statt. Wir finden das bewußte Aufgreifen der Hegelschen Entfremdungslehre durch Marx im dritten Heft, in dem er sich die Aufgabe stellt, „das positive Wesen des Privateigentums zu erfassen" (Marx 1844-a, S.263), oder die Notwendigkeit davon,

> „daß in der Bewegung des Privateigenthums, eben d[er] Ökonomie, die ganze revolutionäre Bewegung sowohl ihre empirische, als theoretische Basis findet, [...] einzusehn" (ebenda).

Aufgrund dieser Erkenntnis stellt er eine sowohl für seine weiteren Gedankenentwicklungen als für die ganze Geschichte des Marxismus entscheidende These auf:

> „Die Aufhebung der Selbstentfremdung macht denselben Weg, wie die Selbstentfremdung" (ebenda, S.261).

Alle sozialistischen Bewegungen setzen irgendeine kritische Auffassung vom kapitalistischen Wirtschaftssystem voraus. Die sozialistischen Theorien haben sich darauf konzentriert, die diesem System immanenten Widersprüche oder seine inhumanen Aspekte ans Licht zu bringen, um so die Arbeiter zum Sozialismus zu motivieren. Aber Marx kommt es bei der Entfremdung in erster Linie darauf an, nach der Qualität und dem Niveau der subjektiven Fähigkeit der Menschen zu fragen, die mit dem Kapitalismus praktisch konfrontiert sind: mit welcher politischen, kulturellen oder sozialen Bildung sind sie ausgerüstet? Die Hauptidee in den *Thesen über Feuerbach*, den Gegenstand als praktische Tätigkeit subjektiv aufzufassen, findet hier eine weitere Konkretisierung in der Methode, die Subjekte der politischen Veränderung in den zu verändernden Gegenstand zurückzuversetzen und nach der Art und Weise der Bildung der politischen aktiven Subjekte innerhalb der praktisch zu überwindenden Verhältnisse zu fragen. Wir als diejenigen, die das Scheitern aller marxistischen Bewegungen und Experimente im zwanzigsten Jahrhundert als Zeitgenossen erlebt haben, müssen jetzt die Marxsche Kritik am „rohen Kommunismus“ für richtig halten, und zwar in dem Sinn, daß seine Kritik ebenfalls für die bisherigen Theorien und Bewegungen des Marxismus gilt.

> „Wie wenig diese Aufhebung des Privateigenthums [durch den rohen Kommunismus] eine wirkliche Aneignung ist, beweist eben die abstrakte Negation der ganzen Welt der Bildung und der Civilisation; die Rückkehr zur *unnatürlichen* Einfachheit des *armen* und bedürfnißlosen Menschen, der nicht über das Privateigenthum hinaus, sondern noch nicht einmal bei demselben angelangt ist“ (ebenda., S.262).

Die Interessen und die Energie, die sich gegen den Kapitalismus richten, sind allgemein in den relativ von der zivilisierenden Wirkung des Kapitals ausgeschlossenen sozialen Gruppen zu finden. Ihr Sichtfeld ist zumeist viel mehr von dem bestimmt, was ihnen der Kapitalismus weggenommen hat, als von dem, was er ihnen gegeben hat. Sie sind im Gegensatz zu ihm auf das angewiesen, was er mit Ausrottung bedroht. Die sozialistischen Bewegungen, soweit sie naturwüchsig waren, mußten von Menschen, die noch nicht auf einer von der Entwicklung des zeitgenössischen Kapitalismus ermöglichten Höhe „der Bildung und der Zivilisation“ „angelangt“ waren, getragen werden. Dies ist der Grund, (1) warum die bisherigen sozialistischen Bewegungen scheitern mußten, oder, (2) warum sie eine von der Masse gesonderte, die Bildung und die Zivilisation repräsentierende Elite hervorbringen und damit die Herrschaft dieser Elite über die Masse herstellen mußten, um sich selbst zu erhalten, oder endlich, (3) warum sie nach ihrer Machtergreifung ihre Herrschaft mit repressiven Mitteln erhalten mußten: sie waren nicht in der Lage, verschiedenartige, vom Kapitalismus entwickelte politische und kulturelle Bedürfnisse pluralistisch in ein von ihnen selbst eingesetztes politisches System zu integrieren. In diesem Sinn ist es wichtig zu bemerken, daß Marx den sozialistischen Bewegungen zum erstenmal die Frage nach der kulturellen Deprivation der Arbeiterklasse und deren Überwindung vor der Machtergreifung dieser Klasse gestellt hat.

In Bezug auf die Entfremdung geht es daher um die Methode, die Entwicklung der versachlichten Ordnung der modernen bürgerlichen Gesellschaft, in der das

Kapital als Subjekt erscheint, als Bildungsprozeß der Arbeiter, die in der kapitalistischen Produktionsweise zunächst nur als bloße Personifikation der ökonomischen Kategorien fungieren, zu selbständigen kulturellen und politischen Subjekten zu rekonstruieren. So entspricht die Analyse der Entwicklung der Versachlichung phasenweise der der Entwicklung der Entfremdung [3].
Man sollte sich hier daran erinnern, daß das *Kapital* ein unvollendetes Werk ist. Dieser unvollendete Charakter fällt angesichts der Probleme der Praxis der im Alltag lebenden Individuen auf. Marx kann die Logik der Versachlichung im *Kapital* nicht ausführlich zur Logik der Entfremdung entwickeln, um diese Logik der sich innerhalb der Entfremdung zu Subjekten bildenden Individuen mit der Logik der Ausbildung derselben zu den politischen revolutionären Subjekten weiter zu vermitteln. Insofern das Hauptthema für den praktischen Materialismus, die Analyse der Praxis der im Alltag lebenden Individuen, von Marx unerschlossen bleibt, hat der Rückgriff auf ein der Praxis vorgreifendes Wissen, das Marx am Anfang seines wissenschaftlichen Lebens zu überwinden trachtet, jene theoretische Lücke ausgefüllt. Dieses vorgreifendes Wissen beweist das Ende der kapitalistischen Produktionsweise schon in der Dimension der Versachlichung innerhalb des Systems der Kritik der politischen Ökonomie, was aber, wie schon gesagt, eigentlich erst in der Dimension der Theorie der Praxis stattfinden sollte. Ich beziehe mich auf eine berühmte Stelle gegen Ende (im 24. Kapitel) des ersten Bandes des *Kapitals*:

> „Die Zentralisation der Produktionsmittel und die Vergesellschaftung der Arbeit erreichen einen Punkt, wo sie unverträglich werden mit ihrer kapitalistischen Hülle. Sie wird gesprengt. [...] Die kapitalistische Produktion erzeugt mit der Notwendigkeit eines Naturprozesses ihre eigene Negation. Es ist Negation der Negation“ (Marx 1867, S.791).

Hier tritt Marx als ein Theoretiker auf, der voraussagen kann, daß das kapitalistische Wirtschaftssystem „mit der Notwendigkeit eines Naturprozesses“ zu Ende gehen müsse. Wenn er in seiner Eigenschaft als wissenschaftlicher Theoretiker die Zukunft der Geschichte theoretisch vorwegnimmt, ohne das quid juris der Erkenntnis, wie das Wissen überhaupt der Praxis vorgreifen kann, zu reflektieren, gerät er selbst in den Standpunkt der abstrakten Spekulation. Die dialektisch-logischen Wendungen, wie z.B. die Negation der Negation, versehen diese Voraussage mit dem Schein des Beweises. Es sieht aus, als ob sie den Leser auf die *Wissenschaft der Logik* von Hegel verwiesen, als ob es sich um logische Begriffe als Ausdrücke der allgemeingültigen Gesetzlichkeiten handeln würde. Damit wurde

---

3 Über die Entfremdung als Bildung bei Hegel siehe Tairako (1985).

der eigentlich revolutionäre Gehalt im Marxschen Gedanken im Bann der fortschrittlich rationalistischen Aufklärung vor Marx ausgelöscht.
Die materialistische Geschichtsauffassung von Marx war eigentlich der erste ernsthafte Versuch in der Geschichte der europäischen Philosophie, das Privileg des vorgreifenden Wissens zu überwinden. Diese Überwindung konnte er aber selbst in seinen späten Werken noch nicht erfüllen. Hierin drückt sich das unvollendete Projekt des Marxismus auffallend aus. Nur diejenigen, die diese unvollendete Aufgabe übernehmen wollen, aufgrund der versachlichungstheoretischen Auffassung der modernen bürgerlichen Gesellschaft eine entfremdungstheoretische Theorie von der Praxis der alltäglich lebenden Individuen sozialwissenschaftlich, d.h. nicht nur abstrakt philosophisch, zu entwickeln, können einen noch nicht erschöpften fruchtbaren Wissenshorizont im Marxismus erschließen.

Literatur

Hegel, G.W.F. (1807), Phänomenologie des Geistes, Werke in 20 Bänden, Bd.3, Frankfurt am Main, 1969.

Hegel, G.W.F. (1812-1816), Die Wissenschaft der Logik, 2 Bände, Werke in 20 Bänden, Bd.5-6, Frankfurt am Main, 1969.

Marx, K. (1844), Zur Kritik der Hegelschen Rechtsphilosophie, Marx-Engels-Gesamtausgabe (abgekürzt: MEGA) 1-2, Berlin, 1982.

Marx, K. (1844-a), Ökonomisch-philosophische Manuskripte, MEGA 1-2, Berlin, 1982.

Marx, K. (1845), Thesen über Feuerbach, Marx-Engels-Werke (abgekürzt: Werke), Bd.3, Berlin, 1969.

Marx, K./Engels, F. (1845-1846), Die deutsche Ideologie, Werke, Bd.3, Berlin 1969.

Marx, K. (1857-1858), Ökonomische Manuskripte (1857-1858), MEGA 2-1-1, Berlin, 1976.

Marx, K. (1859), Zur Kritik der politischen Ökonomie. Erstes Heft, MEGA 2-2, Berlin, 1980.

Marx, K. (1867), Das Kapital. Kritik der politischen Ökonomie, Erster Band, Nach der vierten Auflage, Werke, Bd.23, Berlin, 1969.

Marx, K. (1894), Das Kapital. Kritik der politischen Ökonomie, Dritter Band, Werke, Bd.25, Berlin, 1970.

Tairako, T. (1983), Versachlichung und Verdinglichung in ihrer Beziehung zur Hegelschen Dialektik. Zur Erschließung der Logik der Verkehrung, *Hokudai Economic Papers*, Vol.12, S.65-85, Sapporo, 1982-1983.

Tairako, T. (1985), Versachlichung und Verdinglichung in der Phänomenologie des Geistes Hegels, *Hokudai Economic Papers*, Vol.14, S.93-110, Sapporo, 1984-1985.

Tairako, T. (1987), Der fundamentale Charakter der Dialektik im *Kapital*. Zur „Logik der Verkehrung“, In: Bönisch, S./Fiedler, F./Iwasaki, C. (Hrsg.), Marxistische Dialektik in Japan. Beiträge japanischer Philosophen zu aktuellen Problemen der dialektisch-materialistischen Methode, S. 105-123, 237-242, Berlin, 1987.

Tairako, T. (1990), Bürgerliche Gesellschaft und Staat. Untersuchungen zur Klassischen Politischen Theorie der Moderne, *Economic Journal of Hokkaido University*, Vol.19, S.53-85, Sapporo, 1990.

Tairako, T. (1993), Die rationale Betriebsführung und die Produktivkraft des Kapitals, *Hitotsubashi Journal of Social Studies*, Vol. 25, S.7-23, Tokyo, 1993.

Peter Ruben

Vom Problem der ökonomischen Messung und seiner möglichen Lösung

Daß die Ökonomie eine rechnende Wissenschaft ist, wird gegenwärtig als selbstverständlich zugestanden. Aber ist sie auch eine messende Wissenschaft? Der Intention der Ökonometrie nach zweifellos. Doch wäre diese Intention realisiert, dürften gängige Redeweisen wie „Messung des Werts durch die Arbeitszeit" oder „durch die abstrakte Arbeit" und viele andere nicht verwendet werden, weil sie in meßtheoretischer Sicht absurde Ausdrücke sind. Messen ist Vergleichen unter der Voraussetzung des Gebrauchs von Maßeinheiten, die die Qualitäten (Dimensionen) der Meßobjekte haben und für die Messenden darstellen. Meßbare Qualitäten sind diejenigen, für die Vergleichbarkeit der sie besitzenden Gegenstände besteht und die durch Fixierung von Maßeinheiten für die Wahrnehmung gegenständlich vorgestellt werden können. Eine Messung bezieht stets Dinge gleicher Qualität aufeinander, so daß Massen nur Massen, Längen nur Längen, Arbeiten nur Arbeiten etc. messen. Die darin zugrunde liegende Maße sind zwar der Größe nach verschieden, aber nach ihrer Qualität identisch. Nach ihrer Qualität verschiedene Meßmittel und Meßobjekte werden nie in ein und derselben Messung aufeinander bezogen. Sie sind miteinander *unvergleichbar*. Demnach ist etwa eine Messung des Werts durch die Arbeitszeit eine ökonomisierende Imagination, der in der wirtschaftstheoretisch bestimmten Wirklichkeit nichts entspricht. Allerdings können meßbare Qualitäten miteinander *vereinbar* sein, so daß Qualitäts*verhältnisse* durch Messungen bestimmbar werden.

1. Allgemeine Feststellungen

Ist m_i das zu messende *Maß* eines isolierten Meßobjekts und $[m]$ das entsprechende *Einheitsmaß*, so wird das Ergebnis der Messung durch die Gleichung $m_i = \{m_i\} \cdot [m]$ angegeben, worin $\{m_i\}$ die *Größe* oder *bestimmte Quantität* des gemessenen Maßes ist. Die Maßgröße ist somit durch das Verhältnis des zu messenden Maßes zur Maßeinheit bestimmt: $\{m_i\} = m_i : [m]$. Produktbildung ($\cdot$) und Verhältnisbildung (:) sind die beiden Operationen, die in der Darstellung von Meßergebnissen unmittelbar gebraucht werden. Ihre Verwendungen bedingen sich wechselseitig, so daß die Interjunktion $m_i : [m] = \{m_i\} \leftrightarrow m_i = \{m_i\} \cdot [m]$ gilt. In der Mathematik spricht man von „Multiplikation" und „Division". Es ist jedoch zu bedenken, daß Maße keine Zahlen sind. Und da diese arithmetischen

Operationen eben auf Zahlen, die Objekte der Arithmetik, angewandt werden, so ist es sinnvoll, die auf Maße angewandten Operationen terminologisch von ihnen zu unterscheiden. Das ist insbesondere für das Verständnis der Verhältnisbildung zwischen Maßen verschiedener Qualität wichtig. Wer etwa eine Geschwindigkeit mißt, teilt nicht eine Länge (*l*) durch eine Dauer (*t*), wenn er $v = l:t$ feststellt, sondern gibt das Verhältnis einer gemessenen Länge zu einer gemessenen Dauer entsprechend des definierten Begriffs der Geschwindigkeit an. Dieser kann durch $v =_{df} l:t = l \cdot t^{-1}$ definiert werden, wobei die Maßarten der Länge und der Dauer als undefinierte Grundvorstelllungen im Rahmen der Längen- wie der Zeitmessung vorausgesetzt sind.
Die angegebene Ausdrucksweise geht auf die Arbeit von Julius Wallot zurück (vgl. Wallot 1957)[1], der allerdings - in Anknüpfung an den üblichen Sprachgebrauch in der Physik, der für Messungen paradigmatischen Wissenschaft - nicht von „Maßen", sondern von „Größen" spricht. Den Begriff der Größe, der darin unterstellt ist, hat Hermann v. Helmholtz in seiner berühmten, noch immer fundierenden Arbeit bestimmt:

> „Objekte oder Attribute von Objekten, die, mit ähnlichen verglichen, den Unterschied des größer, gleich oder kleiner zulassen, nennen wir *Größen.* Können wir sie durch eine benannte Zahl ausdrücken, so nennen wir diese den *Wert* der Größe, das Verfahren, wodurch wir die benannte Zahl finden, *Messung* der Größe." (Helmholtz 1887, S. 319).

Diese Begriffsbestimmung knüpft an die Vorstellung gegebener Maß*einheiten* (zu unterscheiden von Einheits*maßen*) und ihrer Kopien an, die ihrerseits als zählbare Objekte wirklich vorliegen und zwar so, daß eine Messung auch als eine Zählung der in der Messung gebrauchten Kopien der Maßeinheit rekonstruiert werden kann.

> „Solche Objekte", sagt daher v. Helmholtz, „die in irgendeiner bestimmten Beziehung gleich sind und gezählt werden, nennen wir die *Einheiten* der Zählung, die Anzahl derselben bezeichnen wir als eine *benannte Zahl,* die besondere Art der Einheiten, die sie zusammenfaßt, die *Benennung der Zahl.*" (Ebenda, S. 318 f.).

Auf diese Weise geschieht es, daß gemessene Maße - also Terme $\{m_i\} \cdot [m]$ - auch „benannte Zahlen" genannt werden, womit das Messen, das Maße thematisiert, vom Zählen, das Zahlen betrifft, nach meiner Sicht nicht klar unterschieden wird.

---

1 Vgl. auch Oberdorfer, 1969 und Reichard 1983.

Diese Unentschiedenheit hat zur Folge, die Messung als eine Zahlenzuordnung zu deuten, wie sie uns z. B. Rudolf Carnap anbietet, indem er sagt:

> „Wenn eine Messung... ergibt, daß Herr Schmidt heute ein so und so großes Gewicht hat,..., so besagt das, daß einer Dingschicht von Herrn Schmidt eine bestimmte Zahl als Wert einer bestimmten Größe zugeschrieben wird." (Carnap 1954, S. 144 f.).

Abgesehen von der merkwürdigen Vorstellung, daß hier nicht das Gewicht des Herrn Schmidt, sondern das einer seiner „Dingschichten" festgestellt werden soll, muß betont werden, daß eine Messung eine *Vergleichung* ist, die ein objektives Maß bestimmter Qualität (z.B. ein Gewicht im Unterschied zu einer Dauer oder einem Preis) mit einer subjektiv konstruierten Maßeinheit derselben Art in ein Verhältnis setzt, das selbst der Größe - bis auf den unterstellten Meßfehler - gleich ist. Dieses Verhältnis für sich ist nicht dimensionslos (und daher eine Zahl), sondern von der Dimension [**1**]. Sie wird durch jedes Verhältnis gleichartiger Maße bestimmt. Haben wir zwei größengleiche Maße m_{1i} und m_{2i} der Art *i*, so definiert ihr Verhältnis diese Einsdimension: $[1] = m_{1i} : m_{2i}$. (Vgl. Reichard 1983, S. 23). Werden größenverschiedene Maße derselben Art zueinander ins Verhältnis gesetzt, so ist die dadurch determinierte Größe diesem Verhältnis gleich und eben daher überhaupt Größe. Geht man in diesem Sinne zum Gebrauch der Einsdimension über, so wird aus dem Ausdruck $m_i : [m] = \{m_i\}$ der Ausdruck $(\{m_i\} : 1) \cdot [\mathbf{1}] = \{m_i\}$ bzw. $\{m_i\} \cdot [\mathbf{1}] = \{m_i\} \cdot 1$. Der Term rechts des Gleichheitszeichens bedeutet nun gewiß eine Zahl. Und daher kann man durch Abstraktion den Begriff der Größe durch die Zahl $\{m_i\} \cdot 1$ repräsentieren. Dies ist wohl der Grund, Maße mit ihren Größen zu identifizieren und von den „Zahlenwerten der Größen" zu sprechen. Demgegenüber sei hier festgehalten, daß die fraglichen Terme nur in den Gleichungen (Aussagen) nach ihrer Bedeutung bestimmt sind.

Der hier avisierte Gebrauch des Wortes *Größe* geht auf seine Verwendung in der Sprache der „Wissenschaft der Logik" Hegels zurück, in der *Größe* dasselbe wie *Quantität* bedeutet und von *Qualität* (*Bestimmtheit*) wie *Maß* wohl unterschieden wird.[1] Daher schlage ich vor, Wallots Ausdrücke für die beiden Arten, Meßurteile auszudrücken:

$$\frac{\text{Größe}}{\text{Einheit}} = \text{Zahlenwert der Größe}$$

1 Allerdings sagt Hegel: „Unter dem Ausdruck G r ö ß e wird das Q u a n t u m... verstanden, nicht die Quantität, weswegen wesentlich dieser Name aus der fremden Sprache gebraucht werden muß" (S. 178). Das Quantum aber ist ihm die *bestimmte* Quantität (Hegel 1950, S. 177). Und um diese geht es in der Messung.

und

Größe = Zahlenwert mal Einheit

dadurch zu ersetzen, daß vielmehr „Maß = Größe mal Maßeinheit" formuliert wird. In der Sprache der Hegelschen Seinslogik heißt das: „Maß = Quantität vereint mit Qualität". Die Produktbildung ist eine Operation, die deutsch auch *Vereinung* genannt werden kann - nicht zu verwechseln mit der *Vereinigung* etwa von Mengen oder Klassen.[3] Es handelt sich dann in der Messung nicht darum, den Wert einer Größe festzustellen, sondern die Größe eines qualitativ bestimmten Maßes. Es versteht sich, daß die abstrakte Größe als Zahl aufgefaßt werden kann (worin die natürliche Zahl 1 die Einsdimension ersetzt).
Machen wir uns diesen Zusammenhang an den beiden Ausdrücken „5 Rinder" und „5 Meter" klar: Der erstere ist Ausdruck einer Zählung, der letztere Ausdruck einer Messung; und beide sind für die unmittelbar linguistische Analyse kategorial nicht unterscheidbar, sofern wir sie ohne ihren Zusammenhang mit einem Satz vorgeben. Rinder sind Individuen in einer Rinderherde und als solche Individuen (unteilbare Einheiten in einer Ganzheit) zählbar. Meter sind Kopien einer Maßeinheit und als solche ebenfalls Individuen der Menge der Kopien des, falls wir es für den Augenblick noch als Längenetalon annehmen dürfen, Pariser Urmeters. Ist eine Messung vollzogen, können wir die Anzahl der benötigten Kopien zählen - wie die isolierten Rinder aus der fraglichen Herde. So scheint die Messung von der Zählung ununterscheidbar zu sein. Die tatsächliche Unterschiedenheit wird deutlich, wenn wir uns vergegenwärtigen, daß die Maß*einheit*, die wir „das Meter" nennen, als dinglicher oder gegenständlicher Vertreter des Einheits*maßes* der Länge verwendet wird. Diese Länge aber ist kein (zählbares) Ding, sondern die Eigenschaft einer Strecke bzw. eines Weges. Es ist dieser kategoriale Unterschied zwischen einem *Ding* und seiner *Eigenschaft*, der den Unterschied zwischen dem Zählen und dem Messen begründet.[4] Man kann fremdsprachlich auch vom Unterschied zwischen einer *Substanz* und ihrem *Attribut* reden. Dinge sind Gegenstand des Zählens, das seinerseits eine *Anzahl* determiniert; Eigenschaften sind Gegenstand des Messens, das seinerseits ein *Maß* bestimmt. Der Terminus *5 Rinder* gehört demnach zu einem Satz, der Auskunft über die Anzahl der Individuen einer Rindermenge gibt. Der Terminus *5 Meter* gehört

---

3 Natürlich ist das eine Interpretation der Hegelschen Seinslogik, eine analytisch verständliche jedenfalls.

4 Auf ihn macht W. H. Westphal aufmerksam, wenn er schreibt: „Es ist vielfach üblich, ein *Ding* ... mit dem Namen einer *Größe* zu benennen, die *eines* ihrer verschiedenen Merkmale beschreibt, z. B. einen *Körper* eine *Masse*, einen *Kondensator* eine *Kapazität* zu nennen. Das sollte tunlichst vermieden werden. Leider gibt es gelegentlich keine unterscheidende Nomenklatur. So bezeichnet das Wort Widerstand üblicherweise sowohl eine *Größe*, als auch ein *Ding*, das einen Widerstand *hat*." (Westphal 1965,. S. 11, Anm. 1.)

zu einem Satz, der Auskunft über das Längenmaß eines Weges erteilt. Die Ununterscheidbarkeit beider Termini für sich basiert demnach darauf, daß die Anzahl von Elementen (einer Menge) und die Größe (eines Maßes) durch Abstraktion identifiziert werden können, beide also - wie Hegel sagt - eine bestimmte Quantität bedeuten. Es ist aber nicht das Maß diese Quantität, sondern sein Moment, das *Größe* genannt wird. Alle Maße sind immer auch qualitativ bestimmt. Und daher ist die Redeweise von den „quantitativen Begriffen" in messenden Wissenschaften irreführend. Man hat sich also zu vergegenwärtigen, daß der „Quantifikation" genannte Meßvorgang niemals qualitätslos ist, keinen Gegensatz zu einer qualitativen Betrachtung darstellt, sondern stets vorausgesetzte, gegenständlich repräsentierte Qualitäten unterstellt. Daß die messende Wissenschaft mit der „Quantifikation" auf die qualitative Analyse ihrer Gegenstände verzichte, ist eine romantische Mär.

Von der Bestimmung eines Maßes, die determinierte Eigenschaft eines Dinges zu sein, macht die Dauer eine Ausnahme. Als Zeitmaß unterstellt sie nicht einen handgreiflichen Gegenstand, sondern - die Bewegung. Dauern sprechen wir nicht Dingen, sondern *Vorgängen* zu. In der Messung behandeln wir also die Bewegung wie ein Ding, das die besondere Eigenschaft hat zu dauern. Diese Substantivierung der Bewegung (Vergegenständlichung oder Thematisierung von Vorgängen) ist eine Leistung der wissenschaftlichen Erkenntnis, die in der westeuropäischen Renaissance erreicht worden ist. Sie unterstellt die Aufgabe der antiken Annahme, die Bewegung als Zustand einer Substanz zu denken, und ist erstmals in Italien im Rahmen der philosophischen Kritik der Philosophie des Thomas von Aquino verwirklicht worden.

Die Messung als Vergleichung eines objektiven Maßes mit einem subjektiv konstruiertem Einheitsmaß zu verstehen, heißt selbstverständlich, die *Vergleichbarkeit* zwischen Maßen derselben Qualität (Dimension) anzunehmen. Das besagt: Für zwei Maße derselben Dimension gilt entweder $m_1 < m_2$ oder $m_1 = m_2$ oder $m_1 > m_2$. Insbesondere gilt die sogenannte Drittengleichheit: wenn $m_2 = m_1$ und $m_3 = m_1$, so $m_2 = m_3$. Hegel nennt diese logisch Subjunktion den „mathematischen Schluß" oder die „vierte Figur: A - A - A" (vgl. Hegel 1951, S. 326)[5], worin der Buchstabe A abkürzendes Symbol für den Terminus *das Allgemeine* ist. Es ist damit natürlich die Frage gestellt, ob im Rahmen meßtheoretischer Überlegungen Allgemeines in diesem Sinne thematisiert ist. Diese Frage ist zu beantworten, sobald wir auf tatsächliche und mögliche Systeme von Maßarten (in der Physik realisiert, in der Ökonomie zu realisieren) zu sprechen kommen.

[5] An die Schlußlehre Hegels ist hier zu erinnern, weil sie von Marx in seiner Kritik der politischen Ökonomie zeitweise verwendet worden ist. Mit der Verwendung der Abkürzungen E für „das Einzelne", B für „das Besondere" und A für „das Allgemeine" lauten die ersten drei Hegelschen Schlußfiguren: E-B-A, B-E-A und E-A-B (vgl. Hegel 1951, S. 311, 320 und 324). Was die Querstriche in diesen Symbolfolgen bedeuten, hat uns Hegel leider nicht hinterlassen. So sind wir zu einer Interpretation gezwungen, die im folgenden geboten wird.

Mit der Vergleichbarkeit von Maßen einer Art (einer Qualität) ist zugleich die Unvergleichbarkeit von Maßen verschiedener Art festzustellen. Sind m_{ij} und m_{kl} qualitätsverschiedene Maße, so gilt $m_{ij} \neq m_{kl}$ und für alle Maßarten m_j und m_l: $m_j \neq m_l$. Mit der Annahme dieser Voraussetzung ist also jede Behauptung der Art $m_{ij} = m_{kl}$ eine Kontradiktion, ein falscher Satz. Das gilt z. B. für Marx′ berühmte Feststellung: 20 Ellen Leinwand = 1 Rock (vgl. Marx 1867, S. 63). Die Wörter *Leinwand* und *Rock* meinen in der Sprache der Marxschen Ökonomie verschiedene und daher a priori unvergleichbare Gebrauchswertarten. Folglich ist der zitierte Satz analytisch nur zu retten, wenn Marx′ andere Formulierung „20 Ellen Leinwand sind 1 Rock wert" in Betracht gezogen und als die gemeinte Behauptung angenommen wird. Dann handelt es sich darum, daß von zwei Waren die Wertgleichheit $v_L = v_R$ festgestellt wird (v_L bezeichne in diesem Fall den Wert von 20 Ellen Leinwand, v_R den Wert eines Rocks), so daß die „einfache, einzelne oder zufällige Wertform" im Marxschen Sinne analytisch korrekt gar nicht anders denn *unter Voraussetzung* des Werts als ökonomischer Maßart formuliert werden kann. Die berühmte Wertformentwicklung ist daher nicht eine Begründung des Werts als ökonomischer Qualität, sondern eine Begründung seiner Allgemeinheit.

Wenn nun auch qualitätsverschiedene Maßarten miteinander unvergleichbar sind, so sind manche von ihnen doch miteinander *vereinbar*. Es gibt also Maßarten m_i, m_j und m_k so, daß für sie die logische Interjunktion $m_i = m_j \cdot m_k \leftrightarrow m_j = m_i : m_k$ gilt. Die Vereinbarkeit qualitativ verschiedener Maßarten ist damit an die Bedingung gebunden, daß es einen empirischen Sinn hat, Verhältnisse zwischen ihnen zu bilden und diese als neue - sogenannte abgeleitete - Maßarten zu verwenden. Diese meßtheoretische Erkenntnis ist ein Ergebnis der neuzeitlichen Physik, die mit den Begriffen z. B. des Impulses ($I = K \cdot t$, K für Kraft und t für Zeit) und der Arbeit ($A = K \cdot l$, l für Länge) die meßtheoretische Vereinbarkeit exemplarisch demonstriert hat. Von der antiken Meßtheorie, die mit der Axiomatisierung der (euklidischen) Geometrie einen erst von David Hilbert übertroffenen Grad der Strenge meßtheoretischen Denkens erreicht hat, ist die Verhältnisbildung zwischen dimensionsverschiedenen Maßen nie eingeführt worden, obwohl sie die Proportion (die ana-logia) dimensionsgleicher Maße (der Längen) sehr wohl gekannt hat. Erst Galilei hat mit seiner Definition der Geschwindigkeit ($v = l : t$) diese Beschränktheit des Denkens aufgehoben.

An dieser Stelle ist es wohl sinnvoll, über das analytische und synthetische Denken wenigstens kurz die folgende Feststellung zu treffen: Für alle Zahlen, Größen und Maße, also für alle Wissenschaft, die sich des Zählens und Messens bedient, ist die Satzform $A = A$ die Ausdrucksform sicherer Wahrheit, die Satzform $A \neq A$ die sicherer Falschheit. Mit Leibniz und Kant wird $A = A$ auch „analytische Wahrheit" genannt. Jeder, der an empirischer Erkenntnis interessiert ist, wird dies gewiß nicht bestreiten, aber doch fragen: Was nützt mir die Gültig-

keit der analytischen Identität, wenn meine Wahrheiten doch im allgemeinen synthetisch sind? Dieser Problemlage gegenüber ist es wichtig, sich zu vergegenwärtigen, daß der Übergang von der analytischen Wahrheit in eine synthetische a priori präsentierbar ist. Ist nämlich $A = A$ für alle dimensionsgleichen Maße gültig, so auch $A = A \cdot [\mathbf{1}]$. Da nun die Einsdimension durch jedes Maßeverhältnis $B : B$ repräsentiert wird, bleibt die Wahrheit des Ausdrucks erhalten, wenn wir ihn durch $A = A \cdot (B : B)$ ersetzen. Auf Grund der Regeln für den Gebrauch der Operationen des Vereinens $(\cdot)$ und der Verhältnisbildung $(:)$ können wir diesen Ausdruck durch $A = (A : B) \cdot A$ ersetzen, ohne die Wahrheitseigenschaft zu ändern. Definieren wir nun $C =_{df} A : B$, so folgt die Satzform $A = C \cdot B$, die klar synthetischer Natur ist, aber ebenso wahr wie $A = A$. Kants Behauptung von der Existenz synthetischer Urteile a priori ist also durchaus legitim. Und ihre empirische Bedeutung hängt in der messenden Wissenschaft davon ab, ob es gelingt, wahrnehmbare Phänomene durch Verhältnisse dimensionsverschiedener Maße zu bestimmen. Mit der Definition der Geschwindigkeit ist das ersichtlich der Fall. Und in der Ökonomie handelt es sich darum zu bemerken, ob es meßbare Qualitäten gibt, die als solche Verhältnisse theoretisch darstellbar sind. Wird etwa der Wert *v* (*v* von *valor*) als ökonomische Maßart zugegeben, so läßt sich fragen, ob von ihr der Preis genau dadurch unterscheidbar wird, daß dieser als *das Verhältnis* des Werts zu einer anderen ökonomischen Maßart definierbar ist. Das ist im folgenden ein Hauptproblem dieser Darstellung.
Es ist noch allgemein über Maße die Addierbarkeit auszusagen. Ich beschränke mich auf die Angabe der Interjunktion $m_{il} + m_{jl} = m_{kl} \leftrightarrow m_{il} = m_{kl} - m_{jl}$, die für alle Maße derselben Dimension l gilt. Addition und Subtraktion bedingen sich wechselseitig. Insbesondere gilt auch $m_{il} + (-m_{il}) = 0 \cdot [m_l]$, womit die von Kant 1763 in die Weltweisheit eingeführten negativen Größen erklärt sind (vgl. Kant 1962).
Unter Voraussetzung dieser generellen Überlegungen sollen nun im weiteren wichtige ökonomische Größengleichungen angegeben werden, wobei die beiden ökonomischen Sphären der Zirkulation und der Produktion unterstellt sind.

2. Der Tausch

Im ökonomischen Verkehr stehen sich im einfachsten Fall zwei, wie man sagt, Wirtschaftssubjekte - seien sie Personen oder durch Individuen repräsentierte Gemeinwesen - gegenüber, die ihre Produkte einander anbieten bzw. Nachfrage nach diesen realisieren. Indem sie dies tun, unterstellen sie sich wechselseitig als Eigentümer eben ihrer Produkte, verzichten also auf die tauschlose Aneignung fremder Erzeugnisse, auf den Raub. Es ist so der Austausch, der soziale Verkehr, die Konfirmation des Sondereigentums der Wirtschaftssubjekte. Ohne die Bewährung im Tausch ist nur vom Besitz zu reden.

Das Problem, den Austausch im beiderseitigen Interesse zu verwirklichen, besteht darin, die Qualität und Quantität der angebotenen Produkte zu prüfen, zu bestimmen und als Gegenstand des eigenen Bedürfnisses zu akzeptieren. Die ökonomische Qualität, unter der diese Prüfung stattfindet, ist die der Nützlichkeit oder, in der Sprache der klassischen Ökonomie zu reden, des Gebrauchswerts (value in use). Da im Tausch selbstverständlich stets qualitätsverschiedene Produkte oder Güter füreinander gegeben werden, so haben wir es im sozialen Verkehr a priori mit Nutzen- oder Gebrauchswert*arten* zu tun, die für die Zwecke der Analyse durch die Symbole $N_1,...,N_i,...,N_n$ bezeichnet werden sollen. Wie umfassend auch immer die im Austausch auftretende Gütermenge sein mag, sie ist sicher eine endliche Menge von Gebrauchswertarten. Die gewählte Bezeichnungsweise ist also zur Kennzeichnung der Produktarten (Güterqualitäten) erschöpfend.

Um die Größe (Quantität) eines Produkts der Art i zu bezeichnen, verwenden wir einen zweiten Index, so daß N_{hi} ein bestimmtes Maß an Produkten der Art i bedeutet. Der Tausch besteht dann darin zu entscheiden, ob eine Produktmenge vom Maße N_{hi} für ein andere Produktmenge vom Maße N_{jk} gegeben bzw. genommen werden kann. Die Klärung dieses Problems ist der Inhalt der Preisverhandlung. Sie unterstellt, wie wir vom berühmten stummen Tausch wissen, nicht einmal notwendig die sprachliche Kommunikation. Wie ist der positive Erfolg der Preisverhandlung analytisch zu denken?

Haben wir zwei Gebrauchswerte N_{ij} und N_{kl} , so gilt wegen der Unvergleichbarkeit der voneinander verschiedenen Gebrauchswertarten N_j und N_l selbstverständlich ebenso für diese beiden Größen $N_{ij} \neq N_{kl}$. Nun ist die Unvergleichbarkeit artverschiedener Gebrauchswerte aber kein Hindernis für den ökonomischen Vergleich überhaupt, der im Tausch ohne Zweifel stattfindet. Um dies zu erkennen, muß man die Bedeutung der Verhältnisbildung $x{:}y$ für Maße x und y in Rechnung stellen, durch die sogenannte „abgeleitete Größenarten" zu bilden sind. Die Anwendbarkeit dieser Operation unterstellt die *Vereinbarkeit* der unvergleichbaren Maßarten. Wir können feststellen, daß der Ausdruck $N_{ij} = (N_{ij} : N_{kl}) \cdot N_{kl}$ analytisch gilt. Er ergibt sich aus der Umformung der analytischen Gleichheit $N_{ij} : N_{ij} = N_{kl} : N_{kl}$, die a priori wahr ist. Die Umformung dieses Ausdrucks erfolgt mittels des Operation der Produktbildung, die als zulässig vorausgesetzt wird und in ihrer Anwendung die vorgegebene Wahrheit des Ausdrucks nicht ändert. Nicht die Wahrheit von $N_{ij} = (N_{ij} : N_{kl}) \cdot N_{kl}$ ist problematisch, sondern die wirtschaftstheoretische Deutung des analytisch determinierten Verhältnisses $N_{ij} : N_{kl}$. Nach meiner Sicht der Dinge bedeutet das Verhältnis das $N_{ij} : N_{kl}$ das, was in der klassischen Ökonomie „*Tauschwert*" (value in exchange) genannt worden ist, in dieser aber nie eine analytisch korrekte Determination erhalten hat. In der Tat besteht die im Tausch realisierte Preisverhandlung darin, das Tausch*verhältnis* der wechselseitig angebotenen Güter festzulegen. Dieses Verhältnis wird als Definiens zur Definition des Tauschwerts T_{jl} verwendet, so daß festgelegt werden kann: $T_{jl}=_{\mathrm{df}} N_{ij} : N_{kl}$. Mit dieser Definition vereinfacht sich der Tauschausdruck zu $N_{ij} = T_{jl} \cdot N_{kl}$. Im Austausch werden also nicht verschiedene Gebrauchswertarten gleichgesetzt, sondern Tauschproportionen bestimmt. Während die Produktion ökonomisch in der Existenz der Gebrauchswertarten erscheint, fügt der Austausch zu diesen die Tauschwerte hinzu. Die Einheit eines Gebrauchswerts N_{kl} mit einem Tauschwert T_{jl}, d.h. das Produkt $T_{jl} \cdot N_{kl}$, ist dem Gebrauchswert N_{ij} gleich.

In der Sprache der Marxschen Ökonomie ist der Tauschausdruck $N_{ij} = T_{jl} \cdot N_{kl}$ nach meiner Auffassung die zulässige Darstellung für die „einfache Werthform". (Vgl. Marx 1867, S. 764 ff.). Marxens berühmte Wertformlehre wird dadurch allein mit Blick auf die Definition des Tauschwerts (zu komplettieren um die Definition des Preises) korrigiert - und kann sonst problemlos beibehalten werden.

Es versteht sich, daß ohne Beschränkung der Allgemeinheit irgendeine Gebrauchswertart N_o die ökonomische Bedeutung erlangen kann, universellen Nutzen darzustellen, d.h., Geld zu sein - zunächst in der wirklichen Wirtschaftsgeschichte die Gerste, dann die Edelmetalle. Die Maßeinheit dieser Nutzenart wird wie die jeder anderen durch Individuation festgelegt, z. B. im Falle des Silbers in Deutschland bis 1859 hauptsächlich durch die *Kölnische Mark*, erstmals 1042 erwähnt mit der Fixierung: 1 Kölnische Mark Silbers = 233,85 g Silbers. Die physikalische Maßart des Gewichts hat hier keine andere Bedeutung als die, die individuelle Einheit zu fixieren. Ob die entsprechende Einheit wirklich einen Gebrauchswert hat, ist nicht eine Frage der Physik, sondern eine des Austauschs oder Markts, d.h. die Frage danach, ob Nachfrager existieren, die sie gegen Lieferung einer Ware anderen Gebrauchswerts abzunehmen bereit sind. Daß dies der Fall gewesen ist und noch ist, nehmen wir als ökonomisches Faktum zur Kenntnis. Die Nachfrage nach Silber unterscheidet sich mit Blick auf die Austauschbeziehungen durch nichts von der Nachfrage etwa nach Pfeffer (für den die Deutschen ihr Silber zu geben in hohem Maße bereit gewesen sind). Nach der Gründung des Deutschen Reichs 1871 wurde durch Gesetzgebung am 4. Dezember 1871 und am 9. Juli 1873 die Reichswährung so entschieden, daß aus 1 kg Feingold 2790 Mark auszumünzen waren, eine Goldmark mithin 0,358 g Feingold bedeutete. Dies galt real bis zum Ersten Weltkrieg, der das Ende des von Großbritannien 1816 formell inaugurierten internationalen Goldstandards eingeleitet hatte.

Mit der Voraussetzung der Geldart N_o wird die angegebene einfache Wertform durch zwei ersetzt: $N_{ij} = (N_{ij} : N_{1o}) \cdot N_{1o}$ und $N_{kj} = (N_{kl} : N_{2o}) \cdot N_{2o}$.

Die Gebrauchswerte N_{1o} und N_{2o} sind selbstverständlich vergleichbar, d.h., daß $N_{1o} > N_{2o}$ oder $N_{1o} = N_{2o}$ oder $N_{1o} < N_{2o}$ gilt. Ist etwa das Gold die Gebrauchswertart N_o , so mag die Größe N_{1o} durch 1 Unze Goldes (in England um 1900 ein Sechszehntel eines Pfundes) dargestellt sein. Die Größe N_{2o} wird dann durch einen Teil der ersteren oder ebenfalls durch 1 Unze oder durch ein Vielfaches derselben präsentiert. Mit Blick auf diese Vergleichbarkeit können wir feststellen, daß mit den beiden angegebenen einfachen Wertformen auch die Ausdrücke $N_{1o} = (N_{1o} : N_{ij}) \cdot N_{ij}$ und $N_{2o} = (N_{2o} : N_{kj}) \cdot N_{kj}$ formulierbar sind. Die in ihnen auftretenden inversen Verhältnisse T_{oj} und T_{ol} heißen in der Ökonomie *Preise*. Preise, ausgedrückt in Verhältnissen der Geldware zur Angebotsware, sind somit Tauschwerte, deren Zähler Geldgrößen und deren Nenner Gebrauchswerte sind; sie sind *Verhältnisse* von Geld- zu Gebrauchswertgrößen und unter gar keinen Umständen einfache Geldgrößen oder -mengen. Sie vermitteln die ökonomische Vergleichbarkeit der artverschiedenen Güter, die ohne Geldeinführung nicht zu haben ist. Alle Denunziation des Geldes scheitert an diesem einfachen Sachverhalt, der im angegebenen Fall darin besteht, daß

$T_{oj} N_{ij} \leq T_{ol} N_{kl}$ oder $T_{oj} N_{ij} > T_{ol} N_{kl}$

gilt (auf die Bezeichnung der Vereinung ist verzichtet).

In der Marxschen Wertformlehre tritt die Existenz der Geldwarenart N_o mit der Annahme der „totalen oder entfalteten Werthform" (Marx 1867, S. 777) ein, die logisch eine Großadjunktion (mehrfache Vereinigung) ist und die Leinwand als universelle Nutzenart unterstellt. Theoretisch ist diese Unterstellung ebenso problemlos wie die historisch faktische der Gerste, des Silbers oder des Goldes - oder auch anderer Gebrauchswertarten (z. B. Kaurimuscheln).

Wir können also Marxens Vorstellung durch die Adjunktion

$$N_{no} = (N_{no} : N_{ij}) \cdot N_{ij} \vee N_{no} = (N_{no} : N_{kl}) \cdot N_{kl} \vee \ldots$$

rekonstruieren und diese die „besondere Wertform" nennen, die die entfaltete, aber nicht vollendete gesellschaftliche Warenzirkulation analytisch charakterisiert. Im Marxschen Sinne ergibt sich die „allgemeine Werthform" (ebenda, S. 779) dann durch kategorialen Stellenwechsel und Bildung der Großkonjunktion so, daß

$$(N_{no} : N_{ij}) \cdot N_{ij} = N_{no} \wedge (N_{no} : N_{kl}) \cdot N_{kl} = N_{no} \wedge \ldots$$

als „allgemeine Wertform" angenommen werden kann. Sie ist bereits die „Geldform", die für Marx mit dem Gebrauch des Goldes als des universellen Gebrauchswerts als gegeben erscheint (ebenda, S. 782). Marx nennt sie unter dieser Bedingung auch die „Preisform" (ebenda, S. 783). Diese Bestimmung kann hier natürlich nicht als geltend akzeptiert werden, da ja ein Preis als durch irgendein Verhältnis $N_{no} : N_{ij}$ gegeben vorausgesetzt ist.

Das eigentliche Problem in diesem Zusammenhang besteht in der geldtheoretischen Frage nach der Bedeutung des Übergangs vom Gebrauch gewichtsbestimmter Geldeinheiten N_{1o} zur Verwendung von Geldeinheiten, die für den Ein- und Verkauf keinerlei Gebrauchswerteigenschaft mehr unterstellen. Das ist die Lage, in der wir uns nach Beseitigung des Systems von Bretton Woods (1944 inauguriert) seit Abschaffung des Eintauschs von Dollar in Gold wenigstens durch die nationalen Zentralbanken 1973 befinden. Wie ich es sehe, haben wir keine andere Möglichkeit als die, die nun verwendeten Geldeinheiten als direkte Wertdarstellungsmittel anzusehen. Sie präsentieren daher nicht mehr die Gebrauchswert-Dimension N_o, sondern die Wert-Dimension v. Die Unabhängigkeit des Münzwerts vom Metallwert eben der Münzen können nicht Private hervorbringen, sondern nur Staaten, die das Münzprägungsmonopol realisieren. Dies involviert die Frage nach dem Zusammenhang der Gemeinwesen mit der Geldproduktion, die wir hier nur andeuten, aber nicht behandeln können. Es ist die *Gesellschaft*, die im Austausch und damit in den Preisen oder Tauschwerten präsent ist. Aber es sind die *Gemeinschaften* (z. B. Poleis, Nationen), die Geldeinheiten produzieren und u. a. durch Steuervorschriften in der Verwendung durchsetzen.

Für die Preisdefinition bedeutet der Umstand der Loslösung des Geldes von der Gebrauchswertbestimmtheit der Edelmetallmünze die Annahme der Definition $p_j =_{df} v : N_j$. Und damit folgt wegen der Geltung von $N_j = v : p_j$ und $N_j = N_o : T_{oj}$, daß die ökonomische Proportion $v : p_j = N_o : T_{oj}$ gilt, mithin die Gleichung $v = (p_j : T_{oj}) \cdot N_o$.

3. Vom sogenannten Arbeitswert

Im Versuch einer Rekonstruktion der Marxschen Werttheorie hat A. Bródy 1970 im Zusammenhang der Unterscheidung von Wert*beständen* mit der Dimension [v] und Wert*strömen* mit der Dimension [$v \cdot t^{-1}$] erklärt:

> „Die Größe der aufgewandten Arbeit $[A \cdot t]$ bildet den Wert. Daraus folgt, daß $[A] = [v \cdot t^{-1}]$ gilt, Arbeit die Dimension eines Wertstroms hat." (Bródy 1970, S. 97).

Diese m. W. noch heute dimensionstheoretisch in der Wirtschaftslehre nicht übertroffene Darstellung unterstelle ich im weiteren für meine Argumentation als gültige Voraussetzung. Mit ihr ist die Zeit (t) als ökonomische Qualität (Dimension) unterstellt, was für eine Selbstverständlichkeit zu halten ist. Jede Zeitnahme in irgendwelchen Betrieben macht dies klar. Nach ihrem Meßverfahren unterscheidet sich die ökonomische Zeit durch nichts von der physikalischen. Es kann nur mit Marx zusätzlich von den ökonomischen Zeit*arten* die Rede sein, d.h. die *Arbeits*zeit (t^A), die *Produktions*zeit (t^P), die *Zirkulations*zeit (t^Z) und die *Umsatz-* oder *Zyklus*dauer (t^U) zum Thema der Betrachtung gemacht werden. (Vgl. Marx 1975[1], S. 154 ff.). Es ist a priori klar, daß $t^A \leq t^P$ gilt sowie $t^U = t^P + t^Z$. Die mögliche Differenz zwischen der Produktions- und der Arbeitszeit ist die natürliche Produktionsdauer (t^N), die Landwirte, welche etwa das Reifen des Korns abwarten müssen, gut kennen, aber auch andere Fachleute, die Naturproduktionen in den sozialen Produktionsprozeß einzugliedern wissen. Es gilt also $t^A = t^P - t^N$. A. Bródy hat auf diese Unterscheidung der Zeitarten keine Rücksicht genommen. Unterstellt man aber den originären „arbeitswert-theoretischen" Ansatz, so wird man sagen können, daß für die Wertbildung oder Wertschöpfung ausschließlich die *Produktions*dauer in Rechnung gestellt werden muß. In der Zirkulationszeit wartet sozusagen das Produkt auf seine Abnahme; und es besteht während dieser Zeit die Gefahr seiner Gebrauchsentwertung. Die Reduktion der Zirkulationszeiten ist daher ein vordringliches Problem wirtschaftlicher Organisationsleitung. Ist meine Annahme richtig, so bedeutet das: Bródy bietet uns die Determination des Arbeitswerts mit dem Dimensionsausdruck $[v] = [A \cdot t^P]$ an. Darin ist die Produktionsdauer eine Dimension, die die Qualität einer nicht definierbaren Grundmaßart der Wirtschaftstheorie darstellt, während die Arbeit als ökonomische Maßart durch das Verhältnis des (geschöpften) Werts zur Produktionszeit determiniert ist. Die daran anschließende Frage lautet selbstverständlich: Kann dieser wirtschaftstheoretische Arbeitsbegriff genauer analysieren werden?

Zur Beantwortung dieser Frage ist es wichtig zu bemerken, daß die Analyse auf Komponenten der Arbeitsvorstellung als meßbarer Größen führen muß und zwar so, daß deren Verknüpfung (Synthese) den analytisch bestimmten Arbeitsbegriff liefert. Wir suchen also einen Arbeitsbegriff (A) so, daß $A = X \circ Y$ mit X und Y als besonderen ökonomischen Maßarten und $\circ$ als analytisch zulässiger Operation gilt. Wie bekannt, hat die klassische Physik in ihrer Mechanik einen solchen Begriff gebildet. Es gilt in ihr: $A = K \cdot l$, worin K die Kraft und l die Länge einer Strecke durchmessenen Weges bezeichnen. Kraft und Länge sind mechanisch durch Meßverfahren determinierte Grundmaßarten; die mechanische Arbeit ist die Einheit dieser beiden Größenarten. Natürlich schließt diese Arbeitsdefinition die mechanische Arbeit von Menschen ein. Wer längs eines Weges etwa gegen die Gravitation einen Körper bestimmter Masse verschiebt, verrichtet im genauen

Sinne dieses Begriffs Arbeit. Wer z. B. ohne weitere Hilfsmittel (Werkzeuge oder Maschinen) für den Bau eines Hauses Steine in die Höhe trägt, arbeitet gemäß der mechanischen Definition. Daß eine solche Tätigkeit auch ökonomisch relevant ist, bedarf gewiß keiner weiteren Begründung. Die Frage ist nur: Unter welchen Bedingungen ist Arbeit ein ökonomisches Faktum?
Betrachten wir die im physikalischen Arbeitsbegriff auftretende Maßart der Länge, so wird sie mit jeder Transportarbeit, die Produkte vom Produktions- zum Absatzort liefert, realisiert. Transportarbeit ist im Wirtschaftsleben unverzichtbar. Fehlt Transportarbeit, können Produkte verrotten, während sie anderen Orts profitabel veräußert, d. h. als Wertträger bestens konfirmiert werden könnten. Es gehört nun zu den analytisch bedeutenden Einsichten der Marxschen ökonomischen Analyse, daß in ihr die *Ortsveränderung* als Gebrauchswertbildung verstanden wird (Vgl. Marx 1974, S. 428-430 und Marx 1975, S. 150 ff.). Diese Einsicht unterstelle ich hier als akzeptabel. Daher nehme ich eine Gebrauchswertart der Ortsveränderung N_l im Rahmen der endlich vielen Gebrauchswertarten $N_1,\ldots,N_i,\ldots,N_n$ der Wirtschaftstheorie an. Wie die Kraft kann also auch die Länge im mechanischen Arbeitsbegriff ökonomische Bedeutung annehmen.
Der entscheidende Schritt, vom mechanischen zum ökonomischen Arbeitsbegriff zu gelangen, besteht nun nach meiner Auffassung darin anzunehmen: Wenn Transportarbeit für die Zeit, in der sie verrichtet wird, eine *Bezahlung* erlangt, ist sie ein ökonomisches Faktum. Das Produkt $K \cdot N_l$ ist der analytische Ausdruck des ökonomischen Transportarbeitsbegriffs also genau dann, wenn seine Realisation ein Arbeitseinkommen erzielt. Dieses Arbeitseinkommen (E^A) ist durch die Gleichung $E^A =_{\mathrm{df}} v:t^A$ definiert. Es ist ein Wertstrom, d. h. eine Geldzahlung pro Arbeitszeit. Gegen Abgabe der Transportarbeit $K \cdot N_l$ wird das Arbeitseinkommen $v:t^A$ gezahlt. Das ist die Bedingung, die ich für die ökonomische Bedeutung der Transportarbeit annehme. Ist sie erfüllt, gilt die Gleichung $v:t^A = -K \cdot N_l$. Das Minuszeichen muß hier auftreten, weil die (positive) Einnahme eines Wertstroms der (negativen) Abgabe von Transportarbeit gegenübersteht. Um endgültig zum analytisch bestimmten ökonomischen Arbeitsbegriff zu gelangen, wird nur noch gefordert, die Generalisierung von der besonderen Gebrauchswertart N_l zu allen Gebrauchswertarten zu akzeptieren, so daß für irgendeine dieser Arten $A = K \cdot N_i$ gilt. *K* bezeichnet darin nun, wie wir in der Ökonomie sagen, die *Arbeitskraft*. Sie wird durch die Vollbeschäftigteneinheit repräsentiert, die tarifvertraglich festgelegt und von den entsprechend Beschäftigten realisiert wird.
Der erklärte Arbeitsbegriff ist derjenige, der die Marxsche „abstrakte Arbeit" bestimmt. Die Abstraktion, die in der Tat zu diesem Begriff führt, besteht darin, von der Besonderheit der im Marxschen Sinne konkreten Arbeits*arten* abzusehen. Ohne hier diese Marxsche Vorstellung vom Verhältnis des Abstrakten zum Konkreten - ein philosophisches Fundamentalproblem - diskutieren zu wollen, muß doch notiert werden, worin sie besteht. Marx formuliert:

> „Sage ich: Römisches Recht und deutsches Recht sind beide Rechte, so ist das selbstverständlich. Sage ich dagegen: D a s Recht, dieses Abstraktum, v e r w i r k l i c h t s i c h im römischen Recht und im deutschen Recht, diesen konkreten Rechten, so wird der Zusammenhang mystisch." (Marx 1867, S. 771).

Das ist im Sinne der Hegel-Kritik Feuerbachs gedeutet und soll uns nicht weiter interessieren.

Wichtig ist hier nur die Feststellung, daß mit dieser Sicht z. B. die oben genannte *Transport*arbeit als eine *Art* der Arbeit im Marxschen Sinne konkrete Arbeit ist. Soll diese analytisch korrekt in Betracht gezogen werden, so müssen wir die Arbeitsarten durch Indizierung kennzeichnen, d. h. die Symbole $A_1,\ldots,A_i,\ldots,A_n$ verwenden.

Gleiches gilt für die Arbeitskraft in bestimmter Qualifikation, so daß für die konkrete Arbeit anzugeben ist: $A_i = K_i \cdot N_i$. Diese Festlegung ist für die Erkenntnis die Produktivkraft*entwicklung* im Unterschied zum Produktivkraft*wachstum* wichtig, wie wir noch sehen werden.

Mit der Generalisierung von der Transportarbeit auf alle Arbeitsarten überhaupt, d. h. mit dem Übergang zum Gebrauch des Begriffs der abstrakten Arbeit, ist nun erklärt, daß $v:t^A = -K \cdot N_i$ gilt. Das entspricht genau der Bródyschen Wertanalyse mit der zusätzlichen Hypothese, daß die Arbeit der äquivalente Ersatz für das Arbeitseinkommen ist. Meine Annahme in diesem Zusammenhang lautet also: $A + E^A = 0$ oder $A = -E^A$ für bestimmte oder abgeschlossene Tauschsyteme. Sie ist wohl der „rationelle Kern" der „Arbeitswertlehre". Diese ist hier so korrigiert, daß die Arbeit nicht durch einen Wert*bestand*, sondern durch einen Wert*strom* ersetzt wird.

An dieser Stelle ist es wohl nötig zu sagen, daß das erklärte Arbeitseinkommen nicht a priori mit dem *Lohn* zusammenfällt, den per Arbeitsvertrag in Betrieben eingestellte Arbeiter erhalten. Das Arbeitseinkommen ist der Erlös aus der Veräußerung des produzierten Dienstes oder Werks, den ein Wirtschaftssubjekt auf dem Markt erzielt. Alle an der Produktion Beteiligten sind daher Bezieher von Arbeitseinkommen, während der Lohn, durch kontraktliche Vereinbarung begründet, die Zahlungsverpflichtung des Arbeitgebers realisiert. Die Vorstellung von der Identität des Arbeitseinkommens mit dem Lohn unterstellt die Annahme, daß in der Produktion und Realisation eines Werks nur die Arbeiter arbeiten, während Unternehmer oder Manager zwar dirigieren und eigenes Vermögen vorschießen, aber nicht eigentlich arbeiten. Man kann diese Vorstellung wohl nur als Ausdruck der Ideologie des Gegensatzes von Kapital und Arbeit ansehen, nicht aber als Ausdruck der wirklichen Produktionszusammenhänge - eine Einsicht übrigens, die durch das Desaster des modernen Kommunismus in Europa das Gewicht einer durchaus schmerzlichen Erfahrung erlangt hat.

Die Einheit $A \cdot t^A$ kann man in der deutschen Sprache auch „Dienst" oder „Werk" nennen, der oder das einen Wert hat, wenn sein Absatz im sozialen Tausch gelingt. Die Verwendung des Wortes *Werktätiger* (auch *Werker*) zeigt die Plausibilität dieses Wortgebrauchs, so daß man im Deutschen *Arbeit* und *Werk* ebenso unterscheiden kann wie im Englischen *labour* und *work*. Für die analytisch korrekte Fassung der sogenannten „Arbeitswertlehre" ist nur wichtig zu bemerken, daß nicht die Arbeit, sondern das Werk bzw. der Dienst einen Wert darstellt. Dadurch ist mit Bezug auf die ideologischen Intentionen der „Arbeitswertlehre" nichts entschieden, sondern nur klargestellt, daß die Arbeitszeit in der Wertbildung durch den Arbeiter ein eigener Faktor ist, der nicht ignoriert werden kann. Zugleich ist so avisiert, daß Marx' Schwanken zwischen der abstrakten Arbeit einerseits und der Arbeitszeit andererseits als der für den Wertschöpfungsprozeß anzunehmenden Determinationsgründe sehr verständlich ist. Diese Irritation wird hier dadurch aufgehoben, daß beide *im Produkt* den Determinationsgrund liefern, also $v = -A \cdot t^A$ gilt (vorausgesetzt, es fällt in der Produktion keine von der Arbeitszeit verschiedene Produktionsdauer an).
In diesem Zusammenhang muß auf die Verwendung des Wortes *Arbeit* in der deutschen Sprache hingewiesen werden, die sich von der lateinischen Verwendung des Wortes *labor* wie auch von der englischen Verwendung des Wortes *labour* unterscheidet. Mit *Arbeit* wird wohl in der Regel der aktuelle Erzeugungsvorgang gemeint, den wir sonst auch *Produktion* nennen. Im Rahmen der vorgestellten Größenbestimmungen wird aber ökonomisch die *Arbeit* als Maßart A klar von der Produktion unterschieden, die ihrerseits - bei Identität von Arbeits- und Produktionszeit - durch das Produkt $A \cdot t^A$ bestimmt ist. Mit Blick auf diese Maßarteneinheit kann man die deutsche Verwendung von *Arbeit* im Sinne von *Produktion* rechtfertigen, indem man eben das Produkt $A \cdot t^A$ als Bestimmungsgrund für diese Verwendung anführt. Im Unterschied zur Marxschen Auffassung der konkreten Arbeit (als Art in der Gattung der abstrakten Arbeit) sei hier angemerkt, daß exakt dieses Produkt den Hegelschen Begriff des Konkreten erfüllt, also die eigentlich *konkrete* Arbeit im Sinne der Philosophie Hegels meint.[6] Das ist aber für unser ökonomisches Räsonnement ohne Belang. Fällt die Produktionsdauer mit der Arbeitszeit zusammen, stimmt diese Identifikation. Sie stimmt nicht, sobald die Produktionsdauer größer als die Arbeitszeit ist. Das gilt in allen Fällen, in denen natürliche Produktionsdauern in menschlichen Erzeugungsvorgängen eingeschlossen sind.
Mit der Bestimmung der Arbeitskraft $K = A : N_i$ ist die Möglichkeit gegeben, auch den ökonomischen Begriff der Produktivkraft zu definieren. Marx hat ihn verbal charakterisiert:

---

6 Das Konkrete im Sinne Hegels ist immer die Einheit seiner selbst *und* seiner Negation. Daß die Zeit als konkrete Negation der Arbeit in diesem Sinne zu denken sei, kann hier nur versichert werden und wird nachfolgend noch begründet.

> „Dieselbe Arbeit... liefert in demselben Zeitraum verschiedene Quanta Gebrauchswerte, mehr, wenn die Produktivkraft steigt, weniger, wenn sie sinkt." (Marx 1986, S. 61).

In diesem Sinne wird in der Wirtschaftstheorie durchweg die Senkung des Arbeitskraftaufwands als wesentliche Erscheinung der Produktivkraftsteigerung verstanden.
Fixieren wir dies Verständnis analytisch, so kann mit der Bezeichnung κ für „Produktivkraft" festgestellt werden, daß $\kappa = N_i : A$ gelten muß, daß also die Produktivkraft die Inverse der Arbeitskraft ist, mithin $K \cdot \kappa = [\mathbf{1}]$ (die Einsdimension) gilt. Mit dieser Bestimmung der Produktivkraft ist angenommen, daß sie eine ausschließlich menschliche Fähigkeit ist, Produktionsmittel oder gar Produktionsgegenstände keine Produktivkräfte sind.
Die Produktivkraft ist von der Arbeitsproduktivität zu unterscheiden. Bezeichnen wir letztere mit π^A, können wir festlegen: $\pi^A =_{df} v : K$. Diese Definition impliziert die Feststellung: $\pi^A = v \cdot \kappa$. Damit gewinnen wir die theoretisch sehr wichtige Feststellung, daß der ökonomische Wertbegriff durch das Verhältnis der Arbeitsproduktivität zur Produktivkraft bestimmt ist: $v = \pi^A : \kappa$. Dieses Verhältnis ist natürlich gleichbedeutend mit dem Produkt aus Arbeitsproduktivität und Arbeitskraft: $v = \pi^A \cdot K$. Mit diesen Bestimmungen ist der „Arbeitswert" gewiß kein problematisches Objekt mehr, wenngleich sie ihn im Unterschied zur Vulgärvorstellung nicht allein durch die Arbeit determinieren.
Das Problem, ökonomische Dimensionen analytisch zutreffend aufzufassen, tritt im Zusammenhang mit der Bestimmung der Arbeitsproduktivität, deren Feststellung in der Wirtschaftspraxis von erheblicher Bedeutung ist, übrigens sehr deutlich in Erscheinung. Es ist ganz üblich, sie als Verhältnis von output und labour vorzustellen, so daß die Form einer Definition im hier unterstellten Sinne sehr wohl gegeben ist: $p^l = Q : l$ (vgl. National Research Council 1979, S. 26). Was jedoch als output Q gelten soll, wird sehr „liberal" sowohl als Gebrauchswertmenge als auch als Dollarmenge zugelassen. Ebenso darf labour l einerseits eine Arbeiteranzahl sein, andererseits eine Anzahl von Beschäftigtenstunden. Das ergibt die Möglichkeit, vier unterschiedliche Kombinationen der productivity of labour (p^l) zu präsentieren, eine meßtheoretisch ganz absurde Situation, die auf der Ignoranz der fraglichen Dimensionen basiert. Nach der hier gegebenen Definition ist ausschließlich das Verhältnis der Dollarmenge als des Wertrepräsentanten zur Arbeiteranzahl (Anzahl der Vollbeschäftigten) als des Arbeitskraftrepräsentanten das Definiens der Arbeitsproduktivität.
Betrachten wir nun eine bestimmte Arbeitsart A_i, so gilt natürlich $K_i \cdot \kappa_i = [\mathbf{1}]$. Diese Betrachtung ist wichtig, weil die Produktivkraft*entwicklung* mit der Produktivkraft*steigerung* über das *System* der Arbeitsarten im sozialen Verkehr gekoppelt ist. Produktivkraftsteigerung heißt klarerweise Reduktion von Arbeits-

kraftaufwand, daher im System des Privataustauschs Entlassung von Arbeitern, also Produktion von Arbeitslosigkeit. Diese kann nur durch Innovation aufgehoben werden, d. h. durch Einführung neuer Arbeitsarten in das System des sozialen Verkehrs. Daher erscheint die Produktivkraftentwicklung im historischen Wandel der gesellschaftlich im Austausch vermittelten Arbeitsarten, welcher Nationalität sie auch immer seien. Dieser Wandel ist nach den Untersuchungen Kondratieffs und Schumpeters offenbar durch die sogenannten „Langen Wellen" reguliert, die allerdings bisher nach wie vor kontrovers debattiert werden. Unter der Annahme, daß der soziale Verkehr ein *System* determiniert, dürfte jedoch die Vorstellung, daß dieses System schwingt, also Zyklen hervorbringt, nicht gar so überraschend sein. Die Erklärung, daß Basisinnovationen die endogenen Gründe für die Kondratieffzyklen mit einer Dauer zweier Generationen (d. h. mit einer Dauer von durchschnittlich 55 Jahren) sind, ist jedenfalls plausibel und durch die Wirtschaftsgeschichte zu klären.

Im Zusammenhang der Analyse des Arbeitswerts ist es nützlich, den ökonomischen Leistungsbegriff zu bestimmen, den man nach meiner Sicht ebenso wie den Arbeitskraftbegriff aus der klassischen Physik übernehmen kann - und zwar unter der gleichen wirtschaftstheoretischen Voraussetzung, daß das entsprechende Werk bzw. der Dienst bezahlt wird, also Gegenstand des Austauschs ist. Wir definieren die Leistung (L) durch das Verhältnis der Arbeit zur Arbeitszeit: $L =_{\text{df}} A : t^A$. Damit gilt natürlich $A = L \cdot t^A$, und es versteht sich, daß wir nicht mehr sagen können, daß eine Leistung durch eine Geldzahlung, die ja immer einen Werttransfer darstellt, realisiert werde. Die Leistung ist die Arbeitsintensität. Und weder sie noch die Arbeit für sich stellen Werte dar. Sie sind vielmehr, wie noch ausdrücklich festzustellen ist, seine Faktoren oder Momente und als solche nicht für sich Gegenstände des Ein- oder Verkaufs. Niemand wird wegen seiner Leistung bezahlt, sondern wegen seines Werks oder seines Dienstes. „Leistung muß sich wieder lohnen", ist nach der gegebenen Definition also ein irreführende Forderung. Es kann jemand in der Produktion eines Werks oder in der Verrichtung eines Dienstes eine bedeutende Leistung aufweisen (im physikalischen Sinne). Kommt er aber nicht zum Absatz eben dieses Werks oder Dienstes, so liegt für den sozialen Verkehr keine ökonomische Leistung vor. - Auch das Wort Dienst*leistung* ist mit der vorgeschlagenen Leistungsdefinition durch das Wort *Dienst* zu ersetzen, was wohl keine sonderlich Mühe macht.

Weil nun $K \cdot N_i = A = L \cdot t^A$ gilt, ist auch die Proportion $N_i : t^A = L : K$ angenommen. Das in ihr auftretende Verhältnis $N_i : t^A$ ist ersichtlich eine Intensitätsgröße, die die erzeugte Gebrauchswertmenge pro Arbeitszeit angibt. Nach dem angenommenen Produktivkraftbegriff ist diese Intensität durch die Gleichung $N_i : t^A = L \cdot \kappa$ bestimmt, also durch die Einheit von Leistung und Produktivkraft determiniert. Sie ist die Intensität der Gebrauchswertbildung in der Arbeit - nicht in der Produktion.

Mit den angegebenen Feststellungen sei die analytische Fixierung möglicher ökonomischer Begriffe über Größen- oder Maßegleichungen in der Hoffnung abgeschlossen, daß sie über einige Plausibilität verfügt. Betrachten wir zum Abschluß der Darstellung noch die allgemeinen Konsequenzen der vorgestellten Überlegungen für die Bestimmtheit der ökonomischen Wertlehre.

4. Die analytische Bestimmtheit der ökonomischen Werttheorie

Zweifellos steht und fällt der Status der Wirtschaftstheorie als „strenger Wissenschaft" (Husserls Ausdruck) mit der Konstruktion der Wertlehre. Mit den hier erklärten Voraussetzungen wird angenommen, daß ihr Begriff des Werts für den Fall der Identität der Arbeits- mit der Produktionszeit durch die Gleichung $v = -K_i \cdot N_i \cdot t^A$ gegeben ist, Folge der Voraussetzung, daß $v : t^A = -K_i \cdot N_i$ gelten soll. Ist dagegen die Produktionsdauer größer als die Arbeitszeit, so werden wir annehmen, daß die Wertbestimmung $v = -K_i \cdot N_i \cdot t^P$ gilt. Die Dimensionseinheit $K_i \cdot N_i \cdot t^P$ stellt darin die Produktion wie das Produkt dar (beide sind dimensionstheoretisch nicht unterscheidbar). Nun haben wir ebenso vorausgesetzt, daß $v = p_i \cdot N_i$ gelten soll, womit natürlich die Bestimmung $p_i \cdot N_i = -A_i \cdot t^P$ logische Folge ist. Die Annahme dieser Determination beendet den Streit zwischen Vertretern des *Nutzen*werts und des *Arbeits*werts, indem sie die Feststellung enthält, daß beide dimensionstheoretisch *denselben* Wert meinen.

Um diese Einsicht plausibel zu machen, hat man mit Bezug auf die gewöhnliche kaufmännische Auffassung des Werts als „Preis mal Menge" (vgl. Schumpeter 1961, S.24, Anmerkung 13) nur zu bedenken, daß der in ihr gebrauchte Terminus *Menge* eine Anzahl von Kopien einer Nutzeneinheit, also ein Maß meint, nicht etwa eine nur arithmetisch zu bestimmende Anzahl. Sollte aber letztere gemeint sein, so müßte dieser verbale Ausdruck durch den Term $p \cdot \mathrm{n}$ (mit n als Variable für natürliche Zahlen) wiedergegeben werden, daher $v = p \cdot \mathrm{n}$ gelten. Dies hieße, daß Wert und Preis dimensionstheoretisch *dieselbe* Qualität darstellten, vorgestellt durch Mengen von Geldeinheiten. Ich halte diese Identifikation des Werts mit dem Preis für die dimensionstheoretische Crux der bisherigen Wertvorstellung - und für unannehmbar. Betrachten wir unseren alltäglichen Gebrauch des Preisbegriffs genau, so finden wir immer das *Verhältnis* eines Werts zu einer Gebrauchswerteinheit angegeben, den Preis also als, wie die Griechen sagen würden, *logos* (lateinisch: *ratio*) zweier verschiedener ökonomischer Qualitäten bestimmt. Ist dieser Befund theoretisch angenommen, so kann von einer Identität des Werts mit dem Preis keine Rede sein. Und wir müssen sagen: Geldmengen stellen jederzeit Werte dar, aber keine Preise. Und wenn wir Geldmengen in Gestalt gemünzter Edelmetalle oder anderer genormter Güterarten finden, so haben

wir es ebenfalls nicht mit Preisen oder Tauschwerten zu tun, sondern mit, wie weiter oben angegeben, universellen Gebrauchswerten oder Nutzen.
Die hier vorgestellte Wertbestimmung basiert auf der Annahme, daß das ökonomische Maßesystem von drei Dimensionen Gebrauch macht, die nicht durch Definition, sondern durch Grundmeßverfahren bestimmt sind: der artbestimmte Nutzen oder Gebrauchswert $[N_i]$, die konkret gebildete Arbeitskraft $[K_i]$ und die Produktionsdauer $[t^P]$. Mit Bezug auf die Bestimmtheit der zugehörigen Meßverfahren ist zu sagen: Die Institution der Nutzenmessung ist der Markt, auf dem mit der Preisverhandlung zugleich die Entscheidung darüber fällt, ob eine angebotene Produkt- oder Diensteinheit einem Nachfrager als Nutzen- oder Gebrauchswerteinheit gilt, d. h. gegen Entrichtung eines Gegenwerts von ihm abgenommen wird. Ein universelles Nutzenetalon für eine Gebrauchswertart gibt es gewiß nicht. Seine Existenz unterstellte, daß alle Marktteilnehmer mit derselben Produkteinheit denselben Nutzen verbinden würden. Nichtsdestoweniger ist sicher, daß ein effektiver Abnehmer ein Produktangebot für sich als nützlich beurteilt; er würde es sonst nicht abnehmen. So müssen wir annehmen, daß die effektive Nachfrage mit einem Nutzenideal des Nachfragers so gekoppelt ist, daß er das gegen Gegenwertzahlung abgenommene Produkt als Realisation dieses Ideals akzeptiert. In diesem Sinne können wir durchaus von Nutzenetalons sprechen, die Marktteilnehmer als effektive Nachfrager im Austausch realisieren. Es ist dies wohl die Besonderheit der sozialtheoretisch bestimmten Messung, worin Menschen selbst als Akteure der Verhältnisse und Beziehungen auftreten, die analytisch erklärt werden sollen. Denn es sind eben die Menschen, die nach ihren Bedürfnissen Gebrauchswerte determinieren.
Was die Messung der Arbeitskraft betrifft, so ist zu sagen, daß sie ihren Gegenstand im, mit Marx zu sprechen, bestimmt gebildeten Arbeitsvermögen des Vollbeschäftigten voraussetzt. Er erscheint für die ökonomische Analyse als die Maßeinheit, die sie besitzt. Daher gibt die Anzahl der Beschäftigten zugleich das Maß des Arbeitskraftaufwands an. Daß damit wirklich eine Messung vorliegt, nicht nur eine Personenzählung, erkennt man daran, daß in den Produktionsbetrieben in der Tat die Beurteilung der eingesetzten Arbeitskraft erfolgt. Ist etwa die für den Absatz erforderliche Qualität des Produkts nicht erreicht, wird man sich vom verantwortlichen Beschäftigten verabschieden, ohne seine Bestimmtheit, Person zu sein, in Frage zu stellen. Man stellt nur fest, daß er die erforderliche Qualifikation der nötigen Arbeitskraft nicht hat. Ebenso liegt jeder Rationalisierungsmaßnahme ein Urteil über die für eine bestimmte Produktion erforderliche Arbeitskraft zugrunde.
Mit Bezug auf die Produktionsdauer ist nur zu sagen, daß sie - wie jede andere Dauer - mit der Uhr zu messen ist. Dadurch wird ihre ökonomische Bedeutung in keiner Weise in Frage gestellt.
Indem nun die drei Dimensionen $[K_i]$, $[N_i]$ und $[t^P]$ vermittels der Vereinung die Dimension des Werts $[v] = [K_i\ N_i\ t^P]$ (ich verzichte, wie üblich, auf die Angabe

des Zeichens der Produktbildung) determinieren, können wir sagen, daß der Wert in der Ökonomie die Kategorie des Allgemeinen realisiert, der gegenüber die fraglichen Faktoren die Kategorie des Einzelnen darstellen. In gleicher Weise stellt sich die kategoriale Bestimmtheit in der Mechanik dar: Mit den drei Dimensionen [*K*], [*l*] und [*t*] wird ebenfalls durch Vereinung die Dimension der Wirkung [*w*] gebildet, so daß [*w*] = [*K l t*] gilt. Da nun Dimensionen reine Qualitäten sind, können wir mit der Unterstellung, daß die Operationen der Produkt- und Verhältnisbildung logischen Charakter haben und die Dimensionen als logische Inhalte behandelt werden dürfen, sagen, daß der meßtheoretischen Fundierung eine logische Basis zugrundeliegt, die andeutungsweise in Hegel subjektiver Logik präsentiert worden ist. Dort heißt es:

> „E - B - A ist das allgemeine Schema des bestimmten Schlusses. Die Einzelheit schließt sich durch die Besonderheit mit der Allgemeinheit zusammen; das Einzelne ist... allgemein... durch die Besonderheit; ...umgekehrt ist... das Allgemeine... einzeln... durch die Besonderheit... - Diese Bestimmungen stehen als E x t r e m e einander gegenüber und sind in einem v e r s c h i e d e n e n Dritten eins." (Hegel 1951, S. 311).

Zweifellos hat Hegel diese Beschreibung durch Deutung des aristotelischen Satzes gewonnen, der in klassentheoretischer Interpretation besagt:

$$\forall\, E,B,A\ (E \subset B) \wedge (B \subset A) \rightarrow E \subset A\ .$$

Wie seine Deutung nun eigentlich zu verstehen sei, hat uns Hegel nicht gesagt; die beiden Striche zwischen den logischen Objekten E, B und A zeigen das unmißverständlich. Was sollen sie bedeuten? Ich habe auf diese Frage keine Antwort, die sich durch eine Textinterpretation zweifelsfrei rechtfertigen läßt.
Die folgende Überlegung aber ist einsehbar: Wenn Hegels Schlußschema eine wirkliche logische Bedeutung haben soll, so müssen die fraglichen Striche gerade das meinen, was Hegel nicht thematisiert hat: logische *Operationen* oder *Relationen*. Können wir nun die Wirkung als das Allgemeine der Mechanik und den Wert als das Allgemeine der Ökonomie verstehen, so ist es möglich, das Hegelsche Schlußschema inhaltslogisch zu rekonstruieren, wenn zusätzlich die zugehörigen Grundmeßverfahren als die Bestimmungen der entsprechenden Einzelnen verstanden werden. Es gilt dann generell:
$E_1 \cdot E_2 \cdot E_3 = A$. Und wir können definieren: $B_1 =_{df} E_2 \cdot E_3$, womit folgt, daß $E_1 \cdot B_1 = A$ gilt, die Rekonstruktion des Schemas E - B - A mit der Unterstellung: Der erste Strich Hegels meint die *Operation* des Vereinens, der zweite Strich meint die *Relation* der inhaltslogischen Gleichheit, und obendrein treten das Ein-

zelne und das Besondere dreifach auf. Wenn wir also die Dimensionen für sich als logische Inhalte verwenden und die beiden Operationen als inhaltslogische zulassen (d.h. nicht nur mit der Konjunktion und Adjunktion handeln), so stellt sich Hegels Schlußschema als der nur nach seinen Objekten identifizierte Dimensionszusammenhang dar, der sowohl in der Mechanik als auch in der Ökonomie eine Interpretation (ein Modell) besitzt. Das ist eine philosophisch wie wissenschaftstheoretisch bemerkenswerte Tatsache, die hier nur angeführt, aber nicht in extenso diskutiert werden soll. Es versteht sich sofort, daß für $i = 1,2,3$ gilt: $\mathrm{B}_i = \mathrm{A} : \mathrm{E}_i$. Und weiter ist klar, daß die Einsdimension mit $[\mathbf{1}] = \mathrm{A} : \mathrm{A}$ anzugeben ist, womit auch $\mathrm{A} = \mathrm{A} \cdot [\mathbf{1}]$ gilt. Die Einsdimension können wir damit im Hegelschen Sinne das konkrete Negat des Allgemeinen nennen: $\neg\mathrm{A} = [\mathbf{1}]$, womit die Dialektiker erfreuende Feststellung $\mathrm{A} = \mathrm{A} \cdot \neg\mathrm{A}$ getroffen werden darf. Des weiteren können wir als konkrete Negation $\neg\mathrm{E}_i = \mathrm{A} : \mathrm{E}_i$ angeben, also feststellen, daß $\mathrm{B}_i = \neg\mathrm{E}_i$gilt.[7] Dies rechtfertigt die weiter oben gebrauchte Redeweise von der Arbeitszeit als dem konkreten Negat der Arbeit.

Es bleibt noch zu zeigen, daß es zu einem Allgemeinen genau 3 Einzelne gibt (eine Inhaltsgattung also genau 3 Inhaltsarten hat): Es versteht sich, daß mit der Negation $\neg\mathrm{E}_1 = \mathrm{A} : \mathrm{E}$ auch der Satz $\mathrm{E}_1 \cdot \neg\mathrm{E}_1 = \mathrm{A}$ gilt. Die Existenz von $\neg\mathrm{E}_1$ bedeutet, daß es mindestens ein E_2 gibt, für das ebenso $\mathrm{E}_2 \cdot \neg\mathrm{E}_2 = \mathrm{A}$ angenommen werden muß. Also gilt $\neg\mathrm{E}_1 : \mathrm{E}_2 = \neg\mathrm{E}_2 : \mathrm{E}_1$. Insbesondere gilt auch $\neg\mathrm{E}_1 \cdot \neg\mathrm{E}_2 = (\mathrm{A} : (\mathrm{E}_1 \cdot \mathrm{E}_2)) \cdot \mathrm{A}$, worin der Term $\mathrm{A} : (\mathrm{E}_1 \cdot \mathrm{E}_2)$ nichts anderes bedeuten kann als die Negation $\neg(\mathrm{E}_1 \cdot \mathrm{E}_2)$. Dieses Negat kann weder E_1 noch E_2 bedeuten und auch nicht ihre Einheit, ihr Produkt, und ebensowenig die Einsdimension [**1**]. Also muß es Definiens eines dritten Einzelnen E_3 so sein, daß mindestens $\mathrm{E}_3 = \neg(\mathrm{E}_1 \cdot \mathrm{E}_2)$ anzunehmen ist. Es kann aber auch keine weiteres Einzelnes E_4 durch das Definiens bestimmt sein, weil klar ist, daß, falls $\mathrm{E}_3 = \neg(\mathrm{E}_1 \cdot \mathrm{E}_2) = \mathrm{E}_3 \cdot \mathrm{E}_4$ angenommen wird, wegen der Drittengleichheit $\mathrm{E}_4 = [\mathbf{1}]$ folgt. Also muß die Bestimmung $\mathrm{A} = \mathrm{E}_1\mathrm{E}_2\mathrm{E}_3$ gelten. Meßtheoretisch bedeutet das: Zu einer allgemeinen Maßgattung gehören genau drei Grundmeßverfahren, deren Einheit sie determiniert.

Bei dieser Andeutung des inhaltslogischen Hintergrunds der hier vorgestellten meßtheoretischen Erwägungen wollen wir es belassen und nur noch darauf verweisen, daß Marx den Versuch unternahm, die Hegelsche Logik für seine Ökonomiekritik zu nutzen. Er schrieb:

> „Hier mag nur noch bemerkt werden, daß in W - G - W die beiden Extreme W nicht in derselben Formbeziehung zu G stehen. Das erste W verhält sich als besondere Ware zum Geld als der allge-

---

7 Diese Negationsdefinition stammt von B. Hartmann (vgl. Hartmann 1994, S. 246)

> meinen Ware, während Geld als die allgemeine Ware sich zum zweiten W als einzelner Ware verhält. W - G - W kann daher abstrakt logisch auf die Schlußform B - A - E reduziert werden, worin die Besonderheit das erste Extrem, die Allgemeinheit die zusammenschließende Mitte und die Einzelheit das letzte Extrem bildet." (Marx 1975[2], S, 76).

Die von Marx angegebene „Schlußform" kommt so in der Hegelschen Logik nicht vor. Beachtet man, daß in der Marxschen Argumentation Waren wie Geld als Wertträger unterstellt sind, so ist klar, daß sein Schema gerade Hegels „mathematischen Schluß" A - A - A vorführt. Denn es ist nichts anderes gemeint als die Transformation des *Werts* der ersten Ware in Geld*wert* und die Transformation des Geld*werts* in einen zweiten Waren*wert*, d.h. eine unmißverständlich tautologische Wertübertragung, in welcher nur die Darsteller wechseln, nicht das Dargestellte, der Wert, das ökonomisch Allgemeine. W - G - W besagt wirklich nur: Im äquivalenten Austausch geht der Wert der ersten Ware v_1 in den Wert der Geldware v_o über und dieser in den Wert der zweiten Ware v_2 ; es gilt also: $v_1 = v_o = v_2$. Das ist aber Hegels „mathematischer Schluß" oder die gewöhnliche Argumentation nach der Drittengleichheit.
Das wirklich Besondere nach der hier gegebenen Deutung ist der *Preis*, während das Einzelne der *Gebrauchswert* oder bestimmte Nutzen ist. Marx hat sein Räsonnement im „Kapital" nicht mehr wiederholt, gleichwohl das Schema W - G - W verwendet, es nur nicht mehr als ökonomisches Exemplar für die Anwendbarkeit der Hegelschen Schlußlehre ausgesprochen. Dies demonstriert wohl den weisen Verzicht auf eine nicht legitimierbare logische Fundierung, aber ebenso den Umstand, daß Marx den Preis nicht vom Wert hat analytisch akzeptabel unterscheiden können. Damit steht er in einer engen Beziehung zur klassischen angelsächsischen Wirtschaftslehre, die umgekehrt den Wert nicht vom Preis zu unterscheiden vermocht hat.

Literatur

Bródy, A. (1970), Proportions, Prices and Planning. Budapest.
Carnap, R. (1954), Einführung in die symbolische Logik mit besonderer Berücksichtigung ihrer Anwendungen, Wien.
Hartmann, B. (1994), Logik und Arbeit, Sankt Augustin, 1994.
Hegel, G. W. F. (1950), Wissenschaft der Logik. Erster Teil, hrsg. v. G. Lasso,. Leipzig.
Hegel, G. W. F. (1951), Wissenschaft der Logik, Zweiter Teil, hrsg. v. G. Lasso, Leipzig.
Helmholtz, H. v. (1887), Zählen und Messen, erkenntnistheoretisch betrachtet, in: Philosophische Aufsätze, E. Zeller zu seinem fünfzigjährigen Doktorjubiläum gewidmet. Leipzig. Hier zitiert nach der Ausgabe: H. v. Helmholtz: Philosophische Vorträge und Aufsätze, eingel. u. hrsg. v. H. Hörz u. S. Wollgast, Berlin, 1971.

Kant, I. (1962), Versuch, den Begriff der negativen Größen in die Weltweisheit einzuführen, in: Ders., Kleine philosophische Schriften, hrsg. v. D. Bergner. Leipzig, S. 17 - 72.

Marx, K. (1867) Das Kapital. Kritik der politischen Ökonomie. Erster Band. Buch I: Der Produktionsprozeß des Kapitals. Urausgabe. Neudruck der 1. Auflage, Hamburg 1867. Hildesheim., 1980.

Marx, K. (1974), Grundrisse der Kritik der politischen Ökonomie, in: Marx-Engels-Werke, Bd. 42, Berlin.

Marx, K. (1975[1]), Das Kapital., Zweiter Band., in: Marx-Engels-Werke, Bd. 24, Berlin.

Marx, K.(1975[2]), Zur Kritik der Politischen Ökonomie, In: Marx-Engels-Werke, Bd. 13, Berlin

Marx, K. (1986), Das Kapital, Erster Band, in: Marx-Engels-Werke, Bd. 23, Berlin.

National Research Council (1979), Panel to *Review Productivity Statistics* (Chairman: A. Rees), Measurement and Interpretation of Productivity., Washington/D.C..

Oberdorfer, G. (1969), Das Internationale Maßsystem und die Kritik seines Aufbaus, Leipzig.

Reichardt, W. (1983), Gleichungen in Naturwissenschaft und Technik, Leipzig.

Schumpeter, J. A. (1961), Konjunkturzyklen, Erster Band, Göttingen.

Wallot, J. (1957), Größengleichungen, Einheiten und Dimensionen, 2. verb. Aufl., Leipzig.

Westphal, W. H. (1965), Die Grundlagen des physikalischen Begriffssystems, Braunschweig.

Bertram Schefold

Wert und Preis im historischen Kontext[1]

1. Einführung

Die hundertjährige Debatte über die Marxsche Transformation der Arbeitswerte in Preise kann als abgeschlossen gelten. Sie begann vor beinahe einhundert Jahren mit der Veröffentlichung des Bandes 3 des *Kapital*. Heute erscheint die Marxsche Theorie sowohl auf der Grundlage einer kritischen Analyse als auch als Resultat politischer Transformationen diskreditiert. Die großen sozialistischen Gemeinwesen, die durch den „Wissenschaftlichen Sozialismus" geschaffen worden waren, haben nicht länger bestanden als die viel kleineren „utopisch" sozialistischen und kommunistischen Gemeinwesen, von denen wir Beispiele in der frühen Geschichte der christlichen Kirche, im Mittelalter und hauptsächlich in den Vereinigten Staaten ab dem 17. Jahrhundert finden. Nichtsdestoweniger bleibt die Diskussion Marxscher Ideen interessant, wenn sie in ihrer eigentümlichen historischen Perspektive interpretiert werden.
In diesem Artikel möchte ich mich auf den Beitrag konzentrieren, den die Debatte über den Wert zum Verständnis der Geschichte des ökonomischen Denkens und zur Analyse der sich ändernden Formen des ökonomischen Lebens geleistet hat, da ich glaube, daß die ökonomische Theorie in einem gewissen Maß in Beziehung zu den historischen Umständen gebracht werden muß. Engels hatte behauptet (im Nachwort zum 3. Band des *Kapital*), daß die Arbeitswerte adäquate Werkzeuge für die Analyse der vorkapitalistischen Warenproduktion seien (vgl. Marx/Engels 1973, S. 905-917). Ich glaube zwar nicht, daß er recht hatte, doch die Modifikationen der Werttheorie werfen wahrscheinlich einiges Licht auf die Besonderheiten unterschiedlicher ökonomischer Systeme, denen man in der Geschichte begegnet.

2. Preise, Werte und die Standardware

Es könnte nützlich sein, die wichtigsten formalen Argumente, die den Zusammenhang zwischen Werten und Preisen betreffen, zu rekapitulieren. Sie sollen auf eine lange Gleichgewichtsperiode bezogen werden, in der die Preise für gleichartige Waren, gleichartige Arbeit und verschiedene Typen gleichartigen Landes

[1] Dieser Aufsatz ist vom Verfasser ursprünglich in englischer Sprache für das koreanische Institut für Wirtschaftsforschung der Hanshin-Universität geschrieben worden und wird dort demnächst auch erscheinen. Die Übertragung ins Deutsche besorgte G. Quaas.

einheitlich sind. Insofern unterstellt wird, daß die Konkurrenz dieses Resultat hervorbringt, kann man ebenfalls annehmen, daß sie eine einheitliche Profitrate zeitigt. Die Produktionsmethoden eines Einzelprodukt-Systems wird dann durch eine quadratische Input-Output-Matrix A und einem Vektor für die homogene Arbeit $\mathbf{l}$ gegeben. Die Koeffizienten a_{ij} bezeichnen die Menge der Ware j, die gebraucht wird, um eine Einheit der Ware i zu produzieren, und l_i ist die Menge homogener Arbeit, die zur Produktion einer Einheit der Ware i verwendet wird. Es wird angenommen, daß die Arbeit am Ende einer Produktionsperiode bezahlt wird. Man weiß, daß dann der Preisvektor $\mathbf{p}$, die Profitrate r und die Lohnrate w durch die folgende Gleichung in Beziehung zueinander stehen:

$$(1+r)A\mathbf{p}+w\mathbf{l}=\mathbf{p}. \qquad (1)$$

Dieses System von n Gleichungen (mit $i=1,...,n$ und $j=1,...,n$) hat zwei Freiheitsgrade: nach einer klassischen Interpretation hat man die Freiheit, ein Einheitsmaß zu wählen (indem man zum Beispiel den Preis einer möglicherweise kombinierten Ware fixiert oder eine Lohneinheit wählt). Der andere Freiheitsgrad entspricht dem Zustand der Verteilung - beispielsweise kann die Profitrate fixiert werden, weil sie mit irgendeiner von außen vorgegebenen Zinsrate übereinstimmt.
Die so beschriebene Wirtschaft produziert den Surplus $\mathbf{d}$ bei Aktivitätsniveaus von je einer Einheit $\mathbf{e}=(1,...,1)$:

$$\mathbf{e}(I-A)=\mathbf{d}, \qquad (2)$$

wobei I die Einheitsmatrix ist. Die Zusammensetzung des Outputs wird auf diese Weise als gegeben betrachtet. Er besteht aus Investitionsgütern und Konsumgütern. Keynesianer behandeln Investitionen oft als von außen vorgegeben. Die klassischen Autoren betrachten die Zusammensetzung der Konsumtion vom Standpunkt abstrakt ökonomischer Überlegung ebenfalls als vorgegeben, weil sie soziologische Theorien über die Zusammensetzung der Konsumtion hatten (vgl. Schefold 1986, S.197 u. 207). Die notwendigen Lebensmittel, die von den Arbeitern in einem entwickelten Land konsumiert werden, könnten für Arbeiter eines weniger entwickelten Luxusgüter sein. Die Ökonomen waren sich natürlich darüber bewußt, daß der Markt für irgendeine gegebene Ware im allgemeinen ausgedehnt werden wird, wenn die Ware billiger hergestellt werden kann. Der Fortschritt, der eine Senkung der Produktionskosten erlaubt, müßte analysiert werden als ein Übergang zu einer neuen langfristigen Lage mit einer veränderten Produktionsmethode, die zu niedrigeren Preisen führt, und mit einem Zuwachs der nachgefragten Mengen. Ein offensichtlicher Grund, warum die klassischen Ökonomen die Elastizität der nachgefragten und angebotenen Quantitäten nicht in Form von Kurven interpretierten, bestand darin, daß Marshalls Nachfrage- und Angebots-

Schnittkurven noch nicht erfunden worden waren (als Formel erschienen sie zum ersten Mal in Cournots Werk; vgl. Cournot 1991 u. Schefold 1991, S.5-11; und als Diagramm unabhängig davon bei K.H. Rau; vgl. Ott./Winkel, 1985, S.134-136). Ein tieferer Grund besteht darin, daß die Übergänge, die mit sich ändernden Preisen verbunden sind, in einem anderen Licht gesehen wurden. Weniger Gewicht wurde auf Erklärungen gelegt, die auf dem Geschmack basieren, mehr dagegen auf den Fortschritt und andere Veränderungen der Produktionsmethoden, auf unterschiedliche Lagen der Konkurrenz und auf soziologische Betrachtungen.
Sraffa lieferte die moderne Formalisierung des klassischen Systems von Werten und Preisen (vgl. Sraffa 1960). Er unterschied zwar nicht zwischen Konsumgütern und Investitionsgütern, dafür aber zwischen Basiswaren und Nicht-Basiswaren. Nur Basiswaren gehen direkt oder indirekt in die Produktion aller anderen Waren ein. In Einprodukt-Systemen sind die Prozesse, in denen sie hergestellt werden, unverzichtbar (vgl. Kurz/Salvadori 1992, S.111 f.).
Das System der so definierten Produktionspreise wurde dazu verwendet, Wandlungsprozesse mit Hilfe von Vergleichen zu analysieren (vgl. Garegnani 1984). Akkumulation und Wachstum wurden als eine Ausdehnung der Aktivitäten dargestellt. Strukturelle Wandlung bedeutete eine Veränderung in der Zusammensetzung des Outputs (vgl. Schefold 1990). Technischer Fortschritt konnte als eine Veränderung der Produktionsmethoden gedacht werden, und diese Änderungen könnten mit der Verteilung wechselwirken. Im Idealfall würde die Verteilung im Verlauf der Akkumulation und des Wachstums der Produktivität invariant bleiben. Eine Veränderung der Verteilung im Sinne eines Fallens der Profitrate wurde als eine Gefährdung der Akkumulation betrachtet.
Marx analysierte den Warenaustausch, das Wachstum, den technischen Fortschritt und den Verteilungskonflikt mit Hilfe der Arbeitswerttheorie. Diese erhält man mit Hilfe einer formalen Übung aus dem System (1). Wenn die Profitrate Null ist, sind die Preise - ausgedrückt in Lohnraten - den Arbeitswerten gleich. Sobald die Profitrate erhöht wird, erhöhen sich die in Lohnraten ausgedrückten Preise und streben gegen unendlich, und zwar bei einer bestimmten endlichen Profitrate, der sogenannten maximalen Profitrate R:

$$\mathbf{p}/w = [I - (1+r)A]^{-1}\mathbf{l}\,, \tag{3}$$

wie man ausgehend von (1) sehen kann. Eine wohlbekannte Rekursion führt zu der Entwicklung in eine Reihe:

$$\begin{aligned} \mathbf{p}/w &= \mathbf{l} + (1+r)A\mathbf{p}/w \\ &= \mathbf{l} + (1+r)A[\mathbf{l} + (1+r)A\mathbf{p}/w] \\ &= \mathbf{l} + (1+r)A\mathbf{l} + (1+r)^2 A^2\mathbf{l} + \ldots + (1+r)^t A^t \mathbf{p}/w \\ &= \mathbf{l} + (1+r)A\mathbf{l} + (1+r)^2 A^2\mathbf{l} + \ldots \quad , \end{aligned} \tag{4}$$

da $(1+r)^t A^t \mathbf{p}/w$ für größer werdende t und für r < R gegen Null strebt. $A^t\mathbf{l}$ kann als der Anteil an vor *t* Perioden verausgabter Arbeit interpretiert werden, die in dem „heute" produzierten Surplusprodukt, d.h. bei *t=0*, enthalten ist. Die Preise $\mathbf{p}/w$ in Einheiten der Lohnrate (oder Preise in „kommandierter Arbeit" - wie Smith sie nannte) wachsen folglich monoton mit der Erhöhung der Profitrate, beginnend mit den Arbeitswerten,

$$\mathbf{u} = (I - A)^{-1}\mathbf{l} = \mathbf{l} + A\mathbf{l} + A^2\mathbf{l} + \ldots \ , \tag{5}$$

und streben gegen unendlich, wenn r gegen R geht und es sich um ein Basissystem handelt. Die Arbeitswerte, d.h. die Größe der Arbeit, die in einer Ware verkörpert ist,

$$\mathbf{u} = \mathbf{l} + A\mathbf{u} \ , \tag{6}$$

drückt für jede Ware die Menge an zusätzlicher Beschäftigung aus, die durch das Produzieren einer zusätzlichen Menge der fraglichen Ware geschaffen wird. Es sind daher Multiplikatoren der Beschäftigung

$$u_i = \mathbf{e}_i (I - A)^{-1}\mathbf{l} \ , \tag{7}$$

wobei $\mathbf{e}_i$ der i-te Einheitsvektor ist; $\mathbf{e}_i$ kann als der Surplus eines Systems mit dem Nettoprodukt von einer Einheit der Ware *i* (das „Untersystem i" in Sraffas Terminologie) interpretiert werden.

Wir haben den Ausgangspunkt bei den Preisen genommen und davon Arbeitswerte abgeleitet. Diese können wir nun verwenden, um bestimmte Eigenschaften der Preise zu illustrieren, und zwar bevor wir die Probleme rekonstruieren, auf die Marx stieß, als er versuchte, sich in entgegengesetzter Richtung zu bewegen. Sraffas Standardware ist das Einheitsmaß, das zu zeigen hilft, wie die relativen Preise von den relativen Arbeitswerten abweichen, wenn sich die Profitrate von Null entfernt.

Betrachten wir eine Wirtschaft, in der die Profitrate Null ist und die Löhne das ganze Nettoprodukt absorbieren, so daß die Gleichungen (4) und (6) gelten, wobei r=0 und w=1 ist. Zu betrachten ist, wie eine kleine Profitrate entsteht, die eine Verringerung der Lohnrate nach sich zieht, die nun etwas kleiner als 1 wird.

Wir haben noch keine Lohnkurve zur Verfügung, die uns exakt sagen würde, um wieviel die Lohnrate erniedrigt werden müßte, um die Entstehung einer positiven Profitrate auszugleichen. Wir unterstellen nun, daß sich die relativen Preise nicht ändern, das heißt, daß sie gleich den relativen Arbeitswerten bleiben. Für jede verkaufte Einheit wird dann jede Industrie einen Extra-Profit oder einen Verlust machen (dargestellt durch einen Vektor der Extra-Profite und Verluste $\mathbf{y}$), der durch die folgende Gleichung (vgl. Schefold 1986) bestimmt wird:

$$\mathbf{u} - A\mathbf{u} - w\mathbf{l} - rA\mathbf{u} = \mathbf{y}. \qquad (8)$$

Gleichung (8) bedeutet, daß die Waren zu gegebenen Preisen $\mathbf{u}$ verkauft werden. Ihre Produktionskosten bestehen aus den Kosten des Rohmaterials $A\mathbf{u}$, den Löhnen $w\mathbf{l}$ und dem normalen Profit $rA\mathbf{u}$ in jedem Industriezweig.
Man unterstelle, daß im Durchschnitt keinerlei Extra-Profit oder Verlust gemacht werde, das heißt, daß $\mathbf{ey} = 0$ ist. Man wird erwarten, daß Industrien i, für die der Wert der Produktionsmittel $\mathbf{a_i u}$ bei gegebenem l_i relativ groß ist, Verluste machen werden, weil sich ihre Kosten durch $r\mathbf{a_i u}$ (das nach Voraussetzung relativ groß ist) erhöht haben, während sich ihre Arbeitskosten nur ein wenig vermindert haben, da l_i (nach Annahme) relativ klein ist. Die Preise werden deshalb geändert werden müssen, und zwar so, daß die Extra-Profite und Verluste $\mathbf{y}$ verschwinden und eine einheitliche Profitrate wiederhergestellt wird. Aus (8) erhält man dann die Gleichungen

$$\mathbf{p} - A\mathbf{p} - w\mathbf{l} - rA\mathbf{p} = 0;$$

sie stimmen mit den Gleichungen (1) überein. Folglich ist klar, daß man ein Steigen des Preises p_i einer Industrie relativ zum Arbeitswert u_i erwartet, wenn $\mathbf{a_i u}$ relativ groß und l_i relativ klein ist, d.h. wenn sie eine große Rate „Kapital zu Arbeit" oder - was genau das gleiche ist - organische Zusammensetzung des Kapitals hat. Ein großer Verlust y_i in (8) muß durch einen großen Anstieg des Preises relativ zu u_i ausgeglichen werden. Umgekehrt - und auf den ersten Blick paradoxerweise - muß ein Preis p_i relativ zu u_i fallen, wenn bei einer Industrie mit einer niedrigen Rate „Kapital zu Arbeit" y_i positiv ist.
Es scheint, daß man hiermit eine Prozedur gefunden hat, die Abweichung der Preise von den Arbeitswerten zu verstehen, die auf das Faktum zurückzuführen ist, daß die Profitrate größer als Null und die Lohnrate kleiner als Eins ist. Allerdings ist die Argumentation bisher auf sich anpassende Preise auf der Seite des Outputs - die Verkaufspreise - konzentriert worden, mit dem Ziel, Extra-Profite und Verluste verschwinden zu lassen. Klarerweise sollte der Wert der Produktionsmittel eigentlich ebenfalls vermittels der Preise gemessen werden. Wenn wir

nun beobachten, wie sich die Preise infolge einer Änderung der Profitrate verändern, werden wir gewahr werden, daß eine Zunahme der Profitrate nicht immer einen Anstieg des Produktionspreises in einem Industriezweig mit einer hohen Rate von Kapital zu Arbeit nach sich zu ziehen braucht. Die Produktionsmittel einer solchen Industrie - nennen wir sie „Stahl" - könnten in anderen Industriezweigen mit einer außerordentlich niedrigen Rate von Kapital zu Arbeit - nennen wir sie „Holz" - produziert worden sein, so daß der Wert der Produktionsmittel der Stahlindustrie gleichzeitig mit dem Anstieg der Profitrate fallen kann und daher auch der Produktionspreis der Stahlindustrie, weil der Preis des Produktionsmittels Holz fällt. Diese Möglichkeit ist von Marx übersehen worden.
Sraffa hat - dabei Ricardo folgend - eine Standardware vorgeschlagen, die ein Warenaggregat ist, das von einem ganzen Industriekomplex produziert wird. Der Vektor der Aggregation werde mit $\mathbf{q}$ notiert. Die Idee besteht darin, $\mathbf{q}$ so zu wählen, daß der oben identifizierte Effekt, der die Abweichung der Preise von den Arbeitswerten hervorruft, *verschwindet*: für jene komplexe Industrie muß die Proportion von Produktionsmitteln zur angewandten Arbeit dem Durchschnitt der Wirtschaft, bezeichnen wir ihn mit M, entsprechen, und dasselbe muß für das Verhältnis des Wertes von Kapital zu Arbeit in den Industrien gelten, die jene Produktionsmittel herstellen, und weiterhin für jene Industrien, die die Produktionsmittel der Industrien produzieren, die die Produktionsmittel der aggregierten Ware herstellen etc.
Formal ist das Nettoprodukt einer Wirtschaft, die in den Proportionen $\mathbf{q}$ produziert, gleich $\mathbf{q}(I - A)$. Die Produktionsmittel der Industrie sind $\mathbf{q}A$, ihr Preis ist $\mathbf{q}A\mathbf{p}$ und die angewandte Arbeit $\mathbf{ql}$.
Daher erscheint das Verhältnis von Kapital zu Arbeit der Industrie (das gleich M sein muß) als Rate der Industrien, die die Produktionsmittel der Produktionsmittel $\mathbf{q}A^2\mathbf{p}$ herstellen, zur Arbeit $\mathbf{q}A\mathbf{l}$ wieder, die in jenen Industrien angewandt wird, etc., so daß wir die unendliche Folge von Gleichungen

$$M = \frac{\mathbf{q}A\mathbf{p}}{\mathbf{ql}} = \frac{\mathbf{q}A^2\mathbf{p}}{\mathbf{q}A\mathbf{l}} = \frac{\mathbf{q}A^3\mathbf{p}}{\mathbf{q}A^2\mathbf{l}} = \ldots \tag{9}$$

erhalten. Nun ist es nicht mehr schwer zu sehen - und man kann dies auch exakt beweisen - daß die Folge (9) eine bestimmte Kombination dieser „Durchschnitts"-Industrie impliziert, da die Gleichungen

$$\mathbf{q}A^{t+1}\mathbf{p} = M\mathbf{q}A^t\mathbf{l}, \qquad t = 0,1,2,\ldots \tag{10}$$

zeigen, daß, unter Beachtung von (3), jenes $\mathbf{q}$ ein Eigenvektor der Matrix A sein muß (vgl. Schefold 1989, S.354). Da diese Lösung nur dann eine Bedeutung hat, wenn $\mathbf{q}$ positiv ist, muß $\mathbf{q}$ der eindeutig bestimmte Eigenvektor sein, der zu dem maximalen Eigenwert der unzerlegbaren, nicht-negativen Matrix A gehört, und es gilt

$$M = 1/R, \tag{11}$$

wobei R die maximale Profitrate ist:

$$(1+R)A\mathbf{x} = \mathbf{x}; \tag{12}$$

($\mathbf{x}$ bezeichnet die Preise, die man bei $r = R$ und $w = 0$ erhält), und es gilt:

$$(1+R)\mathbf{q}A = \mathbf{q}. \tag{13}$$

Der Vorschlag besteht deshalb darin, ein Warenaggregat, dessen Netto-Standardprodukt $\mathbf{q}(I-A)$ als Einheitsmaß dient, so auszuwählen, daß der Hauptgrund, der die Preise veranlaßt, sich mit Änderungen der Verteilung ebenfalls zu ändern, *fehlt*, das heißt, die Abweichung des Verhältnisses von Kapital zu Arbeit vom Durchschnitt. In bestimmter Weise repräsentiert diese Standardware den „richtigen" „Durchschnitt".
Wir normieren das Produktionsniveau der Standardware, indem wir $\mathbf{ql} = 1$ setzen. Dadurch liefert das Einheitsmaß eine sehr einfache Lohnkurve:

$$1 = \mathbf{q}(I-A)\mathbf{p} = \mathbf{q}(rA\mathbf{p} + w\mathbf{l}) = (r/R)\mathbf{q}(I-A)\mathbf{p} + w\mathbf{ql} = (r/R) + w. \tag{14}$$

Dies ist Sraffas berühmte lineare Lohnfunktion, die man auch folgendermaßen schreiben kann:

$$w = 1 - r/R. \tag{15}$$

Die mit Hilfe der Standardware normierten Preise sind für r=0 und w=1 gleich den Arbeitswerten, und sie streben gegen $\mathbf{x}$ (12), wenn r gegen R geht - wenn $\mathbf{x}$ ebenfalls mit Hilfe der Standardware normiert worden ist.
Es ist einleuchtend, daß wir dieselbe Lohnkurve erhalten, wenn wir annehmen, daß die in der Wirtschaft angewandten Produktionsmethoden gerade so beschaffen sind, daß die relativen Preise bei allen Niveaus der Profitrate gleich den relativen Arbeitswerten sind. In einer solchen Wirtschaft sind die Preise $\mathbf{p}$ der Gleichung (1) gleich den Arbeitswerten, wie sie durch die Gleichungen (6) und (5) definiert werden. Daher muß gelten:

$$\mathbf{p} = \mathbf{u} = (I - A)^{-1}\mathbf{l} = (1+r)A\,\mathbf{p} + w\mathbf{l} = (1+r)A(I - A)^{-1}\mathbf{l} + w\mathbf{l}\,. \tag{16}$$

Indem wir die Identität $A(I - A)^{-1} = (I - A)^{-1}A$ verwenden und mit $(I - A)$ multiplizieren, erhalten wir

$$\mathbf{l} = (1+r)A\mathbf{l} + w(I - A)\mathbf{l}. \tag{17}$$

Anhand der Gleichung (17) ist offen ersichtlich, daß $\mathbf{l}$ ein Eigenvektor der Matrix A sein muß. Da $\mathbf{l}$ positiv ist (wir unterstellen, daß in allen Industrien Arbeit gebraucht wird), muß $\mathbf{l}$ der Eigenvektor sein, der zu R gehört:

$$(1+R)A\mathbf{l} = \mathbf{l}\,. \tag{18}$$

Auf diese Weise haben wir als eine notwendige Bedingung für eine Arbeitswerttheorie gefunden, daß sie einen Arbeitsvektor unterstellt, der gerade der rechte Eigenvektor der Input-Output-Matrix ist. Die Bedingung (18) ist klarerweise auch hinreichend. Ausgehend von (18) gehen wir zurück zur Gleichung (17) und erhalten:

$$\mathbf{l} = \left[(1+r)/(1+R)\right]\mathbf{l} + w\left[1 - 1/(1+R)\right]\mathbf{l};$$

dies impliziert $1+R = 1 + r + wR$,

und deshalb $w = 1 - r/R$.

Das ist das gleiche Ergebnis wie (15). Wir können schließen, daß die Standardware die gleiche Beziehung zwischen der realen Lohnrate und der Profitrate liefert wie man sie in einer Wirtschaft erhält, in der die Arbeitswerttheorie gilt. Der Unterschied besteht jedoch darin: die Gleichung (15) ist unter der Annahme abgeleitet worden, daß die Löhne in einer spezifischen Maßeinheit ausgedrückt werden. Eine solche Annahme wurde für (16) nicht getroffen; statt dessen ist unterstellt worden, daß wir zufälligerweise eine sehr spezielle Technologie gebrauchen, die durch (18) charakterisiert wird.

3. Die Redundanz der Mehrwert-Theorie

Die primäre Funktion der Werte in Marx' System bestand darin, eine rationale Grundlage für die Berechnung der Produktionspreise zu liefern. Seine Transformation ging deshalb von den Werten zu den Preisen. Das Wertesystem würde redundant werden, wenn nicht gezeigt werden könnte, daß Bewertungen mit Ausdrücken der Arbeitswerte auch nach der Transformation der Werte in Preise relevant bleiben: das Wertesystem war konzipiert worden, um die „wesentlichen" Eigenschaften des Systems aufzudecken, die auf der Oberfläche, das heißt auf der Ebene des Preissystems, nicht wahrgenommen werden können. Die Marxsche Theorie kehrt die Beziehung zwischen Verteilung, Technologie, dem Arbeitsprozeß sowie der Akkumulation um. Insbesondere für seine Akkumulationstheorie war entscheidend, daß die Profitrate, die aufgrund der Wertrechnung, und die Profitrate, die aufgrund der Preisrechnung abgeleitet wurden, für die Wirtschaft insgesamt identisch sein mußten (vgl. Hunt/Glick 1987).

Ricardo und seine Vorgänger pflegten die Verteilung durch die Annahme zu bestimmen, daß der Reallohn in Form eines Warenkorbs gegeben ist, der den „Lebensunterhalt der Arbeiter" oder die „notwendigen Konsumgüter" repräsentiert. Wenn dieser Warenkorb durch den Vektor $\mathbf{z}$ gegeben ist, dann kann die entstehende Profitrate von (1) abgeleitet werden. Für jedes Numéraire muß $\mathbf{zp} = w$ gelten, weil die Lohnrate so hoch sein muß, daß die Arbeiter ihre Lebensmittel kaufen können. Wenn wir die Standardware als Einheitsmaß wählen, kann die Profitrate von

$$\mathbf{zp} = w = (R - r)/R \tag{19}$$

abgeleitet werden, daher ist

$$r = R(1 - \mathbf{zp}) \ . \tag{20}$$

Da die Preise hier eine Funktion der Profitrate sind, ist die Gleichung (20) nicht ganz so unproblematisch, wie sie auf den ersten Blick erscheinen mag. Es existiert eine eindeutig bestimmte positive Profitrate, bei der (20) für positive Preise gelöst werden kann. Das wird klar, wenn wir zu (19) zurückkehren und in der folgenden Form schreiben:

$$\mathbf{z}(\mathbf{p}/w) = 1 \tag{21}$$

Da wir wissen, daß $(\mathbf{p}/w)$ ein Vektor ist, der nach (4) mit der Profitrate monoton ansteigt, ist die linke Seite von (21) eine streng monotone Funktion der Profitrate, so daß (21) genau eine Lösung besitzt.

Marx berechnete die Profitrate für eine Wirtschaft, in der die Arbeitswerttheorie nicht gilt, d.h., für die die Gleichung (18) nicht erfüllt ist, indem er postulierte, daß die Summe der Profite als Umverteilung des Mehrwerts zwischen den Sektoren der Wirtschaft interpretiert werden kann. Um in der Lage zu sein, von einer

Summe der Profite zu sprechen, muß man ein Einheitsmaß definiert haben. Marx nahm gewöhnlich an, daß eine Ware, nämlich Gold, diesem Zweck diente, aber er postulierte außerdem, daß die Preissumme gleich der Wertsumme sei, und Interpreten tendieren dazu, dieser Gleichheit den Status einer Definition des Einheitsmaßes zu verleihen, so daß die Summe des angewandten Kapitals, der Löhne und Profite per definitionem dieselben sind, ob sie nun in Preisen oder Werten gemessen werden (vgl. v. Bortkiewicz 1907). Das angewandte Kapital ist $\mathbf{e}A$, das Nettoprodukt $\mathbf{d}$, das zwischen Kapitalisten und Arbeitern, die die notwendigen Konsumgüter $\mathbf{z}$ erhalten, verteilt werden soll, wird durch (2) gegeben, so daß für das Bruttoprodukt $\mathbf{e}A + \mathbf{e}(I - A) = \mathbf{e}$ gilt, und die Gleichheit zwischen Preis- und Wertsumme bedeutet, daß bei allen Profitraten $0 \leq r < R$ für die Preise $\mathbf{p}$ gilt:

$$\mathbf{ep} = \mathbf{eu}. \tag{22}$$

Jetzt ist klar, daß, wenn es möglich wäre, die gesamten Profite als eine Umverteilung des Gesamtmehrwerts darzustellen, d.h. wenn wir

$$(\mathbf{d} - \mathbf{z})\mathbf{p} = (\mathbf{d} - \mathbf{z})\mathbf{u} \tag{23}$$

hätten, die Profitrate in Preisausdrücken gleich der Profitrate sein würde, die von den Werten abgeleitet ist, da (22) und (23) implizieren, daß

$$\begin{aligned} r &= (\mathbf{d} - \mathbf{z})\mathbf{p} / (\mathbf{e}A\,\mathbf{p} + \mathbf{zp}) \\ &= (\mathbf{d} - \mathbf{z})\mathbf{p} / [\mathbf{e} - (\mathbf{d} - \mathbf{z})]\mathbf{p} \\ &= (\mathbf{d} - \mathbf{z})\mathbf{u} / [\mathbf{eu} - (\mathbf{d} - \mathbf{z})\mathbf{u}] \\ &= (\mathbf{d} - \mathbf{z})\mathbf{u} / (\mathbf{e}A\,\mathbf{u} + \mathbf{zu}). \end{aligned} \tag{24}$$

(An dieser Stelle erscheint eine formale Inkonsistenz in unserer Argumentation: bei der Analyse der Produktionspreise hatten wir angenommen, daß der Lohn am Ende der Produktionsperiode der Gleichung (1) entsprechend gezahlt wird, während wir hier angenommen haben, daß der Lohn vorgeschossen wird und auf diese Weise ein Bestandteil des Kapitals bildet, an dem eine einheitliche Profitrate verdient werden soll (24), und zwar weil dies Marx' Annahme ist. Allerdings können Sraffas Gleichungen auf einfache Weise modifiziert werden, so daß die Annahme eines vorgeschossenen Lohnes in (1) und (16) berücksichtigt wird und wir immer noch die gleichen Lohnkurven für ein System mit Standardproportionen und für eines, in dem die Arbeitswerttheorie unter der Bedingung (18) gilt, erhalten. Der einzige Unterschied würde darin bestehen, daß die Lohnkurve (15) ein wenig transformiert werden müßte und zu einer Hyperbel würde.)

Es gibt aber keinen Grund, (23) aufrecht zu erhalten. Die Profitrate ist durch Gleichung (21) korrekt bestimmt. Aus (22) folgt, daß die Vektoren **u** und **p** auf der gleichen Ebene, orthogonal zu **e**, liegen. Die Gleichung (23), wenn sie richtig wäre, würde erfordern, daß sie beide auf einer anderen, zu $(\mathbf{d}-\mathbf{z})$ orthogonalen Ebene liegen. Aber das kann im allgemeinen nicht der Fall sein, da **u** und **p** im allgemeinen linear unabhängig voneinander sein werden, während **e** und $(\mathbf{d}-\mathbf{z})$ nicht proportional zueinander sind. (Im allgemeinen, das heißt bis auf Ausnahmen des Maßes Null solcher Fälle, die durch Gleichung (18) charakterisiert sind, wird die Technologie regulär sein. Das heißt, daß Preisvektoren zu zwei verschiedenen Profitraten linear unabhängige Vektoren sein werden. Noch allgemeiner formuliert: die Vektoren $\mathbf{p}(r_1),...,\mathbf{p}(r_n)$ werden linear unabhängige Vektoren sein, wenn die Profitraten $r_1,...,r_n$ verschieden voneinander sind. Die hier präsentierte formale Beweisführung gilt streng genommen nur für $n=3$ und erfordert eine komplexere Behandlung für $n > 3$.)

Wir haben bisher versucht, eine formale Verbindung zwischen Sraffas Theorie der Preise und dem Transformationsproblem herzustellen, dem man in der Marxschen Analyse der Werte begegnet. Ich werde kurz einige Erweiterungen diskutieren, bevor ich zu einer historischen Bewertung übergehe. Es ist nützlich, sich zuerst mit dem fixen Kapital zu beschäftigen. Hier finden wir zwei widersprüchliche Ansätze bei Marx. Auf der einen Seite betrachtet er das fixe Kapital als ein Kuppelprodukt, und zwar im dritten Band von *Das Kapital* (dabei folgt er der klassischen Tradition, die - nach Sraffa - bei Torrens begann; vgl. Sraffa 1960, Anhang D, S.94). Auf der anderen Seite unterstellt Marx eine lineare Entwertung der Maschinen, wenn er mit Wertausdrücken rechnet (vgl. Marx,/ Engels 1972, Kapitel 13.2 sowie 1973, Kapitel 8).

Das ist korrekt, wenn Maschinen eine gleichbleibende Effizienz haben und wenn Werte verwendet werden sollen, aber im allgemeinen nicht, wenn eine dieser Bedingungen nicht erfüllt ist.

Ein einfaches Beispiel ist hinreichend, um die hauptsächlichen Eigenschaften des Systems fixen Kapitals zu analysieren. Nehmen wir an, eine Menge Korn a_o zusammen mit Arbeit l_0 wird gebraucht, um eine neue Maschine m_0 im Prozeß 0 zu produzieren. Eine Menge Korn $a_1$und die neue Maschine werden zusammen mit Arbeit l_1 verwendet, um eine Menge Korn b_1 und eine Maschine herzustellen, die um ein Jahr älter geworden ist, und zwar zu einem Preis m_1 im Prozeß 1. Im Prozeß 2 wird eine Menge Korn a_2 und die ein Jahr alte Maschine zum Preis von m_1 angewandt, um zusammen mit Arbeit l_2 eine Menge Korn b_2 zu produzieren. Der Kornpreis p, der Preis der neuen Maschine m_0 und der Preis m_1 der ein Jahr alten Maschine werden alle in kommandierter Arbeit ausgedrückt, d.h. in Ausdrücken der Lohnrate.

Dann erhalten wir das folgende System:

$$(1+r)a_0 p + l_0 = m_0 \,,$$
$$(1+r)(a_1 p + m_0) + l_1 = b_1 p + m_1 \,, \qquad (25)$$
$$(1+r)(a_2 p + m_1) + l_2 = b_2 p \,.$$

Das System ist nicht lebensfähig, wenn es keinen Surplus produziert, das erfordert $a_0 + a_1 + a_2 < b_1 + b_2$ Dies sichert positive Preise des Rohmaterials und der neuen Maschine zwischen Null und der maximalen Profitrate.

Konstante Effizienz der Maschine bedeutet $a_1 = a_2$, $b_1 = b_2$ und $l_1 = l_2$. Man kann dann verifizieren, daß die Entwertung linear sein wird, d.h., daß $m_1 = m_0/2$ bei r=0 ist, indem man nämlich die Gleichung für den Prozeß 2 von der des Prozesses 1 subtrahiert. Aber im Gegensatz zur gleichbleibenden Effizienz wird die Entwertung progressiv sein, wenn die Profitrate positiv ist - eine Abschreibungsregel, die übrigens nach den deutschen Handelsgesetzen nicht legal ist. Diese erfordern lineare oder degressive Abschreibung.

Wenn die Effizienz der Maschine ansteigt, wenn - in dem extremen Fall einer Maschine, die noch konstruiert wird - $b_1 = 0$ ist, dann werden Wert und Preis der ein Jahr alten Maschine notwendigerweise positiv sein und den Preis der neuen Maschine m_0 übersteigen, so daß die Entwertung bei allen Profitraten negativ ist; die lineare Abschreibungsregel, die von Marx angewandt wird, ist so klarerweise bedeutungslos. Das System ist aber lebensfähig und wird positive Preise bei allen Profitraten zwischen Null und dem Maximum haben.

Auf der anderen Seite kann die Effizienz der Maschine fallend sein, was unzweideutig der Fall ist (d.h. unabhängig von den Preisen), wenn $a_2 > a_1$, $l_2 > l_1$ und $b_1 < b_2$ gilt. Wenn das System fortfährt, einen Surplus zu produzieren, wird es weiterhin lebensfähig sein. Es könnte aber jetzt vorteilhaft sein, den Prozeß 2 durch Umschichtung der Arbeit, die in (2) angewandt wird, zugunsten des Prozesses (1) „abzuschneiden", so daß Prozeß 2 ganz und gar ausfällt, und die ein Jahr alte Maschine als überproduziertes Gut erscheint. An und für sich, und da sie nicht als ein Konsumgut nachgefragt wird, wird ihr Preis m_1 nach dem Abschneiden gleich Null sein. Wenn wir aber den Preis m_1 vor dem Abschneiden berechnen, wird er negativ werden. Dies kann bei einer Profitrate gleich Null durchgeführt worden sein, so daß wir dann die berühmten negativen Arbeitswerte erhalten, die von Sraffa hervorgehoben worden sind. Arbeitswerte sind Beschäftigungsmultiplikatoren. Negative Werte zeigen an, daß man Arbeit sparen kann, indem man mehr von m_1 produziert, und dies kann genau dadurch bewerkstelligt werden, daß man den Prozeß 2 weniger und den Prozeß 1 mehr aktiviert, und zwar so, daß das Nettoprodukt der ein Jahr alten Maschine als ein Teil des Surplus erscheint (vgl. Schefold 1980). Negative Werte sind deshalb ein völlig ratio-

nales und bedeutungsvolles Kennzeichen eines Systems fixen Kapitals, in dem alte Maschinen weniger effizient sind als neue.
Wie wir gesehen haben, ist die Entwertung nicht linear, die relevante Ausnahme besteht in der konstanten Effizienz bei $r=0$. Besonders wenn die Effizienz in quantitativen Ausdrücken tatsächlich nicht definiert ist, weil sie zum Beispiel hinsichtlich des Rohmaterials steigend, hinsichtlich der Arbeitsinputs fallend und hinsichtlich des Outputs konstant ist, dann ist die Effizienz in Preisausdrücken nicht klar bestimmt und kann vom Niveau der Profitrate abhängen. Das Abschneiden kann dann bei einer bestimmten Profitrate vorteilhaft sein, aber bei einer anderen nicht. Diese Phänomene können mit Hilfe der Marxschen Arbeitswerttheorie nicht verstanden werden.
Für die Marxsche Theorie ist es aber noch verheerender, daß man hier sieht, weshalb die Arbeitswerte aus guten Gründen negativ sein können, während alle Preise bei gewissen positiven Profitraten positiv sind. Das kann ganz besonders in Systemen mit Kuppelproduktion geschehen, in denen man sich die Waren mit negativen Werten (aber mit positiven Preisen bei gewissen positiven Profitraten) als Konsumgüter denken kann. Es wird dann möglich, Beispiele zu konstruieren, bei denen der Wert desjenigen Teils des Surplus, der den Kapitalisten bleibt, negativ ist, während ihr Profit positiv ist. Diese Eigenschaft von Systemen mit Kuppelproduktion, auf die die Aufmerksamkeit zuerst von Steedman gerichtet worden ist (vgl. Steedman 1977, Kapitel 11), zeigt auf überzeugende Art und Weise, daß Profit im allgemeinen nicht als umverteilter Mehrwert interpretiert werden kann: der Mehrwert kann Null oder negativ werden, während die Profite positiv sind.
Wir haben nur jene Aspekte der modernen Debatte berührt, die ich für am bedeutsamsten halte. Es könnte noch viel zu anderen Erweiterungen gesagt werden, zur Marxschen Rententheorie und seine befremdende Konstruktion der „absoluten" Rente, bei der er seine Transformation der Werte in Preise zusammen mit der Umverteilung des Mehrwerts von arbeitsintensiven zu kapitalintensiven Industrien als einen Prozeß betrachtet, der in der Zeit verläuft und mit Hindernissen für die durch Konkurrenz bewirkte Umverteilung aufgrund des konservativen Charakters der Landwirtschaft versehen ist. Eine Variante der Lösung des Transformationsproblems könnte ebenfalls erwähnt werden. Wenn der Wert der Arbeitskraft nicht nur mittels des Werts der notwendigen Lebensmittel, die von den Arbeitern konsumiert werden, definiert wird, sondern auch in Ausdrücken des Wertes der Geldware, die sie empfangen, kann mindestens eine der Schwierigkeiten der Marxschen Theorie überwunden und eine Art wertmäßiger Profitrate kann der Profitrate des Systems der Produktionspreise gleichgesetzt werden. Diese „neue Lösung" des Transformationsproblems hat in der Einführung zum *New Palgrave Dictionary of Economics* eine Menge Staub aufgewirbelt und ist den Publikationen von Duménil, Liepietz and Foley 1980 und 1982 zugeordnet worden (vgl. Hunt/Glick 1987). Tatsächlich habe ich diese Lösung bereits in einem in Deutsch geschriebenen Artikel von 1974 diskutiert, in dem ich diese Idee

Robinson zugeordnet habe (vgl. Schefold 1974). Ich habe dies nicht in meine späteren englischsprachigen Artikel aufgenommen, weil ich dachte - und immer noch denke - daß damit nicht die wesentlichen Marxschen Positionen zum Wert der Arbeitskraft erfaßt werden.

Ich habe mich bisher damit begnügt, bekannte Resultate zusammenzufassen. Sie zeigen, daß die Arbeitswerttheorie und insbesondere Marx' Theorie der Ausbeutung redundant sind. Sie sind für die Berechnung der Preise und die Analyse der Akkumulation nicht notwendig. Argumente aufgrund der Annahme, daß die Preise den Arbeitswerten gleich sind, können in die Irre führen, zum Beispiel bei der Diskussion der Abschreibung. Zur gleichen Zeit fügen die Arbeitswerte der Theorie der Verteilung nichts Substantielles hinzu. Selbst wenn positive Werte angewandt werden können, wenn zum Beispiel Morishimas „optimale" Werte (vgl. Morishima 1973, Kapitel 14) verwendet werden, um den Surplus zu messen, der den Kapitalisten zufällt, sind die Arbeitswerte redundant. So hat man einen physischen Surplus vorauszusetzen, zusätzlich zu den Produktionsmitteln und den notwendigen Lebensmitteln der Arbeiter, um in der Lage zu sein, zu zeigen, daß der Profit positiv ist. Folglich werden die Arbeitswerte nicht gebraucht. Auf der anderen Seite sind sie nicht relevant hinsichtlich der großen traditionellen Frage der Praxis, die darin bestand, die Umstände zu bestimmen, unter denen Profite als gerecht oder nicht gerecht erlangt betrachtet werden können und zu untersuchen, ob das System des Kapitalismus, in dem Profite eine wichtige Rolle spielen, überwunden werden kann. Böhm-Bawerks (vgl. v.Böhm-Bawerk 1896, Kapitel IV) Antwort auf Marx war der Versuch zu einem Beweis, daß der Zins eine wesentliche Eigenschaft einer rational geplanten Wirtschaft sein würde. Die Marxsche Analyse war nicht adäquat, um Böhm-Bawerks Herausforderung zurückzuweisen.

Kein Ökonom hat jemals alle Profite als gleichermaßen gerechtfertigt betrachtet; Profite aufgrund von Monopolen sind gewöhnlich, Profite aufgrund von Betrug sind immer angegriffen worden. Marx wollte zeigen, daß sogar normale Profite als von Ausbeutung abgeleitet behauptet werden können; aber er irrte sich. Und doch ist die große Debatte über die Marxsche Theorie der Werte nicht ganz nutzlos gewesen.

4. Die historische Bedeutung der Arbeitswerttheorie

Wenn man die Genese der Arbeitswerttheorie zu ihren Ursprüngen zurückverfolgt, versteht man, daß sie ein unverzichtbares Mittel für die Ökonomie war, sich zu einer Wissenschaft zu entwickeln, die zumindest teilweise exakt und quantifizierbar wurde. Der Gegensatz zwischen Gebrauchswert und Tauschwert kann bei Aristoteles gefunden werden (vgl. Schefold 1989 a), und die Arbeitswerttheorie entstand im ökonomischen Denken des Mittelalters als Ergebnis der Notwendigkeit, zwischen gerechten und ungerechten Formen der Aneignung zu unterscheiden. Der Zins wurde verteidigt, wenn es sich wirklich um einen Profit handelte, den man mit einem von Arbeit abgeleiteten Einkommen vergleichen konnte (*usura quasi stipendium laboris* ist eine Formel, die man bei St. Thomas findet). Im 17. Jahrhundert ist die römische Rechtsauffassung der Aneignung von Eigentum, das durch Arbeit geschaffen worden ist, von Locke übernommen worden (vgl. Schefold 1993 a), der sie in seinen *Two Treatises on Government* auch auf Land anwandte, von dem auf der Basis einer aktiven Kultivierung Besitz ergriffen wird. Das ist sozusagen die qualitative Seite der Arbeitswerttheorie.

Ein paar Jahre vor Lockes Veröffentlichung hatte Petty begonnen, Berechnungen durchzuführen, in denen Schätzungen der Werte in Arbeitszeitausdrücken enthalten waren, mit dem Ziel, eine quantitative Bewertung unterschiedlicher Formen des Reichtums zu erhalten (vgl. Schefold 1992). Ein solcher Vergleich setzte voraus, daß verschiedene Formen der Arbeit als homogen und deshalb äquivalent betrachtet wurden, und daß auch verschiedene Gebrauchswerte klassifiziert werden konnten. Tatsächlich ist das 17. Jahrhundert übervoll von Texten, die - wie das berühmte Buch von Savary (vgl. Schefold 1993) - junge Händler instruieren und dabei insbesondere darlegen, welche Merkmale unterschiedliche Arten von Tuch, Gewürzen und anderen Handelsobjekten auszeichnen. Petty zeigt in seinem *Dialogue on Diamonds*, wie die Diamantenhändler Europas und anderswo Übereinkünfte trafen, die ihnen erlaubten, unterschiedliche Typen von Rohdiamanten zu klassifizieren. Auf diese Weise kamen die Bedingungen eines regionalen Marktes und, in der Tat, eines Weltmarktes zustande, bei denen Waren nicht mehr als individuelle Produkte individueller Produzenten betrachtet wurden, sondern zuerst den Traditionen der ansässigen Handwerker entsprechend und später entsprechend den Geschäftskonventionen im größeren nationalen und internationalen Maßstab klassifiziert wurden.

Die Aristotelische Frage, warum Waren, deren Gebrauchswerte verschieden waren, als Tauschwerte verglichen werden konnten, fand nun eine Antwort, die auf den ersten Blick sehr überraschend erscheint: die Waren sind alle durch Arbeit produziert worden. Die Arbeit eines Webers ist sicherlich nicht die gleiche wie die Arbeit eines Hufschmieds. Warum sollte es in irgendeiner Weise einfacher sein, eine Gleichartigkeit zwischen verschiedenen Formen der Arbeit festzusetzen als zwischen Waren, die als Gebrauchswerte verschieden sind? Marx war besonders stolz auf seine Analyse des „Doppelcharakters" der Arbeit: als abstrakte Arbeit ist sie homogen, als konkrete Arbeit ist sie heterogen (vgl. Marx/Engels 1972, S.56-61). Da die abstrakte Arbeitszeit gemessen werden konnte, wurde es möglich, die in den Waren verkörperte Arbeitszeit ebenfalls durch die Arbeitszeit zu messen.

Vom logischen Standpunkt aus könnte man jedoch genauso gut umgekehrt argumentieren: Waren - und Marx beginnt mit materiellen Waren - haben ein Gewicht. Wir könnten Waren anhand von Gewichtsausdrücken vergleichen. Daher könnten auch verschiedene Formen konkreter Arbeit anhand des Gewichts der Waren bewertet werden, die sie produzieren. Eine Stunde Arbeit eines Hufschmiedes würde dann mehr zählen als eine Stunde Arbeit der Tuchmacherei, da das vom Hufschmied geformte Eisen schwerer als das vom Weber gewirkte Tuch ist.

Es ist sinnvoller, in Ausdrücken abstrakter Arbeitszeit als in denen des Gewichts der Waren zu argumentieren, weil die Löhne ein großer Bestandteil der Kosten der Waren sind und ein nationaler Arbeitsmarkt sich entwickelte - mit einigen Arten homogener einfacher „Durchschnitts"-Arbeit, die in verschiedenen Geschäftszweigen zu beschäftigen sind, als standardmäßigem Bezug. Marx scheint an eine objektive Messung der Intensität der Arbeit geglaubt zu haben, so daß man sagen könnte, wenn zwei Arbeiter mit gleicher Intensität in verschiedenen Berufen die gleiche Zeit lang arbeiten, so haben sie die gleiche Menge Arbeit verausgabt.

In Ermangelung der Möglichkeit einer solchen Messung - sie ist kaum plausibler als die kardinale Nutzentheorie - müßten dann verschiedene Arten konkreter Arbeit gleichgesetzt werden, indem man verschiedene soziale Konventionen der normalen Arbeit in jedem Geschäftszweig als gegeben annimmt und mittels der üblichen Geldlöhnen die Arbeit zusammensetzt - vorausgesetzt, daß die Standards gewöhnlicher Arbeit erfüllt sind. Dies scheint die Betrachtungsweise Ricardos gewesen zu sein.

Die Annahme gegebener Standards und Konventionen, beides in Bezug auf Waren und auf Arbeit, war eine wichtige Eigentümlichkeit, die der klassischen Ökonomie zugrunde lag. Verständlicherweise waren die neoklassischen Ökonomen stolz darauf, diese pragmatische Einschränkung des klassischen Ansatzes durch Einführung des Nutzens zu überwinden, der bestimmte, wie die Waren und Fertigkeiten klassifiziert werden sollen (Waren gehören zu ein- und derselben Klasse, wenn sie nicht durch die Nutzenfunktion irgendeines Individuums unterschieden werden, ähnliches gilt für verschiedene Arten der Arbeit). Der Vorteil des klassischen Ansatzes bestand jedoch darin, daß er für historische Betrachtungen offen blieb. Während die englische klassische Schule die klassische Ökonomie ohne allzuviel Nachdenken über ihre konventionellen Grundlagen in Richtung einer mechanischen Theorie der Akkumulation mit gelegentlichen Anleihen am Evolutionismus entwickelte, war die historische Schule weniger an abstrakten Modellen und mehr an einer Gestaltung der Konventionen interessiert, die die ökonomische Theorie mit dem Recht und mit der Moralphilosophie verband; sie war, modern ausgedrückt, viel mehr soziologisch orientiert als die englische Schule. Moderne Interpreten sehen oft eine Ähnlichkeit zwischen klassischer und neoklassischer Ökonomie, insofern sich beide mit der Theorie beschäftigten. Es ist aber weniger oft bemerkt worden, daß es eine Ähnlichkeit zwischen der klassischen und der Historischen Schule gibt, insofern beide auf einem institutionalistischen Ansatz beruhen. Marx versuchte, eine Synthese des klassischen und historistischen Denkens von einem kritischen „linken" Standpunkt aus zu schaffen. Synthesen von „rechts" wurden ebenfalls versucht, aber sie erreichten nicht das gleiche Niveau der Ausarbeitung (vgl. Wagner 1876). Nichtsdestoweniger wurden Antworten auf Marx innerhalb jeder Schule formuliert (vgl. Knies 1862).

Die Geschichte der theoretischen Debatte über das Transformationsproblem ist ziemlich gut bekannt. Sie ist natürlich älter als der Marxsche Beitrag, da kein wichtiger Ökonom jemals eine reine Arbeitswerttheorie vertrat.

Smith ließ eine Arbeitswerttheorie für einen frühen und primitiven Zustand der Gesellschaft gelten. Er ist offensichtlich durch die Debatte des 18. Jahrhunderts über das wirtschaftliche Leben der amerikanischen Indianer angeregt worden, obwohl er wichtige Eigentümlichkeiten der ökonomischen Anthropologie in diesem Fall nicht erfaßte, wie interessant seine Darstellung des ökonomischen Lebens anderer vorindustrieller Gesellschaften auch sein mag. Ricardo verwendete die Arbeitswerttheorie als ein formales Mittel, aber er beging niemals den Fehler, den ihm Marx zugeschrieben hat. Wenn er „Wert" als durch vergegenständlichte Arbeit bestimmt einführt, dann ist klar, daß er dasselbe meint, was Smith den „natürlichen Preis" einer Ware genannt hat. Dort jedoch, wo Smith die Arbeitswerttheorie insgesamt aufgegeben hat, indem er annimmt, daß der natürliche Preis der Waren sich durch die natürlichen Größen der verschiedenen Produktionsfaktoren zusammensetzt, und dort, wo Smith die relativen natürlichen Preise als durch kommandierte Arbeit bestimmt ausgedrückt hat, modifizierte Ricardo die Arbeitswerte nur. Er führte aufeinanderfolgende Modifikationen des Tauschwertes ein, der sowohl „Wert" als auch „natürlicher Preis" bedeutet, indem er den Einfluß des Zeitelements bei der Anwendung von Kapital in der Produktion aufgreift; formal entspricht dies der Reduktion auf datierte Arbeitsmengen, die wir oben betrachtet haben (Gleichung (4) bei in kommandierter Arbeit ausgedrückten Preisen). Ricardo, der kommandierte Arbeit nicht als Standard nehmen mochte, versuchte, die Preise anhand einer Ware auszudrücken, die unter Durchschnittsbedingungen hergestellt wird. Es handelt sich um eine Betrachtung, die heutzutage mit Hilfe der Standardware formalisiert worden ist. Es ist gut bekannt, daß der Ausgangspunkt für Ricardos Überlegungen die Beobachtung war, daß der Anstieg der Profitrate nicht alle Preise zu steigen veranlaßt, sondern manche zu fallen, wenn die Preise nicht mittels der kommandierten Arbeit, sondern mittels eines solchen durchschnittlichen Warenstandards wie Gold ausgedrückt werden. Gold, so dachte Ricardo, entspricht auch in Wirklichkeit ziemlich gut den theoretischen Bedingungen, die er seinem „invarianten Wertmaß" auferlegte, das heißt seiner Standardware.

Marx entschied sich dafür, den Terminus „Wert" für Arbeitswerte zu reservieren und sogar dort „Arbeitswerte" zu lesen, wo Ricardo zwar vom Tauschwert sprach, aber den natürlichen Preis meinte. Auf diese Weise bewirkte Marx, daß Ricardo als sich selbst widersprechend erschien. Marx' Unterscheidung zwischen Arbeitswert und Produktionspreis erwies sich jedoch als nützlich, und sogar Ri-

cardos eigene Verfahrensweise kann besser erklärt werden, wenn man Marx' Terminologie benutzt. Ricardos Behandlung des Gegenstands war begrifflich nicht zufriedenstellend, und als Marx den ersten Band von *Das Kapital* veröffentlichte, bestand sein Vorteil darin, daß die in Ausdrücken des Arbeitswerts präsentierte analytische Struktur klar geworden und das analytische Problem, wie die Werte mit den Preisen zu verbinden seien, offen gelassen worden war.
Es ist kaum bekannt, daß die frühen Kritiker von Marx in Deutschland sich mit ihm über seinen Gebrauch der Arbeitswerte wenig stritten. Die klassische Tradition war in gewissem Grade am Leben geblieben. Man wußte, daß die Preise im allgemeinen nicht gleich den Arbeitswerten sein und den Erfordernissen einer einheitlichen Profitrate entsprechen können, aber man war an diesem Gegenstand nicht sehr interessiert. Bei Wagner (vgl. Wagner 1876) finden wir statt dessen eine intensive Diskussion über die „qualitativen" Aspekte der Arbeitswerttheorie. Arbeit ist nicht die einzige Grundlage für einen Anspruch auf Eigentum und ist dies nie gewesen. Am Ende kam heraus, daß Besitzrechte entsprechend der historischen Situation verschieden sind. Sie müssen auf jeden Fall durch den Staat legitimiert werden, sehr primitive Formen der Gesellschaft ausgenommen. Es muß immer eine Grenzlinie zwischen privatem und gemeinem Eigentum gezogen werden, und es gibt immer irgendwelche Beschränkungen für den freien Gebrauch privaten Eigentums. Wagner kam so zu der Schlußfolgerung, daß bestimmte Formen der Aneignung Ausbeutung genannt werden können, daß aber der Lohn nicht generell ungerecht ist. Wagner ist wahrscheinlich als Vorläufer der modernen Theorien über die Eigentumsrechte viel interessanter als einige der Autoren formaler Analysen des Transformationsproblems als Vorläufer der modernen ökonomischen Theorie.
Bis vor kurzem ist Bortkiewicz als der erste Autor betrachtet worden, der eine konsistente Lösung des Transformationsproblems vorgelegt hat. Als Dmitriev ins Französische und Englische übersetzt worden war, wurde klar, daß er nicht nur viel zur formalen Rekonstruktion der Ökonomie Ricardos beigetragen, sondern auch wichtige Aspekte der Arbeit Bortkiewicz' vorweggenommen hatte (vgl. Schefold 1992 a). In noch jüngerer Vergangenheit ist entdeckt worden, daß Mühlpfordt eine im wesentlichen richtige Analyse geliefert hatte, die im selben Jahr, in dem der 3. Band des *Kapital* erschien, publiziert wurde. Aber Kautsky verstand die Bedeutung dieses Beitrages in keiner Weise, und andere ignorierten Mühlpfordt völlig (vgl. Quaas 1992).
Ich glaube, daß die Geschichte hätte anders verlaufen können. Die Marxsche Theorie ist sehr stark durch die persönlichen Interessen, die Vorzüge und Nachteile ihrer Nachkommen geformt worden. Eine frühe Formalisierung der Theorie Ricardos mit den Mitteln der Matrix-Algebra kann man sich nur schwer vorstellen, da die Mathematiker die relevanten Werkzeuge der Algebra noch nicht besaßen. Der erste strenge Beweis des Theorems von Perron und Frobenius datiert aus diesem Jahrhundert. Aber die lineare Algebra und die Theorie der Determi-

nanten war Mitte des 19. Jahrhunderts entwickelt worden. Wenn die Ricardianer oder die Marxisten einen Ökonomen mit den formalen Fähigkeiten eines der neoklassischen mathematischen Ökonomen wie Gossen oder Walras unter sich gehabt hätten, sie hätten die Formalisierung des Produktionspreises auf eine ziemlich exakte Grundlage stellen können. Die früheste Formalisierung von Ricardo durch Whewell, der in seiner Zeit ein anerkannter Mathematiker war, zeigt allerdings durch ihre Schwäche, daß die Aufgabe nicht einfach gewesen sein würde.
Auf der anderen Seite liefert Böhm-Bawerk ein glänzendes Beispiel dafür, wie viel man auch ohne irgendeinen Gebrauch höherer Mathematik erreichen kann. Er zeigte als erster von allen, daß der Hauptpunkt der Debatte darin bestand, die Funktion des Profits und der Zinsrate in einer Verteilungstheorie zu verstehen. Die Herausforderung bestand darin, daß der Zins auch in einer Gesellschaft mit einer rationalen Planung berechnet werden müsse. Er identifizierte die Ursachen, warum die Transformation nicht funktionierte (ohne eine vollständig zusammenhängende positive Analyse zu unterbreiten) und er zeigte allgemein ein überraschendes Verständnis dafür, was die klassischen Ökonomen wollten, eine Eigenschaft, die man in Darstellungen der Geschichte des ökonomischen Denkens durch moderne neoklassische Autoren oft vermißt.
Die Einzelheiten der Kritik Böhm-Bawerks an Marx und die anschließende Diskussion können hier nicht zusammengefaßt werden. Aber als Illustration seiner geschickten Gegenüberstellung der klassischen und der neoklassischen Theorie möchte ich seinen Vergleich der Analysen von Nachfrage und Angebot erwähnen. Marx behandelte Nachfrage und Angebot in einer Tradition, die mindestens bis auf Steuart zurückgeht, als Kräfte, die bei einem Gleichgewichtspreis im Gleichgewicht sind, das aber so nicht das Preisniveau erklärt. Als Analogie kann man sich zwei Kindergruppen vorstellen, die versuchen, ein Tau in entgegengesetzte Richtungen zu ziehen. Wenn eine Gruppe stärker ist, wird sich das Seil in ihre Richtung bewegen. Wenn die Gruppen gleich stark sind, dann bewegt sich das Seil nicht, aber die gleiche Stärke bestimmt nicht, an welcher Stelle das Tau zur zeitweiligen Ruhe gelangt. Ein mir bekannter ostdeutscher Ökonom glaubte sogar 1988 noch, daß Marx damit eine bedeutsame Kritik der Analyse von Angebot und Nachfrage geliefert hätte. Böhm-Bawerk (vgl. v. Böhm-Bawerk 1886), mit seinem Geschick für illustrierende Beispiele, verglich ein Jahrhundert früher die Kräfte von Angebot und Nachfrage statt dessen mit dem Gewicht und dem Auftrieb eines Ballons, der in der Atmosphäre schwebt. Da der Auftrieb von der Dichte der angrenzenden Luft abhängt, gibt es ein mehr oder weniger genau bestimmtes Niveau, bei dem die beiden Kräfte im Gleichgewicht sein werden, da die den Ballon umgebende Luft dünner wird, so daß sich der Auftrieb verringert. In ähnlicher Weise sind Nachfrage und Angebot „Kräfte", die den Gleichgewichtspreis erklären, wenn zumindest eine von ihnen mit dem Preis variiert.
Für die Profession im großen ganzen ist der klassische Ansatz schließlich durch den neoklassischen ersetzt worden, aber in historischer Hinsicht kann man zei-

gen, daß die Arbeitswerttheorie ein wichtiges Mittel für die Entwicklung der ökonomischen Theorie war. Ich denke, daß auch neoklassische Autoren eingestehen müssen, daß die Entwicklung der Ökonomie zu weniger bestimmten Theorien geführt haben könnte, wenn man bei der frühen und rudimentären Formulierungen der Nutzentheorie hängen geblieben wäre, wie man sie bei Galiani fand (vgl. Galiani 1751). Es ist schwer zu sehen, wie Wachstum und Akkumulation, technischer Fortschritt und Beschäftigung sowie die langwährende Entwicklung der Verteilung in den Blickpunkt hätten geraten können, wenn es nicht die Objektivität und Exaktheit der Werttheorie gegeben hätte.

5. Moderne Lektionen aus der Klassik

Ich werde nun versuchen, eine kurze Darstellung zweier Bereiche zu geben, auf denen ich das klassische Erbe für immer noch relevant erachte: Fortschritt und Verteilung. Andere interessante Bereiche wären die Analyse der Tendenz der Marktpreise zu den Produktionspreisen oder die Kuppelproduktion.

Marx war besonders erfolgreich bei seiner Analyse des technischen Fortschritts, bei der die Struktur der Arbeitswerttheorie ihm gestattete, den abstrakten Ausdruck des technischen Fortschritts, das heißt das Wachstum der Arbeitsproduktivität, mit einer breiten Klassifikation des technischen Wandels zu verbinden, der als eine allmähliche Reorganisation des Arbeitsprozesses verstanden wurde. Seine Hauptunterscheidung bestand zwischen Kooperation, Arbeitsteilung und Mechanisierung. Andere Formen, die er betrachtete, waren die Einsparung von Rohmaterialien und die Umwandlung von Abfall in nützliche Waren. Die Einführung von neuen Konsumgütern, sei es, um ein altes Bedürfnis zu befriedigen, sei es, um neue zu erregen, spielte kaum eine Rolle. Aber die Einführung neuer Kapitalgüter war für seine Analyse sehr wichtig, wobei die Mechanisierung die führende Art in dieser Gattung ist.

Die Marxsche phänomenologische Beschreibung des technischen Fortschritts resultiert in umfassenden Hypothesen über das Verhalten von makroökonomischen Schlüsselvariablen. Marx dachte, daß Kooperation, Teilung der Arbeit und Mechanisierung wahrscheinlich zu einer Erhöhung der organischen Zusammensetzung des Kapitals führen würden. Es kann gezeigt werden, daß er damit hinsichtlich der Mechanisierung, wie er sie definierte, recht hatte, während jedoch weder ein Grund zum Anwachsen noch zum Fallen der organischen Zusammensetzung des Kapitals besteht, insofern Vervollkommnungen der Kooperation und der Teilung der Arbeit betrachtet werden (vgl. Schefold 1976). Die Einzelheiten der Beweisführung brauchen hier nicht wiederholt zu werden, aber die wesentlichen Gedanken sind sehr einfach: vervollkommnete Kooperation und Teilung der Arbeit übertragen sich auf ein Anwachsen der Arbeitsproduktivität, ohne die Rohmaterialien oder die Mittel, mit denen das Produkt hergestellt wird, zu verändern.

Falls dies die in allen Sektoren direkt angewandte Arbeit reduziert, werden Arbeitskosten eingespart. Nichtsdestoweniger braucht die organische Zusammensetzung der Arbeit nicht zu steigen, da die folgende Verbilligung der produzierten Waren bedeutet, daß das Rohmaterial ebenfalls billiger wird, so daß die Kapitalkosten im gleichen Verhältnis wie die Arbeitskosten reduziert werden.

Der Fall liegt anders bei der Mechanisierung. Die Einsparung an Arbeit, die sich als Folge der Einführung einer Maschine ergibt, verbilligt die Kosten eines Produkts und die Rohmaterialien werden deshalb ebenfalls billiger. Aber die Kapitalkosten werden sich durch die Einführung der Maschine erhöht haben. Sie benötigt zu ihrer Konstruktion Rohmaterial, das andernfalls als ein Teil des Surplus verfügbar wäre. Die allgemeine Wirkung besteht im Anstieg der Kapitalkosten relativ zu den Löhnen.

Aus diesem Grund hatte Marx nicht ganz unrecht, wenn er behauptete, daß der technische Prozeß zu einem Fallen der Profitrate führen würde, da erhöhte Kapitalkosten die Profitrate senken werden, wenn der Anteil von Profiten und Löhnen im Nationaleinkommen konstant bleibt. Der Einwand gegen Marx besteht darin, daß diese Form des technischen Fortschritts letztlich sehr speziell ist, obwohl die Mechanisierung eine offensichtliche Eigentümlichkeit der frühen Phasen der Industrialisierung war.

Es sollte angemerkt werden, daß Marx' Beschreibung der Folge von Innovationen während der industriellen Revolution scharfsinnig war und seine Ansichten zu der inneren Logik dieser Abfolge unter den Wirtschaftshistorikern einflußreich geblieben sind (vgl. Rosenberg 1976). Mehr als bei Marx wird heute die Logik der Umwandlung des Energiesystems betont (die Brennstoffkrise, die zu einer erhöhten Kohle-Nachfrage führte, machte die Ausbeutung tieferer Gruben notwendig, was das Bedürfnis nach Dampfmaschinen schuf, die in der Lage waren, das Wasser aus den Gruben zu pumpen). Eine bestimmte Logik findet man auch in der damit verbundenen Entwicklung der Produktionstechniken für Eisen und Stahl (vgl. Sieferle 1982). Marx lieferte eine ausgezeichnete Darstellung darüber, wie der Arbeitsprozeß in Manufakturen und besonders in den Textilindustrien organisiert worden war. Die Arbeitsteilung normierte den Arbeitsprozeß und erlaubte, ihn in verschiedene Handlungen zu zerlegen, so daß das Werkzeug und die Hand, die es anwandte, größtenteils durch eine Maschine unterstützt werden konnten. Die Maschine, die die Hand ersetzt, hätte im 18. Jahrhundert nicht erfunden werden können, wenn der Prozeß, in dem die Hand gebraucht wurde, davor nicht definiert und vereinfacht worden wäre.

Die Diskussion über das Verhältnis zwischen Wachstum und Verteilung hat kürzlich zu einer Analyse der Beziehung zwischen Zinsrate und Profitrate geführt. Ricardos Ansicht bestand darin, daß die Zinsrate von der Profitrate beherrscht wird und mit ihr tatsächlich langfristig übereinstimmt, abgesehen von einem Differential, in der sich die Risiken und Unbequemlichkeiten des industriellen Unternehmertums ausdrückt. Tooke hatte dargelegt, daß der Zins als ein normales Ko-

stenelement in die Bildung des Preises eingeht, weil er beobachtet hatte, daß Perioden mit hohen und steigenden Preisen dazu tendierten, mit Perioden hoher und steigender Zinsraten einherzugehen. Die daraus zu ziehende radikale Schlußfolgerung, die heutzutage von Pivetti vertreten wird, bestand darin, daß die Zinsrate die Profitrate bestimmt und nicht umgekehrt.
In seinem jüngsten Buch (vgl. Pivetti 1991) beginnt Pivetti damit, den historische Beweis zu liefern, daß die Zinsrate als ein „Geldphänomen" betrachtet werden kann, und dies bedeutet, daß die Autoritäten auf dem Gebiet des Geldwesens einen beträchtlichen Spielraum haben, die Zinsrate ihren politischen Zielen entsprechend zu fixieren. Die Differenz zwischen den Profitraten der verschiedenen Industrien und der Zinsrate wird als vom Profit der Unternehmen abhängig betrachtet, die Pivetti als gegeben annimmt. Bei Anwesenheit von Inflation, die aus dem aufwärts gerichteten Druck der Geldlöhne resultiert, können die Autoritäten die nominelle Zinsrate fixieren, die eine reelle Zinsrate gleich der Profitrate impliziert, bis auf die Differenz, die durch den Profit des Unternehmens gegeben ist.
Das ist die Theorie im Kern; Pivetti glaubt, daß niedrige nominelle und reelle Zinsraten, geringe Inflation und ein vergleichsweise hohes Niveau der inländischen Nachfrage miteinander verbunden sind: „they are the conditions one would expect to find in a country where distribution is especially favourable to the worker" (vgl. ebenda, S.58).[2] Er konfrontiert diese Konstellation mit einer, in der das Wachstum niedrig und die Zinsraten hoch sind.
Ich widerspreche Pivetti bis zu einem gewissen Maße in bezug auf die Theorie der Inflation und die Handlungsweise der Zentralbank. Aber meine hauptsächlichen Schwierigkeiten habe ich mit seiner Theorie des Profits eines Unternehmens, weil sie die quasi-Renten, die ihn erhöhen oder verringern, ganz und gar außer acht läßt. Die quasi-Renten werden hier bezüglich der Summe des Zinses und jener Bestandteile des Profits definiert, die über den Zins hinausgehen und die man in der Tat als gegeben betrachten kann (als Kompensation für das Risiko und die Mühe, die bestimmte Beschäftigungen des Kapitals bereiten). Von den quasi-Renten werden hier zwei Arten unterschieden: Es gibt quasi-Renten einzelner Firmen, die von Konkurrenzvorteilen abhängen und die Ergebnis des technischen Fortschritts sind, und es gibt quasi-Renten aller Unternehmen zusammen, die von dem Niveau der Nachfrage abhängen, wenn die Nachfrage die Preise in die Höhe treibt und die Geldlöhne nur mit einem gewissen Verzug folgen und wenn das Wachstum der Nachfrage höher als die Ausdehnung der Kapazitäten bleibt, die es veranlaßt hat. Das Ausmaß, in dem die Preise über den direkten Kosten liegen, hängt auch vom Monopolisierungsgrad ab. Sowohl aus einer rein klassischen Sicht als auch der der Anhänger Marshalls könnte man argumentieren, daß diese quasi-Renten langfristig beseitigt werden müssen, und Pivettis

2 Das sind die Bedingungen, die man in einem Land zu finden erwarten würde, in dem die Verteilung besonders günstig für den Arbeiter ist (Anmerk. d. Übers.).

These würde richtig sein, wenn das System schließlich zu einem stationären Zustand strebte. In einer wachsenden Wirtschaft werden aber diese quasi-Renten ständig reproduziert.

Die Sache ist doch die, daß Firmen in einem Konkurrenzprozeß investieren und ihr Aktivitätsniveau erhöhen, um von einer günstigen Situation zu profitieren, und sie werden nicht notwendigerweise bei nachlassenden Preisen und verschwindenden quasi-Renten stehen bleiben, da ihre Nachfrage zur Einführung neuer Technologie führt, die neue Differentiale erzeugt, und sie heben das allgemeine Niveau durch ihre Investition an, indem sie für andere Firmen quasi-Renten schaffen. Das Wachstumsszenario, das Pivetti als vorrangig betrachtet, wird auf diese Weise in der Tat durch niedrige Zinsraten gekennzeichnet sein, aber von dem, was er annimmt, wird es sich in einem wesentlichen Aspekt unterscheiden: ein niedriger Zins begünstigt das Wachstum der Investitionen und die Reallöhne steigen entsprechend, aber die Profitraten werden ebenfalls hoch sein, da die Profite jene quasi-Renten in sich einschließen, die die Quelle der Wachstumsinvestition der Firmen sind, besonders dann, wenn sie sich größtenteils selbst finanzieren. Die Durchschnittsrate des Profits wird dann beträchtlich über der realen Zinsrate sein.

Umgekehrt wird eine hohe Zinsrate faktisch mit einem niedrigen Wachstum einhergehen, wenn die Firmen durch die Finanzierung größtenteils an Banken verschuldet, der Profit des Unternehmens gering und der Konkurrenzdruck so auf die Preise wirkt, daß die Reallöhne hoch sind ohne erheblich weiter zu wachsen. Der Schlüssel für das Verständnis des Unterschiedes zwischen den beiden Zuständen der Wirtschaft, die Pivetti erwähnt, besteht in einer Größe, die er außer acht läßt: die Differenz im Niveau des „Unternehmensprofits".

Aus dieser Sicht sind die rivalisierenden Verteilungstheorien, d.h. jene, die die Profitrate durch Einflüsse der Geldzinsrate erklärt, und jene, die sie durch das Wachstum der Nachfrage erklärt, gar nicht so verschieden, wie der Streit darum sie erscheinen läßt (vgl. Bharadwaj/Schefold 1990, Teil III). Die Formel, die sie ausdrückt, ist von trügerischer Einfachheit. Üblicherweise schreibt man

$$r = g/s_c \tag{26}$$

(g ist die Akkumulationsrate, s_c die Sparneigung der Kapitalisten) für die post-keynesianische Theorie, und man könnte für die monetäre Theorie schreiben:

$$r = i + e. \tag{27}$$

(i ist die Zinsrate, e die Profitrate des Unternehmers.) Aber es ist nicht so einfach, e in einer sinnvollen Weise als eine Rate (auf welches Kapital?) zu interpretieren. Es ist wahr, daß Wachstum bei Vorrang des Einflusses der Zinsrate verschieden ist von jenem, bei dem die Akkumulationsrate das Geschehen beherrscht. Kein Zustand wird wahrscheinlich für säkulare Zeitspannen ununterbrochen andauern:

sich verändernde finanzielle Bedingungen können ihn stören, der Rhythmus der Akkumulation kann stocken, wenn der technologische Fortschritt seine Kraft verliert oder wenn äußere Einflüsse auf die Verteilung wirken, wie zum Beispiel die Explosion der Geldlöhne, die ohne die Kosten einer Rezession nicht beschränkt werden können.

Man könnte deshalb von zwei verschiedenen Wachstumsmustern sprechen, die wahrscheinlich mit verschiedenen finanziellen Institutionen verbunden sind. Keines davon setzt Vollbeschäftigung voraus. Wie Kalecki betont (vgl. Kalecki, 1969), kann die Nachfrage die Preise in einem gewissen Maße über die Kosten hinaus erhöhen, das sowohl von der Intensität der Konkurrenz als auch vom Niveau der Nachfrage abhängt. Insofern können die Preise sogar dann hochgehalten werden, wenn das Wachstum träge ist. Ich wage nicht, hier über die Übergänge zwischen diesen Wachstumsmustern zu spekulieren, aber ich möchte doch darauf bestehen, daß auch in diesem Zusammenhang der Druck zu höheren Geldlöhnen Gefahr läuft, die Reallöhne zu reduzieren, weil inflationäre Tendenzen, je stärker sie auftreten, um so schwieriger in Zaum zu halten sind, ohne das Niveau der Aktivität und der Beschäftigung zu reduzieren.

Man kann schwer sehen, wie die Zusammenhänge zwischen Wachstum, Fortschritt und Verteilung, die wir kurz dargestellt haben, innerhalb einer neoklassischen Konzeption analysiert werden könnten. Ohne die schwierige Frage aufzugreifen, welche Theorie überlegen ist - die klassische, weil sie durch die Inkonsistenzen, die durch eine hin- und herschwankende Debatte aufgedeckt worden sind, nicht behaftet ist? die neoklassische wegen ihrer Allgemeinheit? - finden wir so Felder, für die der klassische Ansatz als unverzichtbar erscheint, da er Verbindungen zwischen verschiedenen Aspekten der Akkumulationstheorie zu ziehen erlaubt. Zur gleichen Zeit nehmen wir wahr, daß der klassische Ansatz es gestattet, verschiedene historische Szenarien darzustellen: sein institutionalistischer Charakter erscheint nicht nur auf der Ebene der Grundlagen der Theorie bei der Bildung der Begriffe Wert, Arbeit etc., sondern auch auf der Ebene der Schlußfolgerungen für die Theorie des Wachstums und der Entwicklung.

6. Wert, Preise und Wachstum in vormodernen ökonomischen Systemen

Entsprechend einer Tradition, die bis zur Antike zurückgeht, unterscheiden wir zwischen verschiedenen Stufen der ökonomischen Evolution. Wirtschaftliche Stufen sind von den schottischen Philosophen der Aufklärung und von Adam Smith diskutiert worden, und die Theorie der Stufen avancierte zum Hauptinteresse der Historischen Schule in verschiedenen europäischen Ländern, und besonders in Deutschland. In wahrscheinlich allen Fällen wurde das Interesse an wirtschaftlichen Stufen durch den Wunsch motiviert, zwischen verschiedenen Entwicklungsphasen zu unterscheiden, die man in den zeitgenössischen Gesellschaften beobachten konnte.

Stufen wurden zuerst anhand einfacher Kriterien unterschieden, wie die der Methode, den Lebensunterhalt zu sichern (z.B. die Folge Jäger - Nomaden - Bauern - Stadtwirtschaften - Nationalökonomien). Später wurden die Begriffe des wirtschaftlichen Stils und des ökonomischen Systems vorgeschlagen, um eine Anzahl von Kriterien miteinander zu verbinden und ein theoretischeres Verständnis der Wechselwirkung unterschiedlicher Aspekte jedes ökonomischen Systems zu erzielen. Insbesondere wurden die Verbindungen zwischen der wirtschaftlichen Ordnung und der sozialen Verfassung, zwischen den Arten des wirtschaftlichen Verhaltens und kulturellen Einstellungen in Betracht gezogen durch Weber (vgl. Weber 1976), Sombart (vgl. Sombart 1987) und andere. Eucken (vgl. Eucken 1965) versuchte zu zeigen, daß der Vergleich ökonomischer Systeme in einer historischen Perspektive auf der Grundlage eines neoklassischen Ansatzes unternommen werden konnte, wenn die Charakteristik auf den Unterscheidungen gegründet wurde, die von der neoklassischen Theorie vorgeschlagen worden war, wie die Unterscheidung zwischen zentralisierter und dezentralisierter Entscheidungsfindung bei der Verteilung von Faktoren und Gütern, die Unterscheidung verschiedener Formen unvollkommener Konkurrenz und unterschiedlicher Geldregimes. Weber legte Wert auf die Unterscheidung verschiedener Formen der Rationalität, Marx auf Differenzen der Technologie. Man ist überrascht zu sehen, daß diese verschiedenen Ansätze oft bei der Beschreibung und Erklärung eines konkreten historischen Problems konvergieren, wie bei der Aufgabe, die verschiedenen Wirtschaftsweisen der Antike und des europäischen Mittelalters gegenüberzustellen.

Viele Debatten sind der Frage gewidmet worden, ob die ökonomische Theorie für unterschiedliche wirtschaftliche Stufen, Stile oder Systeme unterschiedlich sein soll (vgl. Eucken 1965; Giersch/Borchardt 1962). Aus methodologischer Sicht muß betont werden, daß alle ökonomischen Theorien von einem abstrakten Standpunkt aus gesehen gleichermaßen wahr sind, d.h. insofern es sich um richtige Schlußfolgerungen handelt, die von einem wohl-definierten Satz theoretischer Annahmen abgeleitet worden sind. Aber sind sie alle unter allen Umständen anwendbar? Das sollte bezweifelt werden. Die institutionelle Grundlage für die Anwendung bestimmter Theorien mag fehlen - wie wendet man eine Theorie des Warengeldes auf eine Welt mit Zwangsgeld an? - und bestimmte Formen der Traditionen und der Rationalität mögen auf ähnliche Weise eine fundamentale Gegebenheit darstellen. Man kommt mit allen diesen Differenzen nicht wirklich zurecht, wenn man jede zielorientierte Handlung rational nennt (vgl. v. Mises 1949). Traditionelle Formen der Rationalität können zielorientiert sein, wie der Wunsch, nach den von den Vorfahren gebrauchten Normen und Methoden zu leben. In der Landwirtschaft an alten Gewohnheiten zu hängen, mag in diesem Sinne rational sein - und dies kann sogar ein Aspekt der Risikoaversion sein -, aber es macht klarerweise einen großen Unterschied für die Entwicklungsperspektiven aus, ob diese Art von Gewohnheit in einer ländlichen Gesellschaft weit verbreitet ist oder nicht.

Ich ziehe daraus den Schluß, daß die Bedeutung unterschiedlicher Theorien für das Verständnis des wirtschaftlichen Lebens unterschiedlicher ökonomischer Gesellschaften an verschiedenen Zeiten und Orten beträchtlich variieren kann. Eucken hat eingewandt, daß die ökonomische Theorie insgesamt eine wäre und daß, wenn man für verschiedene Epochen unterschiedliche ökonomische Theorien postulierte, zumindest eine jener verschiedenen Theorien bereits verfügbar sein sollte. Er zumindest könne keine wahrnehmen. Er scheint die begrifflichen Unterschiede zwischen verschiedenen ökonomischen Lehrmeinungen übersehen zu haben, von denen jede in einem gewissen Maße auf ihrem eigenen Gebiet gültig ist. Formale Kritiken wie die, die gegen die Marxsche Transformation der Werte in Preise oder gegen die Konstruktion der neoklassischen Produktionsfunktion vorgetragen wurden, setzen nicht jede Marxsche Einsicht oder jedes neoklassische Modell außer Kurs. Was die Relevanz unterschiedlicher ökonomischer Theorien für unterschiedliche ökonomische Systeme anbetrifft, findet man, daß die Entwicklung des klassischen Denkens nicht nur ein nützlicher Beitrag für das Verständnis des Aufkommens von frühen modernen ökonomischen Systemen ist. Ich glaube, es könnte gezeigt werden, daß unser gesamtes Verständnis dieses Prozesses in einer wesentlichen Art und Weise durch die Interpretation geformt worden ist, die die klassischen Autoren davon gaben. Wir befinden uns oft in der Verlegenheit, eine ökonomische Interpretation von Entwicklungen zu liefern, von denen nur Fakten in der Art einer archäologischen Evidenz bekannt sind, ohne irgendeine mündliche oder schriftliche Tradition des Selbstverständnisses. Im Fall des Merkantilismus ist es im Gegensatz dazu sehr schwierig, scharf zwischen ökonomischen Ereignissen und ihrer Interpretation durch merkantilistische Autoren zu unterscheiden, die oft die relevante Quelle für das Verständnis von Sachverhalten wie der Aktivität von Handelsgesellschaften, der Herausbildung von Handelspolitiken und eines nationalen Interesses darstellen.

Ich werde nun in einer lockeren Weise einige Beispiele des Gebrauchs der klassischen Theorie für das Verständnis der grundlegenden Prinzipien unterschiedlicher ökonomischer Systeme geben, und zwar mit besonderer Betonung von Wert und Preis.

Wir haben bereits erwähnt, wie die Theorie der Konsumtion bei den klassischen Autoren mit der Theorie der Akkumulation und der Distribution verbunden worden ist. Die Lebensnotwendigkeiten sind die Subsistenzmittel der Arbeiter; die Nachfrage der Arbeiter ist deshalb von der Beschäftigung abhängig (und von der Unterstützung der Unbeschäftigten), während die Nachfrage nach Luxusgütern vom Konsumwillen der Grundherren und Kapitalisten abhängt. Malthus schätzte den Nachfrageeffekt des Luxuskonsums, während Ricardo Einkommen durch Rente als eine Last für die Gesellschaft auffaßte.

Die Unterscheidung zwischen produktiver und unproduktiver Arbeit erzeugte eine weitere Verbindung zwischen der wirtschaftlichen und der sozialen Charakteristik eines Systems. Smith (vgl. Smith 1776 und Montani 1987) betrachtete Arbeit in dem Maße als produktiv, wie sie Waren produzierte; Dienstleistungen waren unproduktiv. Marx (vgl. Marx 1973, S.124-144) definierte die Produktion von Mehrwert als „produktiv". „Unproduktiv" waren deshalb jene Aktivitäten, die wie der Handel nur helfen, den Mehrwert umzuverteilen, nicht zu schaffen. Diese Begriffsbildungen werfen ein Licht auf das Bemühen, den liberalen Kapitalismus von der feudalen Erbschaft abzulösen und seine Industrie als effizient wiederzugeben. Eine solche Einsicht kann gewonnen werden, obwohl die zugrunde liegende Arbeitswerttheorie fehlerhaft ist.

Eine der normalen Eigentümlichkeiten der klassischen Theorie war ihr Beharren auf der Bedeutung des wirtschaftlichen Wachstums, das mit dem Zuwachs der Bevölkerung verbunden war. Reichtümer, nicht die Bevölkerung als solche, stellten den Reichtum dar, und man begriff, daß die Reichtümer durch Steigerung der Arbeitsproduktivität vermehrt werden können. (Im Gegensatz dazu bleibt der Wert des Surplus bei einer gleichbleibenden Arbeiterbevölkerung konstant, während die Reichtümer in einem Ausmaß zunehmen, das Ricardo nicht zu messen wagte (vgl. Ricardo 1979, Kapitel XX, S. 250ff.)). Es währte jedoch eine lange Zeit, bis die Auffassung allgemein anerkannt war, daß die Arbeit am Wachstum der Produktivität durch Erhöhung der Reallöhne im Verhältnis zum Wachstum des Nationaleinkommens teilhaben sollte.

Doch der Fortschritt wurde nicht generell mit Jubel begrüßt. Die romantische Opposition zur industriellen Revolution, die durch Autoren wie Carlisle in England und Müller in Deutschland repräsentiert wurde, versuchte, Alternativen zu formulieren. Die ganze Kraft des ökonomischen Zeitgeistes, sein vorherrschender einseitiger Optimismus wird nur dann voll erkannt, wenn er den Kräften der Gegner gegenübergestellt wird, den Feinden der Maschinerie, den kooperativen Verbindungen, dem Beharren auf Traditionen und den Versuchen, die Geschicklichkeiten des Handwerkers wiederherzustellen und die natürliche Umwelt zu schützen, Programmen entsprechend, die in Gänze erst später im 19. Jahrhundert durch Ruskin (vgl. Kemp 1989) und Morris entwickelt wurden.

Der Anstieg der materiellen Wohlfahrt wurde bald auf Standardisierung und Massenproduktion gegründet. Vor der industriellen Revolution scheint es eine Menge Kuppelproduktion gegeben zu haben, da die Handwerker ihre Produkte in vielfacher Weise variierten und die Bauern viele Erzeugnisse herstellten, sowohl wegen der Nützlichkeit des Fruchtwechsels als auch wegen der Notwendigkeit, ihre Arbeitskraft das ganze Jahr über auszunutzen. Die Industrialisierung setzt zuerst die Standardisierung der Produkte und der Produktionsmittel voraus, um die traditionellen Produkte auf einem gegebenen Markt zu verdrängen. Kuppelprodukte erschienen zuerst nur als Abfall, und nur allmählich wurden Möglichkeiten entdeckt, diesen Abfall in nützliche Waren zu verwandeln, insbesondere mit Hilfe

der chemischen Industrie. Die Industrialisierung der Landwirtschaft führte ebenfalls zur Spezialisierung, wegen des Bedürfnisses, spezialisierte Maschinerie anzuwenden, weil Düngemittel den Bedarf nach Variation des Anbaus senkten, und wegen der verbesserten Transportmittel.
Es gibt deshalb eine historische Dynamik hinsichtlich der Evolution der Kuppelproduktion (vgl. Schefold 1989), aber theoretisch resultiert das Gleichgewicht zwischen Kuppelproduktion und Spezialisierung aus formalen Zwängen. Unser System von Produktionspreisen kann so erweitert werden, daß es Kuppelproduktion berücksichtigt, indem man für den Output eine quadratische Matrix B einführt:

$$(1+r)A\mathbf{p}+w\mathbf{l}=B\mathbf{p}\,. \qquad (28)$$

Das System der Preise wird quadratisch sein müssen (die Zahl der tatsächlich realisierten Prozesse wird gleich der Zahl der Waren sein müssen, die mit einem positiven Preis hergestellt werden). Falls wir mehr Prozesse haben, wären die Preise überbestimmt oder die Profitrate könnte nicht einheitlich bleiben, im Gegensatz zu der Bedingung eines langfristigen Gleichgewichts. Wenn wir weniger Prozesse haben als Waren produziert werden sollen, könnte die Produktion an eine gegebene Nachfrage nicht angepaßt werden und die Preise blieben unbestimmt. In Übergangsphasen wird diese Bedingung der Gleichheit der Zahl realisierter Prozesse mit der Zahl der Waren, die mit einem positiven Preis produziert werden, oft verletzt. Neue Prozesse werden eingeführt, um bereits vorher existierende Waren zu produzieren; die Konkurrenz wird jene Prozesse auswählen, die es ermöglichen, am billigsten zu produzieren. Auf der anderen Seite wird sich die Zahl der Waren mit positiven Preisen ändern. Es ist eine Besonderheit der Kuppelproduktion, daß von einigen Waren zu viel produziert wird, so daß ihr Preis gegen Null strebt. Wenn Stroh und Weizen Kuppelprodukte sind, dann wird in einer großen Entfernung von Städten Weizen das Hauptprodukt sein und Stroh wird als (nahezu) wertlos betrachtet werden. Zu der Zeit jedoch, als Pferde für den Transport geliefert wurden, gab es im 19. Jahrhundert Städte, in deren Nachbarschaft Weizen angebaut wurde, um Stroh als das Hauptprodukt zu erhalten.
Der Druck, die Spezialisierung zu verstärken, kann nun vielleicht so veranschaulicht werden: Wenn n Länder gegeben sind, die hinsichtlich der Fruchtbarkeit und der Situation, bei der m Produkte angebaut werden können, verschieden sind, dann können alle m Produkte in allen n Ländern angebaut werden, solange die Transportkosten hoch sind und es deshalb zwischen den Ländern keinen Handel gibt. Sobald sich aber der Handel verbreitet, weil die Transportkosten reduziert worden sind, wird die Spezialisierung unvermeidlich. Im einfachsten Fall werden im Land mit den höchsten Produktionskosten weiterhin alle Produkte hergestellt; dies ist dann das „letzte" Land, das keine Rente abwirft. Dadurch sind die Preise der m Produkte bestimmt, und in jedem der restlichen Ländern kann nur ein ein-

ziges der *m* Produkte angebaut werden. Die Differenz zwischen den Produktionskosten im letzten Land und irgend einem gegebenen besseren Land legt die Rente des letzteren fest. So erscheinen in diesem Fall *n*-1 Länder als vollständig spezialisiert.

Bisher habe ich mich damit begnügt, einige Aspekte des Modernisierungsprozesses unter den Gesichtspunkten der klassischen Theorie zu illustrieren, die etwas willkürlich ausgewählt sind. Ein Beispiel für die Beschreibung eines ökonomischen Systems als Ganzes mittels der klassischen Preistheorie geht wie folgt. Cartelier (vgl. Cartelier 1976) hat eine moderne Interpretation der physiokratischen Theorie vorgeschlagen, um die physiokratische Darstellung der Surplusverteilung mit der damit verbundenen Definition der gewerblichen Wirtschaft als „steril" anschaulich zu machen. In der folgenden Formel,

$$\begin{aligned} (1+R)(a_{11}p_1 + a_{12}p_2) &= p_1 \\ a_{21}p_1 + a_{22}p_2 &= p_2 \,, \end{aligned} \tag{29}$$

beschreibt die erste Zeile die Kornproduktion in der Landwirtschaft, die zweite das Gewerbe in der Stadt. Die Kornmengen, die auf dem Land und in der Stadt zur Produktion gebraucht werden, sind a_{11} und a_{21}; a_{12} und a_{22} sind die als Produktionsmittel notwendigen Mengen der Waren der gewerblichen Wirtschaft. Die entsprechenden Preise sind p_1 und p_2. Von beiden Waren wird ein Surplus produziert, d.h. wir haben sowohl $a_{11} + a_{21} < 1$ als auch $a_{12} + a_{22} < 1$.

Der Dreh- und Angelpunkt ist die „Regel der Verteilung": der Surplus in Geldform wird in der Landwirtschaft eingezogen und läuft bei den Eigentümern des Landes auf (bei dem Monarchen, der Kirche, dem Feudaladel), so daß eine Rate des Surplusprodukts *R* nur für den ersten Prozeß existiert. *R* ist um so größer, je geringer der Produktionsbedarf ist. Dieser kann mit Hilfe des technischen Fortschritts vermindert werden. Es sollte aber angemerkt werden, daß die Input-Koeffizienten nicht nur die Produktionsmittel umfassen, die aus technischen Gründen erforderlich sind. Sie enthalten außerdem den notwendigen Lebensunterhalt der Arbeiter, die auf dem Land größtenteils abhängige Bauern sind, während sie in der Stadt freie Lohnarbeiter, Handwerker, ungelernte Arbeiter etc. sind. Die Löhne können auf dem Subsistenzniveau verbleiben, während sich das Surplusprodukt mit der Produktivität erhöht.

Die Regel der Verteilung drückt deshalb die merkwürdige physiokratische Doktrin über die Sterilität der gewerblichen Wirtschaft und über das Erzeugen des Surplusprodukts auf dem Lande aus. Diese Regel kann durch Berufung auf das Monopol der Grundherren und den Konkurrenzcharakter des Gewerbes gerechtfertigt werden. Die formale Darstellung erlaubt es, das Land allein als produktiv erscheinen zu lassen, ohne zu leugnen, daß das Handwerk ebenfalls zur Existenz eines Surplus beiträgt. Die Arbeitswerttheorie gestattet es nicht, diese strukturelle

Eigentümlichkeit der vorrevolutionären französischen Wirtschaft zu erfassen, da diese Vorlage impliziert, daß es Hindernisse für die Mobilität der Arbeit gibt, während gleichzeitig ein Warenhandel existiert. Die freien Arbeiter der Stadt haben keinen freien Zugang zum Land, während die Arbeiter auf dem Land nur unter der Bedingung produzieren können, daß sie dem Grundherrn den Surplus übergeben. Oppenheimer nannte das die „Bodensperre".
Die folgende Formel stellt dagegen den einfachsten Ausdruck für kapitalistische Konkurrenz in der Produktion dar:

$$(1+R)A\mathbf{p}=\mathbf{p}. \tag{30}$$

Die Koeffizienten der Input-Matrix enthalten wieder den notwendigen Lebensunterhalt der Arbeiter; der ganze Surplus wird durch die Eigentümer des Kapitals angeeignet. Nichts ist bisher über den Status der Arbeiter gesagt worden, ob sie frei sind oder ob sie Leibeigene oder Sklaven sind.
Dieses allgemeine Bild der kapitalistischen Produktion unterscheidet sich von dem, was Marx vorgeschlagen hat. Er sprach nur dann von einer kapitalistischen Produktion, wenn die Produktion durch freie Lohnarbeiter, das Proletariat, ausgeführt wurde. Ihm war bewußt, daß der kapitalistische Kommerz viel älter war als dies. Sein Konzept erlaubte jedoch keine kapitalistische Produktion mittels Sklaven, wovon wir Beispiele in der Antike, insbesondere in der späten Antike und in Byzanz finden.
Es ist sicherlich wahr, daß es immer Unvollkommenheiten gegeben hat, die die Durchsetzung einer völlig einheitlichen Profitrate verhinderten. Doch ich glaube, daß (30) eine wesentliche Wahrheit ausdrückt: Die kapitalistische Konkurrenz in der Produktion geht der Bildung einer freien und mobilen Arbeitskraft voraus. Denn die Freiheit und die Mobilität der Arbeiter sind das historische Produkt der späteren merkantilistischen Periode. Dies ist das Resultat eines langen und komplizierten Übergangsprozesses, an dessen Anfang das Ersetzen der Arbeit des Leibeigenen durch Renten und die Auswanderung der landlosen Bauern in die Städte stand. In ähnlicher Weise ist in bezug auf Japan bemerkt worden, daß sich die Ware Arbeit nicht vor der ökonomischen und sozialen Bildung einer Klasse von Unternehmern, d.h. vor der Meiji Revolution, entwickeln konnte (vgl. Park 1979, S.37). In Europa wurde die Wichtigkeit einer mobilen Arbeitskraft für die frühe industrielle Revolution von Autoren wie Petty anerkannt, und die Gesetzgebung wurde angepaßt, um die Arbeitslosen zu unterstützen und Untätigkeit zu verhindern. In dieser Periode herrschte einfache Arbeit vor; später wurde die Ware Arbeit differenzierter.
Diese Interpretation des Übergangs steuert ein erstes Argument bei, um die Hypothese in Frage zu stellen, die von Engels vorgebracht worden ist (wovon man auch Spuren bei Marx findet), daß für viele Jahrhunderte der vorindustriellen Warenproduktion das Gesetz der einfachen Arbeitswerttheorie den Austausch be-

beherrschte. Wenn meine Interpretation richtig ist, ist die Homogenität der Arbeit, die der Hypothese der Arbeitswerttheorie zugrunde liegt, ein relativ spätes Produkt der kapitalistischen Evolution. Dies kann durch eine ganze Reihe anderer Argumente unterstützt werden. Die Geschichte der Mentalitäten hat gezeigt, daß sich ein Bewußtsein abstrakter Arbeitszeit ebenfalls relativ spät entwickelt hat. Es existierten wichtige Elemente einer unvollständigen Konkurrenz beim Austausch der Produkte der Handwerker, die in Zünften organisiert waren. Es gab wichtige Asymmetrien in den ökonomischen Beziehungen zwischen Stadt und Land. Tauschhandel und die Beziehungen des Austausches von Geschenken in primitiven Gesellschaften sind wieder andere Fälle (vgl. Schefold/Peukert 1992).
Wenn wir einen weiteren Schritt zurückgehen, erhalten wir die folgenden Beziehungen:

$$A\mathbf{p} = \mathbf{p}\,. \tag{31}$$

Dies ist ein geschlossenes System, in dem in expliziter Form keinerlei Surplus erscheint. Daher ist die Summe der Spalten der Input-Matrix gleich 1 (der Output jeder Ware ist ebenfalls auf 1 normiert). Seiner Allgemeinheit entsprechend ist dieses Konzept einer sich selbst reproduzierenden Marktwirtschaft fast inhaltsleer.
Formal sind unsere früheren Systeme (1), (30) und sogar (29) - aber nicht (28) - darin enthalten, da die Input-Koeffizienten nicht nur ausdrücken, was für die Reproduktion technisch notwendig ist und was den notwendigen Lebensunterhalt der Arbeiter ausmacht, sondern auch jeglichen erhaltenen Surplus, der von Mitgliedern der Gesellschaft angeeignet wird, die nicht arbeiten. Es ist auch möglich, (31) als Darstellung einer Art internationalen Handels zu interpretieren: Die Produktion jedes Sektors wird durch eine spezielle Gemeinschaft veranstaltet (z.B. „Stadt" oder „Land"); sie tauschen die Waren aus, wie in Gleichung (31) gezeigt. Es ist vorstellbar, daß jede Gemeinschaft weitere Güter für ihren eigenen Bedarf produziert, die in den Gleichungen nicht explizit erscheinen, da sie kein Gegenstand des Austausches sind.
Nun ist es bemerkenswert, daß die Struktur irgendeines sich selbst reproduzierenden Systems dieser Art bereits die Austauschrelationen bestimmt; die Preise sind wohldefiniert, wenn die Matrix A Spaltensummen gleich 1 hat und unzerlegbar ist. Was wir auf diesem Weg erhalten, ist keine wirkliche Erklärung der Größe der Preise; nur die Existenzbedingungen eines Satzes von einheitlichen langfristigen Preisen sind geklärt worden. Die Aufgabe, die Preise zu erklären, betrifft jetzt die Erklärung der Größe der relativen Inputs a_{ij}. Bei den entwickelteren Gesellschaften, die wir kennen, mögen sie teilweise durch die Gesetze der Produktion, des Austausches und der Verteilung determiniert sein, bei den etwas mehr traditionellen Gesellschaften können sie - teilweise - durch konventionelle

Merkmale erklärt werden. Ein durch überlieferte Bedürfnisse und durch den Status regulierter Austausch ist von Aristoteles beschrieben worden (vgl. Schefold 1989a).

Wie bekannt, beginnt Sraffas Buch mit einem Modell der Selbstreproduktion als solcher (31). In eine historische Perspektive gestellt, die Sraffa wahrscheinlich niemals in Betracht zog, scheint es zu belegen, daß es in der theoretischen Darstellung des klassischen Konzepts der Preise eine Logik gibt, die - natürlich in einem sehr weiten Sinn - der Logik des Entstehens der entsprechenden Institutionen entspricht. Die Logik dieser Darstellung kann nicht willkürlich umgekehrt werden - ich habe zum Beispiel gezeigt, daß es nicht möglich wäre, in das Modell (31) Kuppelproduktion einzuführen, da es impliziert, daß die Logik der Warenproduktion mit Einprodukt-Systemen beginnen muß. Ich habe nicht den Wunsch, zu der schicksalsschwangeren Marxschen Idee einer unvermeidbaren Abfolge der historischen Reihe von Produktionsweisen zurückzugehen, aber unsere Untersuchung deutet darauf hin, daß die Ware Arbeit viel eher ein Produkt des Kapitalismus ist als umgekehrt - jedenfalls ist es nicht notwendig, den Begriff der kapitalistischen Produktion auf ökonomische Systeme zu beschränken, die auf der Ware Arbeit basieren.

Dieser Aufsatz stellt lediglich eine rohe Skizze der involvierten Probleme dar; die Kürze seiner Andeutungen kann nur durch Hinweise auf andere Arbeiten von mir entschuldigt werden, in denen zumindest einige der hier vorgestellten Gedanken detaillierter begründet worden sind. Ich hoffe, daß klar geworden ist, daß ich eine Darstellung des gegenwärtigen Zustandes der klassischen ökonomischen Theorie geben wollte, wobei ich die ihr zugeordnete Wichtigkeit durch den Nachweis des Beitrags zu rechtfertigen suchte, den diese Theorie zur Entstehung und zur Entwicklung des ökonomischen Denkens geleistet hat. Sie kann immer noch dabei helfen, die Wirtschaftsgeschichte als eine Folge von ökonomischen Systemen zu deuten.

Literatur

Bharadwaj, K./Schefold, B. (Hrsg.) (1990), Essays in Honour of Piero Sraffa: Critical Perspectives on New Developments of Classical Theory, London.

Böhm-Bawerk, E. v. (1886), Grundzüge der Theorie des wirtschaftlichen Güterwerthes, in: *Jahrbücher für Nationalökonomie und Statistik* Bd. 13, S.1-82 und 477-541.

Böhm-Bawerk, E. v. (1896), Zum Abschluß des Marxschen Systems, in: O. v. Boenigk (Hrsg.), Staatswissenschaftliche Arbeiten. Festgabe für Karl Knies. Berlin, S. 87-205.

Bortkiewicz, L. v., (1907), Zur Berichtigung der grundlegenden Konstruktion von Marx im dritten Band des „Kapital", in: *Jahrbücher für Nationalökonomie und Statistik*, Bd. 34, S.319-335.

Cartelier, J. (1976), Surproduit et Reproduction, Grenoble.

Cournot, A.A. (1991), Recherches sur les principes mathématiques de la théorie des richesses [1838], Wiederabdruck., Düsseldorf.

Eucken, W. (1965), Die Grundlagen der Nationalökonomie, 8. Auflage, Heidelberg.

Galiani, F. (1750), Della Moneta, Neapel.

Garegnani, P. (1984), Value and Distribution in the Classical Economists and Marx, in: *Oxford Economic Papers*, Bd. 36, S.291-325.

Giersch, H./Borchardt, K. (Hrsg.) (1962), Diagnose und Prognose als wirtschaftswissenschaftliche Methodenprobleme, *Schriften des Vereins für Socialpolitik. Neue Folge*, Bd. 25, Berlin.

Hunt, E.K./Glick, M. (1987), Transformation Problem, in: *The New Palgrave Dictionary of Economics*, Bd. IV, London.

Kalecki, M. (1969), Theory of Economic Dynamics, 2. (überarbeitete) Auflage, New York.

Kemp, W. (1989), John Ruskin (1819-1900), in: *Klassiker des ökonomischen Denkens*, Bd. 2, hrsg. von J. Starbatty, München.

Knies, K.G.A. (1862), Zur Lehre vom volkswirtschaftlichen Güterverkehr, vom Geld und vom Kredit, Freiburg.

Kurz, H.D./Salvadori, N. (1992), Theory of Production, Istituto di ricerca sulla Dinamica dei Sistemi Economici, Milano, S.111f.

Marx, K. (1973), Theorien über den Mehrwert, in: K. Marx und F. Engels, Werke, Band 26, Berlin.

Marx, K./Engels, F. (1972), Das Kapital. Kritik der politischen Okonomie, Erster Band [1890], in: K. Marx und F. Engels, Werke, Bd. 23, Berlin.

Marx, K./Engels, F. (1973), Das Kapital. Kritik der politischen Okonomie, Zweiter Band [1893], in: K. Marx und F. Engels, Werke, Bd. 24, Berlin.

Marx, K./Engels, F. (1973), Das Kapital. Kritik der politischen Okonomie, Dritter Band [1894], in: K. Marx und F. Engels, Werke, Bd. 25, Berlin.

Mises, L. v. (1949), Human Action. A Treatise on Economics, Repr. Chicago, 1966.

Montani, G. (1987), Productive and Unproductive Labour, in: *The New Palgrave Dictionary of Economics*, Bd. III, London.

Morishima, M. (1973), Marx's Economics. A Dual Theory of Value and Growth, Cambridge.

Ott, A.E./Winkel, H. (1985), Geschichte der theoretischen Volkswirtschaftslehre, Göttingen.

Park, Y.-H. (1979), Ursachen und Auswirkungen des japanischen Subimperialismus dargestellt anhand der Öffnung, Eroberung und Kolonisierung Koreas, 1876-1945, Diss., Frankfurt.

Pivetti, M. (1991), An Essay on Money and Distribution, London.

Quaas, F. (1992), Das Transformationsproblem. Ein theoriehistorischer Beitrag zur Analyse der Quellen und Resultate seiner Diskussion, Marburg.

Ricardo, D. (1979), Über die Grundsätze der Politischen Ökonomie und der Besteuerung, übers. u. eingeleitet von G. Bondi [nach d. 3. Aufl. 1821], Berlin.

Rosenberg, N. (1976), Perspectives on Technology, Cambridge.

Schefold, B. (1974), Wert und Preis in der marxistischen und neokeynesianischen Akkumulationstheorie, in: *Mehrwert, Beiträge zur Kritik der politischen Ökonomie*, Bd. 2, Erlangen, S.125-175.

Schefold, B. (1976), Different Forms of Technical Progress, in: *The Economic Journal*, Bd. 86, S. 806-819.

Schefold, B. (1980), Fixed Capital as a Joint Product and the Analysis of Accumulation with Different Forms of Technical Progress, wieder abgedruckt in: *Essays in the Theory of Joint Production*, hrsg. von L. Pasinetti, London, S.138-217.

Schefold, B. (1986), The Standard Commodity as a Tool of Economic Analysis, in: *Zeitschrift für die Gesamte Staatswissenschaft*, Bd. 142 (3), S.603-622.

Schefold, B. (1986a), Nachfrage und Zufuhr in der klassischen Ökonomie, Studien zur Entwicklung der ökonomischen Theorie I, hrsg. von F. Neumark, *Schriften des Vereins für Socialpolitik, Neue Folge* Bd. 115/I, 1981 Berlin, S.53-91; wiederabgedruckt in: *Ökonomische Klassik im Umbruch*, Frankfurt a.M., S.195-241.

Schefold, B. (1989), Mr. Sraffa on Joint Production and other Essays, London.

Schefold, B. (1989a), Platon und Aristoteles, in: *Klassiker des ökonomischen Denkens*, Bd. 1, hrsg. von J. Starbatty, München.

Schefold, B. (1990), On Changes in the Composition of Output, in: *Essays in Honour of Piero Sraffa: Critical Perspectives on New Developments of Classical Theory*, hrsg. von K. Bharadwaj / B. Schefold, London, (zweite Auflage: London, 1992).

Schefold, B. (1991), Zum Geleit, A.A. Cournot und sein Werk, Kommentarband („Vademecum“) zur Faksimileausgabe von A.A. Cournot, „Recherches sur les principes mathématiques de la théorie des richesses“, in der Reihe *Klassiker der Nationalökonomie*, Düsseldorf, S.5-11.

Schefold, B. (1992), Einleitung zur „Political Arithmetick“ von William Petty, Kommentarband („Vademecum“) zur Faksimileausgabe von Sir William Petty und seiner „Political Arithmetick“, in der Reihe *Klassiker der Nationalökonomie*, Düsseldorf, S.5-36.

Schefold, B. (1992a), V.K. Dmitriev: Ein russischer Neoricardianer. *Studien zur Entwicklung der ökonomischen Theorie XII, Osteuropäische Dogmengeschichte*, hrsg. von. H. Rieter, Berlin, S. 91-110.

Schefold, B. (1993), Savarys 'Parfait négociant': Die Ordnung der Märkte durch Händler und Staat. Kommentarband („Vademecum“) zur Faksimileausgabe des Neudrucks von Jacques Savarys 'Parfait Negociant' in seiner ersten Fassung in der Reihe *Klassiker der Nationalökonomie*, Düsseldorf, S.15-48.

Schefold, B. (1993a), John Locke: ein ökonomisch engagierter Philosoph, Einleitung zur Neuausgabe von Lockes 'Two Treatises on Government'. Kommentarband („Vademecum“) zur Faksimileausgabe des Werkes in der Reihe *Klassiker der Nationalökonomie*, Düsseldorf, S.5 ff.

Schefold, B. / Peukert, H. (1992), Wirtschaftssysteme im historischen Vergleich: ein Projekt. in: *Jahrbuch für Wirtschaftsgeschichte*, 1992/1, S.243-254.

Sieferle, R.P. (1982), Der unterirdische Wald - Energiekrise und Industrielle Revolution. *Becksche Schwarze Reihe*, Bd. 266, München.

Smith, A. (1776), An Inquiry into the Nature and Causes of the Wealth of Nations. London, (Wiederabdruck: Düsseldorf, 1986).

Sombart, W. (1916), Der moderne Kapitalismus, (Wiederabdruck: München, 1987).

Sraffa, P. (1960), Production of Commodities by Means of Commodities, Cambridge.

Steedman, I. (1977), Marx after Sraffa, London.

Wagner, A. (1876), Grundlegung der politischen Ökonomie, Leipzig und Heidelberg, (Wiederabdruck: Düsseldorf, 1991).

Weber, M., (1976), Wirtschaft und Gesellschaft. Grundriß der verstehenden Soziologie [1921] Tübingen, 5. (durchgesehene) Auflage.

Dietmar Meyer

Die ersten mathematischen Modelle der Marxschen Arbeitswertlehre - ein (keineswegs vollständiger) dogmenhistorischer Überblick

Die mathematische Ökonomie kann auf eine doch schon recht lange Vergangenheit zurückblicken. Der auch von den Klassikern geschätzte William Petty bezieht in seinem 1676 erschienenen Buch *„Politische Arithmetik"* eindeutig Stellung zu der Frage, ob man wirtschaftliche Kategorien quantifizieren solle. Die immer wiederkehrende Betonung der Wichtigkeit der Statistik für den Erkenntnisprozeß in der Ökonomik bezeugt, daß Petty der Mathematik eine nicht zu unterschätztende Rolle beimaß. Für lange Zeit blieb dann die Statistik die einzige „mathematische Methode" in der ökonomischen Lehre. Erst im Buch von Cournot (erstes Erscheinen im Jahre 1838) findet man eine Synthese von Mathematik und wirtschaftstheoretischen Überlegungen, insofern der Autor theoretische Zusammenhänge in der Sprache der Mathematik formuliert. Diese Herangehensweise übernahmen dann bald Walras, Jevons und Edgeworth, die in den achtziger Jahren des vergangenen Jahrhunderts nahezu gleichzeitg ihre Forschungsergebnisse auf dem Gebiet der mathematisierenden Ökonomik veröffentlichten. Damit war eine Situation gegeben, in der man zwar über die Anwendbarkeit der mathematischen Methoden in der theoretischen Nationalökonomie diskutieren konnte (und es wurde und wird auch diskutiert), doch wortlos an diesem Problem vorübergehen konnte man von diesem Zeitpunkt an nicht mehr.

Mit nahezu zwingender Notwendigkeit teilte sich die Gesellschaft der Wirtschaftstheoretiker in zwei Lager: in das Lager der Ökonomen, die die Anwendung der Mathematik ablehnen (z. B. Menger und Keynes), und in das Lager der Wissenschaftler, die die Mathematik befürworten (u. a. Walras, Jevons, Bortkiewicz, Slutsky). Die jeweiligen Gründe für die Entscheidung sind von sehr komplexer Natur. So kann man keinesfalls behaupten, daß die Gegner der Mathematik wegen ungenügender mathematischer Kenntnisse die Formalismen ablehnten, denn Keynes hatte ein durchaus gediegenes Wissen auf dem Gebiet der Mathematik aufzuweisen, wie sein *„Treatise on the Probability Theory"* zeigt. Auch der heute bereits zu den Wirtschaftswissenschaftlern gezählte Mathematiker John von Neumann ist ein Beispiel für die Vielschichtigkeit des Problems.

Trotz der bedeutenden Ergebnisse gegen Ende des XIX. Jahrhunderts begann die eigentliche Etablierung der mathematischen Ökonomie als eigenständige Schule innerhalb der Wirtschaftstheorie erst nach dem zweiten Weltkrieg. In beinahe unüberblickbarer Menge wurden Bücher und Artikel zu wirtschaftstheoretischen

Themen in der Sprache der Mathematik geschrieben. Gegenwärtig gibt es wohl kaum einen Teilbereich der Volkswirtschaftslehre, in dem man sich nicht der Mathematik bedient.
Schon dieser kurze, aber dennoch unvollständige Überblick deutet an, daß es zweifellos ein lohnenswertes Unterfangen wäre, die Herausbildung und Entwicklung der mathematischen Ökonomik nachzuvollziehen. Die vorliegende Studie erhebt keinesfalls diesen Anspruch. Das hier gestellte Ziel ist wesentlich bescheidener: die Anfänge der mathematischen Formulierung von Marx' Arbeitswertlehre sollen genauer betrachtet werden. Sicher ist die Wahl des Zeithorizonts, in dem die Versuche, die Marxsche Werttheorie in der Sprache der Mathematik zu formulieren, als „anfänglich" betrachtet werden, sehr subjektiv. Hier soll darunter der Prozeß bis zum Erscheinen der ersten, mit Hilfe von Matrizen formulierten mathematischen Modelle der Arbeitswerttheorie verstanden werden, alles in allem ein Zeitraum von etwa 60 Jahren.
Dabei ist der dritte Band des „Kapitals" vielleicht ein glücklich gewählter Ausgangspunkt, denn es war gerade die darin formulierte, heute als Transformationsproblem bezeichnete Unklarheit, die Wirtschaftswissenschaftler und Mathematiker verschiedendster Schulen anregte, die Marxschen Gedanken mit mathematischer Strenge zu formulieren und darauf aufbauend den scheinbaren oder wirklichen Widerspruch zwischen Wert und Produktionspreis zu charakterisieren.

1. Marx und die Mathematik

Angesichts der eingangs formulierten Gedanken erhebt sich notwendigerweise die Frage, wie denn Marx' Verhältnis zur Mathematik charakterisiert werden kann. Beim Suchen nach der Antwort können im wesentlichen drei Quellen benutzt werden:

- die spärliche Zahl von Hinweisen und Bemerkungen, die Marx selbst in einigen seiner Schriften der Nachwelt hinterließ; hierbei muß allerdings beachtet werden, daß es sich bei den erwähnten Marxschen Gedanken nicht um - wie von ihm gewohnt - philosophisch durchdachte Meinungsäußerung handelt, sondern vielmehr um überaus kurze Fragmente;
- Erinnerungen seiner Mitarbeiter, die sie in ihren Memoiren formuliert haben;
- Ergebnisse neuerer dogmenhistorischer Forschungen.

Unter Beachtung all dieser Quellen scheint sich folgendes Bild abzuzeichnen: Das systematische Beschäftigen mit mathematischen Problemen ist bei Marx spätestens auf den Zeitpunkt zu legen, an dem er begann, sein Werk „Grundlagen der Kritik der politischen Ökonomie" zu schreiben (Endemann 1974, S. 7); einige weniger umfassende und bedeutungslosere Notizen zu mathematischen Fragen stammen aus dem Jahr 1846. Aufgrund des Studiums der oben aufgezählten Dokumente scheint es schwer, wenn nicht gar unmöglich zu sein, Marx' Gründe für sein Interesse an mathematischen Studien zu nennen. Anstelle aller sich darauf richtenden, eher fragwürdigen Versuche sollen hier zwei Fakten erwähnt werden, die keinesfalls außer acht gelassen werden dürfen.

1. Marx wird durch seine Schriften, wie auch in den Erinnerungen seiner Mitarbeiter und Freunde als ein vielseitig interessierter Wissenschaftler charakterisiert, der bestrebt war, die Entwicklung der Wissenschaft in den wichtigsten Bereichen zu verfolgen und für sich nachzuvollziehen. Er hielt es für die Pflicht eines Sozialwissenschaftlers, über ein möglichst umfassendes Allgemeinwissen zu verfügen. Das Beschäftigen mit der Mathematik ist sicherlich Teil der Realisierung dieser Maxime. Dies untermauern die in den „Mathematischen Manuskripten" aufgearbeiten Themen, wie auch die Art und Weise der Aufarbeitung. Die erwähnte Schrift enthält im wesentlichen Marx' Bemerkungen und Konspekte zu Fragen der Differentialrechnung. Hierbei handelt es sich um einen Themenkreis, der - zumindest in der behandelten Epoche - recht weit entfernt von den Fragestellungen der politischen Ökonomie stand. Auch die Tatsache, daß Marx sich die Kenntnisse nicht aus den die Zusammenhänge didaktisch vereinfachenden einschlägigen Lehrbüchern aneignen wollte, sondern - wie auch beim Studium von Fragen auf für ihn wichtigen anderen Gebieten der Wissenschaft - die Originalwerke der klassischen Mathematiker (Newton, Leibniz, Lagrange, d'Alembert) studierte, kann durchaus als Untermauerung der obigen These stehen.
2. Marx wollte die Mathematik ausdrücklich zur Illustration seiner ökonomischen Anschauungen benutzen. Dies bezeugt ein oft zitierter Gedanke, der in einem an Engels gerichteten Brief vom 31. Mai 1873 formuliert wurde:

> „Ich habe verschiednemal versucht - zur Analyse der Krisen - , diese ups and downs als unregelmäßige Kurven zu berechnen und geglaubt (...), daraus die Hauptgesetze der Krisen mathematisch zu bestimmen." (Marx 1985, S. 276).

Mit anderen Worten: Marx wollte mit Hilfe der Mathematik aus einer Unmenge von statistischen Daten über die zeitlich schwankende Entwicklung von ökonomischen Größen die dem zugrunde liegenden Gesetzmäßigkeiten formulieren. Das bedeutet, daß er mit den mathematischen Mitteln in erster Linie keine quantitativen Zusammenhänge, sondern vielmehr qualitative Aussagen formulieren wollte. Doch das Zitat weist darüber hinaus auch auf die Gründe hin, warum Marx gerade die Differantialrechnung zum Gegenstand seiner Studien machte. Die Analyse von konjunkturellen Schwankungen gehört zweifellos in den Bereich der Dynamik, also einen Bereich, in dem die Zeitabhängigkeit von ökonomischen Variablen zu untersuchen ist. Derartige Versuche gab es ja zu Marx' Zeiten bereits in der Physik, und zwar mit ziemlichem Erfolg.

Mit recht großer Wahrscheinlichkeit kann somit davon ausgegangen werden, daß Marx die studierten Gebiete der Mathematik bewußt als Methoden oder Sprache auswählte und daß er damit die Formalisierung sozialer Prozesse - zumindest in gewissem Sinne - als der Nationalökonomie zugehörig betrachtete, was selbstverständlich auf der anderen Seite keinesfalls bedeutet oder bedeuten soll, daß auf diese Weise schon das ganze Wesen von sozialen und wirtschaftswissenschaftlichen Prozessen erfaßt wäre.

Wie in anderen Fällen ist auch Marx' Verhältnis zur Mathematik als einer Methode der ökonomischen Forschung und der Formulierung der Forschungsergebnisse nicht unabhängig vom Forschungsgegenstand. Es ist eine direkte Folge seiner dialektischen Auffassung der Wissenschaft.

Marx, der unter den Nationalökonomen seiner Zeit der vielleicht am philosophischsten denkende Kopf war, beschäftigte sich mit wirtschaftwissenschaftlichen Problemen auf einem sehr abstrakten Niveau. Im Gegensatz zu vielen Zeitgenossen, jedoch in völligem Einklang mit der Herangehensweise der Klassiker, sah er das Wesen der Nationalökonomie im Formulieren von allgemeingültigen Gesetzmäßigkeiten, die nur erkannt werden können, wenn von dem konkreten Charakter der tagtäglichen wirtschaftlichen Erscheinungen abstrahiert wird. Mit einer Reihe von Beispielen kann unschwer nachgewiesen werden, daß für Marx die Wissenschaft dort begann, wo man versuchte, die allgemeinen Charakteristiken der untersuchten Prozesse zu erkennen. Daraus folgt logischerweise, daß die so geschaffenen Forschungsobjekte in dieser gedanklichen und begrifflichen Reinheit in der uns umgebenden objektiven Realität nicht zu finden sind und auch nicht zu finden sein können; gerade das war ja Sinn und Zweck ihrer Herausarbeitung. Die in der objektiven Realität ständig greifbaren Erscheinungen müssen also nach Marx' Auffassung von der Wissenschaft auf Kategorien zurückgeführt werden, die ihrerseits nicht greifbar oder fühlbar sind. Als nahezu schon klassisches Beispiel soll hier der Satz aus dem ersten Band des „*Kapitals*" erwähnt werden, in dem Marx die Wertgegenständlichkeit der Waren mit der Wittib Hurtig vergleicht, im Unterschied zu der man allerdings bei der Wertgegenständlichkeit nicht weiß, wo sie zu haben ist. (Marx 1974b, Bd. 1 S.62)

Hält man sich dies vor Augen, so zeigt sich sofort die Ähnlichkeit im Charakter der Marxschen Forschungsobjeke mit dem Charakter der mathematischen Kategorien. Die Objekte beider Wissenschaften sind außerordentlich abstrakt; eine Aufgabe der erwähnten Wissenschaften ist es, den logischen Zusammenhang der Objekte zu beschreiben. Mit anderen Worten war es Marx selbst, der die ersten „Marxschen Modelle" aufstellte, und somit beschäftigt sich die vorliegende Studie im weiteren eigentlich mit der dogmengeschichtlichen Entwicklung von Modellen des Marxschen Arbeitswertmodells.

Er wäre jedoch ein Stehenbleiben auf halber Strecke, wenn man lediglich die Verwandschaft der Marxschen ökonomischen Objekte mit den Kategorien der

Mathematik betonte. Auch der wesentliche Unterschied darf nicht vergessen werden - die mathematischen Kategorien sind weitaus allgemeiner. Hinsichtlich ihres Ursprungs sind mathematische Kategorien nicht notwendigerweise direkt an die objektive Realität gebunden, sie können durchaus Produkte von gedanklichen Prozessen, also im philosophischen Sinne subjektiver Natur sein. Die abstrakten Marxschen Objekte haben dagegen einen direkten Bezug zur objektiven Realität, indem sie aus jener durch Abstreifen aller konkreten Hüllen entstanden sind.[1]
Beide Arten von Kategorien sind jedoch verwendbar, um objektiv ablaufende Prozesse zu beschreiben. In Anbetracht dieser Tatsachen - daß also sowohl die abstrakten Kategorien der Mathematik, wie auch die mit ihnen eine große Ähnlichkeit aufweisenden Marxschen nationalökonomischen Kategorien in der Lage sind, die Wirklichkeit zu beschreiben - dürfte es nun keinen ernsthaften Grund zur Annahme geben, daß die mathematische Formalisierung der Marxschen Gedanken der grundlegenden Anschauungsweise von Karl Marx widersprochen hätte. Diese Ansicht wird auch von Smolinski vertreten, der nach dem Studium vieler publizierter, bzw. nur in Archiven auffindbarer Arbeiten von Marx zu dem Ergebnis kommt, daß Marx in keiner seiner Schriften Aussagen macht, die gegen die mathematischen Ökonomik zu verwenden wären (Smolinski 1973, S. 102).
Ein weiteres Zitat von Marx untermauert eine oben bereits gezogene Schlußfolgerung. In einem am 11. Januar 1858 an Engels geschriebenen Brief ließ er seinen Freund wissen:

> „Arithmetik blieb mir immer fremd. Auf dem algebraischen Umweg aber schieße ich mich rasch wieder ein." (Marx 1985, S. 100).

Auch dieser Satz läßt unschwer erkennen, daß Marx sich in der Welt des Abstrakten mehr zu Hause fühlte, als in der Welt des ihm eher fremden Rechnens

1 Aus der Geschichte der Physik ist bekannt, daß Einstein seine allgemeine Relativitätstheorie auf rein gedanklichem Wege entwickelte, deren Gültigkeit für die Prozesse der objektiven Realität erst im Jahre 1923 - also sieben Jahre nach ihrer Veröffentlichung - gezeigt werden konnte. Eine derartige - im positiven Sinne - spekulative Herangehensweise an theoretische Probleme ist natürlich für alle Wissenschaften charakteristisch, die Modelle mathematischer Art benutzen. Vielleicht ist es auf das junge Lebensalter unserer Wissenschaft zurückzuführen, es mag auch in der noch relativ losen Verbindung von Wirtschaftswissenschaft und Mathematik liegen, doch es ist wohl kaum zu leugnen, daß bei diesen Vorgehensweisen in der Wirtschaftstheorie in vielen Fällen der eigentlich ökonomische Inhalt Gefahr läuft, in den Hintergrund gedrängt zu werden.

mit konkreten ökonomischen Größen. Die Anwendung der Mathematik stellte er sich mit Gewißheit auch in diesem Sinne vor.
Wenn Marx nun die Anwendung der Mathematik auf sozialökonomische Probleme nicht ablehnte, wenn seine nationalökonomischen Lehren eine nicht zu übersehende Ähnlichkeit mit der Mathematik haben und wenn er darüber hinaus - nach Aussage von Engels - auch noch ein „sattelfester Algebraiker", also ein guter Mathematiker, war (Marx 1974b, Bd. 3, S. 286), dann stellt sich notwendigerweise die Frage, warum er die Algebra nicht nutzte. Warum sind in seinen Werken bestenfalls Zahlenbeispiele zu finden? Auf diese Frage kann wohl kaum eine eindeutige Antwort gegeben werden, was unter anderem auch die in der Fachliteratur auffindbaren, einander nicht selten völlig konträr gegenüber stehenden Standpunkte andeuten.
K. May zum Beispiel meint, daß die Mathematik für Marx eher Forschungsmethodik war, als eine Sprache, in der er die Ergebnisse seiner Untersuchungen formulierte (vgl. May 1948, S. 598). Damit suggeriert er praktisch, daß Marx sehr wohl ein guter Mathematiker war, der allerdings bei der Publikation seiner Werke dem mathematischen Bildungsstand seiner Leserschaft Beachtung schenkte und deswegen die verbale Darstellungsform wählte. Demgegenüber ist der bereits zitierte Leon Smolinski der Meinung, daß Marx bei weitem nicht über solche mathematische Kenntnisse verfügte, wie dies für die exakte Formulierung seiner Ergebnisse notwendig gewesen wäre.
Unter ungenügenden mathematischen Kenntnissen versteht Smolinski zwei Dinge: zum einen den Fakt, daß Marx zu Beginn seiner mathematischen Studien bereits über eine mehr oder weniger fertige, in ihren Grundstrukturen jedoch klare ökonomischen Theorie verfügte, zum anderen bemängelt er, daß die Gegenstände der von Marx studierten Mathematik mit den nationalökonomischen Aussagen nicht synchron waren. Eingangs wurde bereits bemerkt, daß Marx in den *„Mathematischen Manuskripten"* die Grundlagen der Differentialrechnung aufarbeitete. Dies ist nun ein Zweig der Mathematik, der sich mit den Auswirkungen von unendlich kleinen Änderungen der unabhängigen Variablen auf die abhängigen Variablen beschäftigt, also letztendlich nahezu kontinuierliche Übergänge zwischen verschiedenen Zuständen von Systemen beschreibt. Gerade diese kontinuierlichen Übergänge sind es nun, die nach Smolinskis Auffassung in der Theorie von Marx fehlen, denn - wie er schreibt - folgt aus der Existenz des Mehrwerts, daß sich die Klassen der Kapitalisten und der Arbeiter antagonistisch gegenüber stehen. Daraus schließt Smolinski:

> „Die Differentialrechnung ist bei Problemen vom Typ ein bißchen mehr oder ein bißchen weniger anwendbar, also bei Problemen, die von den Marginalisten untersucht wurden, jedoch nicht bei Problemen vom Typ entweder - oder, die ja die Grundlage des

> Marxschen ökonomischen Systems bilden." (Smolinski 1973, S. 1199).

Somlinskis Argumentation kann nicht als problemlos angesehen werden. Über den auch von ihm erwähnten Charakter der Differentialrechnung war sich Marx durchaus im klaren (vgl. Marx 1974a, S. 110-111), und selbstverständlich kannte er auch den Charakter seiner eigenen Anschauungen. Somit dürfte es für ihn keine Frage gewesen sein, daß die Aussagen und Ergebnisse vom Typ „entweder - oder" nicht mit der Differentialrechnung formuliert werden können. Smolinski könnte man mit gewissem Recht entgegenhalten, daß Marx' Theorie ja auch einige Bereiche berührte, die - mit heutigen Begriffen - in den Bereich der Dynamik gehörten, in dem also die Differentialrechnung die richtige Methode wäre (vgl. zum Beispiel die obige Bemerkung, nach der sich Marx mit der Theorie von Konjunkturschwankungen beschäftigen wollte). Auf der anderen Seite ist aber auch nicht zu leugnen, daß sich die wesentlichen Ergebnisse der nationalökonomischen Theorie von Marx auf antagonistische Widersprüche in der Gesellschaft bezogen.
Somit bleibt die Frage: Warum wählte Marx sich gerade die Differentialrechnung zum Gegenstand seiner späten - nach Endemann um 1873 (vgl. Endemann 1974, S. 7 und S. 15), auf jeden Fall gegen Ende seines Lebens (vgl. Lafargue 1964, S. 326-327) - betriebenen mathematischen Studien? Warum wählte er nicht ein Gebiet der Mathematik, das dem Charakter seiner Ergebnisse besser entsprochen hätte - zum Beispiel das Lösen von linearen Gleichungssystemen zur Beschreibung der Gleichgewichtsbedingungen für die Reproduktion (II. Band des *Kapitals*), oder Methoden zur Bestimmung von Näherungslösungen nichtlinearer Gleichungen zur allgemeineren Darstellung der Produktions- und Marktpreisproblematik im III. Band des *Kapitals*? Der Zufallsfaktor kann nach Kenntnis der Marxschen Forschungsmethodik mit ziemlicher Sicherheit ausgeschlossen werden; zum anderen gehörte mit Samuel Moore ein für seine Zeit gut gebildeter Mathematiker zum engeren Freundeskreis von Marx, der ihn auch in anderen Situationen fachlich beraten hat.
Eine auf jeden Fall akzeptable, wenn auch im ersten Moment ungewohnte und überraschende Antwort auf die aufgeworfene Frage gibt Maxim Kowalewski, der in seinen Erinnerungen über Marx folgendes schrieb:

> „So erneuerte er auch seine Beschäftigung mit der Mathematik sowie mit der Differential- und Integralrechnung, um zu der damals eben im Entstehen begriffenen mathematischen Richtung in der politischen Ökonomie, an deren Spitze sich solche Gelehrte wie Edgeworth befinden und an deren Spitze damals zu Marx' Zeiten bereits Jevons stand, bewußt Stellung nehmen zu können." (Kowalewski 1964, S. 391).

Diese Bemerkung von Kowalewski ist deswegen ungewohnt und überraschend, da es keine direkten, von Marx selbst stammenden Informationen darüber gibt, daß er die Werke von Jevons, oder auch von Menger und Walras, kannte. Auch über den Utilitarismus im allgemeinen sind nur philosophische Anmerkungen zu finden, wenn Marx gemeinsam mit Engels in der *„Deutschen Ideologie"* von den Anschauungen Max Stirners zeigte, daß diese für sie philosophisch haltlosen Ansichten bereits bei Helvetius und Jeremy Bentham zu finden sind. (Marx/Engels 1969, S. 226).

Die Bemerkung von Kowalewski ist unter chronologischem Aspekt betrachtet durchaus richtig. Jevons' Schrift erschien im Jahre 1871, daher ist es zweifellos denkbar, daß Marx zwei Jahre später - und zwar erneut[2] - intensive Studien auf dem Gebiet der Differentialrechnung beginnt. Hält man sich die völlig neuartigen ökonomischen Gedankengänge der Marginalisten vor Augen, so ist es verständlich, warum Marx es für notwendig hielt (oder zumindest für notwendig halten konnte), sich mit derartigen mathematischen Problemen zu beschäftigen, die mit ihren Symbolen nicht - wie die Algebra - einen Zustand, sondern eine Zustandsveränderung beschrieben

> „und damit sofort eine ..... eigenartige, von der Algebra abweichende Rechnungsmethode liefern." (Marx 1974a, S. 111).

Gerade darin besteht ja das Wesen des Marginalismus. Mit anderen Worten scheint es so, als hätte Marx in der Differentialrechnung die formale Herangehensweise des Marginalismus erkannt.

Wesentlich weiter als Kowalewski geht M. Morishimas Meinung, als er - sich auf die *„Mathematischen Manuskripte"* berufend - schrieb:

> „Ich denke, Marx hätte die Grenznutzentheorie der Konsumentennachfrage akzeptiert, wenn er sie gekannt hätte." (Morishima 1973, S. 40).

Eine derartige Bemerkung muß auf alle Fälle als spekulativ betrachtet werden, denn ihre einzige Grundlage sind die Fakten, daß Marx die Differentialrechnung (einschließlich der Behandlung von Extremwertaufgaben) kannte und daß der Marginalismus seine theoretischen Aussagen mit Hilfe dieser Methode formulierte. Die Verwendung der gleichen Methode bedeutet jedoch nicht die Akzep-

---

2 Nach der ersten - russischsprachigen - Ausgabe der *"Mathematischen Manuskripte"* beschäftigte sich Marx bereits in den Jahren 1865-1866 mit Fragen der Differentialrechnung. (Marx 1968)

tanz der gleichen theoretischen Prämissen.[3] Die zuvor erwähnten Bemerkungen aus der *„Deutschen Ideologie"* lassen grundlegende Differenzen zwischen Marx und der von den Marginalisten vertretenen ökonomischen Theorie deutlich erkennen.

Faßt man die bisherigen Aussagen über Marx' Verhältnis zur Mathematik zusammen, so stellt sich ein Bild dar, nach dem Marx kein Mathematiker war. Aufgrund der Kenntnisse, die er sich in Teilbereichen der Mathematik angeeignet hatte, wäre es nicht fair, neue Ergebnisse auf dem Gebiet der Mathematik oder besser in dem heute *mathematische Ökonomik* genannten Bereich zu erwarten. Auf der anderen Seite sind in seinen Schriften Gedankengänge zu finden, die für die Mathematik charakteristisch sind. Dies ist - wie oben angedeutet - einerseits eine Folge seiner wissenschaftstheoretischen Auffassungen, und folgt auf der anderen Seite aus der inneren Struktur und Logik des von ihm aufgestellten ökonomischen Systems.

Nach alldem ist es keineswegs verwunderlich, wenn die Marxsche Theorie zu den ersten gehörte, die man mit Beginn der Verbreitung der mathematischen Ökonomie mathematisch neu zu formulieren versuchte. Die inzwischen bereits mehr als 100-jährige Geschichte dieses Prozesses und die dabei gewonnene, sicher mehrere größere Bibliotheken füllende Literatur zeigten und zeigen die grundlegende innere Konsistenz der Marxschen Theorie, wiesen aber auch auf einige entscheidende Probleme hin, die bei der verbalen Formulierung nicht sofort zutage traten.

2. Frühe Modelle der Marxschen Arbeitswertlehre

Im Vorwort seines 1982 erschienenen Buches schrieb Y. Fujimori:

> „Die Diskussion über die Arbeitswertlehre von Marx ist gegenwärtig in ihrer dritten Runde. Die erste wurde von Böhm-Bawerk eröffnet, die zweite - nicht lange nach Beendigung des II. Weltkrieges - ist untrennbar von Samuelson. In dieser zweiten Phase wurden die grundlegenden Ergebnisse der ökonomischen Lehre von Marx untersucht, Okishio sowie Morishima und Seton wandten diese dann auf die Leontiew-Modelle an. Die dritte Runde wurde von Morishima eingeleitet, der die Arbeitswertlehre von Marx im Rahmen des Neumann-Modells erörterte." (Fujimori 1982, S.5).

---

3 Die Schriften von Marx analysierend schrieb in diesem Zusammenhang Roemer, daß die Mathematik immer nur "ein schematisches Bild einer Theorie" sei, woraus folgt, daß eine Theorie ohne weiteres mehrere derartige Spiegelbilder haben kann. (Roemer 1981, S. 3).

Fujimoris - deutlich sichtbar auf den verwendeten Modellen beruhende - Klassifizierung kann im wesentlichen zugestimmt werden. Ergänzend bemerkt werden sollte allerdings, daß es nicht Ladislaus von Bortkiewicz war, der als erster Volkswirt ein mathematisches Modell der Marxschen Arbeitswertlehre aufstellte. Im Jahre 1895 erschien in den *Jahrbüchern für Nationalökonomie und Statistik* ein Aufsatz von Mühlpfort (Mühlpfort 1895), in dem er Marx' Wertlehre mittels einer beliebigen, endlichen Zahl von linearen Gleichungen beschreiben wollte. Obwohl die Darstellung des Modells an dieser Stelle inkonsistent ist, weiß man inzwischen, daß Mühlpfort mit jenem Wolfgang Mühlpfordt identisch ist, der bereits 1893 ein konsistentes, eindeutig lösbares Modell der Wert-Preis-Transformation aufstellte. (Vgl. Howard/King 1987 und 1991 sowie Quaas 1991, 1992 und 1994).

Die Verbindung von Wert und Produktionspreis analysierend, glaubte Eugen v. Böhm-Bawerk einen logischen Widerspruch in der Arbeitswertlehre von Marx zu entdecken (vgl. Böhm-Bawerk 1896). Bei einem derartigen Problem ist es keinesfalls abwegig, daß man versucht, die mathematischen Formen der Kategorien Wert und Produktionspreis aufzustellen, um dann mittels der mathematischen Logik den erwähnten Widerspruch zu untersuchen. Diese Vorgehensweise wählte L. v. Bortkiewicz (vgl. Bortkiewicz 1976a), der sich dabei einerseits auf die Zahlenbeispiele von Marx aus dem dritten Band des *„Kapitals"*, wie auch auf die Schriften von Dmitriew (vgl. Dmitriew 1974) stützen konnte, der noch vor der Jahrhundertwende versuchte, die Arbeitswertlehre der englischen Klassiker Smith und Ricardo in eine mathematische Form zu bringen.

Ausgehend von Marx' Überlegungen, daß die Arbeit letztendlich der einzige wertbildende Faktor ist, formuliert Bortkiewicz unter Ausnutzung der Marxschen Voraussetzung über die Gleichheit der Mehrwertrate in den einzelnen Sektoren[4] die Gleichung für den Wert der i-ten Ware mit

$$q_i = (1+r)wL_i \,, \qquad i = 1,\ldots,n \,,$$

wobei r die Mehrwertrate, w den Nominallohn, n die Anzahl der Güter bezeichnen. L_i steht für den Arbeitsaufwand zur Herstellung einer Einheit des i-ten Gutes, q_i ist der Wert des Gutes. Dieses Gleichungssystem enthält jedoch außer den unbekannten Warenwerten neben dem Nominallohn und der Mehrwertrate noch zwei weitere Unbekannte, so daß eine eindeutige Lösung erst nach Einführung ergänzender Bedingungen gefunden werden kann. Bortkiewicz wählte hierzu die folgenden Voraussetzungen:

4 Da in allen, auch später zu behandelnden Modellen der Fall der Kuppelproduktion ausgeschlossen ist, können die Begriffe Sektor und Ware zumindest für die Modellbildung als synonym betrachtet werden.

1. Unter den Waren einer Wirtschaft befindet sich auch das Geld (bei Bortkiewicz die n-te Ware), dessen Wert mit 1 angenommen wird, also $q_n = 1$.
2. Der Nominallohn ist nichts anderes als die Wertsumme der gekauften Waren, somit gilt $\sum_{i=1}^{n} x_i q_i = w$.
   Hier bezeichnen x_i, i=1, ..., n, die gekauften Mengen der i-ten Ware.
   Daraus ergibt sich als nunmehr eindeutige Lösung $q_i = \frac{L_i}{L_n}$, $i = 1,\ldots,n$.

Mit anderen Worten, die Warenwerte hängen nur von den zur Herstellung der Waren notwendigen Arbeitsaufwendungen ab, Nominallöhne und Mehrwertrate haben keinen Einfluß auf die Wertgrößen.
Bei der Herleitung der Gleichung für den Produktionspreis geht Bortkiewicz von folgenden Annahmen[5] aus:

- Der Produktionspreis wird beim Verkauf, also erst nach dem Kapitalumschlag, realisiert und besteht aus den Kosten für das variable Kapital und dem Profit.
- Es wird, in Übereinstimmung mit der Herleitung für die Wertgleichungen, nur variables Kapital betrachtet.
- Der gesamte Lohn wird nach dem Verkauf der Waren zu einem einzigen Zeitpunkt ausgezahlt.

Bezeichnet man mit ρ die Durchschnittsprofitrate, so stellt sich die Gleichung für den Produktionspreis bei einmaligem Umschlag des Kapitals in der betrachteten Zeiteinheit als $(1+\rho)wL$ dar, also bei beliebiger Umschlagszeit t des Kapitals kann der Produktionspreis für die i-te Ware mit

$$p_i = (1+\rho)^t wL_i \ , \quad i = 1,\ldots,n$$

beschrieben werden. Hinsichtlich der auch hier noch unbekannten Größen Nominallohn und Durchschnittsprofitrate werden ebenfalls die ergänzenden Annahmen $p_n = 1$ und $\sum_{i=1}^{n} x_i p_i = w$ gemacht. Damit wird auch das Modell für die Produktionspreise eindeutig lösbar.
Soll das Modell von Bortkiewicz bewertet werden, so müssen auf jeden Fall die folgenden Ergebnisse genannt werden:

1. Bortkiewicz ging beim Aufstellen seiner Gleichungen von den ursprünglichen Marxschen Definitionen aus. Die eindeutigen Lösbarkeit seines Modells be-

[5] Die beiden letzten Voraussetzungen löst Bortkiewicz im weiteren auf. Da hier aber die Struktur seines Modells betrachtet wird, hat dies keine Bedeutung.

weist somit die logische Konsistenz der Arbeitswertlehre von Marx. Ein gleiches war zuvor bereits von Dmitriew hinsichtlich der Werttheorien von Adam Smith und David Ricardo gezeigt worden. Mit anderen Worten: der Artikel von Bortkiewicz gehört zu den Schriften, in denen die Wertlehren der klassischen Nationalökonomie für durchaus akzeptabel gehalten werden. Damit deutet er zumindest an[6], daß der Bemerkung von Jevons, nach der Ricardo die Nationalökonomik auf ein verkehrtes Gleis geschoben habe, das von J.St. Mill bis zum Chaos verfolgt wurde (vgl. Jevons 1924, S. LXIV), mit Vorsicht zu begegnen ist.

2. Die Lösbarkeit des auf Marxschen Definitionen beruhenden Modells bedeutet aber auch, daß der Wertbegriff in der ökonomischen Lehre von Marx berechtigt ist, seine oft diskutierte Existenz steht keinesfalls im Widerspruch zu den Grundvoraussetzungen der Marxschen Theorie.
3. Die von Bortkiewicz aufgestellten Preisgleichungen beachten die unterschiedliche Umschlagzeit des Kapitals. Damit wurde - dogmengeschichtlich vielleicht erstmalig - die Formalisierung von Kapital- und Werttheorie in einem Modell verwirklicht. Unter diesem Aspekt ist es keinesfalls übertrieben zu behaupten, daß das Modell von Bortkiewicz ein Vorgänger des die mathematische Ökonomie entscheidend gestaltenden Neumann-Modells ist, dessen werttheoretische Bedeutung allerdings erst etwa 25 Jahre nach seinem Erscheinen erkannt wurde.

Eine etwas anders geartete Formalisierung Marxscher Gedanken war in den 20-er Jahren in der Sowjetunion zu beobachten. Die Verwirklichung des Planes, eine zentralgeleitete sozialistische Volkswirtschaft aufzubauen, brachte eine Reihe methodologischer Fragestellungen auf die Tagesordnung. Das Ergebnis der darüber sehr lebhaft geführten Diskussionen (vgl. Bródy 1964, S. 47-49) war ein Bilanzensystem, das die Verbindung der verschiedenen volkswirtschaftlichen Sektoren beschrieb und somit die innere Struktur der Volkswirtschaft widerspiegelte. Derartige Verflechtungsbilanzen wurden in der Planungspraxis der Sowjetunion im Jahre 1924 nachweislich verwendet.
Aufbauend auf diesen Berechnungen stellte Leontief sein Modell auf (Bródy 1964, S. 56-60), das somit als theoretische Verallgemeinerung der sowjetischen

[6] Nach Aussagen seiner Biographen bezog Bortkiewicz in wirtschaftstheoretischen Diskussionen nie gern eindeutig Stellung. (vgl. Anderson 1932) Verschiedene Schriften - besonders jedoch die vom hier behandelten Aspekt aus bedeutsame Untersuchung über die objektive und subjektive Werttheorie (vgl. Bortkiewicz 1921) - belegen, daß er in erster Linie immer das eigentliche Problem verstehen wollte. Stellte sich die Lösung dieses nun im Falle keiner der verschiedenen Herangehensweisen als logisch widerspruchsfrei dar, so akzeptierte Bortkiewicz die unterschiedlichen Betrachtungsweisen als nebeneinander existierende Erklärungen. In derartigen Situationen dürfe seiner Ansicht nach nicht entschieden werden, welche der Interpretationen richtig sei.

Planungspraxis zu verstehen ist. Leontief, der nach dem Erwerb des Diploms für Wirtschaftswissenschaften an der Petersburger Universität seine Studien in Berlin - unter anderem als Hörer der Vorlesungen von Bortkiewicz - fortsetzte, sah in Walras und Quesnay die theoretischen Vorfahren seines Modells, also neben dem Begründer der allgemeinen Gleichgewichtslehre auch in dem französischen Arzt und Ökonomen, dessen „Tableau Economique" auch Marx faszinierte, als er die Gleichgewichtsbedingungen für die einfache und erweiterte Reproduktion formulierte. Schon dieses bis hierher vielleicht noch zufällige Zusammentreffen der Namen Marx, Walras, Bortkiewicz und Leontief läßt auf eine geistige Verwandtschaft schließen, die deutlicher wird, wenn man sich die Struktur des Leontief-Modells vor Augen hält.
Bezeichnet man in einer Volkswirtschaft mit n Sektoren, in denen jeweils nur eine einzige Ware hergestellt wird, mit y_i das Produktionsniveau des Sektors i, mit c_i den Endverbrauch in Sektor i und mit a_{ij} den Aufwand des Produktes aus Sektor i zur Produktion einer Einheit des Gutes aus Sektor j, dann beschreiben nach Leontief die folgenden Gleichungen die Produktionsstruktur der Volkswirtschaft:

$$y_i = \sum_{j=1}^{n} a_{ji} y_j + c_i \ , \qquad i = 1,\dots,n \ .$$

Die entsprechenden Preisgleichungen lauten

$$p_i = \sum_{j=1}^{n} a_{ij} p_j + k_i \ , \qquad i = 1,\dots,n \ ,$$

wobei mit p_i die Preise und mit k_i die sogenannten „äußeren Kosten" - in der heutigen Sprache: Faktorpreise - bezeichnet werden. Interpretiert man im obigen Leontief-Modell die Größen p_i, i=1, ...,n als - im Marxschen Sinne verstandene - Werte der in den entsprechenden Sektoren hergestellten Waren, so würde die Preisgleichung besagen, daß der Warenwert gleich den bei der Produktion anfallenden Lohnkosten zuzüglich gewisser Faktorpreise wäre. Dies ist beinahe identisch mit dem, was aus dem Modell von Bortkiewicz folgte. Ein Vergleich der beiden Modelle scheint also lohnenswert.
Der erste augenscheinliche Unterschied ist, daß die „äußeren Kosten" bei Bortkiewicz fehlen, bei ihm wird der Wert der Güter ausschließlich durch die Arbeitsaufwendungen bestimmt. Dies ist die logische Folge der Marxschen These, daß auch alle Kapitalgüter letztendlich durch manuelle Tätigkeiten geschaffen wurden. In Anlehnung an Marx verfolgt Bortkiewicz also den Wert einer heute auch unter Verwendung von seit Jahrzehnten existierenden Kapitalgütern produzierten Ware bis auf den allerersten Handschlag zurück, der zur Herstellung eben jener

Ware notwendigerweise getan wurde. Damit lösen sich in seinem Modell natürlich auch die Leontiefschen Faktoreinkommen - also die „äußeren Kosten" - in Arbeitseinheiten auf. Für Leontief dagegen sind die in der Produktion benutzten Kapitalgüter einfach vorhanden, die für ihre Benutzung zu zahlenden Kosten müssen somit durch den realisierten Preis gedeckt werden.
Aus diesem formal erscheinenden Unterschied ergibt sich die Rolle, die Bortkiewicz und Leontief in ihren Modellen dem Faktor Arbeit beimessen. Bei Bortkiewicz gibt es in enger Anlehnung an Marx zwei Formen von Arbeit, die vergegenständlichte, also in langlebigen Kapitalgütern existierende Arbeit und die zum Zeitpunkt der Produktion der einzelnen Güter aufgewendete, lebendige Arbeit. Bei Leontief gibt es nur mehr oder weniger allgemeine Arbeit, die zur Herstellung von Gütern notwendig ist, und deren Gesamtmenge - ebenso, wie bei Bortkiewicz - entsprechend der Warenproduktion auf die einzelnen Produktionsprozesse (Sektoren der Wirtschaft) aufgeteilt wurde. Hieraus folgt: Bei Bortkiewicz bestimmt die Arbeitsmenge nicht nur die Warenwerte, sondern auch die Größe des Mehrwerts. Damit steht Bortkiewicz völlig im Einklang mit Marx, der ja in seiner Auffassung über die Ausbeutung ebenfalls die Arbeit als grundlegende, alles determinierende Kategorie ansah. Das Bestimmen der Mehrwert- bzw. Profitrate als endoge Modellgrößen und demzufolge das Einführen der ergänzenden Bedingungen (im Falle der Produktionspreise) $p_n = 1$ und $\sum_{i=1}^{n} x_i p_i = w$ folgt bei Bortkiewicz somit aus der Handhabung der Arbeit als besondere Ware, deren gesellschaftlich anerkannte Menge als Wert oder Produktionspreis ausgedrückt auch der einzige intersektorale Faktor ist. Eine qualitativ andere Situation stellt sich bei Leontief dar. Die Beziehungen der Wirtschaftssektoren untereinander werden explizit auch durch einen Strom von „Gebrauchswerten" beschrieben. Damit besteht keinerlei Notwendigkeit, einen der Arbeit bei Marx und Bortkiewicz entsprechenden Faktor einzuführen, der eben jene Verbindung zwischen den Sektoren herzustellen hätte. Mit anderen Worten, Leontief kann sein Modell sofort - ohne Einführen von ergänzenden Bedingungen - lösen, oder: die Arbeit ist bei Leontief keine besondere Ware. Natürlich könnte unter den n Gütern des Leontief-Modells ein Gut als Arbeit deklariert werden. Ändern würde sich damit bei den gegebenen Bedingungen nichts, denn man würde vergeblich Kennzeichen suchen, die diese eine konkrete Ware allen anderen gegenüber auszeichnen.
Der Vergleich der beiden Modelle zeigt deutlich, daß trotz der großen Ähnlichkeit, die hinsichtlich des Formalismus bestehen, wesentliche Unterschiede bezüglich der Betrachtungsweise existieren. Für die weitere Mathematisierung der Marxschen Arbeitswertlehre waren jedoch, besonders in der Zeit nach dem II. Weltkrieg, die formalen Gemeinsamkeiten von Bedeutung.

3. Die Arbeitswertlehre von Marx in der mathematischen Ökonomik zu Beginn der zweiten Hälfte unseres Jahrhunderts

Die in den Jahren nach dem zweiten Weltkrieg einsetzende dynamische Entwicklung der mathematischen Wirtschaftstheorie war in den Veröffentlichungen zur Werttheorie von Marx ebenfalls zu spüren. Besonders das Buch von Koopmans (vgl. Koopmans 1951) trug dazu bei, daß das Modell Leontiefs allgemein akzeptiert wurde, und zwar nicht nur als intersektorale Verbindungen widerspiegelndes Hilfsmittel für Volkswirte und Statistiker, sondern auch als mathematische Struktur, dessen innere Logik in einer Reihe von Publikationen untersucht wurde. Geprägt durch die wesentlich anspruchsvolleren Formalismen und die Komplexität der in entscheidendem Maße auf den Arbeiten von A. Wald (vgl. Wald 1936) und J. von Neumann (vgl. Neumann 1937) basierenden Theorie des allgemeinen ökonomischen Gleichgewichts wurden auch die Gedanken von Marx neu analysiert und nicht selten auch neu interpretiert.
Ein wichtiger Baustein in diesem Prozeß war der Artikel von Kenneth May (vgl. May 1949/50), in dem er die Wertlehre von Adam Smith, David Ricardo und Karl Marx unter Verwendung des Leontief-Modells zu formulieren versuchte. Zum einen bedeutete die formalisierte Behandlung der Gedanken von Marx gemeinsam mit denen seiner Vorgänger eine Synthese, mit der May über die Ansätze von Dmitriew und Bortkiewicz hinausgeht. Zum anderen stellt May fest, daß die Werte durch die technologischen Koeffizienten a_{ij}, $i,j=1,\dots,n$ determiniert sind, wenn man die Wertlehre von Marx unter Beachtung der intersektoralen Beziehungen mit dem Leontief-Modell darstellt. Demzufolge ist beim Leontief-Modell auch der Wert der Arbeitskraft durch die technologischen Bedingungen fixiert, unterscheidet sich also prinzipiell in nichts von dem der anderen Waren. Da dies nicht im Einklang mit den Marxschen Gedanken ist, folgert May, daß der Wert der besonderen Ware Arbeitskraft nur dann im Sinne von Marx bestimmt werden kann, wenn man voraussetzt, daß die von den Arbeitskräften verkonsumierten Warenmengen „irgendwie außerhalb der Theorie bestimmt werden" (May 1949/50, S. 63). Da es sich bei den erwähnten Gütermengen ja um die den Wert der Ware Arbeitskraft bestimmenden Faktoren handelt, präzisiert May hier den Gedanken von den exogen gegebenen Löhnen. Er befindet sich damit in völliger Übereinstimmung mit Bortkiewicz, bei dem - wie bereits gezeigt - dies ebenfalls zu finden ist. Allerdings besteht ein wesentlicher Unterschied zwischen beiden Herangehensweisen: während Bortkiewicz die exogenen Löhne voraussetzt, zeigt May die Notwendigkeit der entsprechenden Voraussetzung beim Leontief-Modell, wenn man dem ursprünglichen Marxschen Gedanken treu bleiben will.
Dieser Zusammenhang wurde wenig später durch die Ergebnisse von Nicholas Georgescu-Roegen untermauert, der die Werte im Leontief-Modell als technologisch determiniert und unabhängig von den Entscheidungen der Konsumenten

charakterisiert (vgl. Georgescu-Roegen 1950, S. 217). Auch David Gale äußerte sich in diesem Sinne (vgl. Gale 1955).[7]
Betrachtet man die Artikel von May und Georgescu-Roegen nicht nur hinsichtlich ihrer werttheoretischen Aussagen, sondern ordnet sie in den allgemeineren Zusammenhang der Entwicklung der mathematischen Ökonomie ein, dann gehören sie zu einer Reihe von Schriften, die Anfang der 50-er Jahre eine sich verändernde Herangehensweise der mathematischen Ökonomie prägten. War Jahrzehnte zuvor die Suche nach mathematischen Methoden charakteristisch, die den wirtschaftstheoretischen Fragestellungen entsprechen, so begann man nun auch den umgekehrten Weg zu gehen. Die zu dieser Zeit erfolgte allgemeine Akzeptanz des Leontief-Modells, sowie die ersten Ergebnisse hinsichtlich seiner Verallgemeinerung und Weiterentwicklung zeigten, daß nun das Modell selbst Forschungsgegenstand wurde. Die strenge Logik der mathematischen Struktur wurde benutzt, um Rückschlüsse über die modellierten wirtschaftstheoretischen Zusammenhänge zu ziehen. Natürlich ist die Gefahr groß, daß man statt eines vermeintlich besseren Verständnisses der wirtschaftstheoretischen Zusammenhänge zu ihrer Neu- oder gar Fehlinterpretation gelangt.
Die zuvor behandelten Aussagen über die Notwendigkeit von exogenen Löhnen im Leontief-Modell sind erste, aber bereits typische Beispiele für eine derartige - in diesem Fall glückliche - Herangehensweise; von einer Mißinterpretation der Marxschen Gedanken kann hier nicht gesprochen werden.
Der erste Artikel, der die Arbeitswerttheorie bewußt unter diesem Aspekt analysierte, erschien im Jahre 1952 (vgl. Cameron 1952). In seinem Modell mit drei Gütern und der Ware Arbeitskraft benutzt Cameron die Gleichungen Leontiefs, allerdings mit der Modifikation, daß an der Herstellung eines Produktes alle Produkte außer ihm selbst beteiligt sind. Das die Wertzusammenhänge widerspiegelnde Gleichungssystem hat dann die Form

$$\begin{aligned} p_1 &= \qquad\qquad a_{21}p_2 + a_{31}p_3 + a_{n1}p_n \\ p_2 &= a_{12}p_1 + \qquad\qquad a_{32}p_3 + a_{n2}p_n \\ p_3 &= a_{13}p_1 + a_{23}p_2 + \qquad\qquad a_{n3}p_n \end{aligned}$$

wobei p_i, mit i=1,2,3, die Werte der drei Güter darstellen und p_n der Wert der Ware Arbeitskraft ist. Der Wert der Arbeitskraft wird bestimmt durch die Gleichung

$$p_n = a_{1n}p_1 + a_{2n}p_2 + a_{3n}p_3 \ .$$

[7] Diese Aussagen sind im wesentlichen erste Formulierungen der Substitutionstheoreme bezüglich des Leontief-Modells, die allerdings weitaus mehr beinhalten. Hierzu vgl. z.B. Koopmans 1951.

Cameron löst dieses Gleichungssystem unter Verwendung der Cramerschen Regel: durch Umformen der drei Wertgleichungen nach $a_{ni}p_n$, $i = 1,2,3$, erhält er ein inhomogenes System linearer Gleichungen, dessen Koeffizientendeterminante mit Δ bezeichnet werden soll; Δ_i steht für die Determinante, die man durch Austauschen von Spalte Nr. i der Koeffizientendeterminante mit der aus den Absolutgliedern gebildeten Spalte erhält. Nach der Cramerschen Regel gilt dann $p_i = \frac{\Delta_i}{\Delta}$ mit i=1,2,3, woraus für den Wert der Arbeitskraft folgt, daß

$$p_n = a_{1n}\frac{\Delta_1}{\Delta} + a_{2n}\frac{\Delta_2}{\Delta} + a_{3n}\frac{\Delta_3}{\Delta} .$$

Setzt man für einen Augenblick das Gleichungssystem als homogen voraus, also $a_{ni}p_n = 0$, $i = 1,2,3$, so hätte man die triviale Lösung $p_1 = p_2 = p_3 = p_n = 0$.[8]
Da die Absolutglieder das Produkt aus dem Wert der Arbeitskraft und der Menge an lebendiger Arbeit sind, die zur Herstellung einer Einheit des jeweiligen Gutes notwendig ist, kann die Bedingung für die Existenz einer nicht-trivialen Lösung wie folgt formuliert werden: der Wert der Arbeitskraft darf nicht Null sein und es muß mindestens eine Ware geben, zu deren Produktion lebendige Arbeit notwendig ist. Mit diesem Ergebnis klingen erstmals Fragestellungen an, die ein Vierteljahrhundert später im Zusammenhang mit dem Problem, ob im Marxschen Modell die Produktion vollständig automatisiert werden kann, intensiv diskutiert wurden. (Vgl. Morishima-Catephores 1978, Zalai 1989).
Der Vergleich der Modelle von May und Cameron führte zu einer Frage, die Seton aufwarf (vgl. Seton 1957). Ausgehend von der Bedeutung, die Marx den Warenwerten beim Studium der aggregierten Tauschverhältnisse beimaß, kommt May zu dem Schluß, daß der Marxsche Gedanke, nach dem sich der Tausch der Waren entsprechend ihrer Werte vollzieht, eine Voraussetzung ist, die mit der Aggregation äquivalent ist oder zur Herausbildung von gleichgewichtigen Werten führt (vgl. May 1949/50, S. 64 ff). Betrachtet man nun die Formulierung der Arbeitswertlehre in einem Modell mit beliebig vielen Gütern (May), oder in einem Modell mit drei Gütern (Cameron), dann stellt sich die Frage, wie letzteres aus ersterem gewonnen werden kann, ohne Zusammenhänge und Ergebnisse zu verzerren. Die Antwort auf die Frage gibt Seton in einem mit Morishima gemeinsam veröffentlichten Artikel (vgl. Morishima-Seton 1961), in dem sie zu dem Ergebnis kommen, daß die Aggregation nicht zu Verzerrungen führt, wenn die Werte und Preise der Waren im untersuchten Sektor gleich sind. Da nach Marx die Preise Funktionen der Werte sind,

8 Die Existenz einer eindeutigen Lösung, mit anderen Worten die Möglichkeit, den Wert einer jeden Ware eindeutig zu bestimmen, also $\Delta \neq 0$, soll hier Voraussetzung sein.

> „stellt die Marx'sche Wertkonzeption letztendlich eine mehr oder weniger objektive und konsistente Basis zur Berechnung von solchen Daten dar, mit denen das Zusammenfassen von heterogenen Produkten möglich wird." (Morishima-Seton 1961, S. 203).

Auf diese Ergebnisse trifft man erst nach dem Überschreiten einer neuen Grenze, nämlich nach der Anwendung von qualitativ neuen mathematischen Methoden, der Matrixalgebra, bei der Formulierung von arbeitswerttheoretischen Modellen. Die entscheidenden Schritte in diese Richtung wurden in der hier noch interessierenden Periode voneinander völlig unabhängig vom bereits erwähnten M. Morishima sowie von A. Bródy unternommen. Morishima kam über die behandelte Aggregationsproblematik mit methodologischen Fragestellungen in Kontakt, was zur Ausarbeitung und Systematisierung von für die mathematische Ökonomie bedeutenden Methoden führte (vgl. Morishima 1964, 1969). Später wandte er sich dann mehrmals - ständig angeregt durch die in Japan außerordentliche Wirkungen zeigenden und richtungsweisenden Arbeiten von Okishio (vgl. Okishio 1957, 1963, 1965, 1972) - wieder Problemen der ökonomischen Lehre von Marx zu (vgl. Morishima 1973, Morishima-Catephores 1978).
Bródys Ausgangspunkt war die - eher aus der damaligen Wirtschaftspraxis stammende - Forderung, daß in einer Planwirtschaft die Preise die Selbstkosten zu widerspiegeln haben. Nun ist es offensichtlich, daß es keine hundertprozentige Harmonie zwischen Kosten und Preisen gibt, also ist der Preis der „beste", der die Kostenelemente am exaktesten zum Ausdruck bringt. So stellt sich im Falle einer bewußt geplanten und zentralgesteuerten Preispolitik die Frage, ob man durch

> „wiederholte Preisveränderungen zu solchen Preisen gelangen kann, die die Selbstkosten richtig widerspiegeln". (Bródy-Rényi 1956, S. 325).

Antwort auf die Frage gibt Bródy mittels folgenden Modells.[9] Gegeben sei wiederum eine Wirtschaft, in der n verschiedene Güter produziert werden. Prinzipiell verläuft die Produktion unter Benutzung von zwei Faktoren:

1. Produzierte Güter werden wieder verwendet[10];
2. Zur Herstellung der Güter ist lebendige Arbeit notwendig. Bezeichnet man nun den Wert der Ware i mit q_i, den notwendigen Aufwand an lebendiger Arbeit zur Herstellung einer Einheit von Gut i mit w_i und mit a_{ji} die Menge des Gutes

9 Die folgenden Ausführungen beschränken sich nicht nur auf den bereits erwähnten Artikel, sondern basieren auf mehreren, teilweise auch später veröffentlichten Arbeiten (vgl. Bródy 1961, 1969, 1970).

10 Bei diesem Modell handelt es sich um ein rein statisches Modell, Produktion und Wiederverwendung der Güter beziehen sich also auf dieselbe zeitliche Periode.

j, die zur Herstellung einer Einheit des Gutes i notwendig ist, dann stellt sich folgender Zusammenhang dar:

$$q^* = q^* A + q_w w^* ,$$

wobei nun q^* der aus den Warenwerten gebildete Spaltenvektor, w der die Arbeitsaufwendungen enthaltende Spaltenvektor und A die (nxn)-Koeffizientenmatrix darstellen.

Es ist ersichtlich, daß der für die Produktion der Gütermenge q notwendige gesamte Arbeitsaufwand wiederum exogen gegeben sein muß. Seine Menge hängt von den technologischen Bedingungen der Produktion ab. Der Wert der Ware Arbeitskraft wird dargestellt durch den Gesamtwert der von der Arbeitskraft konsumierten Waren. Bezeichnet also f den Spaltenvektor der von der Arbeitskraft verkonsumierten Güter, dann ist der Wert der Arbeitskraft

$$q_w = q^* f \ .$$

Ist die ebenfalls exogen gegebene Konsumtionsstruktur der Arbeitskraft bekannt, so kann in Kenntnis der Warenwerte der Wert der Arbeitskraft eindeutig bestimmt werden. Faßt man die beiden, die Grundgedanken der Marxschen Arbeitswertlehre zum Ausdruck bringenden Gleichungen zusammen, so erhält man

$$[q^*, q_w] = [q^*, q_w] \begin{bmatrix} A & f \\ w^* & 0 \end{bmatrix},$$

oder

$$\hat{q}^* = \hat{q}^* \hat{A} \ .$$

Die letzte Gleichung bestimmt den Eigenwert der erweiterten Koeffizientenmatrix, der in diesem konkreten Fall den Wert 1 annimmt. Da sowohl für die Warenwerte, wie auch für den Wert der Arbeitskraft sinnvollerweise positive Werte erwartet werden sollten, kann nun aufgrund des Theorems von Frobenius auch die Bedingung für die Positivität formuliert werden: die erweiterte Koeffizientenmatrix muß irreduzibel sein, was letztendlich dann der Fall ist, wenn A ebenfalls diese Eigenschaft hat. Positive Waren- und Arbeitskraftwerte existieren also dann, wenn es in der Modellwirtschaft keinen, aus mehreren Sektoren bestehenden Teilbereich gibt, in dem die ökonomischen Aktivitäten von den anderen Sektoren unabhängig ausgeübt werden können, oder anders formuliert, wenn es Aktivitäten oder deren Ergebnisse gibt, die auf alle anderen Sektoren direkte

Wirkung haben. Eine derartige Kategorie ist im Marxschen System die sich auf Bedürfnisbefriedigung richtende Warenproduktion unter Verwendung von lebendiger Arbeit. Somit ist die Irreduzibilität der Koeffizientenmatrix die mathematische Formulierung einer „Grunderkenntnis der Arbeitswertlehre" (Bródy 1969, S. 44).
Auf ähnliche Art und Weise können auch die Produktionspreise beschrieben werden, die dadurch gekennzeichnet sind, daß der Profit gleich dem Produkt aus gebundenem Kapital und Durchschnittsprofitrate ist. Bezeichnet man mit π den Spaltenvektor der Produktionspreise, dann ist im Falle der ursprünglichen Koeffizientenmatrix $\pi^* - \pi^* A$ der Profit. Die Beachtung des gebundenen Kapitals im Modell setzt voraus, daß die Umschlagzeiten der in verschiedenen Sektoren angelegten Kapitalgüter bekannt sind.[11] Sei also t_{ij} die Umschlagzeit des Kapitals von Sektor i bei der Herstellung der Ware von Sektor j. Dann bedeutet der Ausdruck $b_{ij} = t_{ij} a_{ij}$ die Kapitalmenge, die in Sektor j bei Produktion von Gut i gebunden ist, und $\pi^* B$ mit $B = \left[b_{ij}\right]$, $i, j = 1,...,n$, ist dann das mit Produktionspreisen bewertete gebundene Kapital. Das Verhältnis des Profits zu diesem ist gleich der Durchschnittsprofitrate ρ, also

$$\pi^* - \pi^* A = \rho \pi^* B \ .$$

Alle Vektoren, die der obigen Gleichung genügen, sind somit als Produktionspreise im Marxschen Sinne zu verstehen. Da nun gezeigt werden kann (Bródy 1961), daß es - ausgehend von einem beliebigen π_0 - immer ein Iterationsverfahren gibt, so daß die Folge π_0, π_1, π_2, ... zu den zuvor bestimmten Produktionspreisen konvergiert, sind eben diese Produktionspreise das Zentrum der Preise, also jener eingangs gesuchte, die Kosten am realsten widerspiegelnde „beste" Preis.
Durch die Matrixmodelle der Marxschen Arbeitswertlehre eröffneten sich neue Horizonte für die Forschung. Wie auch die hier als Beispiel erwähnte Anwendung des Theorems von Frobenius, führten auch später zahlreiche Untersuchungen zur Formulierung von qualitativen Aussagen über die Werttheorie von Marx. Die sehr detaillierten Analysen und die Verallgemeinerungen der vorgestellten Modelle lösten immer wieder Diskussionen aus, die letzten Endes immer auch auf die hier vorgestellten Modelle Bezug nehmen mußten, doch - vom jeweiligen Standpunkt der Diskussionspartner vollkommen unabhängig - eine Frage ernsthaft nie aufkommen ließen: die Frage, ob die Marxsche Arbeitswertlehre mit mathematischen Modellen formuliert werden kann.

11 Dieser Zusammenhang ähnelt stark der ebenfalls auf Marx zurückgehenden Formulierung von Bortkiewicz. (Vgl. oben)

Literatur

Anderson, O. (1932), Ladislaus von Bortkiewicz. *Zeitschrift für Nationalökonomie*, Bd. 3, S. 242-250.

Bortkiewicz, L. v. (1976a), Zur Berichtigung der grundlegenden theoretischen Konstruktion von Marx im dritten Band des „Kapital", wiederabgedruckt in: Meixner, H./Turban, M. (Hrsg.): Etappen bürgerlicher Marx-Kritik. Bd. 2, Lollar/Gießen, 1976, S. 156-175.

Bortkiewicz, L. v. (1976b), Wertrechnung und Preisrechnung im Marxschen System, wiederabgedruckt in: Meixner, H./Turban, M. (Hrsg.): Etappen bürgerlicher Marx-Kritik. Bd. 2, Lollar/Gießen, 1976, S. 31-155.

Bortkiewicz, L. v. (1921), Objektivismus und Subjektivismus in der Werttheorie, Nationalekonomiska studier tillagnade Knut Wicksell. Ekonomisk tidskrift. Upsala, 23, erneut erschienen in: Meixner, H./Turban, M. (Hrsg.): Etappen bürgerlicher Marx-Kritik. Bd. 2., Lollar/Gießen, 1976, S. 176-196.

Böhm-Bawerk, E. v. (1896), Zum Abschluß des Marxschen Systems, in: Festgaben für Karl Knies, Berlin.

Bródy, A. (1961), A termelési árak és az átlagprofitráta unicitásáról egy konvergens számítási eljárás. El adás a Statisztikai Tudományos Konferencián, Budapest,. június 1-5. (Ein konvergentes Berechnungsverfahren für die Unizität der Produktionspreise und der Durchschnittsprofitrate. Vortrag auf der Wissenschaftlichen Statistikkonferenz, Budapest, 1.-5. Juni 1961.)

Bródy, A. (1969), Érték és újratermelés (Wert und Reproduktion.), Közgazdasági és Jogi Könyvkiadó, Budapest.

Bródy, A. (1970), Proportions, Prices and Planning, Akadémiai Kiadó & North-Holland Publ. Comp., Budapest - Amsterdam.

Bródy, A./Rényi, A. (1956), Az árrendezés problémájáról (Über das Problem der Preisregulierung), Az MTA Matematikai Kutatóintézetének Közleményei, I. évf.

Cameron, B. (1951), The Labour Theory of Value in Leontief Models, in: *The Economic Journal*, vol. LXII, p. 191-197.

Cournot, A. A. (1897), Researches into the Mathematical Principles of the Theory of Wealth, Macmillan, London - New York.

Dmitriew, V. K. (1974), Economic Essays on Value, Competition and Utility. Cambridge University Press, Cambridge.

Edgeworth, F. (1881), Mathematical Psychics, Kelley, New York.

Endemann, W. (1974), Vorwort und Einleitung zu: K. Marx: Mathematische Manuskripte, in: Marx, K.: Mathematische Manuskripte, Kronberg Taunus.

Fujimori, Y. (1982), Modern Analysis of Value Theory, Berlin-Heidelberg-New York.

Gale, D. (1955), The Law of Supply and Demand, in: *Mathematica Scandinavica*, vol. III, p. 155-169.

Georgescu-Roegen, N. (1950), Leontief's System in the Light of Recent Results, in: *Review of Economics and Statistics*, vol. XXXII, p.214-222.

Jevons, St. W. (1924), Die Theorie der politischen Ökonomie, Jena.

Howard, M. C./King, J. E. (1987), Dr. Mühlpfort, Professor von Bortkiewicz and the „transformation problem", in: *Cambridge Journal of Economics*, vol. 11, p. 265-268.

Howard, M.C./King, J.E. (1991), Dr. Mühlpfort and the 'transformation problem': a reply to Georgio Gilibert, *Cambridge Journal of Economics*, vol. 15, no 3.

Koopmans, T. C. (1951), Activity Analysis of Production and Allocation, John Wiley & Sons, Inc., New York, Chapman and Hall, London.

Kowalewski, M. (1964), Erinnerungen an Karl Marx, in: Mohr und General. Erinnerungen an Marx und Engels, Berlin, S. 381-405.

Lafargue, P. (1964), Persönliche Erinnerungen an Karl Marx, in: Mohr und General, Erinnerungen an Marx und Engels, Berlin, S. 318-347.

Marx, K. (1968), Matematitscheskie Rukopisi, Nauka, Moskau.

Marx, K. (1974a), Mathematische Manuskripte, Kronberg Taunus.

Marx, K. (1974 b), Das Kapital. Band I-III, Berlin.

Marx, K./Engels, F. (1985), Über „Das Kapital". Briefwechsel, Berlin.

Marx, K./Engels, F. (1969), Die deutsche Ideologie, in: Marx-Engels-Werke, Band 3, Berlin.

May, K. (1948), Value and Price of Production: A Note on Winternitz Solution, in: *The Economic Journal*, vol. LVIII, p. 596-599.

May, K. (1949/50), The Structure of Classical Value Theories, in: *The Review of Economic Studies*, vol. XVII, No. 42, p. 60-69.

Morishima, M. (1964), Equilibrium, Stability and Growth, Clarendon Press, Oxford.

Morishima, M. (1969), The Theory of Economic Growth, Clarendon Press, Oxford.

Morishima, M. (1973), Marx's Economics, Cambridge University Press, Cambridge.

Morishima, M./Seton, F. (1961), Aggregation in Leontief Matrices and the Labour Theory of Value, in: *Econometrica*, vol. XXIX, p. 203-220.

Morishima, M./Catephores, G. (1978), Value, Exploitation and Growth. McGraw-Hill, London-New York.

Mühlpfort, - (1895), Karl Marx und die Durchschnittsprofitrate, in: *Jahrbücher für Nationalökonomie und Statistik*, 3. Folge, 10. Bd., S. 92-99.

Neumann, J. v. (1937), Über ein ökonomisches Gleichungssystem und die Verallgemeinerung des Brouwerschen Fixpunktsatzes. Ergebnisse eines mathematischen Kolloquiums, No. 8, Wien.

Okishio, N. (1957), Sai-seisan no Riron. (Theory of Reproduction.), Sobunsha.*

Okishio, N. (1963), A Mathematical Note on Marxian Theorems, in: *Weltwirtschaftliches Archiv*, S. 287-299.

Okishio, N. (1965), Shihon-sei Keizai no Kiso-riron. (The Fundamental Theory of the Capitalist Economy.), Sobunsha.*

Okishio, N. (1972), On Marx's Production Prices, (in Japanese), Keizaigaku Kenkyu, vol. XIX.*

Quaas, F. (1991), Wolfgang Mühlpfordt - ein Vorgänger von Bortkiewicz? Zu den theoretischen Quellen des sogenannten Transformationsproblems, *Jahrbücher für Nationalökonomie und Statisik*, Bd. 208, Heft 5.

Quaas, F. (1992), Das Transformationsproblem, Marburg.

Quaas, F. (1994), Wolfgang Mühlpfordt and the 'transformation problem': some remarks on articles by Howard and King and Gilibert, *Cambridge Journal of Economics,* vol. 18, 323-326.

Roemer, J. E. (1981), Analytical Foundations of Marxian Economic Theory, Cambridge University Press, Cambridge.

Seton, F. (1957), The 'Transformation Problem', in: *The Review of Economic Studies*, vol. XXIV, p. 149-160.

Smolinski, L. (1973), Karl Marx and Mathematical Economics, in: *Journal of Political Economics*, vol. LXXXI, p. 1189-1204.

Wald, A. (1936), Über einige Gleichungssysteme der mathematischen Ökonomie. Ergebnisse eines mathematischen Kolloquiums, No. 7, Wien.

Walras, L. (1954), Elements of Pure Economics, Allen and Unwin, London.

Zalai, E. (1989), Eigenvalues and Labour Values: Contributions to the Quantitative Analysis of Value, in: *Economic Systems research*, Vol. 1, No. 3.

(Auf die mit einem * bezeichneten Artikel in japanischer Sprache beruft sich Morishima. in: Morishima 1973, Morishima-Catephores 1978.)

Gerhard Huber

Wert und Preis, Mehrwert, Profit und Rente. Marx before Sraffa[1]

Man kann eine präzise Lösung des Marxschen Transformationsproblems - „Bildung einer allgemeinen Profitrate (Durchschnittsprofitrate) und Verwandlung der Warenwerte in Produktionspreise"[2] - in von Bortkiewiczscher Manier angeben, die in ihrer Allgemeingültigkeit den Standardkritiken[3] nicht unterliegt. Ausnahme ist der sehr viel grundlegendere Ansatz von Krause[4]. Diese Lösung sei im folgenden skizziert.

Alle in der Literatur[5] vorgelegten Lösungsversuche und Widerlegungen und alle Versuche, das Problem als unerheblich oder als ein Scheinproblem aus der Welt zu schaffen, gehen davon aus, daß die Mehrwerte in Durchschnittsprofit transformiert werden müssen. Die hier vorgelegte Lösung beruht darauf, daß aller Mehrwert systematisch und gleichförmig in Profit *und Grundrente* verwandelt wird. Darin liegt letztlich der einzige, aber entscheidende Unterschied zu den bisherigen Lösungen. Grundrente und der daraus abgeleitete Bodenpreis[6] beseitigen die vermeintlichen Widersprüche im Transformationsproblem.

---

1 Mit dieser Paraphrase des bekannten Buchtitels von Steedman will ich zweierlei andeuten: (1) Die Arbeit hält sich an den Stil, der *vor* Erscheinen von Sraffas Werk in den Debatten über das Transformationsproblem vorherrschte. (2) Das hängt damit zusammen, daß diese Arbeit in ihren Grundgedanken auf die Jahre 1964/66 zurückgeht, in denen ich ausgedehnte Debatten mit meinem akademischen Lehrer *Erich Preiser* darüber führte. (Vgl. dazu Fußnote 24). Detailliertere Ausarbeitungen stammen aus einer Reihe von Vorträgen, die ich 1973 und 1974 teils an der Universität Urbino, teils am „Istituto per lo studio della società contemporanea" (Issoco) in Rom gehalten habe. Sie wurden - ergänzt um meine damaligen Diskussionsbeiträge und unveröffentlichte Manuskripte, allerdings auch unkorrigiert - von einem Freund herausgegeben: Vgl. Alberto Gianquinto (1975).

2 Vgl. dazu Karl Marx 1964, Kapitel 9, S.164-181.

3 Vgl. Ladislaus von Bortkiewicz (1905 und 1906); Hans Peter (1933), S.85 ff.; Paul A. Samuelson (1971; Ian Steedman (1977).

4 Vgl. Ulrich Krause (1981 und 1979).

5 Ich referiere und kommentiere keinen dieser Versuche. Bis auf wenige Ausnahmen sind sie alle in der Arbeit von Friedrun Quaas (1992) behandelt.

6 Der Bodenpreis Q bestimmt sich aus einer pränumerando bezahlten Grundrente R, der Nettoprofitrate (Zinssatz r) und der Periodenzahl n wie folgt:

$$Q_i = R_i \frac{(1+r)^n - 1}{r(1+r)^n} .$$

Geht n gegen unendlich, so nähert sich $Q_i = R_i / r$. Das wird hier durchgängig als zutreffend unterstellt.

Man kann das Transformationsproblem als den Versuch zur Aufstellung einer *Marx*schen Preistheorie bezeichnen. Damit ist es untrennbar mit seiner Verteilungstheorie verschränkt. Deshalb steckt im Transformationsproblem die von *Schumpeter* (1924) zu Recht so bewunderte originäre Leistung von Marx: die Auffassung aller Besitzeinkommen als Ausdruck einer einheitlichen Substanz, während alle früheren Autoren die Existenz und Höhe von Rente, Profit und Zins je anders erklären mußten. Das ist auch der Grund, weshalb für Marx das Nettoprodukt der Gesellschaft[7], das Reineinkommen, ganz eindeutig nur aus der gesamtwirtschaftlichen Mehrwertmasse bestehen kann:

$$\sum P_i + \sum R_i + \sum Z_i = \sum m_i \,. \tag{1}$$

In den traditionellen Lösungsversuchen zum Transformationsproblem und den Widerlegungen wird dieses Kernstück der Marxschen Theorie jedoch beiseitegeschoben. Sie gehen immer davon aus, daß lediglich $\sum P_i = \sum m_i$ gelte. Das ist eine zerstörerische Vereinfachung.

1. Transformation

Das heuristische Ausgangsschema für die „Bildung einer allgemeinen Profitrate (Durchschnittsprofitrate) und Verwandlung der Warenwerte in Produktionspreise" ist ein Wertschema in drei Sektoren à la *Bortkiewicz*, die gemäß den drei funktionalen Bestandteilen des Warenwerts unterschieden werden:

$$\begin{aligned} c_1 + v_1 + m_1 &= c_1 + c_2 + c_3 = w_1 \\ c_2 + v_2 + m_2 &= v_1 + v_2 + v_3 = w_2 \\ c_3 + v_3 + m_3 &= m_1 + m_2 + m_3 = w_3 \end{aligned} \tag{2}$$

Die erste Abteilung stellt die Produktionsmittel für alle drei Abteilungen her, die zweite die Lohngüter aller drei Abteilungen, die dritte Abteilung schließlich

[7] Vgl. Marx 1953, S. 621. Hier findet sich die dritte, die engste Fassung seines Revenu-Begriffes: „Die Revenu ist überhaupt nichts als der für die unmittelbare Konsumtion bestimmte Teil des Surpluswertes." Die erste Fassung ist die weiteste, sie stimmt mit der heutigen Vorstellung von Volkseinkommen überein: Roheinkommen = Wertprodukt = $v+m$. Die zweite Fassung ist die oben genannte: Reineinkommen = Mehrwert m. Die dritte Revenu (im eigentlichen Sinne) = m_k = der nicht akkumulierte Teil des Mehrwerts.

sämtliche „Luxus"güter, die mittels Mehrwert gekauft werden. In jeder Abteilung setzt sich der Wert der Ware also aus drei Teilen[8] zusammen:

$$\begin{aligned} w_i &= c_i + v_i + m_i = c_i + v_i + (c_i + v_i)\pi_i = \\ &= (c_i + v_i)(1 + \pi_i) = v_i(\rho_i + 1)(1 + \pi_i) \end{aligned} \tag{3}$$

mit

$$\pi_i = \frac{\frac{m_i}{v_i}}{\frac{c_i}{v_i} + 1} = \frac{\mu}{\rho_i + 1} \; . \tag{4}$$

Ist - wie Marx immer voraussetzt - die Mehrwertrate $\mu = m_i / v_i$ überall gleich, so gehen die Unterschiede zwischen den Profitraten π_i der Abteilungen ausschließlich auf die Unterschiede der Kapitalzusammensetzungen $\rho_i = c_i / v_i$ zurück. Diese müssen als Ausdruck unterschiedlicher Techniken auch in den „Produktionspreisen" erhalten bleiben. Mit diesem wenig glücklichen Begriff[9] bezeichnet *Marx* einen Ausdruck folgender Form:

$$W_i = (C_i + V_i)(1 + r) \; . \tag{5}$$

Der Unterschied zur entsprechenden Wertmasse w_i besteht in zweierlei. Zum einen ist an die Stelle der sektorspezifischen Profitrate π_i die allgemeine, d.h. die gesamtwirtschaftliche Durchschnittsprofitrate r getreten; zum anderen sind auch die beiden Komponenten des Kapitals nicht länger in Werten (also als $c_i + v_i$) angegeben, sondern - sie sind ja ebenfalls „Waren als Produkte von Kapitalen" - ihrerseits in Produktionspreisen, eben als C_i und V_i angegeben.

Diese Produktionspreise verbürgen, daß sich alle Kapitale - unabhängig von der Art der durch sie produzierten Waren und unabhängig von der dazu erforderlichen Kapitalzusammensetzung - mit derselben Profitrate r rentieren. Mit anderen Worten: Zwischen den Kapitalen herrscht vollkommene Verwertungskonkurrenz.

Das Problem der systematischen „Verwandlung der Warenwerte in Produktionspreise" besteht mithin darin, ob gleichzeitig unterschiedliche Kapitalzusammensetzungen, eine einheitliche Mehrwertrate und eine einheitliche Durchschnitts-

8 Das gilt für die Masse normaler dinglicher Waren. Für reine Dienstleistungen würde man $w = v + m$, für kapitalistische Wohnungsmiete $w = c + m$ ansetzen müssen. Diese Spezialfälle interessieren hier jedoch nicht.

9 Wenig glücklich, weil sie verwischt, daß die Dimension dieser Aggregate nach wie vor Arbeitszeit ist und nicht etwa Geldpreis pro Wareneinheit.

profitrate existieren können, und zwar so, daß die gesamtwirtschaftliche Summe aller Werte gleich der Summe aller Produktionspreise ist und die Summe aller Mehrwerte gleich der Summe aller Profite. Das sind die beiden berühmten Invarianzpostulate, die bei der Transformation erfüllt werden müssen, wenn nicht entweder die arbeitswerttheoretische Begründung der Preistheorie oder aber die mehrwerttheoretische Grundlegung der Profittheorie aufgegeben werden sollen. Spätestens seit der Arbeit von Francis *Seton* (1957) ist allgemein bekannt, daß sich diese beiden Anforderungen nur in speziellen Ausnahmefällen gleichzeitig einhalten lassen. Man muß also zwischen diesen beiden Alternativen wählen.
Hier sei die zweite Bedingung angenommen, die statuiert, daß die Summe der Mehrwerte im Wertschema gleich der Summe der Bruttoprofite im Schema der Produktionspreise ist:

$$\sum m_i = \sum M_i \ . \tag{6}$$

Der Grund für diese Wahl ist offenkundig: Mehrwert ist *der* Teil der Wertschöpfung, dem in der Aufbringungsrechnung kein Kostenelement entspricht, das als solches auf einem Markt bezogen werden könnte. Deshalb hat Mehrwert als solcher keinen Produktionspreis. Man wird am Ergebnis sehen, daß auch das erste Postulat in einem modifizierten Sinne erfüllt wird.
Marxens Sprachgebrauch ist schwankend. Vielfach spricht er von Profit, wenn er den gesamten Mehrwert meint. Hier muß sauber unterschieden werden. Ich unterscheide sachlich und sprachlich durchgängig zwischen Bruttoprofit M und Nettoprofit P im Preissystem, während im Wertschema nur von Mehrwert m die Rede ist. Bruttoprofit besteht aus Nettoprofit und Rente. Dabei handelt es sich hier immer um absolute Grundrente, für deren Existenz und Höhe die Unterschiede von Lage und Bodenfruchtbarkeit keine Rolle spielen. Schließlich handelt es sich um ein einfaches Modell der Transformation. Die darin enthaltene These lautet, daß absolute Grundrente immer dann auftritt, wenn und weil die Kapitalzusammensetzungen zwischen den Sektoren unterschiedlich sind[10].
Diese Aufspaltung der Mehrwertmasse (Bruttoprofitsumme) in Nettoprofit und Rente bedeutet zweierlei: (1) Im Preisschema, das ansonsten analog zum dreiteiligen Wertschema gebaut ist, existieren *vier* Abteilungen. Genauer: Die dritte Abteilung des Wertschemas spaltet sich in zwei Abteilungen, deren eine alle Waren produziert, die mit Profit erworben werden („Profitgüter") und eine zweite, die alle „Rentengüter" produziert. (2) Diese Aufspaltung bedeutet weiterhin, daß

10 Zins, die dritte Ausprägung von Mehrwert, tritt immer dann auf, wenn sich die zirkulatorischen Zusammensetzungen der Kapitale zwischen den Sektoren unterscheiden, wenn also die Umschlagshäufigkeiten der Fixkapitale unterschiedlich sind. Es existiert dazu ein unveröffentlichtes Manuskript aus dem Jahre 1977 von Alberto Gianquinto: Transformation und Zinsrate.

sich auch die einheitliche Profitrate π des Wertsystems in zwei Raten zerlegt. π heißt bei Marx Bruttoprofitrate[11]. Diese Bruttoprofitrate $\pi = \sum m_i / \sum (c_i + v_i)$ ist gleich der Nettoprofitrate $r = \sum P_i / \sum (c_i + v_i)$ plus der Rentrate des Kapitals $\xi = \sum R_i / (c_i + v_i)$. Wichtig ist, daß die Bestimmung der Nettoprofitrate simultan mit der Transformation der Werte in Produktionspreise geschieht. Wichtig ist vor allem auch, daß es in dieser Konstruktion diese zwei voneinander zu unterscheidenden Profitraten geben muß! Hierin liegt die zentrale Abweichung von den Standardvorstellungen der Kritiker. Deren Kritik lautet, daß das Auftreten von zwei unterschiedlichen Profitraten - eine im Wertsystem, die andere im Preissystem - *der* Beweis der Fehlerhaftigkeit der Versuche und der Unlösbarkeit des Problems sind. Im Kontext dieser Kritiken ist das uneingeschränkt zutreffend. Nicht jedoch hier. Es geht nicht um unterschiedliche Profitraten in den unterschiedlichen Schemata, sondern um die Aufspaltung im einen Preisschema.
Mit anderen Worten, aus dem Wertschema resultiert folgendes

Produktionspreisschema:

$$\begin{aligned} C_1 + V_1 + P_1 + R_1 &= C_1 + C_2 + C_3 + C_4 = W_1 \\ C_2 + V_2 + P_2 + R_2 &= V_1 + V_2 + V_3 + V_4 = W_2 \\ C_3 + V_3 + P_3 + R_3 &= P_1 + P_2 + P_3 + P_4 = W_3 \\ C_4 + V_4 + P_4 + R_4 &= R_1 + R_2 + R_3 + R_4 = W_4 \end{aligned} \qquad (7)$$

Man kann nun eine beliebige dieser vier Gleichungen nehmen, sie als Gleichgewichtsbedingung lesen und daraus die Nettoprofitrate r berechnen. Diese *Netto*profitrate ist die gesellschaftliche Durchschnittsprofitrate, mit der sich - bei vollständiger Verwertungskonkurrenz - alle Kapitale rentieren. Schlechthin entscheidend ist der Umstand, daß diese Durchschnittsprofitrate *nicht* mit der von *Marx*

---

11 Vgl. Marx 1964, S. 863: „... *Bruttoprofitrate* [aus], worunter wir hier das Verhältnis des Gesamtmehrwerts zum ganzen vorgeschoßnen Kapital verstehn."
Und in Marx 1959, S.449 f: „Wenn wir übrigens vom Gesetz des Falls der Profitrate im Lauf der Entwicklung der kapitalistischen Produktion sprechen, so ist hier unter Profit verstanden die *Gesamtsumme* des Mehrwerts, dessen sich zunächst das industrielle Kapital bemächtigt, wie es sie später noch zu teilen habe mit dem geldverleihenden Kapitalisten (Zins) und dem Landlord (Rente). Also hier ist Profitrate gleich $\frac{\text{Mehrwert}}{\text{vorgeschoßnes Kapital}}$.
Die Profitrate in diesem Sinne kann fallen, obgleich zum Beispiel der industrielle Profit steigt im Verhältnis zum Zins oder umgekehrt, oder obgleich die Rente steigt im Verhältnis zum industriellen Profit oder umgekehrt." [Hervorhebungen G.H.]

so genannten Bruttoprofitrate identisch ist. Bei uniformen Umschlagshäufigkeiten aller Kapitale gilt für die Bruttoprofitrate π vielmehr:

$$\pi = \frac{\sum m_i}{\sum (c_i + v_i)} = \frac{\sum P_i}{\sum (c_i + v_i)} + \frac{\sum R_i}{\sum (c_i + v_i)} . \tag{8}$$

Dabei bezeichnet

$$r = \frac{\sum P_i}{\sum (c_i + v_i)} \tag{9}$$

die Nettoprofitrate und

$$\xi = \frac{\sum R_i}{\sum (c_i + v_i)} \tag{10}$$

die Rentrate des Kapitals. Kurz, es gilt:

$$\pi = r + \xi . \tag{11}$$

Ein wesentlicher Zusammenhang ist folgender: Die Rente R_1 in der Abteilung I ist gleich dem Produktionsmitteleinsatz C_4 in der Abteilung IV; $R_2 = V_4$ und $R_3 = P_4$. Wählt man also z.B. die Gleichung der zweiten Abteilung

$$C_2 + V_2 + P_2 + R_2 = V_1 + V_2 + V_3 + V_4 ,$$

so reduziert sie sich zum einen wegen der Identität von V_2, zum anderen wegen der eben genannten Gleichheit von $R_2 = V_4$ auf den Ausdruck

$$C_2 + P_2 = V_1 + V_3 .$$

Durch geeignete Umformungen[12] erhält man schließlich daraus bzw. aus jeder Gleichung des Reproduktionsschemas in Produktionspreisen die Durchschnittsprofitrate r ausschließlich in *Wert*größen:

$$\text{Nettoprofitrate } r = \pi \left[\frac{C_2(1+\pi_2) - v_1(1+\pi_1)}{v_3(1+\pi_3) - w_2 \pi} \right]^{\frac{1}{2}} . \tag{12}$$

12 Mir ist völlig klar, daß die Herleitung von r nicht eigentlich nachvollziehbar ist. Das verwundert nicht. Ich hatte sie seinerzeit durch numerisches Probieren gefunden. Das mindert in keiner Weise die Allgemeingültigkeit der Gleichungen: Jedes konsistente Wertschema läßt sich eindeutig in ein gleichgewichtiges Schema von Produktionspreisen überführen.

Mittels dieser Rate kann man nun auch die sämtlichen Produktionspreise so schreiben, daß sie ausschließlich in Wertgrößen bzw. Profitraten ausgedrückt werden können, die ihrerseits auf Wertgrößen zurückgehen. Hierin liegt der anschauliche Unterschied zu den Versuchen, die die Transformation mittels Matrizenkalkül vornehmen. Denn in aller Regel lassen sich die dabei auftretenden Parameter nicht oder nicht sehr eingängig interpretieren.

Gleichungsschema der Produktionspreise in Wertgrößen

$$
\begin{array}{ccccccccc}
C_i & & V_i & & P_i & & R_i & & W_i \\
c_1\dfrac{(1+\pi_1)\pi}{(1+r)r} & + & v_1\dfrac{(1+\pi_1)\pi}{(1+r)r} & + & m_1\dfrac{(1+\pi_1)r}{(1+r)\pi_1} & + & m_1\dfrac{(1+\pi_1)(\pi-r)}{(1+r)\ \pi_1} & = & w_1\dfrac{\pi}{r} \\
c_2\dfrac{(1+\pi_2)\pi}{(1+r)r} & + & v_2\dfrac{(1+\pi_2)\pi}{(1+r)r} & + & m_2\dfrac{(1+\pi_2)r}{(1+r)\pi_2} & + & m_2\dfrac{(1+\pi_2)(\pi-r)}{(1+r)\ \pi_2} & = & w_2\dfrac{\pi}{r} \\
c_3\dfrac{(1+\pi_3)r}{(1+r)\pi} & + & v_3\dfrac{(1+\pi_3)r}{(1+r)\pi} & + & m_3\dfrac{(1+\pi_3)r^3}{(1+r)\ \pi_3\ \pi^2} & + & m_3\dfrac{(1+\pi_3)r^2(\pi-r)}{(1+r)\pi^2\pi_3} & = & w_3\dfrac{r}{\pi} \\
w_1\dfrac{\pi-r}{(1+r)} & + & w_2\dfrac{\pi-r}{(1+r)} & + & w_3\dfrac{(\pi-r)r^2}{(1+r)\pi^2} & + & w_3\dfrac{(\pi-r)^2 r}{(1+r)\pi^2} & = & w_3\dfrac{(\pi-r)}{\pi} \\
\hline
w_1\dfrac{\pi}{r} & + & w_2\dfrac{\pi}{r} & + & w_3\dfrac{r}{\pi} & + & w_3\dfrac{(\pi-r)}{\pi} & = & w\dfrac{(1+r)\pi}{(1+\pi)r}
\end{array}
\tag{13}
$$

Die Kapitalzusammensetzungen $\rho_i = C_i/V_i$ sind dieselben wie im Wertschema. Die neu auftretende Abteilung IV hat immer - das ist integraler Teil der Lösung - die Kapitalzusammensetzung des Gesamtsystems:

$$\rho_4 = \rho = (c_1 + c_2 + c_3)/(v_1 + v_2 + v_3). \tag{14}$$

Im Unterschied zu von Bortkiewicz und anderen, ist dieser Umstand keine Annahme, sondern die *Folge* der Aufspaltung von *m* in *P* und *R*. Das Verhältnis zwischen Nettoprofit und Rente ist einfach:

$$\sum P_i = r/\pi \sum m_i \text{ und } \sum R_i = (1 - r/\pi)\sum m_i . \tag{15}$$

Völlig analog zur Aufspaltung in die beiden Abteilungen III und IV stellt sich die formale Sonderung der beiden Mehrwertteile P_i und R_i *in* allen vier Abteilungen dar. Zusammen bilden sie überall den Bruttoprofit M_i, der die Kapitale $K_i = C_i + V_i$ überall mit der Durchschnittsprofitrate r verzinst.
Die einzelnen Produktionspreise lassen sich auf sehr unterschiedliche Weise darstellen. Die oben gegebene ausführlichste Version hält sich möglichst dicht an die zugrundeliegenden Wertgrößen. Das bedeutet, daß in dieser Schreibweise die Profite und Renten in der Profit- und Renteabteilung, d.h. in den Abteilungen III und IV, sehr kompliziert aussehen. Das liegt einfach daran, daß hier die Terme r/π und $(1-r/\pi)$ multipliziert auftreten - einmal als Reflex der Abteilungszugehörigkeit, einmal als Reflex *in* der Abteilung. Anders ausgedrückt. Die Elemente der dritten Abteilung sind genau so aufgebaut wie die der beiden ersten Abteilungen. Nur werden sie durchgängig mit $(r/\pi)^2$ multipliziert. Damit ergeben sich die scheinbar andersartigen Transformationen. Derselbe Zusammenhang gilt für alle Elemente von Abteilung III. Man braucht die „regulär" geschriebene Zeile nur mit dem quadratischen Term zu verbinden und hat dann die richtigen Ausdrücke vor sich. Wie sofort ersichtlich gilt für die Zeile der Abteilung IV, daß alle regulär - d.h. wie in I und II - geschriebenen Elemente mit (r/π) $(1-r/\pi)$ multipliziert werden müssen, um zu den richtigen Ausdrücken für den Rentensektor zu kommen.
Angesichts der kompliziert anmutenden Ausdrücke mögen zwei numerische Beispiele angezeigt sein. Im Wertschema $\{w\}$ werden jeweils fünf Größen vorgegeben, die übrigen ergeben sich über die Anforderung eines geschlossenen Kreislaufs. Vorgegeben werden die Mehrwertrate und die absoluten Größen von c und v in den beiden ersten Abteilungen.

1. Beispiel[13]:

Tabelle 1: $\{w\}$

	c	v	m	w
c	**600**	**300**	300	1200
v	**500**	**100**	100	700
m	100	300	300	700
w	1200	700	700	2600

13 Die vorgegebenen Größen sind fett gesetzt. Die Berechnungen erfolgten mittels des Tabellenkalkulationsprogramms QUATTRO PRO 5.0. Interessenten können die Datei (auch in Excel) gegen Erstattung der Versandkosten erhalten bei Gerhard Huber, Schwendenerstr. 53, 14195 Berlin.

Die fünfte Annahme gilt der Mehrwertrate. Sie ist hier durchgängig als $\mu = m_i / v_i = 1$ angenommen.
Diese Annahmen implizieren nun folgende Relationen:

Tabelle 2:

	Kapitalzusammensetzung	Profitraten
Abt. I	$\rho_1 = 2$	$\pi_1 = 0,33333$
Abt. II	$\rho_2 = 5$	$\pi_2 = 0,16667$
Abt. III	$\rho_3 = 0,33333$	$\pi_3 = 0,75$
Durchschnitt	$\rho = 1,71429$	$\pi = 0,36842$
	Nettoprofitrate	$r = 0,3052$
	Rentrate	$\xi = 0,06319$

Das zugehörige Schema der Produktionspreise $\{W\}$ sieht wie folgt aus:

Tabelle 3:

	C	V	P	R	W
C	739,82	369,91	280,62	58,10	1448,44
V	539,45	107,89	163,70	33,89	844,93
P	111,08	333,24	112,36	23,26	579,93
R	58,10	33,89	23,26	4,82	120,07
W	1448,44	844,93	579,93	120,07	2993,37

Gemäß der dem Ganzen zugrundeliegenden Annahme ist die Bruttoprofitsumme

$$\sum M_i = \sum P_i + \sum R_i = \sum m_i = 700 , \tag{16}$$

also in der Tat gleich der im Wertschema gesetzten Mehrwertsumme. Der gesamte Bodenpreis ist exakt gleich der Differenz zwischen der Summe aller Werte und der Summe aller Produktionspreise:

$$\sum Q_i = \sum R_i / r = \sum W_i - \sum w_i = 2993,37 - 2600 = 393,37 . \tag{17}$$

Das ist immer so. Die Transformation erklärt also neben den Preisen der laufend durch Arbeit reproduzierbaren Waren auch immer den Preis des Bodens, *der* Ware also, die nicht durch Arbeit erzeugt wird, aber an der Verwertung teilnimmt wie jedes andere Kapital auch. Der Grundrente und dem Bodenpreis kommt somit in der Tat eine zentrale Rolle bei der Lösung des Transformationsproblems zu. Die Erinnerung an ein Marx-Zitat ist nicht zufällig:

> „Der letzte Widerspruch und der scheinbar schlagendste, wenn er nicht wie gewöhnlich in der Form wunderlicher Exempel vorgebracht wird: Wenn der Tauschwert nichts ist als die in einer Ware enthaltene Arbeitszeit, wie können Waren, die keine Arbeit enthalten, Tauschwert besitzen, oder in anderen Worten, woher der Tauschwert bloßer Naturkräfte? Dies Problem wird gelöst in der Lehre von der Grundrente." (Marx 1947, S. 61).

2. Beispiel[14]:

Tabelle 4: $\{w\}$

	c	v	m	w
c	**600**	**300,00**	200,00	1100,00
v	**500**	**100,00**	66,67	666,67
m	0	266,67	177,78	444,44
w	1100	666,67	444,44	2211,11

Die fünfte Annahme gilt der Mehrwertrate. Sie ist hier einheitlich als $\mu = m_i / v_i = 2/3$ angenommen, und zwar um den Fall $c_3 = 0$ zu erzeugen, der bei vielen Autoren nicht zugelassen ist. Er ist hier einer wie jeder andere. Die numerischen Relationen ändern sich wie folgt:

Tabelle 5:

	Kapitalzusammensetzung	Profitraten
Abt. I	$\rho_1 = 2$	$\pi_1 = 0,22222$
Abt. II	$\rho_2 = 5$	$\pi_2 = 0,1111$
Abt. III	$\rho_3 = 0$	$\pi_3 = 0,66667$
Durchschnitt	$\rho = 1,6$	$\pi = 0,25157$
	Nettoprofitrate	$r = 0,20748$
	Rentrate	$\xi = 0,04373$

Es ergibt sich folgendes Schema der Produktionspreise $\{W\}$:

14 Die vorgegebenen Größen sind fett gesetzt.

Tabelle 6:

	C	V	P	R	W
C	734,88	367,44	189,29	39,82	1331,43
V	556,73	111,35	114,72	24,14	806,93
P	0,00	304,01	52,20	10,98	367,19
R	39,82	24,14	10,98	2,31	77,25
W	1331,43	806,93	367,19	77,25	2582,80

Hier beläuft sich die Bruttoprofitsumme auf 444,44 , was selbstredend wiederum gleich $\sum M_i = \sum P_i + \sum R_i = \sum m_i$ ist. Der Bodenpreis als Differenz zwischen der Summe aller Werte und der Summe aller Produktionspreise beträgt in diesem Fall:

$\sum Q_i = \sum R_i / r = \sum W_i - \sum w_i = 2582{,}80 - 2211{,}11 = 371{,}69.$

Durch die Senkung der Mehrwertrate fällt π stärker als r, nimmt ξ ab. Diese Verschiebung bedeutet, daß $\sum R_i$ stärker sinkt als r. Mithin fällt der Bodenpreis

$$\sum Q_i = \sum R_i / r. \tag{18}$$

Um es zu wiederholen: Die der hier vorgestellten Lösung des Transformationsproblems zugrundeliegende Überlegung ist einfach. Sie bezieht sich auf den bei Marx breit ausgeführten Umstand, daß Grundrente ein Teil des Mehrwerts ist. Genauer: sie setzt um, was Baumol (1974) in seiner Erwiderung auf Samuelson darlegte, daß nämlich das Transformationsproblem zugleich lösen muß, wie die Mehrwertmasse zwischen Profit und Grundrente aufgeteilt wird.

Es hat wenig Sinn, weitere numerische Beispiele oder Einzelerläuterungen aufzubieten. Das Gleichungssystem der Transformation übersetzt ausnahmslos *jedes* konsistente Wertschema in ein gleichgewichtiges Produktionspreisschema. Die grundlegenden Eigenschaften sind immer dieselben: Alle Kapitale $K_i = C_i + V_i$ werden durch den Bruttoprofit $M_i = P_i + R_i$ einheitlich mit der Rate r verzinst. Diese liegt immer unter der Bruttoprofitrate. Einzige Ausnahme ist der Trivialfall überall gleicher Kapitalzusammensetzung; hier sind r und π identisch, es existiert weder Grundrente noch Bodenpreis.

Im allgemeinen gilt, wie gesagt, daß die Differenz zwischen der Summe aller Produktionspreise und der aller Werte gleich dem Bodenpreis ist. Das kann man unmittelbar an den in Wertgrößen geschriebenen Termen von $\{W\}$ nachvollziehen.

Da die Produktionspreissumme W_4 der vierten Abteilung gegeben ist durch

$\sum R_i = \sum w(\pi - r)/(1+\pi)$ und $\sum W_i = \sum w(1+r)\pi/(1+\pi)r$ ist, erhält man für $\sum W_i - \sum w_i$ den Ausdruck $\sum w_i(\pi - r)/(1+\pi)\,r$, der nichts anderes darstellt als die mit r diskontierte Rentensumme, mithin den Bodenpreis $\sum Q_i$. Das gilt für das Gesamtsystem, und nur dafür.
In den einzelnen Abteilungen stellen sich diese Differenzen unterschiedlich, aber völlig rational und in Übereinstimmung mit dem gesamten Aufbau des Transformationsalgorithmus dar. Sie lauten:

$$W_1 - Q_1 = w_1\frac{\pi}{r} - w_1\frac{\pi - r}{(1+\pi)r} = w_1\frac{1+\pi}{1+r} \tag{19}$$

und

$$W_2 - Q_2 = w_2\frac{\pi}{r} - w_2\frac{\pi - r}{(1+\pi)r} = w_2\frac{1+\pi}{1+r}\ . \tag{20}$$

Da $R_3 = w_3\frac{\pi - r}{1+r}\frac{r}{\pi}\frac{r}{\pi}$ ist, gilt $Q_3 = \frac{R_3}{r} = w_3\frac{1}{1+r}\frac{r}{\pi}\left(1-\frac{r}{\pi}\right)$.

Dergestalt erhält man für den dritten Sektor:

$$W_3 - Q_3 = w_3\frac{1+\pi}{1+r}\left(\frac{r}{\pi}\right)^2. \tag{21}$$

Ganz analog - für den zweiten Bruch r/π steht jedoch $1 - r/\pi$ - ergibt sich für den vierten Sektor:

$$W_4 - Q_4 = w_3\frac{1+\pi}{1+r}\left(\frac{r}{\pi}\right)\left(1-\frac{r}{\pi}\right). \tag{22}$$

Alle Kapitale verzinsen sich gleichermaßen. In allen Sektoren gilt $M/K = r$. K ist das von den Unternehmerkapitalisten, den tätigen Inhabern, eingesetzte Kapital. Der Boden steht im Eigentum der Grundeigentümer. Für die Nutzung hat der Unternehmerkapitalist Rente zu bezahlen. Das garantiert dem Grundeigentümer dieselbe Rendite auf *sein* Kapital, den Boden, wie jedem Kapitalisten: $R/Q = r$. Setzt man den Bodenwert von K ab, so zeigt sich, daß der Nettoprofit P diese Differenz, das dem Unternehmerkapitalisten gehörende Kapital, ebenfalls in allen Sektoren mit r verzinst. Der Ausgleich der Profitraten ist komplett.
Die linke Seite einer jeden Gleichung im Preisschema besteht aus vier Größen: C, V, R und P. Denkt man in Zahlungen, so haben die Unternehmerkapitalisten außer P alles für Produktionsmittel zu zahlen. R ist zwar Teil des Bruttogewinns M, muß aber als Pacht an die Grundbesitzer abgeführt werden. Der Bruttogewinn verzinst $C + V = K$ mit der durchschnittlichen Profitrate r. Dem Unternehmer-

kapitalisten bleibt nach Zahlung von R lediglich der Nettoprofit P. Auf Anhieb sieht es also so aus, als würde er eine niedrigere als die Durchschnittsprofitrate für sich realisieren, nämlich $P/K = t\,(r/\pi)$. Man muß jedoch sehen, daß er außer K auch den Boden als sachliches Produktionselement einsetzt. Dessen Preis ist $Q = R/r$. Zieht man Q von K ab, so erhält man das faktische Kapital:

$$K - Q = K\,r/\pi\,. \tag{23}$$

Das ist das Eigentum des Unternehmerkapitalisten. P verzinst es exakt mit der Durchschnittsrate:

$$P/(K - Q) = P/(K\,r/\pi) = r\,. \tag{24}$$

Dieser erste, gewissermaßen traditionelle Teil, in dem ein beliebiges Wertschema $\{w\}$ in das eindeutig zugeordnete Schema $\{W\}$ der Produktionspreise umgeformt wird, sei mit einer Übersicht über die Definitionen *der* Terme in $\{W\}$ abgeschlossen, die nicht in $\{w\}$ auftreten, wohl aber auf diese zurückgeführt werden können bzw. aus ihnen hervorgehen. Die hochgradige Systematik ist hier sehr viel leichter zu ersehen als im detaillierten Schema.

Tabelle 7:

	Abt.I bzw. II	Abt.III	Abt.IV	Abt.III u. IV	insg.
K	$w_{1,2}\frac{1}{1+r}\frac{\pi}{r}$	$w_3\frac{1}{1+r}\frac{r}{\pi}$	$w_3\frac{1}{1+r}(1-r/\pi)$	$w_3\frac{1}{1+r}$	$(w_1+w_2)\frac{\pi}{r}$
P	$w_{1,2}\frac{r}{1+r}$	$w_3\frac{r}{1+r}\frac{r}{\pi}\frac{r}{\pi}$	$w_3\frac{r}{1+r}\frac{r}{\pi}(1-r/\pi)$	$w_3\frac{r}{1+r}\frac{r}{\pi}$	$w_3\frac{r}{\pi}$
R	$w_{1,2}\frac{\pi-r}{1+r}$	$w_3\frac{\pi-r}{1+r}\frac{r}{\pi}\frac{r}{\pi}$	$w_3\frac{\pi-r}{1+r}\frac{r}{\pi}(1-r/\pi)$	$w_3\frac{r}{1+r}(1-r/\pi)$	$w_3(1-r/\pi)$
M	$w_{1,2}\frac{\pi}{1+r}$	$w_3\frac{\pi}{1+r}\frac{r}{\pi}\frac{r}{\pi}$	$w_3\frac{\pi}{1+r}\frac{r}{\pi}(1-r/\pi)$	$w_3\frac{r}{1+r}$	w_3

2. „Retransformation"

Kennt man den Algorithmus, der Werte in Produktionspreise verwandelt, so kann man die Prozedur natürlich umkehren. Das ist völlig uninteressant, solange man lediglich $\{W\}$ in das $\{w\}$ rückverwandelt, aus dem es erzeugt wurde. Das gilt analytisch wie numerisch. Interessant ist, wenn die Forderung von Samuelson eingelöst werden kann: Gibt es in der stilisierten Realität der Theorie nur Preise und keinerlei Werte, so kann und muß man allein von diesen Preisen - und von nichts anderem! - ausgehen und daraus das konsistente Wertsystem erzeugen, das dann und deshalb als die Grundlage des Preissystems angesehen werden darf. Wenn es also durch die Kenntnis des „Transformations-Algorithmus" gelingt, beliebige Preissysteme in konforme Wertschemata umzuwandeln, diese also zu erzeugen oder „freizulegen", dann ist die Beschäftigung mit dem notorischen Transformationsproblem nicht ganz sinnlos.[15]

Ich will vorweg einräumen, daß mir dies in voller Allgemeinheit nicht gelungen ist. Meine mathematischen Fähigkeiten reichten nicht aus, um eine Parameterdarstellung der entscheidenden Bedingungen aufzustellen, an denen die Möglichkeit einer widerspruchsfreien Überführung von Produktionspreisen in Werte hängt. Für eine „Dechiffrierung der Preise als Werte" ist entscheidend, daß die beiden Parameter Mehrwertrate μ und Bruttoprofitrate π sich ohne Rückgriff auf das ja erst zu erzeugende Wertschema $\{w\}$ allein aus den Aggregaten des Preisschemas $\{W\}$ bestimmen lassen.

Für die Mehrwertrate gilt:

$$\mu = \frac{(W_3 + W_4)^2}{W_2 W_3} \quad . \tag{25}$$

Für die Bruttoprofitrate :

$$\pi = \frac{(W_3 + W_4)^2}{W_3(W_1 + W_2)} \quad . \tag{26}$$

Da - was aus dem Bau von $\{W\}$ direkt sichtbar ist - die Nettoprofitrate durch

$$r = \frac{(W_3 + W_4)}{(W_1 + W_2)} \tag{27}$$

---

15 Von detaillierten Ausführungen über die Verschränkung von Produktion und Realisation, Transfer, Appropriation und Verteilung der Mehrwerte muß ich hier absehen.

gegeben ist, können alle Relationen zwischen π, r und ξ sofort in Preisgrößen angegeben werden.
Im Verein mit der Tatsache, daß die Kapitalzusammensetzungen in den Abteilungen I bis III im Wert- wie im Preisschema identisch sind sowie der Tatsache, daß die der Abteilung IV immer gleich der durchschnittlichen Zusammensetzung $\rho_4 = \rho = W_1/W_2 = w_1/w_2$ ist, hat man im Prinzip alle Angaben, die zur „Verwandlung der Produktionspreise in Werte und die Auflösung der Durchschnittsprofitrate in sektorielle Profitraten" erforderlich sind.

Am Beispiel von $C_1 = c_1 \dfrac{(1+\pi_1)\pi}{(1+r)r}$ ist leicht zu sehen, wie der Retransformationsalgorithmus gebaut sein muß. Man erhält c_1 einfach dadurch, daß man C_1 mit $\dfrac{(1+r)r}{(1+\pi_1)\pi}$ multipliziert. Das gilt mutatis mutandis für alle Terme des Preisschemas, wobei jedoch die des vierten Sektors und dementsprechend die R_i unbeachtet bleiben. Da die π_i im Schema der Produktionspreise jedoch unbekannt sind, muß man sie jeweils durch $\mu/(\rho_i + 1)$ ersetzen. Beide Größen sind, wie oben gezeigt, dem Preisschema direkt zu entnehmen. Damit erhält man folgendes

„Retransformationsschema":

$$\begin{aligned}
&C_1 \frac{r(\rho_1+1)(1+r)}{\pi(\rho_1+1+\mu)} + V_1 \frac{r(\rho_1+1)(1+r)}{\pi(\rho_1+1+\mu)} + \mu V_1 \frac{r(\rho_1+1)(1+r)}{\pi(\rho_1+1+\mu)} = W_1 \frac{r}{\pi} \\
&C_2 \frac{r(\rho_2+1)(1+r)}{\pi(\rho_2+1+\mu)} + V_2 \frac{r(\rho_2+1)(1+r)}{\pi(\rho_2+1+\mu)} + \mu V_2 \frac{r(\rho_2+1)(1+r)}{\pi(\rho_2+1+\mu)} = W_2 \frac{r}{\pi} \qquad (28) \\
&C_3 \frac{\pi(\rho_3+1)(1+r)}{r(\rho_3+1+\mu)} + V_3 \frac{\pi(\rho_3+1)(1+r)}{r(\rho_3+1+\mu)} + \mu V_3 \frac{\pi(\rho_3+1)(1+r)}{r(\rho_3+1+\mu)} = W_3 \frac{\pi}{r} \\
\hline
&W_1 \frac{r}{\pi} \quad + \quad W_2 \frac{r}{\pi} \quad + \quad W_3 \frac{\pi}{r} = \sum W_i \frac{r(1+\pi)}{\pi(1+r)}
\end{aligned}$$

Bei der numerischen Überprüfung muß man jedoch feststellen, daß sich *nicht* alle Preisschemata nahtlos auf die ihnen „zugrundeliegenden" Wertschemata zurückführen lassen. Meist weichen die Spaltensummen von den Zeilensummen ab. Die „Retransformation" gelingt nur unter bestimmten Bedingungen. Sie reduzieren

sich darauf, daß die Kapitalzusammensetzungen ρ_i der drei Abteilungen eine ganz bestimmte Konstellation einnehmen müssen.
Man kann bei der Aufstellung des vorzugebenden Preisschemas unterschiedlich vorgehen. Am einfachsten dürfte es sein, die Aggregate der vier Abteilungen - also W_1, W_2, W_3 und W_4 - anzunehmen und daraus die Binnenstruktur des gesamten Systems abzuleiten. Das liegt nahe, weil die dafür erforderlichen Raten von Netto- und Bruttoprofit sowie Rente direkt aus diesen vier Größen zusammengesetzt sind. Die Gleichungen zeigen, daß der Transformationsalgorithmus die Kapitalzusammensetzungen nicht verändert. Somit können alle Größen, die das Preissystem auf ein Wertschema zurückführen, ausnahmslos dem ersteren entnommen werden. Es bedarf keiner wie immer gearteten Kenntnis des Wertschemas.
Das sei etwas genauer verdeutlicht. Mit r und den vier W_i stehen sofort die M_i einerseits und die K_i andererseits in allen vier Sektoren fest: $K_i = W_i/(1+r)$. Die ebenfalls als Differenz von π und r gegebene Rentrate ξ liefert quasi automatisch in allen vier Sektoren die Aufspaltung des Bruttoprofits M_i in Nettoprofit P_i und Rente R_i. Somit steht nur noch die Aufspaltung der K_i in die C_i und V_i aus - und zwar nur in den Sektoren I bis III. Für den vierten Sektor gilt ja $C_4 = R_1$, $V_4 = R_2$ und $P_4 = R_3$, wobei sich R_4 gewissermaßen als Rest ergibt (aber auch einer strikten Formel gehorcht). Auf Anhieb sieht es damit so aus, als könnte oder müßte man jetzt (nur noch) die drei Kapitalzusammensetzungen der Sektoren I bis III festsetzen. So viele Freiheitsgrade hat das System jedoch nicht. Im Endeffekt kann man neben den vier Aggregaten nur eine Kapitalzusammensetzung ρ festlegen. Die beiden anderen sind damit implizit ebenfalls fixiert. Dabei ist natürlich das Wesentliche, daß dies mit Blick auf die zu bewerkstelligende Zurückführung auf ein konsistentes Wertschema geschieht.
Nicht alle Preisschemata lassen sich widerspruchsfrei auf ein Wertschema zurückführen. Das liegt daran, daß die Gewichtungen der Kapitalzusammensetzungen in $\{W\}$ und $\{w\}$ unterschiedlich sind. Das wiederum hängt an der Existenz und Größe des Rentensektors, der bei der „Retransformation" ja verschwindet. Diese ist nur unter der Bedingung möglich, daß die drei ρ_i in einem bestimmten Verhältnis zueinander stehen. Auch diese Bedingungen lassen sich ausnahmslos dem Preisschema entnehmen bzw. in dessen Parametern formulieren.
Die Basis bilden die beiden definitorischen Gleichungen für die durchschnittliche Kapitalzusammensetzung ρ, die in beiden Systemen gleich ist. Im Preisschema gilt:

$$\rho = \frac{C_1 + C_2 + C_3 + C_4}{V_1 + V_2 + V_3 + V_4} = \frac{C_1 V_1}{V_1 W_2} + \ldots + \frac{C_4 V_4}{V_4 W_2}. \tag{29}$$

Für die Gewichtungsfaktoren V_i/W_2, also die Anteile der sektoralen Lohnsummen an der gesamten Lohnsumme, seien η_i gesetzt. Da $\rho_4 = \rho$ ist, kann man zusammenfassen und die durchschnittliche Kapitalzusammensetzung des Preisschemas schreiben als:

$$\rho = \rho_1 \frac{\eta_1}{1-\eta_4} + \rho_2 \frac{\eta_2}{1-\eta_4} + \rho_3 \frac{\eta_3}{1-\eta_4} \quad . \tag{30}$$

Das Wertschema weist nur drei Sektoren auf:

$$\rho = \frac{c_1 + c_2 + c_3}{v_1 + v_2 + v_3} = \frac{c_1 v_1}{v_1 w_2} + \ldots + \frac{c_3 v_3}{v_3 w_2} \quad . \tag{31}$$

Hier sollen die Gewichtungsfaktoren v_i/w_2 mit ε_i abgekürzt werden. Dann schreibt sich die durchschnittliche Kapitalzusammensetzung des Wertschemas:

$$\rho = \rho_1 \varepsilon_1 + \rho_2 \varepsilon_2 + \rho_3 (1 - \varepsilon_1 - \varepsilon_2) \quad . \tag{32}$$

Diese beiden Ausprägungen von ρ werden gleichgesetzt, um sodann eine beliebige der drei Kapitalzusammensetzungen als Abhängige der beiden anderen und der Gewichtungsfaktoren ε_i und η_i auszudrücken. Baut man diese Zusammenhänge im einzelnen auf, so stellt sich alsbald heraus, daß ρ_3 sich vollständig durch die Mehrwertrate und die beiden Gewichte ε_1 und ε_2 ausdrücken läßt.[16] Die ε_1 und ε_2 sind Gewichte im Wertschema. Sie sind also unbekannt, wenn man im Preisschema eine Kapitalzusammensetzung festlegen soll. Aber auch diese Gewichte lassen sich in Parametern ausdrücken, die im Preisschema gegeben sind. Hier ist wiederum wichtig, daß die Kapitalzusammensetzungen in beiden Schemata identisch sind. Man kann leicht zeigen, daß $\varepsilon_1 = \rho/(\rho_1 + \mu + 1)$ und $\varepsilon_2 = \rho/(\rho_2 + \mu + 1)$ ist. Benützt man dies, so erhält man einen verwickelten, nichtlinearen Ausdruck, der ρ_1 und ρ_2 so miteinander verknüpft, daß man eine Größe festlegen kann und die andere - sowie ρ_3 - erhält. Diese Größen erzeugen, in das Retransformationsschema eingesetzt, aus dem Preisschema das diesem

16 Aus der dritten Zeile eines Wertschemas hat man durch Wegkürzen von m_3 auf beiden Seiten die Beziehung $c_3 + v_3 = m_1 + m_2$. Damit kann man die Profitrate dieser Abteilung ausschließlich in Mehrwertquanten schreiben: $\pi_3 = m_3/(c_3 + v_3) = m_3/(m_1 + m_2)$. Da überall dieselbe Mehrwertrate $m_i = \mu v_i$ herrscht, gilt gleichermaßen: $\pi_3 = v_3/(v_1 + v_2)$. Oben und unten durch w_2 dividiert und unter Beachtung von $\varepsilon_3 = 1 - \varepsilon_1 - \varepsilon_2$ lautet die Kapitalzusammensetzung des dritten Sektors: $\rho_3 = \dfrac{(\varepsilon_1 + \varepsilon_2)(\mu + 1) - 1}{1 - (\varepsilon_1 + \varepsilon_2)}$.

korrespondierende Wertschema mit derselben einheitlichen Mehrwertrate und derselben Bruttoprofitrate.
Als Beleg sei ein numerisches Beispiel einer solchen Rückführung gegeben. Es ist jedoch untunlich, zahlreiche Rechnungen vom Typ $\{W\} \rightarrow \{w\}$ aufzuführen. Deshalb sei anschließend ein Überblick über eine Reihe von Dreierkombinationen der ρ_1, ρ_2 und ρ_3 gegeben, die für ein und dasselbe $\{W\}$ die Rückführung auf je unterschiedliche Wertschemata $\{w\}$ bewirken.
Vorgegeben werden lediglich die vier Aggregate W_1 bis W_4. Die Binnenstruktur, also sämtliche C_i, V_i, P_i und R_i resultieren aus dem Zusammenspiel von Brutto- und Nettoprofitrate sowie der Kapitalzusammensetzungen, die durch die Festsetzung $\rho_1 = 3$.

Tabelle 8:

	C_i	V_i	P_i	R_i	W_i
I	311,54	103,85	138,46	46,15	600
II	113,31	94,38	69,23	23,08	300
III	129,00	78,69	69,23	23,08	300
IV	46,15	23,08	23,08	7,69	100
W	600,00	300,00	300,00	100,00	1300

Die einzelnen Parameter betragen: $r = 0{,}44444$, $\pi = 0{,}59259$, dementsprechend $\xi = 0{,}148149$. Die Mehrwertrate ist 1,77777 und die durchschnittliche Kapitalzusammensetzung $\rho = 2$. Eine nahtlose Rückführung auf das folgende Wertschema gelingt bei der Konstellation $\rho_2 = 1{,}200515$ und $\rho_3 = 1{,}639258$.
Dieses Wertschema hat folgendes Aussehen:

Tabelle 9:

	c_i	v_i	m_i	w_i
I	233,65	77,88	138,46	450
II	67,90	56,56	100,55	225
III	148,45	90,56	160,99	400
w	450,00	225,00	400,00	1075

Die folgende Übersicht[17] gibt einige Konstellationen der Kapitalzusammensetzungen, die die präzise Rückführung auf ein $\{w\}$ bewirken, und zwar ceteris paribus für zwei Größen von W_1.

(1) $W_1 = 600$

Tabelle 10:

ρ_1	ρ_2	ρ_3	zweite Wurzeln ρ_2	zweite Wurzeln ρ_3
2	2	2	11,121212	0,711840
3	1,2005155	1,639258	8,254030	0,378792
4	1,0775264	1,212430	5,059529	0,301568
5	1,1740603	0,851745	3,170384	0,315419
5,1	1,1975627	0,816811		
5,2	1,2251656	0,781426		
5,3	1,2579388	0,745227		
5,4	1,2976060	0,707657		
5,5	1,3472363	0,667756		
5,6	1,4133021	0,623553		
5,7	1,5153226	0,569212		

(2) $W_1 = 700$

Tabelle 11:

ρ_1	ρ_2	ρ_3	zweite Wurzeln ρ_2	zweite Wurzeln ρ_3
2	3,9829195	2,110065	10,4473896	1,299557
3	1,5367440	2,101154	13,7500506	0,541140
4	1,2292368	1,599095	7,8221520	0,388923
5	1,2120689	1,178432	4,7564047	0,356132
6	1,4206729	1,806494	2,8992543	0,408040

Man kann an diesem Ausschnitt größerer Tabellenkalkulationen ersehen, daß der Zusammenhang nicht linear ist. Und negatorisch kann man sich leicht vorstellen, daß es - wenn man diese komplizierten Vorgaben unterläßt - zahllose „Ausnahmen" von der Retransformationsmöglichkeit gibt. Über die Ursache dieser Ausnahmen will ich hier nur eine Vermutung äußere, weil ich kein abschließendes

17 Ich danke Frau stud. rer. pol. Nicola Wiebe für die mühselige Rechenarbeit.

Resultat vorlegen kann. Diese Vermutung geht dahin, daß - im Marxschen Kontext zu sprechen - *beliebige* Preisschemata im Regelfall neben der absoluten Grundrente auch Differentialrenten einschließen. Damit sind die Rentraten der Kapitale unterschiedlich und die einfache Rückführung kann nicht gelingen. Um es inhaltlich zu umreißen: Der Ausgleich der Profitraten *zwischen* unterschiedlichen Abteilungen bedeutet Transfers von Mehrwert zwischen diesen Sektoren. Das Vehikel sind die wechselseitigen Warenlieferungen zu Produktionspreisen. Die stellen sich im Gleichgewicht genau so ein, daß der Mehrwerttransfer den Profitratenausgleich bewirkt.
Genau das kann bei Differentialrenten nicht geschehen. Differentialrenten sind auch und gerade Unterschiede der Renten *in* einzelnen Sektoren. Die Produzenten eines Sektors konkurrieren miteinander, beziehen jedoch wechselseitig keine Waren voneinander. Hier fehlt gewissermaßen das Vehikel des Mehrwerttransfers. Deshalb haben Differentialrenten - der Urtyp der nicht-marxistischen Preistheorie - eine solche Schlüsselrolle.

3. Der Sinn der Transformation

Im Gegensatz zu der tausendfach kolportierten Auffassung vertrat Marx keine Arbeitswertlehre der Preise. Vielmehr war ihm sehr früh[18] - vor Veröffentlichung des ersten Bandes von „Das Kapital" - klar, daß sich die Waren in einem normalen konkurrenzkapitalistischen System nicht gemäß den Werten austauschen können. Wenn man so will, kann man in der skizzierten Lösung des Transformationsproblems die Bestätigung sehen. Von den sechs Preisrelationen zwischen den vier Aggregaten[19] der Produktionspreise gehorcht nur eine einzige der strikten Vorstellung der Arbeitswerttheorie. Das ist das Preisverhältnis zwischen den Elementen des konstanten und des variablen Kapitals: $W_2/W_1 = w_2/w_1$, weil sich der Ausdruck π/r herauskürzt. Alle anderen Preisrelationen sind durch unterschiedliche Konstellationen der beiden Profitraten modifiziert und weichen somit systematisch von den Wertrelationen ab. Es gibt drei solcher Konstellationen, und zwar

18 Vgl. Brief von Marx an Friedrich Engels vom 2. August 1862: „Die Konkurrenz reduziert also die Waren *nicht* auf ihren Wert, sondern auf Kostpreise, die je nach der organischen Komposition der Kapitalien über, unter oder = ihren Werten sind. Ricardo verwechselt Werte und Kostpreise. Er glaubt also, wenn eine absolute Rente existiere (d.h. eine von der verschiednen Fruchtbarkeit der Bodenarten unabhängige Rente), so würde agricultural produce etc., weil über dem Kostenpreis (the advanced capital + the average profit) beständig über dem Wert verkauft werden. Das stieße das Grundgesetz um. Er leugnet also die absolute Rente und nimmt nur die Differentialrente an". [Hervorhebung G.H.]

19 Existieren n Waren (hier Warenaggregate), so gibt es zwischen ihnen $n(n-1)/2$ Preisrelationen. Bei $n=4$ also $4*3/2 = 6$.

- $(r/\pi)^2$ bei W_3/W_1 und W_3/W_2, also dem Preisverhältnis zwischen den „Profitgütern" und den Kapitalgütern;
- $(1-r/\pi)r/\pi$ bei W_4/W_1 und W_4/W_2 bei den „Rentengütern" gegenüber den Kapitalgütern;
- $(\pi/r)-1$ bei W_4/W_3 also beim Preisverhältnis zwischen den „Profitgütern" und den „Rentengütern".

Da sich die beiden Profitraten - wie gezeigt - letztlich auf Werte zurückführen lassen, mag man diese Relationen zwischen den Aggregaten der Produktionspreise in einem weiteren Sinne als arbeitswerttheoretisch ansprechen. Was damit gewonnen sein soll, ist allerdings völlig unklar. Denn die von *Marx* an einer berühmten Stelle des Kapitels „Die Ware" aufgebotene Begründung seiner Werttheorie als logisch unausweichliche Folgerung einer „Abstraktion"[20] ist unhaltbar. *Wohlrapp*[21] zeigt den logisch-formalen Fehler auf. Am frühesten und am nachdrücklichsten ist diese Überlegung von *Wicksteed* (1884) vorgetragen worden. Das ist hier nicht weiter auszuführen. Nicht erst die quantitativen Zusammenhänge machen eine Arbeitswertlehre obsolet, die Unhaltbarkeit dieser Vorstellung steckt schon im Qualitativen - ganz zu schweigen davon, daß von einer Arbeitswertlehre[22] auch schon unter den simplen Annahmen des ersten Bandes von „Das Kapital" deshalb keine Rede sein kann, weil sie ebensogut eine „Kapitalwertlehre der Preise" umschreiben[23].

Nicht die preistheoretische Seite also, sondern die verteilungstheoretische Seite kann deshalb allein von Interesse sein. Jedenfalls war sie das für Erich Preiser, der mit seiner eigenen Konstruktion - einem absoluten Profitaufschlag auf die Lohnkosten - zu Recht nie recht zufrieden war[24]. Unter kapitalistischen Bedin-

---

20 „Sieht man nun vom Gebrauchswert der Warenkörper ab, so bleibt ihnen nur noch eine Eigenschaft, die von Arbeitsprodukten." (Marx 1967, S. 52).

21 Vgl. dazu Harald Wohlrapp (1975) sowie Ulrich Krause (1977).

22 „Wenn unter Arbeitswertlehre die Hypothese verstanden wird, wonach die Preise von unter entwickelten kapitalistischen Verhältnissen produzierten Waren im langfristigen Durchschnitt den in diesen Waren als technischen Produkten verkörperten Arbeitszeiten, also ihren Arbeitswerten, proportional sein sollen, so gilt, daß keiner der großen Klassiker Smith, Ricardo, Marx sie für wahr gehalten hat." (Schefold 1973, S. 125).

23 Einfache Reproduktion, gleiche Umschlagshäufigkeiten, gleiche Kapitalzusammensetzungen und uniforme Mehrwertrate bei allen Kapitalen bedeuten nicht nur gleiche Profitrate, sondern vor allem auch, daß sich die Warenwerte sowohl wie die Quanten einfacher Durchschnittsarbeit als auch wie die Quanten konstanten Kapitals verhalten:

$$\frac{w_1}{w_2} = \frac{v_1}{v_2} = \frac{c_1}{c_2}.$$

24 Vgl. Erich Preiser (1961 [2] 1964), insbesondere S. 17 ff. Abgesehen von seiner frühen Vertrautheit mit der Marxschen Theorie war es in erster Linie der in dieser Studie ausgebreitete quasi-monopolistische Ansatz in der Verteilungstheorie, der Preiser an meinem Versuch interessierte, den Zusammenhang zwischen Profitrate und Profitaufschlag auf eine einheitliche Mehrwertrate zu gründen. Im Kontext der hier skizzierten Lösung stellen die

gungen herrscht neben der Marktkonkurrenz bezüglich der Produktpreise die Verwertungskonkurrenz der Kapitale, der für jedes Kapital wirksame Zwang, die gesellschaftliche Durchschnittsrendite zu erzielen[25]. Der Grund ist einsichtig genug: Unterdurchschnittliche Verzinsung vermindert die Akkumulationsmöglichkeit und senkt langfristig das Gewicht des fraglichen Kapitals als Teil des gesellschaftlichen Gesamtkapitals. Die soziologische Seite daran ist die allmähliche Minderung der Stellung und Bedeutung der Eigner im Vergleich und im Verhältnis zu den erfolgreichen Kapitalisten. Der Ausgleich der Profitraten ist nicht nur ein mathematisches Problem.

Die hier vorgelegte Lösung des Transformationsproblems besteht also unter diesem Blickwinkel *nicht* in dem Nachweis, daß irgendwie doch eine Arbeitswertlehre behauptet werden könne, sondern in dem verteilungstheoretisch interessanten Umstand, daß sich hinter der einheitlichen Nettoprofitrate r der unterschiedlich zusammengesetzten Kapitale, hinter den unterschiedlichen Bruttogewinnaufschlägen auf die Lohnsummen doch eine einheitliche Mehrwertrate verbergen kann. Die „Retransformation", die heuristische Zurückführung der gleichgewichtigen Produktionspreise auf ein gleichgewichtiges Schema von Werten hat letztlich nur den Sinn, die Existenzmöglichkeit einer solchen uniformen Mehrwertrate darzutun.

Selbst wenn man alle Marxschen Setzungen akzeptierte, bleibt der zentrale Einwand bestehen, daß eine Mehrwerttheorie nur in einer reinen Klassengesellschaft ein zulänglicher Ansatz von Verteilungstheorie sein kann. Diese Annahme jedoch ist heute schwerer denn je aufrechtzuerhalten[26]. So bleibt die Lösung des Transformationsproblems letztlich doch eine akademische Fingerübung.

Aufschlagssätze kein Problem dar. Bruttoprofit in Bezug auf die Lohnsumme liest sich als $\alpha = M_i/V_i = (\rho_i + 1)\,r$ und Nettoprofit in Bezug auf die Lohnsumme als $\beta = P_i/V_i = (\rho_i + 1)\,r^2/\pi$ oder $\beta = \alpha\, r/\pi$.

25 „In some ways, Marx came closer in form to modern theory in his scheme of simple reproduction (*Capital*, Vol. II), studied in combination with his development of relative price theory (Vols. I and III), than any other classical economist. Though he confuses everything by his attempt to maintain simultaneously a pure labor theory of value and an equalization of rates of return on capital". (Arrow/Hahn 1971, p. 2).

26 Vgl. etwa Peter Kalmbach 1995.

Literatur

Arrow, K. J./Hahn, F. H. (1971), General Competitive Analysis, San Francisco and Amsterdam.

Baumol, W. (1974), The transformation of values: what Marx „really" meant (an Interpretation), *Journal of Economic Literature*, vol. XII, pp. 51-61.

Bortkiewicz, L. v. (1905 und 1906), Wertrechnung und Preisrechnung im Marxschen System, *Archiv für Sozialwissenschaft und Sozialpolitik*, Bd. XXIII, S.1-50, Bd.XXV, S.10-51 und S.445-488.

Gianquinto, A. (1975), Gerhard Huber: Marx e la centralità della teoria della trasformazione, Rom (La goliardica editrice: Quaderni di epistemologia, n.2).

Kalmbach, P. (1995), Die Entwicklung der Lohnquote und die Entwicklung der Einkommensverteilung, *Hamburger Jahrbuch für Wirtschafts- und Gesellschaftspolitik*, 40, S.273-289.

Krause, U. (1977), Die Logik der Wertform, *mehrwert*, 13, S. 143-164.

Krause, U. (1979), Elemente einer multisektoralen Analyse der Arbeit, in: H.-G. Backhaus u.a. (Hrsg.) (1979): *Gesellschaft, Beiträge zur Marxschen Theorie* 13, Frankfurt am Main, S.15-53.

Krause, U. (1981), Heterogeneous Labour and the Fundamental Marxian Theorem, *Review of Economic Studies*, vol. XLVIII, pp. 173-178; reprinted as No. 29 (pp. 352-357) in: J.E. King (ed.) (1988): Marxian Economics, II. Aldershot (Edward Elgar: Schools of Thought in Economics 9).

Marx, K. (1862), Brief an Friedrich Engels vom 2. August 1862, in: Marx-Engels-Werke, Bd. 30, Berlin, S. 265 f.

Marx, K. (1947) Zur Kritik der politischen Ökonomie / Erstes Heft, [Berlin (Franz Duncker) 1859], Berlin.

Marx, K. (1953), Grundrisse der Kritik der politischen Ökonomie (Rohentwurf), [1857/1858], Berlin.

Marx, K. (1959), Theorien über den Theorien über den Mehrwert [1862/63], 2.Teil, Berlin.

Marx, K. (1964), Das Kapital. Kritik der politischen Ökonomie. Drittes Buch. Band III: Der Gesamtprozeß der kapitalistischen Produktion.[1894], in: Marx-Engels-Werke, Bd.25, Berlin.

Marx, K. (1967), Das Kapital. Kritik der politischen Ökonomie. Erster Band. Buch I: Der Produktionsprozeß des Kapitals. [Hamburg (Meißner)], zitiert nach Marx-Engels-Werke, Bd. 23, Berlin.

Peter, H. (1933), Grundprobleme der theoretischen Nationalökonomie, [Bd.I]: Wert, Preis, Profit, Stuttgart.

Preiser, Erich (1961 ^{2}1964): Wachstum und Einkommensverteilung, Heidelberg (Carl Winter: Sitzungsberichte der Heidelberger Akademie der Wissenschaften, Philosophisch-historische Klasse, 5. Abhandlung).

Quaas, F. (1992), Das Transformationsproblem. Ein theoriehistorischer Beitrag zur Analyse der Quellen und Resultate seiner Diskussion, Marburg.

Samuelson, P. A. (1971), Understanding the Marxian Notion of Exploitation: A summary of the So-Called Transformation Problem. Between Marxian Values And Competitive Prices, *Journal of Economic Literature*, vol. IX, pp. 399-428.

Schefold, B. (1973), Wert und Preis in der marxistischen und neokeynesianischen Akkumulationstheorie, *mehrwert*, H.1, S. 125-175.

Schumpeter, J. A. (1924), Epochen der Dogmen- und Methodengeschichte, in: Grundriß der Sozialökonomik, I. Abteilung, Tübingen.

Seton, F. (1957), The „Transformation Problem", *Review of Economic Studies*, vol. XXIV, pp.149-160.

Steedman, I. (1977), Marx after Sraffa, London.

Wicksteed, P. H. (1884), *Das Kapital*: a criticism. *To-Day*, vol. II (New Series), pp. 388-409, wd. abgedruckt in: Derselbe (1910): The Common Sense of Political Economy and Selected Papers and Reviews on Economic Theory, London (Mac Millan), (^{2}1933) ed. by Lionel Robbins, 2 vols, London (Rout-ledge & Kegan Paul), pp. 705-733.

Wohlrapp, H. (1975), Materialistische Erkenntniskritik?, in: J.Mittelstraß (Hrsg.): Methodologische Probleme einer normativ-kritischen Gesellschaftstheorie, Frankfurt a.M.

Ian Steedman

Heterogene Arbeit, Geldlöhne und Marx' Theorie

1. Einführung

Es ist durchaus leicht, Marx' Begriffe der einfachen (ungelernten) und der komplizierten (gelernten) Arbeit zu verstehen; es ist noch leichter, sein Beharren darauf zu verstehen, daß unterschiedliche „konkrete" Arbeitszeiten qualitativ verschieden sind. Doch es würde eine beträchtliche Untertreibung sein zu behaupten, daß sein Begriff der „abstrakten Arbeit" lediglich etwas weniger durchsichtig und schwerer erfaßbar ist - doch es ist diese „abstrakte Arbeit" und nicht irgendeine besondere konkrete Form der Arbeit, zu der Marx seine zentrale Vorstellung vom Wert in Beziehung setzt. Der Zweck dieses Aufsatzes besteht darin, eine Interpretation der Marxschen Begriffe der abstrakten Arbeit und des Werts vorzustellen, die uns in die Lage versetzt, die Dunkelheit des Begriffs der abstrakten Arbeit aufzuhellen und gleichzeitig Marx' Betonung der zentralen Rolle des Goldgeldes, des Wertes und der unaussprechlichen Mannigfaltigkeit der konkreten Arbeiten aufrechtzuerhalten.[1] Wir werden die Schlußfolgerung ziehen, daß Marx' Konzept der abstrakten Arbeit von geringem oder gar keinem Nutzen ist, es sei denn als Metapher, und daß sein Begriff des Werts sich vom klassischen Quantitätskonzept der Arbeit nicht bedeutend unterscheidet.

2. Eine rationale Rekonstruktion

In diesem Abschnitt wird bewiesen werden, daß bestimmte Resultate, die in weiten Kreisen als notwendig anerkannt werden, um die Marxschen Beweisführungen aufrechtzuerhalten, dann und nur dann Bestand haben können, wenn die Quantitäten verschiedener Arten konkreter Arbeit vermittels der relativen Löhne jener verschiedenen Arten von Arbeit aggregiert werden. Selbst wenn dieses Argument akzeptiert wird, folgt daraus natürlich nicht, daß Marx bewußt in Begriffen einer solchen Aggregation konkreter Arbeiten dachte. Dieser Abschnitt beschäftigt sich deshalb einfach mit einer rationalen Rekonstruktion, und erst in den folgenden Abschnitten wird sich unsere Aufmerksamkeit wieder dem Zeugnis des Textes zuwenden, das sich auf Marx' eigene Art des Denkens stützt.

---

1 Ich möchte für Kommentare verschiedener Art meinen Dank richten an D. Elson, N. Geras, U. Krause, H. D. Kurz, P. von Parijs, T. Peach, D. Purdy, R. van der Veen, A. Villar, M. De Vroey, an die Teilnehmer der History of Economic Thought Conference in Manchester im September 1993 und des Colloque Marx de l' EHESS in Paris, im Dezember 1983.

Es scheint zweckmäßig, unsere Diskussion unter den Bedingungen einer kapitalistischen Konkurrenzwirtschaft auszuführen, in der alle Produktion für den Verkauf erfolgt, in der jegliche Arbeit Lohnarbeit ist und der Austausch mit Hilfe des Mediums Geld stattfindet. Es gibt keine Boden- und Bergwerksrenten usw.; die Wirtschaft ist autark und die Regierung spielt keine unmittelbare ökonomische Rolle; und um irrelevante Komplikationen zu vermeiden, wird angenommen, daß es kein fixes Kapital und keine Kuppelproduktion gibt. Es wird unterstellt, daß die Wirtschaft einer stetigen Reproduktion unterliegt, ohne Zyklen, Krisen oder andere „Realisations"-Probleme - natürlich nicht, weil solche Probleme unwichtig wären, sondern, weil die Fragen, mit denen wir uns beschäftigen, sogar bei ihrer Abwesenheit auftreten. Es soll explizit angemerkt werden, daß - während verschiedene Arten konkreter Arbeit scharf voneinander unterschieden werden - es für unsere Beweisführung niemals notwendig sein wird festzustellen, ob sie durch den Grad an Geschicklichkeit differenziert werden oder nicht. Wie bereits der gedankenreiche marxistische Schriftsteller I. I. Rubin (1973, orig. viel früher, Kap. 14 und 15) betont hat, müssen sogar völlig einfache konkrete Arbeiten in verschiedenen Geschäftszweigen in gewisser Weise gleichgesetzt werden, bevor Arbeitsmengen definiert und verglichen werden können. Und außerdem gibt es, wie kürzlich Bowles und Gintis (1977) betont haben, wenig Grund dafür anzunehmen, daß alle Lohnunterschiede mit Hilfe von Differenzen in der Geschicklichkeit erklärt werden können. Wir werden deshalb durchweg an *jedem* Unterschied zwischen den Typen konkreter Arbeit interessiert sein, welchen Grund jene Differenz auch immer hat.

Das Preis-Wert-Argument

Wir können mit einem einfachen Zahlenbeispiel für eine Ökonomie beginnen, in der es zwei produzierte Waren gibt, und zwar Korn und Eisen, und zwei Arten konkreter Arbeit, die korn- bzw. eisenproduzierende Arbeit. Die direkte Produktion von 1 Einheit Korn erfordert als Input die Verwendung von 2/3 einer Einheit Eisen und 7/3 Einheiten kornproduzierender Arbeit; jene von 1 Einheit Eisen erfordert 1/3 einer Einheit Korn und 7/3 Einheiten eisenproduzierender Arbeit. Direkt und indirekt wendet folglich die Produktion von 1 Einheit Korn 3 Einheiten kornproduzierender Arbeit und 2 Einheiten eisenproduzierender Arbeit an, während die Produktion von 1 Einheit Eisen 1 Einheit kornproduzierender Arbeit und 3 Einheiten eisenproduzierender Arbeit gebraucht. Wir unterstellen *für den Anfang*, daß die Profite Null sind.

Die relativen Preise - der Tauschwert - von Korn und Eisen wird natürlich durch

$$\frac{p_c}{p_i} = \frac{3m_c + 2m_i}{m_c + 3m_i} \tag{1}$$

gegeben sein, wobei m_c und m_i die Lohngrößen für korn- bzw. eisenproduzierende Arbeit sind.[2] (In späteren Abschnitten wird großes Gewicht auf den Ausdruck der Löhne in Gold gelegt werden, aber hier können m_c und m_i nach jedem beliebigen Standard gemessen worden sein, da gegenwärtig nur ihr Verhältnis zueinander wichtig ist.) Nun sind die *Werte* von Korn und Eisen die Mengen „abstrakter Arbeit", die bei ihrer Produktion verausgabt worden sind, und folglich kann das Verhältnis jener Werte v_c/v_i wie folgt geschrieben werden:

$$\frac{v_c}{v_i} = \frac{3a_c + 2a_i}{a_c + 3a_i}, \tag{2}$$

wobei a_c und a_i die Mengen abstrakter Arbeit je Einheit konkreter Arbeit der korn- bzw. eisenproduzierenden Arbeit sind. Wenn aber, wie hier angenommen, die Profite Null sind, dann muß man unterstellen, daß Marx auf einer Gleichheit von p_c/p_i und v_c/v_i bestehen würde; aus (1) und (2) folgt dann, daß dies *nur dann* der Fall sein kann, wenn $a_c/a_i = m_c/m_i$ ist.

Unterstellt man nun, daß (wie es wahrscheinlich scheint) $m_c = \sqrt{2}m_i$ ist; das macht p_c/p_i unabhängig von dem (verschwindenden oder positiven) Niveau einer einheitlichen Profitrate, oder, mit anderen Worten ausgedrückt, dies ist der Fall einer „gleichen Zusammensetzung des Kapitals". In einem solchen Fall muß man wieder erwarten, daß bei *allen* Profitraten $v_c/v_i = p_c/p_i$ ist; aber es ist leicht zu zeigen, daß dies nur dann so ist, wenn $a_c = \sqrt{2}a_i$ d.h. nur wenn $a_c/a_i = m_c/m_i$ gilt.

Das obige kann nun allgemeiner ausgedrückt werden. Die j-te Spalte der Matrix L repräsentiere die Mengen der verschiedenen Arten konkreter Arbeit, die direkt oder indirekt bei der Produktion einer Einheit der Ware j erforderlich ist. Es seien $\mathbf{p}$, $\mathbf{m}$, $\mathbf{v}$, $\mathbf{a}$ beziehungsweise die Zeilenvektoren der Warenpreise, Lohngrößen, Warenwerte und Mengen abstrakter Arbeit je Einheit konkreter Arbeit. Wenn die Profite Null sind oder wenn die „Zusammensetzungen des Kapitals" gerade einander gleich sind, gilt $\mathbf{p} = k_1\mathbf{m}L \quad (k_1 \geq 1)$. Außerdem ist $\mathbf{v} = \mathbf{a}L$, so daß $\mathbf{p}$ und $\mathbf{v}$ - wie unter den angenommenen Bedingungen gefordert - proportional sein werden, und zwar dann und nur dann, wenn

$$\mathbf{a}L = k\mathbf{m}L, \tag{3}$$

2 Die Indizes entsprechen denen im englischsprachigen Original. Dabei steht c für corn und i für iron. (Anmerkung des Übersetzers Georg Quaas).

wobei $k>0$ ist und die Dimension „abstrakte Arbeit je Einheit eines in welcher Maßeinheit auch immer gemessenen Lohnes" hat. Es ist offensichtlich, daß $\mathbf{a} = k\mathbf{m}$ immer eine Lösung von (3) ist; noch wichtiger ist hier der Fakt, daß $\mathbf{a} = k\mathbf{m}$ die *einzige* Lösung von (3) ist, wenn die Zeilen von L linear unabhängig sind, und so der Vektor der abstrakten Arbeit **a** streng proportional zum Vektor der Löhne **m** sein muß. Wenn nicht alle Zeilen von L linear unabhängig sind, indiziere man die konkreten Arbeiten so um, daß die voneinander unabhängigen Zeilen im oberen Teil der Matrix L erscheinen, den wir mit L bezeichnen. Der untere Teil, L_2, muß die Bedingung $L_2 = TL_1$ für irgendeine Matrix T erfüllen. Nachdem **a** und **m** dementsprechend unterteilt worden sind, können wir (3) umschreiben zu

$$(\mathbf{a}_1 + \mathbf{a}_2 T)L_1 = k(\mathbf{m}_1 + \mathbf{m}_2 T)L_1;$$

und dies impliziert, daß

$$\mathbf{a}_1 + \mathbf{a}_2 T = k(\mathbf{m}_1 + \mathbf{m}_2 T) \qquad (4)$$

ist. Obwohl $\mathbf{a} = k\mathbf{m}$ nicht die einzige Lösung von (4) ist, ist es natürlich eine Lösung, und allgemeiner gesagt zeigt (4) noch, daß **a** nicht unabhängig von **m** sein kann, wenn **p** und **v** proportional sein sollen. Ein detaillierteres Studium von (4) würde natürlich möglich sein, aber durch die folgende Beweisführung erweist sich dies als unnötig.

Das Surplus-Null Argument

Betrachten wir noch einmal eine Ökonomie, in der die Profite Null sind (oder positiv, aber vernachlässigbar). Jeder Arbeiter oder jede Gruppe von Arbeitern wird bestimmte konkrete Arbeiten leisten und die erlangten Löhne dazu verwenden, einen Korb von Waren für den Konsum zu kaufen. (Es wird angenommen, daß die Ersparnisse der Arbeiter gleich Null sind.) Jene Menge wird eine bestimmte Quantität abstrakter Arbeit zu seiner Produktion erfordert haben, gerade wie die geleistete konkrete Arbeit einen Input (oder Beitrag) abstrakter Arbeit konstituiert. Unsere Frage ist diese: Unter welchen Bedingungen ist es sicher, daß bei verschwindenden oder vernachlässigbaren Profiten jeder Arbeiter oder jede Gruppe von Arbeitern dieselbe Größe abstrakter Arbeit „empfangen" wird wie „beigetragen" worden ist?

Betrachten wir eine Gruppe Arbeiter mit einem (oder mehreren) Mitglied(ern), die einen Spaltenvektor konkreter Arbeiten **l** darstellt und einen Spaltenvektor von Konsumwaren $\mathbf{w}$ verzehrt! Der „Surplus“ an abstrakter Arbeit, die über der „empfangenen“ „beigetragen“ worden ist, wird

$$s \equiv \mathbf{al} - \mathbf{a}L\mathbf{w} \tag{5}$$

sein, wobei $\mathbf{a}$ und L so wie oben definiert worden sind. Nun ist $\mathbf{pw} = \mathbf{m}L\mathbf{w} = \mathbf{ml}$, weil (a) bei Fehlen von Profit $\mathbf{p} = \mathbf{m}L$ ist und (b) alle verdienten Löhne für $\mathbf{w}$ ausgegeben werden. Folglich gilt für jedes $k>0$

$$k(\mathbf{ml} - \mathbf{m}L\mathbf{w}) = 0,$$

so daß (5) wie folgt umgeschrieben werden kann:

$$s \equiv (\mathbf{a} - k\mathbf{m})(\mathbf{l} - L\mathbf{w}). \tag{6}$$

Wenn wir uns daran erinnern, daß die Profite Null sind - wann können wir sicher sein, daß *jede* Gruppe von Arbeitern ein s haben wird, das exakt gleich Null ist, was ihre besonderen konkreten Arbeiten $\mathbf{l}$ und wie ihr Konsummuster auch immer sein mögen? Dann und *nur* dann, wenn wir darauf bestehen, daß

$$\mathbf{a} = k\mathbf{m} \tag{7}$$

ist. Wohlgemerkt ist es für diese Argumentation irrelevant, ob die Zeilen von L linear unabhängig sind oder nicht; aus diesem Grund ist die detaillierte Analyse der Gleichung (4) nicht weiterverfolgt worden. Die einzige abstrakte Arbeitsaggregation von konkreten Arbeiten, die bei Abwesenheit von Profit sicherstellt, daß jede Gruppe von Arbeitern abstrakte Arbeit mit einem Surplus exakt gleich Null leistet, ist eine Aggregation, bei der der Vektor $\mathbf{a}$ proportional zum Vektor der Löhne ist.

Das Argument einer gleichen Mehrwertrate

Wir können nun das voranstehende Argument wiederholen, und zwar mit dem einen Unterschied, daß $\mathbf{p} = \mathbf{m}L + \boldsymbol{\pi}$ ist, wobei $\boldsymbol{\pi}$ ein positiver Zeilenvektor der Profite pro Wareneinheit ist. (Es ist hier nicht notwendig, die Existenz einer einheitlichen Profitrate entweder zu bejahen oder zu verneinen.) Wie zuvor ist $s \equiv \mathbf{al} - \mathbf{a}L\mathbf{w}$, aber nun gilt $\mathbf{pw} = \mathbf{m}L\mathbf{w} + \boldsymbol{\pi}\mathbf{w} = \mathbf{ml}$. Die *Rate* der (abstrakten) Mehrarbeit ist gegeben durch

$$\frac{s}{\mathbf{a}L\mathbf{w}} \equiv \frac{\mathbf{al} - \mathbf{a}L\mathbf{w}}{\mathbf{a}L\mathbf{w}}. \tag{8}$$

Wenn $\mathbf{a} = k\mathbf{m}$ ist, folgt aus (8), daß

$$\frac{s}{\mathbf{a}L\mathbf{w}} = \frac{\pi\mathbf{w}}{\mathbf{m}L\mathbf{w}}, \tag{9}$$

so daß die „Rate des Mehrwertes" ($s/\mathbf{a}L\mathbf{w}$) unabhängig von $\mathbf{l}$ ist: wenn alle Arbeiter Waren in denselben *Proportionen* konsumieren (obwohl vielleicht auf sehr verschiedenen absoluten Niveaus), dann ist die „Rate des Mehrwertes" sowohl positiv *als auch* für alle Arbeiter *dieselbe,* so wie dies von Marx angenommen wurde (siehe Abschnitt 4 unten!).

Unterstellen wir aber nun, daß $\mathbf{a} \neq k\mathbf{m}$ ist! Selbst wenn alle Arbeiter in denselben Proportionen konsumieren, hängt die „Mehrwertrate" von $\mathbf{l}$ ab, d.h. sie variiert zwischen verschiedenen konkreten Arbeiten. Der einzige Weg um sicherzustellen, daß man ein solches von Marx abweichendes Ergebnis nicht erhalten kann, besteht darin, darauf zu bestehen, daß $\mathbf{a} = k\mathbf{m}$ ist.

Daher ist die Schlußfolgerung aus unseren drei Argumenten diese: wenn innerhalb der Marxschen Theorie behauptet werden muß, daß (a) Preise und Werte proportional zueinander sind, wenn die Profite Null oder die „Zusammensetzungen des Kapitals" gleich sind, (b) jede Art von Arbeit eine (abstrakte) Mehrarbeit gleich Null darstellt, wenn die Profite Null sind, und (c) die Rate der (abstrakten) Mehrarbeit einheitlich ist, wenn die Profite positiv sind, dann ist die *einzig* akzeptable Aggregation der konkreten Arbeiten unter dem Gesichtspunkt der in ihnen enthaltenen abstrakten Arbeit diejenige, bei der der Vektor $\mathbf{a}$ streng proportional zum Vektor der Löhne ist.

Zu dieser Schlußfolgerung sind zwei Anmerkungen angebracht. Die erste ist, daß *keine* Kausaltheorie oder Erklärung dargelegt worden ist, und daß insbesondere nichts darüber gesagt worden ist oder werden mußte, *warum* die relativen Löhne so sind, wie sie sind. Die zweite ist, daß es völlig abwegig sein würde zu unterstellen, daß die Löhne einander gleich sein werden, wenn alle betrachteten konkreten Arbeiten einfache (oder ungelernte) Arbeiten sind (mit der Implikation, daß alle Elemente von $\mathbf{a}$ gleich sind, so daß die Aggregation abstrakter Arbeit gleichbedeutend mit der einfachen Addition der ungewichteten konkreten Arbeiten ist). Der einfache Fakt ist der, daß sogar unter den ungelernten Arbeiten die Löhne stark differieren in Abhängigkeit vom Industriezweig, von der Art der konkreten Arbeit, von der geographischen Region, vom Alter, vom Geschlecht und (manchmal) von der Rasse; ja, innerhalb eines Industriezweiges und einer geographischen Region sogar vom Unternehmen (vgl. u.a. Bowley 1900 sowie Routh 1980). Dies ist keineswegs ein einfach zufälliger Fakt, der auf der Ebene der Theorie zu Recht ignoriert wird; es gibt klare *theoretische Gründe, warum* solche Unterschiede existieren (Smith 1990, Buch I, Kap.10).

3. Die Messung der „Arbeit" in der klassischen Ökonomie

Es ist eben im Abschnitt 2 gezeigt worden, daß die Logik einiger der Marxschen Positionen erfordert, daß er die konkreten Arbeiten aggregiert, indem sie proportional zu den Löhnen jener konkreten Arbeiten gewichtet werden, und es wird im Abschnitt 4 weiter unten erörtert werden, ob es einen unmittelbaren Textbeleg dafür gibt, daß Marx explizit in Begriffen einer solche Aggregation dachte. Die meisten der Marxschen Schriften sind in dieser Hinsicht schwer faßbar. Es dürfte deshalb nützlich sein, in diesem Abschnitt zuerst festzustellen, wie viele der großen klassischen Schriftsteller, mit deren Werken Marx gründlich vertraut war, ihren Gebrauch der „Lohngrößen-Aggregation" ganz deutlich machten, wenn sie auf Quantitäten der „Arbeit" bezug nahmen. Da Marx diese Autoren ausführlich und im kleinsten Detail kritisierte, aber nicht wegen ihres gemeinsamen und klaren Gebrauchs einer solchen Lohngrößen-Aggregation, ist es plausibel, obwohl natürlich nicht außer Zweifel, zu unterstellen, daß sein diesbezügliches Unterlassen einer ausdrücklichen Aussage zu diesem Gegenstand sein Akzeptieren jener allgemeinen Prozedur widerspiegelt. Dieser Abschnitt liefert so einen Hintergrund für die Beweisführung des Abschnittes 4; er liefert ganz sicher nicht eine vollständige Untersuchung der klassischen Lohntheorien.
Im Buch I, Kapitel 10, des *Essai sur la Nature du Commerce en Général* (1959, S.29) schreibt Cantillon:

> „...der Preis oder wirkliche Wert eines Dinges ist das Maß der Quantität ... der Arbeit, die in seine Produktion eingeht und die einen Bezug ... zur Qualität der Arbeit hat".[3]

Unnötig zu sagen, daß ich hier die (für Cantillons Zwecke fragwürdigen) Bezugnahmen auf Boden und seine Fruchtbarkeit weggelassen habe, um den Fakt hervorzuheben, daß Cantillon bei der Bezugnahme auf die „Quantität der Arbeit" es als selbstverständlich annimmt, daß jene Quantität eine qualitativ relativierte ist: d. h., man erhält sie nicht, wenn man einfach die Arbeitsstunden ohne Rücksicht auf ihre Qualität aufaddiert. Außerdem machen die ersten beiden Absätze des Kapitels 10 klar, daß Cantillon die relative „Qualität" unterschiedlicher Arbeitsstunden als durch ihre relativen Löhne gemessen auffaßt, nachdem die voranste-

3 Die Textstelle lautet im Original: „the Price or intrinsic value of a thing is the measure of the quantity ... of Labour entering into its production, having regard ... to the quality of the Labour". (Anmerkung d. Übers.).

henden Kapitel 7 und 8 bereits erklärt haben, daß die Löhne differieren müssen, um während der Lehre entgangene Einkünfte, die Risiken einer mangelhaften Sicherung der Beschäftigung, die Gefahren der Arbeit, das Maß der Geschicklichkeit und der Zuverlässigkeit etc. in Rechnung zu stellen. (Kapitel 8 enthält einen Verweis auf einen Juwelier, der auserwählt war, als Beispiel für einen gelernten Arbeiter zu dienen.) Kurz gesagt, für Cantillon ist die „Arbeitsmenge", die bei der Produktion einer Ware erforderlich ist, eine durch den Lohn gewichtete und aggregierte Quantität der verschiedenen unterschiedlichen Arbeiten.[4]
In den Kapiteln 5, 6, 8 und 10 aus dem Buch I von *The Wealth of Nations* nimmt Smith explizit bezug auf den Fakt, daß die Löhne nicht einheitlich sind, liefert eine detaillierte Darstellung, warum das so ist, und macht klar, daß es mehr als die reinen Arbeitsstunden sind, die man in Rechnung stellen muß, wenn man die Arbeitsmengen bewertet:

> „Oft fällt es nämlich schwer, das Verhältnis zweier verschiedenen Arbeitsmengen zueinander zu ermitteln. So kann die Zeit allein, die auf zwei verschiedene Arten von Arbeit verwendet wird, nicht immer dieses Verhältnis ausdrücken. Man muß auch die Unterschiede der aufgewandten Mühe und geistigen Anstrengung auf gleiche Weise berücksichtigen. So kann in einer anstrengenden Tätigkeit von einer Stunde mehr Arbeit stecken als in einer leichten Beschäftigung von zwei Stunden oder in einer einstündigen Ausübung eines Berufes, der zehn Jahre Ausbildung voraussetzt, mehr als in einer einfachen und leichten Beschäftigung in einem ganzen Monat." (Smith 1990, S.29).

Smith geht weiter und sagt, daß es nicht einfach ist, Mühe und geistige Anstrengung in einer exakten Weise zu messen, daß aber in der Praxis für diese Faktoren ein hinreichend genauer Interessenausgleich erzielt wird, und zwar im Austausch der Produkte verschiedenartiger Arbeiten auf dem Markt. Obwohl Smith hier *nicht* sagt, daß die relativen Löhne jene Faktoren widerspiegeln, kann man sich aber nur schwer eine Möglichkeit vorstellen, wie dies nicht (wenigstens annähernd) der Fall sein sollte, wenn die Tauschwerte der Arbeitsprodukte, wie er behauptet, sie (annähernd) reflektieren. Daß diese Interpretation völlig übereinstimmt mit Smith' eigener Sicht, wird durch die ersten vier Absätze des Kapitels 6 stark nahegelegt, die von „jenem frühen und rohen Zustand der Gesellschaft" handeln. Der erste Absatz präsentiert das berühmte Hirsch- und Biber-Beispiel. Der zweite Absatz lautet vollständig:

---

4 Marx nimmt direkt auf den *Essai* bezug im *Kapital*, Band I und Band III, und in den *Theorien über den Mehrwert*, Teil 1; im *Kapital*, Band III, enthält Marx' Kapitel über Stücklöhne ein bedeutsames Zitat aus dem *Essai*.

> „Erfordert eine Arbeit mehr Anstrengung als eine andere, sollte dies natürlich berücksichtigt werden, so daß der Ertrag einer Arbeitsstunde durchaus gegen den zweier Arbeitsstunden ausgetauscht werden kann." (Ebenda, S.42).

Der dritte Absatz arbeitet diesen Punkt unter Verweis auf Unterschiede des Geschicks, der Kenntnis und der Ausbildungskosten weiter heraus. Und dennoch ist Smith sofort bereit zu behaupten, und zwar sowohl im ersten als auch im vierten Absatz des Kapitels 6, daß es die „Arbeitsmengen" sind, die die Austauschverhältnisse in dem „frühen und rohen Zustand" regeln. Wie Cantillon meint Smith mit „Quantität" der Arbeit dann nicht einfach Arbeitsstunden, sondern Stunden, die hinsichtlich des Maßes der Entbehrung etc. gewichtet sind. Außerdem enthält der dritte Absatz einen Exkurs:

> „Im entwickelten Gemeinwesen wird der Einsatz von mehr Energie und Geschick gewöhnlich im *Arbeitslohn* berücksichtigt ..." (ebenda, Hervorhebung I.S.),

so daß Smith, wieder wie Cantillon, wenn er auf die „Quantität" der Arbeit im Kontext einer „entwickelten" Gesellschaft bezug nimmt, wahrscheinlich eine durch den Lohn gewichtete und aggregierte Arbeitsmenge meint.[5]

Die ersten Seiten aller drei Ausgaben von Ricardos (1979) *Principles of Political Economy* enthalten eine explizite Diskussion der relativen Löhne und ihrer Bedeutung für den Begriff einer „Quantität der Arbeit". In der dritten Ausgabe führt Ricardo tatsächlich einen neuen Abschnitt ein, mit

> „Abschnitt 2. Verschieden qualifizierte Arbeit wird verschieden entlohnt. Das ist keine Ursache für die Veränderung des relativen Wertes der Waren." (Ricardo 1979, S.18).

---

[5] Es wäre überflüssig, alle Marxschen Bezugnahmen auf *The Wealth of Nations* zu zitieren, aber es sollte angemerkt werden, daß in den *Theorien über den Mehrwert*, Teil II, die Seiten 228-233 dem Buch I, Kapitel 10 gewidmet sind, von dem Marx schreibt: „Dies betrifft nur das Detail, [ist] also das chapter von der Konkurrenz und ist in seiner Art sehr gut. Ganz exoterisch" (S. 228). (Marx verweist fast sicher auf dasselbe Kapitel von Smith im *Kapital*, Band III, S.151.) Es ist auch von Interesse, daß Marx in den *Theorien über den Mehrwert*, Teil I, S.48 f., sowohl vom ersten als auch vom vierten Absatz aus Smith' Buch I, Kapitel 6, zitiert, aber überhaupt keine Bemerkung zum zweiten und dritten Absatz macht, die, wie wir gerade gesehen haben, wichtig sind, um zu verstehen, was Smith mit einer „Quantität Arbeit" meint.

überschrieben - was die Gegenwart jener Diskussion unterstreicht. (Er fügte auch neue Eintragungen zum Index hinzu, die dieselbe Wirkung hatten.) Ricardo folgt stark Smith, indem er ihn zweimal zitiert und fast umschreibt, selbst wenn er seine eigenen Worte gebraucht. Ricardo macht klar, daß, wenn er von

> „der relativen Quantität Arbeit als fast alleinigem Bestimmungsgrund für den relativen Wert von Waren" (ebenda)

spricht, er „Arbeit" nicht einfach durch Zählen der Arbeitsstunden mißt, sondern durch Zählen der Stunden unterschiedlicher Arbeiten, die durch ihre relativen Löhne gewichtet werden. Ricardos Absicht in diesem Abschnitt besteht darin, geltend zu machen, daß sich die relativen Löhne mit der Zeit sehr wenig ändern und dies das Resultat hat, daß Veränderungen in den relativen „Arbeitsmengen", die zur Produktion der Waren erforderlich sind, tatsächlich Änderungen der angewandten Arbeitsmengen reflektieren und nicht Änderungen der relativen Löhne. Ob nun jene Behauptung gerechtfertigt war oder nicht, die Bedeutung dieses Abschnittes besteht in unserem Zusammenhang darin, ziemlich klar zu machen, daß Ricardo wie Cantillon und Smith unterschiedliche Löhne bei der Messung der „Arbeitsmenge" in Betracht zogen.[6]

6 Vgl. auch Ricardo (1966, S.34): *Notes on Malthus's Principles of Political Economy*, in denen „Quantität der Arbeit" dasselbe wie „Kosten der Arbeit" bedeutet.
Oben ist festgestellt worden, daß Marx zu Smith' Bezugnahmen auf differenzierte Löhne Anmerkungen machte, als er die Diskussion des letzteren über den „frühen und rohen Zustand" kommentierte, und deshalb ist es von Interesse, daß Ricardos Abschnitt 2 ebenfalls eine kurze Anmerkung von Marx erhalten hat. In den *Theorien über den Mehrwert*, Teil II, sind die Seiten 158-214 Ricardos Werttheorie gewidmet - als Reaktion auf Kapitel 1 der *Principles*. Auf den Seiten 164-165 kommentiert er die Abschnitte 1, 3, 4 und 5, nachdem er erwähnt hat, daß das Kapitel 1 sieben Abschnitte umfaßt (Marx muß wohl auf die 3. Ausgabe bezug nehmen), aber er sagt nichts über den Abschnitt 2. Volle 30 Seiten, die Seiten 170-200, sind den Abschnitten 3-7 gewidmet, aber nichts darin dem Abschnitt 2. Später, auf den Seiten 397-402, werden die Abschnitte 1 und 3 diskutiert, aber wieder fehlt bemerkenswerterweise der Abschnitt 2. Marx lobt hier Ricardo, weil er sich „gegen A.Smiths Verwechslung" (Marx 1987, S.397) wendet zwischen den Werttheorien der verkörperten und der kommandierten Arbeit. Ob Marx vielleicht fühlte, daß diese Unterscheidung weniger klar abgegrenzt erscheinen würde, wenn behauptet würde, daß die „Menge der Arbeit" von den relativen Löhnen abhängt? Wäre eine solche Furcht gerechtfertigt gewesen? Unglücklicherweise können wir nicht dabei verweilen, diese Fragen zu erwägen, obwohl die zweite klarerweise von Interesse ist. Auf der anderen Seite gibt es eine Stelle in den *Theorien über den Mehrwert*, Teil III, wo Marx wahrscheinlich auf Ricardos Abschnitt 2 bezug nimmt, da er im Zusammenhang mit der Existenz qualifizierter und einfacher Arbeit schreibt: „R[icardo] hat nachgewiesen, daß dies fact nicht verhindert, die Waren an der Arbeitszeit zu messen, wenn das Verhältnis zwischen simple und composite labour gegeben" (Marx 1972, S.164 f.). Marx verteidigt hier Ricardos Analyse gegen die Kritik Samuel Baileys, so daß es sein könnte, daß Marx die Argumentation des Abschnittes 2 so sehr für

In seinen *Elements of Political Economy* von 1821 schreibt James Mill:

> „Bei der Bewertung gleicher Mengen Arbeit würde natürlich eine zusätzliche Vergütung für unterschiedliche Schwierigkeitsgrade und Geschicklichkeiten inbegriffen sein... das Erzeugnis eines Arbeitstages, der entweder schwerer war oder einen größeren Geschicklichkeitsgrad erforderte, würde sich gegen etwas mehr (als das Erzeugnis eines anderen Arbeitstages) austauschen".[7]

Ein paar Seiten weiter liefert Mill (ebenda, S. 264) eine klare Darstellung der Wirkung einer Änderung im Verhältnis der Löhne geschickter zu einfacher Arbeit auf den relativen Wert zweier Waren, deren Produktion unterschiedliche Proportionen geschickter und einfacher Arbeit erfordert. Dennoch beendet er dieselbe Darstellung mit der Feststellung, daß dieses Phänomen

> „nicht im geringsten die Wahrheit der Voraussetzung (beeinflußt), daß die Quantität der Arbeit die austauschbaren Werte bestimmt".

Man kann nur schlußfolgern, daß James Mill den Begriff „Quantität der Arbeit" benutzte, um auf die mit Hilfe der Löhne aggregierte Quantität der Arbeit zu verweisen. (Wie Winch in einer redaktionellen Fußnote hervorhob, war Ricardo nicht ganz glücklich mit Mills unzweideutigem Festhalten daran, daß das fragliche Phänomen absolut keinen Gegensatz zu der Behauptung darstellt, die den Tauschwert mit den Mengen der Arbeit in Beziehung setzt; siehe seinen Brief vom 18. Dezember 1821.)[8]

Samuel Bailey hielt in seiner Schrift *A Critical Dissertation on the Nature, Measure and Causes of Value* von 1825 an beidem fest, daß beträchtliche Lohnunterschiede existieren und daß es nicht ausreicht, zuerst diesen Fakt anzuerkennen, wie das sowohl Ricardo als auch James Mill taten, und dann wie sie zu sagen, daß dies bei der Bewertung der Arbeitsmengen vergütet wird:

---

gesichert hielt, daß er es nicht für nötig erachtete, sie zu erwähnen, außer wenn er es mit einer Kritik wie der Baileys zu tun hatte, der Lohnunterschiede betonte.

7 Die Textstelle lautet im Original (Mill 1966, S. 258): „In estimating equal quantities of labour, an allowance would, of course, be included for different degrees of hardness and skill ... the product of a day's labour, which was either harder, or required a greater degree of skill, would exchange for something more [than the product of another day's labour]".) (Anmerkung d. Übers.).

8 Marx exzerpierte 1844 nicht nur ausführlich Stellen aus den *Elements*, sondern kommentierte jenes Werk auch in den *Theorien über den Mehrwert*, Teil III, S.80-100. Es wird auch in seinen *Grundrissen* und in *Zur Kritik der Politischen Ökonomie* diskutiert.

„Beispiele dieser Art zerstören völlig die Integrität der Regel“.[9]

Sogar im spezifischeren Zusammenhang ist Bailey gegen die Verwendung des Begriffes „Quantität der Arbeit“, um auf etwas zu verweisen, auf das die relativen Löhne einen Einfluß haben:

> „Es muß letztlich inkorrekt sein, die *Quantität* der Arbeit als einzigen Grund (des Wertes, Hinzufügung I.S.) zu bezeichnen, wenn die *Qualität* der Arbeit in ihrer Wirkung so gleichmäßig ist... wie unbeträchtlich ihre Wirkung auch immer sein mag, sie können widerspruchsfrei weder verneint noch übersehen werden“.[10]

Schließlich merken wir an, daß J. S. Mill in seinen *Principles of Political Economy* von 1848 das 14. Kapitel des 2. Buches einer langen Diskussion der Lohnunterschiede zwischen verschiedenen Arten der Arbeit widmete, und im Buch III, Kapitel 4, Abschnitt 3, begründet er ausdrücklich, daß Änderungen der *relativen* Löhne die relativen Werte der Waren beeinflussen:

> „Löhne gehen in den Wert ein. Die relativen *Löhne* der für die Produktion unterschiedlicher Waren notwendigen Arbeit beeinflussen deren Wert genauso viel wie die relativen Quantitäten der Arbeit.“[11]

Während Mill diesen Abschnitt 3 damit beendet, Ricardo darin zuzustimmen, daß Arbeitsmengen wichtiger als Löhne sind, um die *Variationen* der Warenwerte zu

---

9 Die Textstelle lautet im Original (Bailey 1967, S. 209 f.): „instances of this kind entirely destroy the integrity of the rule“. (Anmerkung d. Übers.).

10 Die Textstelle lautet im Original (ebenda. S.213: „It must be altogether incorrect to designate *quantity* of labour the sole cause [of value - I.S.] when *quality* of labour is so steady in its effects ... however inconsiderable its effects may be, they cannot be consistently either denied or overlooked.“ - Worauf es hier ankommt, ist weder der Nachdruck oder der nachdrückliche Wille in Baileys Angriff, noch die Stichhaltigkeit der Marxschen Reaktion darauf, sondern nur die Tatsache, daß Marx mit Baileys Ansichten völlig vertraut war. Die *Critical Dissertation* wird im *Kapital*, Band 1 und 2, zitiert, und wird in den *Theorien über den Mehrwert*, Teil III, S.130-167, ausführlich diskutiert; ganz besonders im Teil III, S.165-166, zitiert Marx einige Stellen aus Bailey, auf die wir verwiesen haben.

11 Die Textstelle lautet im Original (Mill 1891, S.315): „Wages do enter into value. The relative *wages* of the labour necessary for producing different commodities, affect their value just as much as the relative quantities of labour“. (Anmerkung d. Übers.).

erklären, hat er ihre Abhängigkeit von den relativen Löhnen völlig klar gemacht.[12]

Man konnte also sehen, daß Cantillon, Smith, Ricardo und James Mill den Ausdruck „Quantität der Arbeit" gebrauchten, um auf die durch die Löhne gewichtete Summe „konkreter" Arbeitszeiten zu verweisen; daß Bailey ausdrücklich gegen diese Terminologie Einspruch erhob; und daß J. S. Mill (indem er vielleicht auf Bailey antwortet?) es vorzieht, jenen Gebrauch des Ausdruckes zu vermeiden, sogar, wenn er eine Sicht ausdrückt, die Ricardo und James Mill sicherlich akzeptiert hätten, nämlich, daß die relativen Werte von den relativen Löhnen abhängen. Es ist ebenfalls gezeigt worden, daß Marx mit jedem der relevanten Werke vertraut war. Wenn es also wahr ist, daß er nirgendwo in seiner minutiösen Zergliederung jener Werke eine solche über die Löhne vermittelte Aggregation der „konkreten Arbeiten" explizit zurückweist, ist es plausibel zu unterstellen, daß Marx jene Prozedur und den entsprechenden Gebrauch des Ausdruckes „Quantität der Arbeit" *akzeptierte*.

4. Abstrakte Arbeit und in Goldgeld ausgedrückte Löhne

Es ist oben gezeigt worden, erstens, die Marxsche Theorie „erfordert", daß der Vektor der abstrakten Arbeit pro Einheit konkreter Arbeit dem Lohnvektor proportional ist, und zweitens, daß Marx mit den klassischen Schriften gut bekannt war, in denen der Begriff „Quantität der Arbeit" die relativen Löhne voll in Rechnung stellte. Das Ziel dieses Abschnittes besteht darin zu zeigen, daß Marx in einem frühen Werk exakt der klassischen Verwendungsweise folgte; zu zeigen, wie er dazu kam, zunehmend eine „qualitative" Beziehung zwischen einerseits Goldpreis und Wert und andererseits den Quantitäten der „abstrakten Arbeit" zu behaupten; und eine Interpretation und Diskussion seines schwierigen Begriffs der abstrakten Arbeit vorzulegen.
Da Marx' spätere Schriften bestenfalls nur elliptisch auf die mit Löhnen gewichtete Aggregation bezug zu nehmen scheinen, möchten wir zuerst sein frühes Werk von 1847, *Das Elend der Philosophie*, betrachten. Während von Proudhon behauptet wird, er glaube, daß

> „jeder Arbeitstag ... soviel wie ein anderer Arbeitstag (gilt)" (Marx 1983, S. 82),

12 J.S. Mills *Principles* werden verschiedene Male im *Kapital* Band I und III zitiert, obwohl sie Marx mehr als einmal unvorteilhaft mit den früheren *Essays on Some Unsettled Questions of Political Economy* 1844 vergleicht.

schreibt Marx:

> „Setzt die Arbeitszeit als Maßstab des Wertes wenigstens voraus, daß die (Arbeits-)Tage *gleichwertig* sind, das heißt, daß der Arbeitstag des einen soviel wert ist wie der Arbeitstag des anderen? Nein. Nehmen wir einmal an, der Arbeitstag eines Goldarbeiters sei drei Arbeitstagen eines Webers gleichwertig". (Ebenda, S. 84).

So lange diese Relation fixiert ist, wird sich der relative Wert der Produkte im Verhältnis zu der in ihrer Produktion erforderlichen Arbeitszeit ändern.

> „Auf diese Art kann man den Wert durch die Arbeitszeit messen, trotz der Ungleichheit des Wertes der verschiedenen Arbeitstage; doch müssen wir, um ein solches Maß anwenden zu können, einen vergleichenden Maßstab für die verschiedenen Arbeitstage haben: Diesen Maßstab liefert die Konkurrenz." (Ebenda, S. 85).

Es wird klar sein, daß Marx' Entgegnung auf Proudhon hier eine direkte Umschreibung von Ricardos erstem Kapitel, Abschnitt 2, ist. Tatsächlich geht Marx weiter und sagt, daß, wenn

> „das Quantum der Arbeit an sich, ohne Rücksicht auf die Qualität, als Wertmesser genommen (wird)" (ebenda),

so kann dies nur sein, weil die moderne Industrie *alle* Arbeiten auf „einfache Arbeit" reduziert hat mit - vermutlich - den gleichen Löhnen (vgl. ebenda). Aber Proudhon, sagt Marx, behauptet

> „die Gleichwertigkeit der Arbeitstage der verschiedenen Arbeiter als Tatsache, ... und nimmt die Gleichheit der Löhne als bereits fertige Tatsache hin....". (Ebenda, S. 87).

Deshalb, was auch immer für die Vorzüge oder/und Nachteile der Marxschen Argumentation gegen Proudhon gehalten wird, es ist klar, daß Marx 1847 die Argumentation Ricardos aus dem „Abschnitt 2" akzeptiert und allgemeiner das klassische Konzept der „Quantität der Arbeit", das von den Löhnen genauso gut wie von der Arbeitszeit abhängt.
Zehn Jahre später, als er 1857-1858 die *Grundrisse* schrieb, war Marx mindestens genauso viel mit der Frage der „Substanz" des Wertes wie mit der nach seiner Größe beschäftigt. Genau wie er im Jahre 1847 geschrieben hatte, daß

> „es immer eine bestimmte Arbeit, nie Arbeit im allgemeinen (ist), die man kauft und verkauft" (ebenda, S. 89),

so besteht er in den *Grundrissen* darauf, daß

> „insofern sie [die Arbeitszeit - d.Ü.] als solche austauschbar (selbst Ware) ist, ist sie nicht nur quantitativ, sondern qualitativ bestimmt und verschieden ..." (Marx 1974, S. 87).

Und:

> „Die Arbeiten der Einzelnen in demselben *Arbeitszweig*, und die verschiednen Arten der Arbeit, sind nicht nur *quantitativ*, sondern *qualitativ* verschieden." (Ebenda, S. 89 f.).

Doch:

> „Was setzt der nur *quantitative* Unterschied von Dingen voraus? Die Dieselbigkeit ihrer *Qualität*." (Ebenda, S. 90).

Nachdem er so die offensichtlich implizite Frage gestellt hat, geht Marx weiter voran (wenn wir das lange Zitat aus Strabos *Geography* außer acht lassen können, das von den „ungewöhnlich geschickten und großen" Albanern handelt), um auf das *Geld* in seiner Rolle als Maß bezug zu nehmen und zu behaupten, daß

> „ein besonderes Produkt (*Ware*) (Material) ... das Subjekt des Geldes werden (muß) ...". (Ebenda).

Warum geht Marx unmittelbar zur Rolle des metallischen Geldes über, nachdem er gefragt hat, wie qualitativ unterschiedliche Arbeitszeiten kommensurabel gemacht werden können? Fünf Seiten vorher hat er bereits behauptet, daß Geld

> „nur möglich (ist), ... indem der Tauschwert der Waren mit einer besondren Substanz, einer besondren Ware im Unterschied von allen übrigen, identifiziert wird. ... Das Geld ist die Arbeitszeit als allgemeiner Gegenstand, oder die Vergegenständlichung der allgemeinen Arbeitszeit, die Arbeitszeit als *allgemeine Ware*". (Ebenda, S. 85).

Und viel später im selben Werk verweist er auf

> „Geld ... (als) die Materiatur der Arbeitszeit als solcher im Unterschied von ihren nur besondren Inkarnationen ...", also auf Geld als „*Äquivalent*". (Ebenda, S. 676).

Das heißt, für Marx ist Goldgeld der physische Repräsentant der Arbeitszeit „als solcher", eine Abstraktion, die von den vielen besonderen konkreten Formen, die die Arbeit annimmt, gemacht wird. Es geschieht durch den Austausch mit Gold - die Arbeitszeit als solche - , daß die individuell qualitativ verschiedenen Arbeiten quantitativ vergleichbar werden. Marx sagt zwar in der eben zitierten Passage *nicht* direkt, daß unterschiedliche konkrete Arbeiten abstrakt oder qualitativ äquivalent dargestellt werden, wenn sie mit ihren entsprechenden Goldlöhnen multipliziert werden. Wenn wir sein „Bedürfnis" im Kopf behalten, konkrete Arbeiten im Verhältnis zu ihren Löhnen als abstrakt darzustellen, seine Vertrautheit mit der klassischen Bedeutung von „Quantität der Arbeit" und seine eigene Konzeption vom Geld als Darstellung der Arbeit „als solcher", dann könnten wir leicht verführt werden, Marx' Meinung so zu interpretieren, daß konkrete Arbeiten tatsächlich durch die Goldlöhne als abstrakte dargestellt werden. Jene Verführung wird durch die folgende Passage nahe am Ende der *Grundrisse* nicht abgeschwächt, die Galianis Feststellung (*Della Moneta*) kommentiert, daß es nur mühselige Arbeit ist, die den Dingen Wert verleiht[13]:

> „Die Arbeit ist allerdings auch qualitativ unterschieden, nicht nur insofern sie in verschiednen Produktionszweigen [verausgabt wird], sondern mehr oder minder intensiv etc. ... z.B. [ist] kalifornisches Gold Produkt der einfachen Arbeit. Dennoch ist *jede Art Arbeit damit bezahlt. Der qualitative Unterschied ist also* aufgehoben, und das Produkt einer höhren Art Arbeit ist faktisch reduziert auf ein Quantum einfacher Arbeit. Diese Berechnungen der verschiedenen Arbeitsqualitäten sind hier also völlig indifferent, und tun dem Prinzip keinen Abbruch." (Ebenda, S. 729 f., Hervorhebungen hinzugefügt von I.S.).

Wenn „das Prinzip", auf das hier verwiesen wird, Galianis ist, daß nämlich „nur die mühselige Arbeit den Dingen einen Wert verleiht", wie es zu sein scheint, dann ist diese Feststellung durch Marx letztlich völlig konsistent mit der Anschauung, daß er beides akzeptiert, die klassische Idee einer „Quantität der Arbeit", die von den Löhnen abhängt, und daß er darüber hinaus die Aggregation mittels der *Gold*löhne als etwas ansieht, daß die Reduktion aller konkreten Arbeiten - wie verschiedenartig sie auch immer sein mögen - auf abstrakte Arbeit be-

13 Im Original heißt es ebenda, S. 729: „La faticà ... è l'unica che dà valore alla cosa." (Anmerkung d. Übers.).

wirkt. Die Aggregation durch die Goldlöhne ist m.a.W. nicht nur für Marx' Konzeption der „Größe des Wertes" zentral, sondern ebenso für seine Konzeption einer „Wertsubstanz" als abstrakte Arbeit, Arbeit „als solcher".
Marx betont weiter die Verbindung zwischen Gold und abstrakter Arbeit, wenn er Galiani über die physische Homogenität des Metalls zitiert und dann anmerkt:

> „Dies ist [eine] sehr wichtige Bemerkung. Der Wert unterstellt gemeinschaftliche Substanz und alle Unterschiede, Proportionen [werden] auf bloß quantitative reduziert. Dies [ist] der Fall in den edlen Metallen, die so als natürliche Substanz des Werts erscheinen". (Ebenda, S. 730).

Marx' *Zur Kritik der Politischen Ökonomie* von 1859 ging direkt aus den *Grundrissen* von 1857-1858 hervor, und es ist kaum überraschend, daß die Themen der heterogenen konkreten Arbeiten, der qualitativ einheitlichen abstrakten Arbeit und des Goldgeldes als Verkörperung jener abstrakten Arbeit überall eine hervorstechende Rolle spielen, tatsächlich in einem so hohen Maße, daß es sehr unpraktisch wäre, hier alle bedeutsamen Stellen zu wiederholen; eine kleine Auswahl wird genügen müssen. Marx schreibt beispielsweise:

> „Um die Tauschwerte der Waren an der in ihnen enthaltenen Arbeitszeit zu messen, müssen die verschiedenen Arbeiten selbst reduziert sein auf unterschiedslose, gleichförmige, einfache Arbeit, kurz auf Arbeit, die qualitativ dieselbe ist und sich daher nur quantitativ unterscheidet. Diese Reduktion erscheint als eine Abstraktion, aber es ist eine Abstraktion, die in dem gesellschaftlichen Produktionsprozeß täglich vollzogen wird." (Marx 1975, S. 18).

Der letzte Satz dieser Passage erinnert stark an die Feststellungen von Smith und Ricardo über die Herausbildung der relativen Löhne durch die Konkurrenz, so daß es plausibel ist zu unterstellen, daß Marx hier auf den Gebrauch der relativen Löhne bei der Reduktion der verschiedenen Arten der Arbeit zur Einheitlichkeit bezug nimmt. Von solcher einheitlichen oder abstrakten Arbeit sagt Marx:

> „Als allgemeine Arbeitszeit stellt sie sich dar in einem allgemeinen Produkt, einem *allgemeinen Äquivalent*, einem bestimmten Quantum vergegenständlichter Arbeitszeit" (ebenda, S. 20),

d.h. im Goldgeld. Wie er es weiter in dem Werk darlegt, wird Gold die

> „unmittelbare Materiatur der allgemeinen Arbeitszeit oder allgemeines Äquivalent" (ebenda, S. 49 f.);

oder, noch einmal:

> „bestimmte Goldquanta funktionieren in der Tat nur noch als Namen für bestimmte Quanta Arbeitszeit". (Ebenda, S. 53).

(Für verwandte Aussagen, die den bereits zitierten entsprechen, vgl. besonders die Seiten 17-24, 30, 33, 49-57, 129 und allgemeiner das gesamte Werk.) Wenn Gold die „abstrakt universelle" oder „abstrakt allgemeine" Arbeit repräsentiert, dann werden klarerweise durch die Multiplikation der Stunden verschiedener Arten von spezifischer konkreter Arbeit mit den zu ihnen gehörigen Goldgeldlöhnen jene Arbeitsstunden gleichförmig und damit quantitativ vergleichbar gemacht (genau wie das Marx in den *Grundrissen* an der Stelle über das „kalifornische Gold", die oben zitiert wurde, vorschlug).
Die ersten Kapitel des *Kapital*, Band 1, können eigentlich als eine überarbeitete Version von *Zur Kritik der Politischen Ökonomie* angesehen werden, und - wie erwartet werden könnte - spielen die Themen, die gerade in Verbindung mit jenem Werk hervorgehoben worden sind, in den ersten Kapiteln eine hervorragende Rolle, sowohl in der ersten deutschen Ausgabe (vgl. Marx 1986, am besten ignoriert man das frömmelnde redaktionelle Material) als auch in den Ausgaben, deren englische Versionen bekannter sind. So verweist Marx - um nur ein paar Beispiele zu nehmen - auf Metallgeld

> „als die Ware, deren Naturalform zugleich unmittelbare gesellschaftliche Verwirklichungsform der menschlichen Arbeit in abstracto ist" (Marx 1986, S. 156);

und auf

> „Geld ... als die gesellschaftliche Inkarnation der menschlichen Arbeit".[14]

Auf diese Weise werden

> „Warenwerte ... gleichnamige Größen, Goldgrößen". (Ebenda, S. 112).

---

[14] Ebenda, S. 113. Vgl. auch die Seiten 81, 90, 109.

(Für eine spätere Bezugnahme ist zu bemerken, daß Werte, die Größen abstrakter Arbeit sind, hier Größen von Gold geworden sind.) Um verschiedene Arten Arbeit kommensurabel zu machen, schreibt Marx - in Verbindung mit komplizierter Arbeit, aber das ist hier nicht wichtig - , daß

> „in jedem Wertbildungsprozeß die höhere Arbeit stets auf gesellschaftliche Durchschnittsarbeit reduziert werden (muß), z.B. ein Tag höherer Arbeit auf x Tage einfacher Arbeit". (Ebenda, S. 213).

An diesen Satz fügt er kommentarlos eine Fußnote mit einem Zitat (aus John Cazenove, *Outlines of Political Economy*, London 1832, S.22 f.) hinzu, in dem es heißt:

> „Wo von Arbeit als Maßstab des Wertes gesprochen wird, versteht man darunter notwendigerweise Arbeit einer bestimmten Art ... das Verhältnis, in dem die andren Arten von Arbeit zu ihr stehen, ist leicht zu ermitteln." (Ebenda, Fußnote 19).

Es ist schwierig zu erkennen, wie diese Proportionen auf andere Weise „leicht zu ermitteln" sein könnten als durch Bezugnahme auf die beobachtbaren relativen Löhne. (Ich war noch nicht in der Lage, zu überprüfen, ob der Kontext der zitierten Passage zeigt, daß Cazenove relative Löhne im Sinn hatte.) Es ist hier relevant, daß Marx in den *Theorien über den Mehrwert*, Teil III, S. 227, schreibt:

> „In den Zweigen, wo der Arbeitslohn höher als der Durchschnittsarbeitslohn, ist es ... dasselbe, als ob der Kapitalist *mehr* einfache Arbeiter anwendete."

Die am meisten offensichtliche - obgleich nicht die einzig mögliche - Interpretation dieser Aussage scheint die zu sein, daß höher bezahlte Stunden der Arbeit als proportional mehr Stunden einfacher Arbeit gezählt werden (d.h. im Verhältnis zu den relativen Löhnen). Die „Quantität der Arbeit" in einem Industriezweig ist m.a.W. nicht mehr (noch weniger) als die *Lohnliste* jenes Zweiges, gemessen in Ausdrücken von (irgendeiner bestimmten Art von) ungelernter *kommandierter Arbeit*.

Es wird sich folglich als nützlich erweisen, jetzt zu zeigen, daß nach Marx die „Mehrwertrate" dieselbe für alle Arbeiter ist, unabhängig von ihrem je speziellen Lohn. Im *Kapital*, Band I, S. 212, benutzt Marx den allgegenwärtigen Juwelier, um die Behauptung zu illustrieren, daß sich gelernte Arbeitskraft

> „in denselben Zeiträumen ... in verhältnismäßig höheren Werten (vergegenständlicht)“.

Im *Kapital*, Band III, S. 151, sagt er, nachdem er die Annahme getroffen hat, daß

> „die Rate des Mehrwerts ... in allen Produktionssphären ... gleich hoch ist“,

ausdrücklich, daß Unterschiede

> „in der Höhe des Arbeitslohns ... den Exploitationsgrad der Arbeit (keineswegs berühren) ... Wird z. B. die Arbeit eines Goldschmieds teurer bezahlt als die eines Tagelöhners, so stellt die Mehrarbeit des Goldschmieds in demselben Verhältnis auch größern Mehrwert her als die des Tagelöhners.“ (Ebenda).

Der Goldschmied wird - mit einem ähnlichen Ergebnis - noch einmal in den *Theorien über den Mehrwert*, Teil II, S. 386, beschworen.
Bevor wir zu einer Diskussion der Marxschen Überlegungen übergehen, möchten wir abschließend noch auf einen weiteren Text aus den *Theorien über den Mehrwert*, Teil III, S.122-135, schauen, in dem, mit Verweis auf die *Observations on certain Verbal Disputes in Political Economy* (London, 1821) und auf Baileys *Critical Dissertation*, Marx eine lange Diskussion über die Beziehung zwischen Arbeit, Wert und Geld präsentiert. Marx behauptet, daß, wenn Waren als Werte betrachtet werden, ihr

> „Dasein als vergegenständlichte Arbeitszeit ihre *Einheit* (ist), ihr *identisches Element*. ... Es ist als Darstellungen dieser Einheit, daß diese Dinge W*erte* sind.“ (Marx 1972., S. 124 f.).

> „Warenzirkulation (muß) zur Geldbildung fortgehn. Sie [die Waren] geben ihrem Tauschwert diesen Ausdruck im Geld, zunächst im *Preis*, worin sie sich alle als Materiatur *derselben* Arbeit, nur quantitativ verschiedne Ausdrücke *derselben* Substanz darstellen,... die bestimmte, besondre Arbeit des Privatindividuums (muß) sich als ihr Gegenteil, gleiche, notwendige, allgemeine und in dieser Form gesellschaftliche Arbeit darstellen... Was bei *Ricardo* der Fehler ist, ist, daß er bloß mit der *Wertgröße* beschäftigt ist... Diesen Umstand - die Notwendigkeit, die in ihnen [den Waren] enthaltne Arbeit als *gleiche gesellschaftliche Arbeit darzustellen*, i.e. als Geld - übersieht R[icardo].“ (Ebenda, S. 128).

Doch wenn Waren ihren Wert in Gold ausdrücken, ist dies nur möglich, so behauptet Marx, weil beide, die (vom Geld verschiedenen) Waren und Gold, gleichermaßen „Darstellungen derselben Einheit“ sind und dadurch

> „*qualitativ gleich* ... als Ausdruck ... gesellschaftlicher Arbeitszeit (erscheinen)“. (Ebenda, S. 132).

Marx fährt fort herauszuarbeiten, daß,

> „damit die Waren an dem in ihnen enthaltnen Quantum Arbeit gemessen werden [können], ... die verschiedenartigen in den Waren enthaltnen Arbeiten auf gleiche einfache Arbeit reduziert sein (müssen)“. (Ebenda, S. 132 f.).
>
> „Die *Privatarbeit* soll sich also unmittelbar darstellen als ihr Gegenteil, *gesellschaftliche* Arbeit: diese verwandelte Arbeit ist als ihr unmittelbares Gegenteil *abstrakt* allgemeine Arbeit, die sich daher auch in einem allgemeinen Äquivalent (d.h. in Geld - I.S.) darstelle.“ (Ebenda, S. 133).

Daher stellen sich die Waren im Geld dar

> „als Dasein der gesellschaftlichen, abstrakt allgemeinen Arbeit; eine Form, in der sie alle dieselbe Gestalt besitzen; alle als unmittelbare Inkarnation der gesellschaftlichen Arbeit erscheinen“. (Ebenda, S.133).
> „Die Waren können alle aufgelöst werden in labour als ihre Einheit. Was Ric[ardo] nicht untersucht, ist die *spezifische* Form, worin labour als Einheit der Waren sich darstellt. Daher begreift er das Geld nicht. ... Die labour als Grund des Werts ist nicht die besondre labour, von besondrer Beschaffenheit. Es geht bei Ric[ardo] Verwechslung durch zwischen labour, soweit sie sich im Gebrauchswert und soweit sie sich im Tauschwert darstellt. Allerdings ist die letztre Form der labour nur die erstre in einer abstrakten Form gefaßt.“ (Ebenda, S. 136).

Es ist gezeigt worden, daß Marx in dem frühen Werk von 1847 sich etwas zu eigen macht, was man als das „Ricardo-Abschnitt-2-Argument“ beschreiben könnte, nach dem die konkreten Arbeiten über ihre relativen Löhne aggregiert werden. Die späteren Werke scheinen mit der Akzeptanz jenes Argumentes im Einklang zu stehen, aber tatsächlich stellen sie es bestenfalls nur implizit fest. Im Brennpunkt dieser späteren Werke steht eher die Beziehung zwischen Wert, abstrakter Arbeit als seiner Substanz und Gold als seinem Ausdruck oder seiner Darstellung. Es ist gleichartige abstrakt gesellschaftliche Arbeit - und *nicht* irgendeine besondere konkrete Arbeit - die die Substanz des Wertes konstituiert. Goldgeld wird dann als die „Verdinglichung", als die „Manifestation" und die „gesellschaftliche Inkarnation" jener abstrakten Arbeit gesehen, und zwar in einem solchen Maße, daß an einem Punkt (Marx 1986, S. 112) von den Werten gesagt wird, daß sie zu *Goldgrößen werden* und nicht nur, daß sie von ihnen repräsentiert werden.

Wie sollen wir Marx' Argumente interpretieren?

Wir können zuerst anmerken, daß sein Beharren auf einer engen Verbindung zwischen Gold und abstrakter Arbeit sich sehr gut in unser früheres Argument einer rationalen Rekonstruktion einfügt - daß einige wichtige Marxsche Resultate voraussetzen, daß $\mathbf{a} = k\mathbf{m}$ ist - wenn $\mathbf{m}$ stellvertretend für die in Goldausdrücken gemessenen Löhne steht (wie wir es von jetzt ab unterstellen werden). Der Proportionalitätsfaktor k hat nun natürlich die Dimension „abstrakte Arbeit je Goldeinheit". Wenn wir die Matrix L so wie zuvor verwenden, notieren wir, daß $\mathbf{m}L$ jetzt ein Vektor ist, dessen j-te Komponente die vollständige Goldlohnliste zeigt, die, direkt und indirekt, durch die Produktion einer Einheit der Ware j veranlaßt wird; es ist, mit anderen Worten, ein Vektor des klassischen Begriffs der „Arbeitsquantitäten", wobei die relativen Löhne verwendet werden, um die verschiedenen Arten Arbeit zu aggregieren und Gold (besser als irgend eine spezifische, konkrete Arbeitszeit) als Maßeinheit verwendet wird. Darüber hinaus ist $\mathbf{m}$ nun der Vektor, dessen j-te Komponente die gesamte abstrakte Arbeit darstellt, die direkt und indirekt bei der Produktion einer Einheit der Ware j erforderlich ist. *Vielleicht* etwas locker gesprochen (vom Marxschen Standpunkt aus), könnten wir sagen, daß $\mathbf{m}L$ die Werte (oder zumindest die relativen Werte) mittels des Goldes ausdrückt, während $\mathbf{a}L = k\mathbf{m}L$ sie mittels der abstrakten Arbeit ausdrückt.

Doch, wenn man sagt, daß k die Dimension „abstrakte Arbeit pro Goldeinheit" hat, so sagt man noch nicht, was abstrakte Arbeit *ist*; um eine Frage zu prägen: was ist die Substanz der abstrakten Arbeit? Die Passage aus den *Grundrissen* über das „kalifornische Gold" scheint darauf hinzuweisen, daß *die* einfache (ungelernte) Arbeit, die Gold herstellt, abstrakte Arbeit konstituiert. Und dieser Hinweis könnte auch in der folgenden Passage gefunden werden, die Rubin (1973, S.168) aus der russischen Übersetzung des 1. Bandes des Kapital von 1923 (S. 170)[15] zitiert:

15 Diese Textstelle lautet in der englischen Übersetzung: „The value of the most varied commodities is everywhere expressed in money, i.e., in a determined quantity of gold or silver. And precisely *because of this*, the different forms of labour represented by these values are reduced, in different proportions, to determined quantities of one and the same form of

> „Der Wert der mannigfaltigsten Waren wird überall in Geld ausgedrückt, d.h., durch eine bestimmte Quantität Gold oder Silber. Und genau *deswegen* werden die verschiedenen Formen der Arbeit, die durch diese Werte repräsentiert werden, in unterschiedlichen Proportionen auf bestimmte Quantitäten ein- und derselben Form einfacher Arbeit reduziert, nämlich auf jene Arbeit, die Gold und Silber produziert."

Es ist richtig, daß die Passage aus den *Grundrissen* direkt auf eine Bezahlung des Lohnes in Gold bezug nimmt, während sich Rubins Zitat offensichtlich auf den Austausch der Produkte bezieht, der eine Beziehung zwischen den Arbeitsarten „induziert" - eine von Rubin (wie von Krause 1982 als aktueller Version) betonte Idee. Aber in jedem Fall könnte es scheinen, daß jene gold-/silberproduzierende Arbeit die abstrakte Arbeit konstituiert. Diese Interpretation muß jedoch falsch sein. Erstens, weil Marx explizit sagt, daß

> „Arbeit als die Grundlage des Wertes nicht *irgendeine* besondere Art Arbeit"

ist. Zweitens, und dies ist wichtiger, weil es keine einzelne, konkrete Arbeit gibt, die Gold herstellt; *selbst wenn* die unmittelbare Produktion des Goldes nur eine Art von homogener konkreter Arbeit erfordert, so sind doch die angewandten Produktionsmittel durch andere konkrete Arbeiten hergestellt worden. Mit anderen Worten: die Goldspalte der Matrix L wird mehr als einen positiven Eintrag haben, so daß sogar

> „die Quantität Arbeit, die erforderlich ist, um Gold zu produzieren"

selber eine „Quantität Arbeit" ist, die die Aggregation verschiedener Arbeiten einschließt. (Eine logisch mögliche Ausnahme ist das von Malthus angeführte Aufsammeln von Silber an der Küste. Doch Marx beschäftigt sich nicht mit Produktionsprozessen ohne jede Hilfestellung, auf jeden Fall hätten seine Gesetze, daß
„Summe der Werte = Summe der Preise" und „Summe der Mehrwerte = Summe der Profite"
nicht die geringste Chance, richtig zu sein, wenn Gold keine „Durchschnittsware" hinsichtlich der Kapitalzusammensetzung wäre.) Abstrakte Arbeit soll nicht mit der goldproduzierenden Arbeit identifiziert werden, sogar wenn behauptet wird, daß Gold die abstrakte Arbeit repräsentiert und verkörpert.

---

simple labour, namely that labour which produces gold and silver." (Anmerkung d. Übers.).

Es wäre auch nicht sehr hilfreich, darauf hinzuweisen, daß abstrakte Arbeitszeit eben „einfache oder ungelernte" Arbeitszeit ist; dies aus dem einfachen Grund, weil es kein solches Ding wie „einfache Arbeit als solche" gibt. Ungelernte Arbeiten sind genauso unterschiedlich, genauso heterogen, genauso konkret spezifisch wie qualifizierte Formen der Arbeit. Abstrakte, gesellschaftliche Arbeit ist gleichförmig; ungelernte Arbeiten sind es nicht.

Der Schlüssel soll in zwei Fakten gefunden werden: (a) Marx nimmt wiederholt auf abstrakte Arbeit als *gesellschaftliche* und/oder als allgemeine oder universelle Arbeit bezug; (b) Marx stellt der warenproduzierenden und austauschenden Gesellschaft - in der Waren Werte sind, die mit Hilfe des Geldes ausgetauscht werden - oft die (reale oder mythische) gemeinschaftlich verwaltete Gesellschaft gegenüber, deren Arbeitsteilung in einer *unmittelbar* gesellschaftlichen, bewußten Weise organisiert wird. Der Ausdruck „abstrakte Arbeit" ist eine (notwendigerweise unbestimmte) *Metapher*; was alle die unterschiedlichen konkreten Arbeiten in einer warenproduzierenden und austauschenden Gesellschaft gemeinsam haben, ist, daß sie nach Annahme als Aspekte oder Fälle einer übergreifenden *gesellschaftlichen* Arbeitsteilung angesehen werden können, obgleich einer solchen, die keine vereinten, bewußten Agenten hat, die sie lenken. In keinem anderen Sinn gibt es ein solches Ding wie „abstrakte Arbeit".

Wenn jedoch die Interpretation des Ausdruckes „abstrakte Arbeit" als Metapher sowohl einen großen Teil des Marxschen Gebrauches dieses Ausdruckes erklärt als auch für den Fakt verantwortlich ist, daß Kommentatoren Marx' abstrakte Arbeit und den Wert schwierig zu beschreiben fanden, erhebt sich entsprechend scharf die Frage, wie Marx damit auf *Quantitäten* der abstrakten Arbeit verweisen konnte und auf diese Weise auf Werte. Zuerst soll allgemeiner angemerkt werden, daß die Idee einer „quantifizierbaren Metapher" etwas weniger eigenartig erscheinen mag, wenn wir die Frage stellen, welcher Teil der gesellschaftlichen Gesamtarbeit durch Hufschmiedearbeit in Rechnung gestellt wird? Es bleibt natürlich richtig, daß man einer solchen Frage keinen präzisen Sinn abgewinnen kann, solange man nicht alle spezifischen, konkreten Arbeitszeiten vergleichbar gemacht hat; aber wir wissen so ungefähr, was jene Frage bedeutet. Stellen wir dann zweitens und schon etwas spezieller fest, daß, wenn die relativen Löhne als die geeigneten Gewichte betrachtet werden, um die konkreten Arbeiten vergleichbar zu machen, unsere Frage nun völlig klar wird und eine genaue Antwort hat. Wenn wir die abstrakte Arbeit zusätzlich als ein „Etwas" definieren, das proportional zu den Löhnen ist, dann können wir unsere Frage sogar in Maßeinheiten der abstrakten Arbeit ausdrücken und beantworten. Der metaphorische Ausdruck ist in einen quantitativen umgewandelt worden.

Ist dabei aber die Metapher der „abstrakten Arbeit" im quantitativen Sinn *nützlich* gemacht worden? Nein, das ist sie nicht. Wenn die Menge abstrakter Arbeit pro Stunde konkreter Arbeit j nur ein „Etwas" proportional zum Goldlohn pro Stunde konkreter Arbeit j ist, dann gibt es da keinen Anhaltspunkt beim Verfolgen der Frage, was jenes „Etwas“ ist. Tatsächlich könnte man besser einen Schritt zurück gehen und die Frage zurückziehen als zu versuchen, sie zu beantworten. Man könnte genauso gut Werte dadurch *definieren*, daß sie proportional zu mL sind, d.h. zu der (direkten und indirekten) Liste der Goldlöhne, die von der Produktion der unterschiedlichen Waren veranlaßt werden (wir übergehen jede vermittelnde Behauptung mit dem Ergebnis, daß $\mathbf{a} = k\mathbf{m}$ für positive k ist), und zwar so verstanden, daß der neue Proportionalitätsfaktor *dimensionslos* ist, so daß jeder Wert eine Quantität Gold je Wareneinheit ist. Diese Definition des Wertes bewahrt die enge Verbindung zwischen Wert und Gold, macht den Wert der Dimension nach dem Preis gleich (und so mit ihnen unmittelbar vergleichbar) und berücksichtigt Marx' Behauptung, daß „Werte Goldgrößen werden“. *Alles*, was durch diese Interpretation der Goldwerte verloren geht, ist der (größtenteils hohle) quantitative Gebrauch des metaphorischen, qualitativen Ausdruckes „abstrakte Arbeit“. Jener Ausdruck kann für den metaphorischen Gebrauch beibehalten werden, wenn man dies für wertvoll hält, aber in allen anderen Verwendungsweisen kann er ohne jeden Verlust abgestoßen und durch Verweis auf Goldwerte ersetzt werden. Mit dieser Interpretation ist der Begriff des Wertes vollkommen klar und die ältere Joan Robinson muß gebeten werden, ihr Diktum aufzugeben, daß „Wert nichts weiter als ein Wort ist“ - aber im Austausch für das Diktum „abstrakte Arbeit ist nichts weiter als ein Paar von Wörtern“.

5. Einige formale Implikationen

Wenn man die von uns vorgeschlagene Interpretation der Werte mit dem Marxschen Beharren auf der Einheitlichkeit der „Mehrwertrate“ verbindet, kann man eine gewisse Zahl von Ergebnissen ableiten, die mit der allgemeinen Richtung des Marxschen Denkens vollkommen kompatibel zu sein scheinen.
Wir schreiben zuerst

$$\mathbf{p} = \mathbf{m}L + \pi \ , \tag{10}$$

so wie zuvor, außerdem gilt

$$\mathbf{p} = (1+r)\mathbf{m}L + r\mathbf{p}H, \tag{11}$$

wobei r die einheitliche Profitrate ist, alle Löhne vorgeschossen sind und H die Pasinetti-Matrix des direkt und indirekt erforderlichen Kapitals ist. Offensichtlich ist $\pi \equiv r(\mathbf{m}L + \mathbf{p}H)$. Da angenommen wird, daß $\mathbf{p}$, $\mathbf{m}$ und π in Goldausdrücken gemessen worden ist, gilt für die g-te Ware $p_g = 1$. (Untere Indizes bezeichnen entweder die Komponente eines Zeilenvektors oder die Spalte einer Matrix.)

Nehmen wir nun an, daß r und π positiv sind; vorstellungshalber erhöhen wir alle Goldlöhne $\mathbf{m}$ in derselben Proportion, bis sie das Niveau erreichen, bei dem r und π Null werden (bei gegebenen L und H). Diese proportionale Erhöhung der $\mathbf{m}$ soll durch e bezeichnet werden, die einheitliche „Ausbeutungs- oder Mehrwertrate". (Wir lassen den Fakt, daß sich die relativen Löhne ändern könnten, wenn sich r ändert, außer acht.) Wir schreiben

$$\mathbf{v} = (1+e)\mathbf{m}L, \tag{12}$$

wobei $\mathbf{v}$ der Vektor der *Werte* der Waren, ausgedrückt in Gold, aufgrund seiner Konstruktion proportional zu $\mathbf{m}L$ ist, so wie im Abschnitt 4 vorgeschlagen. Da $\mathbf{v}$ unmittelbar mit $\mathbf{p}$ verglichen werden kann und tatsächlich einfach ein alternativer (hypothetischer) Preisvektor ist, der in Gold ausgedrückt wird, gilt $v_g = 1$.
Aus (10) und (12) folgt

$$1 = \mathbf{m}L_g + \pi_g = (1+e)\mathbf{m}L_g \ ,$$

oder

$$e = \pi_g / \mathbf{m}L_g . \tag{13}$$

Die Ausbeutungsrate ist gerade das Verhältnis der Profite zu den Löhnen *in dem vertikal integrierten Sektor der Goldproduktion*. (Sie wird im allgemeinen nicht gleich dem Verhältnis der Profite zu den Löhnen in der direkt goldproduzierenden *Industrie* sein.) Diese Ausbeutungsrate wird in der Regel jedoch nicht gleich der Mehrwertrate sein, die wir in einem früheren Abschnitt definiert haben, und zwar als $\mathbf{al}/\mathbf{a}L\mathbf{w} - 1 = \mathbf{ml}/\mathbf{m}L\mathbf{w} - 1$, wobei $\mathbf{pw} = \mathbf{ml}$. (Es wird immer noch angenommen, daß alle Arbeiter in denselben Proportionen konsumieren.) Wenn wir schreiben

$$1 + e_w = \mathbf{pw}/\mathbf{m}Lw \ , \tag{14}$$

sehen wir anhand von (10) und (14), daß

$$e_w = \pi\mathbf{w}/\mathbf{m}L\mathbf{w} \tag{15}$$

ist. Von (13) und (15) her ist klar, daß dann und nur dann $e = e_w$ ist, wenn die Relation „Profit zu Lohn" in dem vertikal integrierten Lohngüter-Sektor gleich jener in dem vertikal integrierten Goldsektor ist, oder, weniger formal ausgedrückt, wenn Gold im Vergleich zu den verschiedenen Lohngütern „Durchschnittszusammensetzung" hat. Auf die gleiche Weise erhält man, wenn E das Verhältnis der aggregierten Profite zu den aggregierten Löhnen und $\mathbf{y}$ der Vektor des Netto-Outputs ist,

$$E = \boldsymbol{\pi}\mathbf{y}/\mathbf{m}L\mathbf{y}, \tag{16}$$

und im allgemeinen ist $e \neq e_w \neq E \neq e$. Nur wenn Gold im Verhältnis zum Netto-Output eine „Durchschnitts"-Ware ist, wird e gleich dem allgemeinen Profit-Lohn-Verhältnis sein.[16]

Preise, Werte und Kostpreise

Es kann leicht gesehen werden, daß (15) und (16) auch wie folgt ausgedrückt werden können: $1 + e_w = (1+e)\mathbf{pw}/\mathbf{vw}$ und $1 + E = (1+e)\mathbf{py}/\mathbf{vy}$, so daß zum Beispiel $e_w \gtrless e$ ist, je nachdem der Warenkorb einen aggregierten Preis größer oder kleiner als sein aggregierter Wert hat. Da

$$\mathbf{p} - \mathbf{v} = \boldsymbol{\pi} - e\mathbf{m}L \tag{17}$$

ist, folgt, unmittelbar aus (13) und (17), daß $p_j \gtrless v_j$ je nachdem, ob

$$\pi_j/\mathbf{m}L_j \gtrless \pi_g/\mathbf{m}L_g$$

oder

$$\mathbf{p}H_j/\mathbf{m}L_j \gtrless \mathbf{p}H_g/\mathbf{m}L_g \tag{18}$$

---

16 Marx war mit der Idee Ricardos eines (hypothetischen) Goldgeldes als einer „Durchschnittsware" vertraut, vgl. *Theorien über den Mehrwert*, Teil II, S.197-200, und es gibt mindestens eine Stelle im *Kapital*, Band III, S.182, die man im Sinne der Behauptung lesen kann, daß der aggregierte Preis des Warenkorbs gleich seinem aggregierten Wert ist, trotzdem p_j und v_j von Ware zu Ware voneinander abweichen. Und Marx' Beharren darauf, daß der gesamte Profit gleich dem gesamten Mehrwert ist, läuft auf das Gleiche hinaus wie die Behauptung, daß das Nettoprodukt den gleichen Gesamtwert wie -preis hat: $\mathbf{py} = \mathbf{m}L\mathbf{y} + \boldsymbol{\pi}\mathbf{y}$ und $\mathbf{vy} = \mathbf{m}L\mathbf{y} + e(\mathbf{m}L\mathbf{y})$,
so daß unter der Bedingung $\boldsymbol{\pi} > 0$ $\boldsymbol{\pi}\mathbf{y} = e(\mathbf{m}L\mathbf{y})$ nur gilt, wenn $\mathbf{py} = \mathbf{vy}$ ist.
Auf diese Weise gilt unter der (sehr speziellen) Annahme, daß sowohl $\mathbf{pw} = \mathbf{vw}$ als auch $\mathbf{py} = \mathbf{vy}$ gelten: $e = e_w = E$.

gilt. Wohlgemerkt sind die Bedingungen (18) mit $\mathbf{p}$ und π, und nicht mittels $\mathbf{v}$ ausgedrückt worden. Es ist jedoch einfach zu zeigen, daß $d\mathbf{p}/dr = \mathbf{v}H - (\mathbf{v}H_g)\mathbf{v}$ ist, *wenn* $r = 0$ gilt.[17] Da $\mathbf{p} = \mathbf{v}$, wenn $r = 0$, kann gesagt werden, daß $p_j \gtreqless v_j$ gilt, *wenn nur r hinreichend klein ist*, je nachdem, ob

$$\mathbf{v}H_j/v_j \gtreqless \mathbf{v}H_g/v_g \tag{19}$$

ist, d.h. je nachdem, ob der vertikal integrierte Sektor j ein „Wert"-Verhältnis von „Kapital zu Output" hat, das über, gleich oder unter demjenigen für Gold liegt. (Es muß beides im Blick behalten werden, sowohl daß (19) auf vertikal integrierte Sektoren Bezug nimmt - und nicht direkt auf Industrien - als auch, daß nicht bekannt ist, welche Werte von r „hinreichend klein" sind.)

Es kann auf eine ähnliche Weise gezeigt werden, daß $(1+r)^{-1}p_j$ - oder das, was Marx den Kostpreis von j (sagen wir c_j) nannte - die Ungleichung $c_j \gtreqless v_j$ erfüllt, je nachdem, ob $\mathbf{v}H_j/v_j \gtreqless 1 + \mathbf{v}H_g/v_g$ gilt, und zwar *für hinreichend kleine* r. So mag sich die Ware j der Marxschen Behauptung, daß der Kostpreis immer geringer als der Wert ist (vgl. Marx 1981, S.265), fügen oder auch nicht. Wenn alle Waren zufällig diese Ungleichung erfüllen, dann können wir schreiben $(1+r)^{-1}\mathbf{p} < \mathbf{v} < (1+e)\mathbf{p}$ für kleine $r > 0$, was eine interessante Relation zwischen $\mathbf{p}$ und $\mathbf{v}$ ist.

Die Profitrate

Es folgt aus (11) und (12), daß $\mathbf{p} = \dfrac{1+r}{1+e}\mathbf{v} + r\mathbf{p}H$ ist, und folglich, daß

$$1 = \frac{1+r}{1+e} + r\mathbf{p}H_g \tag{20}$$

gilt.

Aus (20) ergibt sich:

---

[17] Aus $\mathbf{p} = (1+r)\mathbf{m}L + r\mathbf{p}H$ folgt sofort $\dot{\mathbf{p}} = \mathbf{m}L + (1+r)\dot{\mathbf{m}}L + r\dot{\mathbf{p}}H + \mathbf{p}H$. Bei $r = 0$ erhält man $\dot{\mathbf{p}} = \mathbf{m}L + \dot{\mathbf{m}}L + \mathbf{p}H$. Ebenfalls bei $r = 0$ ist $e = 0$ und $\mathbf{p} = \mathbf{v} = \mathbf{m}L$, so daß sich $\dot{\mathbf{p}} = \mathbf{v}H + \mathbf{v} + \dot{\mathbf{m}}L$ ergibt. Im Goldsektor ist $1 = (1+r)\mathbf{m}L_g + r\mathbf{p}H_g$ und bei $r = 0$ ist die erste Ableitung $0 = \dot{\mathbf{m}}L_g + \mathbf{m}L_g + \mathbf{v}H_g$. Andererseits ist $\dot{\mathbf{m}}L = \dfrac{\dot{\mathbf{m}}L_g}{\mathbf{m}L_g}\mathbf{m}L$, und daher $\dot{\mathbf{p}} = \mathbf{v}H - (\mathbf{v}H_g)\mathbf{v}$.

$$e = r + r(1+r)\mathbf{v}(I - rH)^{-1}H_g \text{ oder } e = r\left(1 + \mathbf{v}H_g\right) + r^2 \sum_{t=0}^{\infty}\left[\mathbf{v}H^t(I+H)H_g\right]r^t,$$

womit die ansteigende Relation zwischen e und r definiert wird. Es wird klar sein, daß $r < \frac{e}{1+\mathbf{v}H_g} \ll e$, wenn $e > 0$ und das „Wert"-Verhältnis zwischen Kapital und Output $\mathbf{v}H_g/v_g$ „groß" ist; wenn zum Beispiel $e = \frac{1}{2}$ und $\mathbf{v}H_g/v_g = 3$ ist, gilt $r < 12.5\% \ll e = 50\%$.

Sei schließlich **c** der Vektor, der die Waren repräsentiert, die die Kapitalisten erhalten, und **w** repräsentiere jene, die die Arbeiter bekommen. (Man nehme zur Kenntnis, daß **w** das *aggregierte Niveau* der Reallöhne ausweist.) Wenn kein Arbeiter spart, erhalten wir aus (11):

$$\mathbf{pw} = \mathbf{m}L(\mathbf{w} + \mathbf{c}) = (1+r)\mathbf{m}L\mathbf{w} + r\mathbf{p}H\mathbf{w}.$$

Es folgt

$$r = \frac{\mathbf{m}L\mathbf{c}}{\mathbf{p}H\mathbf{w} + \mathbf{m}L\mathbf{w}} = \frac{\mathbf{vc}}{(1+e)\mathbf{p}H\mathbf{w} + \mathbf{vw}}$$

aus (12). Nun verdient **vc**, der Wert des Korbs für die Kapitalisten, vermutlich das Symbol S als Bezeichnung für den „gesamten Mehrwert"; und **vw**, der aggregierte Wert der Lohngüter, verdient das Symbol V als das „gesamte variable Kapital". Folglich haben wir

$$r = \frac{S}{(1+e)\mathbf{p}H\mathbf{w} + V} \tag{21}$$

oder

$$r = \frac{S}{(1+r)\mathbf{v}(I - rH)^{-1}H\mathbf{w} + V}\quad. \tag{22}$$

Marx' Wertgröße des Profits ist nun gegeben durch $r^m = \frac{S}{\mathbf{v}H\mathbf{y} + V}$, so daß wegen (21) gilt: $r \gtrless r^m$ (bei $S > 0$), je nach dem, ob $(1+e)\mathbf{p}H\mathbf{w} \lessgtr \mathbf{v}H\mathbf{y}$ ist. Da $(1+e)\mathbf{p} > \mathbf{v}$ und $w < y$, ist jede Ordnung von $\left(r, r^m\right)$ möglich.

Aus (22) erhält man

$r < \frac{S}{\mathbf{v}H\mathbf{w}+V}$, wobei $\mathbf{v}H\mathbf{w}$ der Wert der Kapitalgüter in dem vertikal integrierten Lohngüter-Sektor ist, für den C_w ein geeignetes Symbol sein würde, wobei $C_w < C \equiv \mathbf{v}H\mathbf{y}$. So gilt $r < \frac{S}{C_w+V} \ll \frac{S}{V}$, wenn C_w/V „groß“ ist; wenn zum Beispiel $C_w/V = 3$ ist, dann ist $r < 0.25\,S/V$. Dies scheint eine viel interessantere Ungleichheit als das vertraute Verhältnis $r < S/V$ zu sein.

Es ist also gezeigt worden, daß eine Interpretation der Warenwerte durch $\mathbf{v} = (1+e)\mathbf{m}L$, wobei $\mathbf{v}$ und $\mathbf{m}$ in Goldausdrücken gegeben sind, zu einer Anzahl von Ergebnissen führt, die mit denen von Marx vergleichbar sind, und die den Ausbeutungsgrad, die Abweichungen der Preise von den Werten und die Beziehung zwischen der Profitrate und der Mehrwertrate betreffen. Das führt zwar nicht zu Marx' Formel der „Wert-Rate des Profits“, aber dadurch ist jene Formel als innerlich inkohärent erkannt. Die Ergebnisse (21) und (22) kommen durchaus so nahe an Marx' Formel heran, wie man nur gehen kann, ohne inkorrekt zu werden.

6. Schlußfolgerung

Der aufmerksame Leser wird bemerkt haben, daß alle vorgebrachten Argumente lediglich die Beziehungen zwischen **p**, **m**, **v**, e und r betreffen; nichts ist über die Bestimmung irgendeiner dieser Variablen gesagt worden, noch brauchte es gesagt werden. Sie sind alle wohldeterminiert, wenn man für jede Art von Arbeit den Lohn-Warenkorb als gegeben annimmt. (Ein ähnliches Argument ist im Kapitel 1 etwas detaillierter entwickelt worden.) Es wird nicht unterstellt, daß dies der einzige oder der beste Weg ist, das System abzuschließen.
Die j-te Spalte der Matrix W erfasse den Lohn-Warenkorb einer Einheit der Arbeit j. Wenn die Arbeiter nicht sparen, haben wir dann

$$\mathbf{m} = \mathbf{p}W. \tag{23}$$

Aus (11) und (23) erhält man

$$\mathbf{p} = r\mathbf{p}\left[(H+WL)(I-WL)^{-1}\right]. \tag{24}$$

Die Relation (24) bestimmt beides, sowohl r als auch den Preisvektor **p**, da

$p_g = 1$ ist. Daraufhin bestimmt (23) den Vektor $\mathbf{m}$. Dann liefert Gleichung (12) $1 + e = (\mathbf{m}L_g)^{-1}$ und $\mathbf{v} = (\mathbf{m}L_g)^{-1}\mathbf{m}L$. Auf diese Weise reichen also die Daten von *L*, *H* und *W* aus, um **p**, **m**, **v**, *e* und *r* zu bestimmen, wobei **p**, **m** und **v** in Goldausdrücken gemessen werden. Die „Ausbeutungsrate e_w", die durch (14) definiert wird, ist für alle Arten der Arbeit - abgesehen von zufälligen Störungen - nur dann dieselbe, wenn die Spalten von *W* proportional zueinander sind.

Das obige Argument macht klar, daß die Verwendung der Geldlöhne zur Aggregation der unterschiedlichen Arten der Arbeit *keinerlei* Anlaß für irgendeinen *circulus vitiosus* zwischen **p** und **m** geben, wenn *W* als ein gegebener Fakt behandelt wird. Zur gleichen Zeit werden natürlich **p** und **v** gemeinsam bestimmt, und es hat keinen bedeutsamen Sinn zu sagen, daß „die Werte die Preise bestimmen". Es sind *L, H* und *W*, die beide Vektoren **p** und **v** bestimmen. Die weitere Frage, ob *W* durch die „Kosten der Erziehung und der Ausbildung" erklärt werden könnte, wird hier nicht verfolgt, und zwar aus dem einfachen Grund, daß wir es für unmöglich halten, diese Idee ernst zu nehmen. Zu sagen, daß (einige Elemente der) Kosten von Erziehung und Ausbildung die relativen Löhne beeinflussen, ist eine Sache; aber zu sagen, daß sie die relativen Löhne vollständig bestimmen, ist eine ganz andere.

7. Zusammenfassung

Die folgende Interpretation der Marxschen Theorie ist dargeboten worden:

1. Die verschiedenen Arten der Arbeit, ob nun gelernt oder ungelernt, sollen über ihre Goldgeld-Löhne aggregiert werden.
2. Die Goldwerte der Waren sind ihre vertikal integrierten - oder direkten und indirekten - Goldlohn-Listen pro Einheit des Outputs, gekennzeichnet durch eine einheitliche „Ausbeutungsrate".
3. Der Begriff der „abstrakten Arbeit", den Marx so eng an den Wertbegriff und an die Rolle des Goldes als das „universelle Äquivalent" bindet, ist eine Umschreibung des Fakts, daß jede spezifische Arbeit ein Teil der gesellschaftlichen Teilung der Arbeit ist. Jenseits von irgendeinem Gebrauch, der an diesen Fakt erinnert, kann die Umschreibung und der Begriff ohne jeden Verlust für Marx' Theorie aufgegeben werden. Marx' Suche nach der „Substanz des Werts" erzeugte lediglich eine Phrase - die abstrakte Arbeit - , die *keinen* wirklichen erklärenden Gehalt hat.

Es ist ebenfalls gezeigt worden, daß diese Interpretation Marx' „Werte" eng an die klassische Konzeption der „Quantität der Arbeit" bindet und formale Implikationen nach sich zieht, die für Marx gut akzeptabel gewesen sein könnten.

Literatur

Bailey, S. (1967), A Critical Dissertation on the Nature, Measure and Causes of value [1825], London.

Bowles, S./Gintis, H. (1977), The Marxian theory of value and heterogeneous labour: a critique and reformulation., in: *Cambridge Journal of Economics*, Heft 1, S. 173-192.

Bowley, A. L. (1900), Wages in the United Kingdom in the Nineteenth Century, Cambridge.

Cantillon, R. (1959), Essai sur la Nature du Commerce en Général [1755], ed. H. Higgs, London.

Krause, U. (1982), Money and Abstract Labour, London.

Marx, K. (1965), Theorien über den Mehrwert, Teil I, [1862-63], in: Marx-Engels-Werke, Bd. 26.1, Berlin.

Marx, K. (1972), Theorien über den Mehrwert, Teil III, [1862-63], in: Marx-Engels-Werke, Bd. 26.3, Berlin.

Marx, K. (1974), Grundrisse der Kritik der Politischen Ökonomie [1857-58], Berlin.

Marx, K. (1975), Zur Kritik der Politischen Ökonomie [1859], in: Marx-Engels-Werke, Bd. 13, S. 5-160, Berlin.

Marx, K. (1976), Value: Studies by Karl Marx, London.

Marx, K. (1981), Das Kapital, Bd.. III [1894], Berlin.

Marx, K. (1983), Das Elend der Philosophie [1847], in: Marx-Engels-Werke, Bd. 4, S. 63-182, Berlin.

Marx, K. (1986), Das Kapital, Bd. I [1867], Berlin.

Marx, K. (1987), Theorien über den Mehrwert, Teil II, [1862-63], in: Marx-Engels-Werke, Bd. 26.2, 5. Aufl. [1967], Berlin.

Mill, J. (1966), Elements of Political Economy [1821], in: *James Mill: Selected Economic Writings*, ed. D.Winch, Edinburgh.

Mill, J. S. (1891), Principles of Political Economy [1848], London.

Ricardo, D. (1966), Notes on Malthus's Principles of Political Economy, in: *The Works and Correspondence of David Ricardo*, vol. II, ed. P. Sraffa in collaboration with M. H. Dobb, Cambridge.

Ricardo, D. (1979), Über die Grundsätze der Politischen Ökonomie und der Besteuerung [1817], nach der 3. Aufl. [1821] übers. u. eingel. v. G. Bondi, 2. Aufl., Berlin.

Routh, G. (1980), Occupation and Pay in Great Britain 1906-79, London.

Rubin, I.I. (1973), Essays on Marx's Theory of Value, 3rd edn [1928], Toronto.

Smith, A. (1990), Der Wohlstand der Nationen. Eine Untersuchung seiner Natur und seiner Ursachen [1776], nach der 5. Aufl. [1789] übers. u. eingel. v. H. C. Recktenwald, 5. Aufl. [zuerst 1974], München.

Ernő Zalai

Heterogene Arbeit und die Bestimmung des Werts[1]

1. Einführung

Bei der Definition und Analyse der Marxschen Arbeitswerte wird üblicherweise die Homogenität der Arbeitskraft unterstellt. Diese Homogenität der Arbeit kann unter verschiedenen Gesichtspunkten betrachtet werden. Erstens bedeutet sie die Annahme einer gleichförmigen *wertschaffenden Kraft* der verschiedenen Arbeitsarten in allen Bereichen der Produktion. Zweitens wird die Arbeitskraft hinsichtlich des Niveaus und der Struktur der für ihre Reproduktion *notwendigen Konsumtion* als eine einheitliche Ware behandelt. Drittens ist die Arbeit - als eine Konsequenz der ersten beiden Annahmen - dann auch in Bezug auf die *Mehrwertrate* homogen. In einem solchen Fall kann man die in verschiedenen Gebieten beschäftigte Arbeitskraft als Teil einer gleichförmigen Masse *gesellschaftlicher Durchschnittsarbeit* ansehen. All diese Annahmen machen die Analyse bedeutend einfacher, zur gleichen Zeit beschränken sie aber die Gültigkeit der abgeleiteten Aussagen.

Die Heterogenität der Arbeit und ihre Implikationen für die Marxsche Theorie der Werte ist in der marxistischen ökonomischen Literatur lange diskutiert worden. Marx selber hat sich nicht detailliert genug mit diesem Problem auseinandergesetzt, und seine beiläufigen Bemerkungen sind von verschiedenen Autoren unterschiedlich interpretiert worden. Die meisten Diskussionen kreisten um das Problem der Umwandlung gelernter in einfache Arbeit,[2] d.h. um die Bestimmung des Äquivalents abstrakter Arbeit der verschiedenen Arten konkreter Arbeit. Ein anderer Streitpunkt betrifft die Bestimmung des Werts verschiedener Arten der Arbeitskraft. Hier besteht der gewöhnliche Standpunkt darin, daß der Wert verschiedener Arten der Arbeit durch die gesellschaftlichen Bedingungen ihrer Reproduktion bestimmt ist. Diese beiden Gesichtspunkte sind in den Debatten in Beziehung zueinander gesetzt worden, weil einige Bemerkungen von Marx implizieren, daß er eine ziemlich enge Beziehung zwischen dem Wert der Arbeit

---

[1] Dieser Beitrag ist eine leicht veränderte Fassung eines 1980 publizierten Artikels: Zalai, E.: Heterogeneous labour and the determination of value, *Acta Oeconomica*, Vol. 25, No. 3-4, 1980. Die Übertragung ins Deutsche besorgte Georg Quaas.

[2] Wir werden die Begriffe der gelernten und ungelernten Arbeit als Synonyme für komplizierte und einfache Arbeit verwenden. Nach Marx ändert sich die wertschaffende Kraft einer spezifischen Art Arbeit mit dem Grad ihrer „Kompliziertheit" (Komplexität) und Intensität. Aus Gründen der Einfachheit werden wir von möglichen Variationen der Arbeitsintensität absehen.

und ihrer Komplexität (dem Wertprodukt) voraussetzte. Dieser Behauptung ist jedoch von einigen anderen Ökonomen heftig widersprochen worden.
Überraschenderweise ist die Ausbeutungsrate (die Mehrwertrate) in diesen Diskussionen nicht explizit in die Überlegungen einbezogen worden, obwohl sie offensichtlich eine mittelbare Verbindung zwischen dem Wert der Arbeitskraft und ihrem Wertprodukt herstellt. Die Annahme einer einheitlichen Ausbeutungsrate über die unterschiedlichen Arten von Arbeitskraft und Produktionssphären hinweg scheint für die Marxsche Theorie wesentlich zu sein. Marx betrachtete sie als eines der grundlegenden Gesetze der kapitalistischen Produktionsweise:

> „Solch eine allgemeine Rate des Mehrwerts - der Tendenz nach, wie alle ökonomischen Gesetze - ist von uns als theoretische Vereinfachung vorausgesetzt; in Wirklichkeit aber ist sie tatsächliche Voraussetzung der kapitalistischen Produktionsweise, obgleich sie mehr oder minder gehemmt durch praktische Friktionen, die mehr oder minder bedeutende lokale Differenzen hervorbringen ..." (Marx 1964, S. 184).

Diese Annahme vereinfacht zum großen Teil das Problem der Wertbestimmung im Fall heterogener Arbeitskraft. Wir werden in dieser Schrift zeigen, daß in einem solchen Fall die Bestimmung der Werte unterschiedlicher Waren und verschiedener Arbeitsarten sowie der Rate des Mehrwerts in Form eines Gleichungssystems, eines Eigenwertproblems, dargestellt werden kann. Diese Resultate stützen sich auf Bródys (vgl. Bródy 1970) und Morishimas (vgl. Morishima 1973) Beiträge zur formalen Analyse der Marxschen ökonomischen Theorie.[3]
Die vorliegende Arbeit gliedert sich wie folgt: Zuerst wird Morishimas Vorschlag für die Bestimmung der Umwandlungsquoten kritisch gesichtet. Auf der Grundlage dieser Kritik werden wir eine andere Lösung vorschlagen, die im folgenden mit Bródys früheren Vorschlägen konfrontiert wird. Als nächstes werden wir verwandte Gesichtspunkte in einem breiteren Rahmen aufgreifen und einige allgemeine Schlußfolgerungen formulieren. Schließlich werden wir unsere Lösung mit einem numerischen Beispiel illustrieren und das Problem der Segmentierung der Arbeit reflektieren, das von Bowles und Gintis (vgl. Bowles/Gintis 1977) sowie von Reich (vgl. Reich 1979) aufgeworfen wurde.

3 Nach Beenden der ungarischen Fassung dieser Arbeit erfuhr ich von Bródy, daß U. P. Reich im wesentlichen die gleiche Lösung wie ich vorgeschlagen hatte. Reichs Artikel ist danach publiziert worden. Trotz der wesentlichen formalen Identität unserer Ergebnisse gibt es doch wichtige Unterschiede bei den zugrunde liegenden Überlegungen und Interpretationen.

Die in dieser Schrift verwendete Notation:

R (n×n-Matrix):	r_{ij} ist die Quantität der Ware i, die bei der Produktion einer Einheit der Ware j verwendet wird;
M (h×n-Matrix):	m_{sj} ist die Menge an Arbeit s, die für die Produktion einer Einheit der Ware j erforderlich ist;
$\mathbf{m}^*$ (1×n-Vektor):	m_j stellt den Input ungelernter Arbeit bei der Produktion einer Einheit der Ware j dar;[4]
F (n×h-Matrix):	f_{is} ist die Menge der Ware i, die bei der gesellschaftlichen Reproduktion einer Einheit gelernter Arbeit der Art s aus einer Einheit ungelernter Arbeit gebraucht wird;
$\mathbf{f}$ (n×1-Vektor):	f_i bezeichnet die Menge der Ware i, die für die Reproduktion einer Einheit ungelernter Arbeit notwendig ist;
N (h×h-Matrix):	n_{rs} ist die Menge gelernter Arbeit der Art r, die für die Reproduktion einer Einheit gelernter Arbeit der Sorte s erforderlich ist;
$\mathbf{n}^*$ (1×h-Vektor):	n_s ist der Input-Bedarf an ungelernter Arbeit für die Reproduktion einer Einheit gelernter Arbeit der Art s;[5]
$\mathbf{p}^*$ (1×n-Vektor):	Vektor der Werte der gewöhnlichen Waren (ungleich der Arbeit);
w_0 (Skalar):	Wert der ungelernten Arbeitskraft;
$\mathbf{w}^*$ (1×h-Vektor):	Werte der verschiedenen Arten gelernter (ausgebildeter) Arbeitskraft;
$\mathbf{u}^*$ (1×h-Vektor):	u_s bezeichnet das Wertprodukt einer Stunde gelernter Arbeitskraft s, gemessen in Stunden ungelernter Arbeit (die

4 Der hochgestellte Stern an einem Vektorsymbol verweist auf einen Zeilenvektor.

5 Es sollte klar sein, daß in unserer Interpretation $n_s \geq 1$ ist, weil dieser Ausdruck die ungelernte Arbeit umfaßt, die durch eine entsprechende Ausbildung in gelernte Arbeit verwandelt wird.

Quoten für die Umwandlung gelernter Arbeit in einfache Arbeit, wobei $u_0 = 1$ ist).

2. Kritik der Umwandlungsquoten Morishimas

Morishima (vgl. Morishima 1973, S.192 f.) setzt voraus, daß die verschiedenen Arten gelernter Arbeitskraft aus ungelernter Arbeitskraft „produziert" werden. Die technischen Koeffizienten ihrer Reproduktion sind in einer ähnlichen Weise wie die der anderen Waren gegeben. Morishima definiert die Werte der gewöhnlichen Waren (Vektor p^*) und die Umwandlungsquoten der gelernten Arbeit in einfache Arbeit (Vektor u^*) mit Hilfe der folgenden zwei Gleichungssysteme:

$$\mathbf{p}^* = \mathbf{p}^* R + \mathbf{u}^* M + \mathbf{m}^* \tag{1}$$

$$\mathbf{u}^* = \mathbf{p}^* F + \mathbf{u}^* N + \mathbf{n} \tag{2}$$

Die Gleichung (1) bestimmt die Arbeitswerte in der bekannten Weise: der Arbeitswert ist die Summe der gegenständlichen ($\mathbf{p}^*R$) und der lebendigen ($\mathbf{u}^* M + \mathbf{m}^*$) Arbeit, wobei letztere mittels der Umwandlungsquoten in Stunden einfacher Arbeit ausgedrückt wird. Die Umwandlungsquoten ihrerseits werden in analoger Weise durch Gleichung (2) bestimmt. Morishima liefert keine detaillierte Argumentation zur Begründung der speziellen Form, die er verwendet, aber er folgt klar Marx, wenn er die Umwandlungsquoten, d.h. die Unterschiede in der Komplexität verschiedener Arten der Arbeit, unmittelbar aus den Unterschieden in ihren gesellschaftlichen Produktionsbedingungen ableitet, indem er exakt die gleiche mathematische Form benutzt, die die Werte der gewöhnlichen Waren bestimmt. Ausgehend von dieser formalen Identität ist es verlockend, die Umwandlungsquoten als die Werte von verschiedenen Arten gelernter Arbeitskraft zu betrachten, dies wäre aber ein Fehler, und Morishima selbst vermeidet eine solche Interpretation vorsichtig.

Marx definiert den Wert der Arbeitskraft als den Wert des Lebensmittelkorbs, der für ihre Reproduktion notwendig ist. Es sei w_s der Marxsche Wert der gelernten Arbeitskraft s (der Wert des notwendigen Konsums). Für die Werte der verschiedenen Arten gelernter Arbeit muß dann die folgende definitionsartige Gleichung gelten:

$$\mathbf{w}^* = \mathbf{p}^* F + \mathbf{w}^* N + w_0 \mathbf{n}^* , \tag{3}$$

wobei w_0 der Wert der einfachen Arbeitskraft ist ($w_0 = \mathbf{p}^* \mathbf{f}$).

Im Unterschied zum Fall gewöhnlicher Waren oder Morishimas Definition der Umwandlungsquoten (siehe Gleichung 2!) wird in der Definition des Wertes der Arbeitskraft die direkt zu ihrer Reproduktion verwendete Arbeit nur im Maße ihres *Wertes* berücksichtigt (notwendige Konsumtion) und nicht ihr ganzes *Wertprodukt* (Menge abstrakter Arbeit). Das ist ein entscheidender, in der Literatur oft übersehener Unterschied zwischen der Wertbestimmung gewöhnlicher Waren und der der Arbeitskraft. Marx hat immer betont, daß die Arbeitskraft eine spezielle Ware ist, wobei eines ihrer speziellen Merkmale darin besteht, daß ihr Wert in einer anderen Weise als der gewöhnlicher Waren bestimmt wird. Wir werden auf diesen Gesichtspunkt später zurückkommen.

Wenn wir das Wertprodukt (u) und die Werte (w) der verschiedenen Arbeitsarten kennen, können wir ebenfalls die Mehrwertraten (Ausbeutungsraten) definieren. Wir werden sofort sehen, daß Morishimas Bestimmung der Umwandlungsquoten - wie er es selbst herausgearbeitet hat - im allgemeinen zu unterschiedlichen Ausbeutungsraten Anlaß gibt. Diese Schlußfolgerung steht jedoch im Gegensatz zu dem, was Marx als historische Tendenz betrachtete.

Die Ausbeutungsrate der gelernten Arbeitskraft s (r_s) wird durch die folgende Gleichung gegeben:

$$r_s = \frac{u_s - w_s}{w_s}\,, \tag{4}$$

wobei der Zähler gleich der unbezahlten und der Nenner gleich der bezahlten Arbeit ist.

Wir werden jetzt zeigen, daß die Mehrwertraten, die von Morishimas Umwandlungskoeffizienten impliziert werden, in der Regel für die verschiedenen Arten gelernter Arbeit differieren. Zu diesem Zweck möchten wir mit den Werten der verschiedenen Arbeitsarten beginnen und annehmen, daß die Mehrwertraten dieselben sind, um auf dieser Basis die Umwandlungsverhältnisse abzuleiten. Die einheitliche Mehrwertrate sei durch r bezeichnet. Nach Voraussetzung haben wir

$$r = \frac{u_1 - w_1}{w_1} = \frac{u_2 - w_2}{w_2} = \ldots = \frac{u_h - w_h}{w_h} = \frac{u_0 - w_0}{w_0}\,. \tag{5}$$

Durch Umstellen der Gleichungen (5) erhalten wir:

$$u_s = (1+r)w_s \quad (s = 1,2,\ldots,h) \quad \text{und} \quad 1 = (1+r)w_0\,. \tag{6}$$

Indem wir die resultierenden Umwandlungsquoten in Morishimas Formel (2) einsetzen und schließlich beide Seiten durch (1+r) dividieren, erhalten wir eine Definition für den Vektor der gelernten Arbeit, die von der oben eingeführten abweicht:

$$\mathbf{w}^* = \frac{1}{1+r}\mathbf{p}^* F + \mathbf{w}^* N + w_0\mathbf{n} \quad . \tag{7}$$

Kommen wir nun zu der Möglichkeit zurück, Morishimas Lösung in einem spezifischen Kontext als Werte zu interpretieren! Morishimas Umwandlungsquoten können als Werte der unterschiedlichen Arten gelernter Arbeit interpretiert werden, und man kann zugleich die Annahme einer einheitlichen Ausbeutungsrate aufrecht erhalten: Dieser Spezialfall liegt vor, wenn gelernte Arbeit in exakt der gleichen Weise wie die gewöhnlichen Waren behandelt wird.

Dieser Interpretation entsprechend wird die gesellschaftliche Reproduktion der gelernten Arbeitskraft in zwei getrennte Phasen unterteilt. Die erste Phase besteht in der Reproduktion einfacher, ungelernter Arbeit, die durch sozial-biologische Gesetze beherrscht wird, und zwar genau in der Weise, in der Marx die homogene Arbeitskraft behandelt hat. Die zweite und davon verschiedene Phase besteht in der „Geschicklichkeitsproduktion", die Gegenstand der allgemeinen Gesetze der Warenproduktion ist. Außerdem wird angenommen, daß der einzige Gegenstand der Ausbeutung (das variable Kapital) die einfache (ungelernte) Arbeit ist. Gelernte Arbeit wird als in keiner Weise verschieden von den gewöhnlichen Waren angenommen.

In einer solchen Welt würden die Arbeiter ihre einfache Arbeitskraft den Kapitalisten verkaufen, die sie im weiteren in verschiedenen Produktionsprozessen verwendeten, einschließlich des Prozesses der Produktion gelernter Arbeit. Da die Produktion gelernter Arbeit vom Wertgesetz beherrscht wird, werden die Kapitalisten, die dieses Ausbildungsunternehmen betreiben, in gleicher Weise einen Mehrwert realisieren wie in den Prozessen der Produktion anderer (gewöhnlicher) Waren. Der Wert gelernter Arbeit s wird in einer solchen Welt folglich gleich den Umwandlungsquoten Morishimas sein (u_s). Der Wert der verschiedenen Waren kann auf der Grundlage des Marxschen Schemas „$C + V + M$" in drei Hauptbestandteile zerlegt werden (man erinnere sich, daß die gelernte Arbeit hier als konstantes Kapital behandelt wird): $\mathbf{p}^* R + \mathbf{u}^* M$ und $\mathbf{p}^* F + \mathbf{u}^* N$ (konstantes Kapital); $w_0 m_s$ und $w_0 n_s$ (variables Kapital) und $(1 - w_0)m_s$ und $(1 - w_0)n_s$ (der Mehrwert, der ebenso im kapitalistischen Ausbildungsprozeß realisiert wird). Da per definitionem nur die einfache Arbeit einen Mehrwert erzeugt (Gegenstand der Ausbeutung ist), ist die Mehrwertrate in allen Prozessen dieselbe:

$$\frac{1 - w_0}{w_0} = \frac{1 - \mathbf{p}^*\mathbf{f}}{\mathbf{p}^*\mathbf{f}} = r$$

Diese Interpretation kann jedoch unter verschiedenen Gesichtspunkten in Frage gestellt werden. Unter anderem behandelt sie die Ausbildung der Arbeitskraft als einen produktiven Prozeß, wogegen der Begriff der Produktivität gewöhnlich auf die Sphäre der materiellen Produktion begrenzt wird. Man könnte jedoch auf Marx verweisen, der annahm, daß produktive Arbeit in der kapitalistischen Warenproduktion, d.h. einem speziellen Fall der Warenproduktion, einen neuen Sinn erhält. Zitieren wir ihn:

> „Nur der Arbeiter ist produktiv, der Mehrwert für den Kapitalisten produziert oder zur Selbstverwertung des Kapitals dient. Steht es frei, ein Beispiel außerhalb der Sphäre der materiellen Produktion zu wählen, so ist ein Schulmeister produktiver Arbeiter, wenn er nicht nur Kinderköpfe bearbeitet, sondern sich selbst abarbeitet zur Bereicherung des Unternehmens. Daß letztrer sein Kapital in einer Lehrfabrik angelegt hat, statt in einer Wurstfabrik, ändert nichts an dem Verhältnis. Der Begriff des produktiven Arbeiters schließt daher keineswegs bloß ein Verhältnis zwischen Tätigkeit und Nutzeffekt ... ein, sondern auch ein spezifisch gesellschaftliches, geschichtlich entstandnes Produktionsverhältnis ..." (Marx 1986, S. 532).

Dieses Zitat scheint die Interpretation von Morishimas Umwandlungsquoten als Werte zu rechtfertigen. Trotzdem widerspräche diese Interpretation den empirischen Beobachtungen. Im allgemeinen decken die Löhne nicht nur die Kosten der Reproduktion der einfachen Arbeitskraft, sondern auch die Kosten der Ausbildung. Außerdem ist der Eigentümer der gelernten Arbeitskraft der Arbeiter und nicht der Schuleigentümer, wie die obige Interpretation unterstellt. Aus den obigen Beobachtungen würde logisch folgen, daß gelernte Arbeiter ebenfalls Kapitalisten sind: sie schössen für ihre Ausbildung Geld vor und erzeugten in jenem Prozeß für sich selbst Mehrwert. - Solche Schlußfolgerungen lägen vollständig auf der Linie des modernen Begriffs vom Humankapital, aber sie sind ziemlich anfechtbar auf konsequent marxistischer Grundlage.

Man kann außerdem hinzufügen, daß eine ähnliche Interpretation des Wertes der Arbeitskraft eher in der Theorie der sozialistischen Produktionsweise akzeptabel wäre, in der die Kosten der Ausbildung durch die Gesellschaft getragen werden. In einem solchen ökonomischen System könnte man Morishimas Umwandlungsquoten als soziale Kosten der Reproduktion der Arbeitskraft und in diesem Sinne als Werte interpretieren.[6]

6 Bródy (1970) definierte in einer Diskussion des Produktionspreissystems im Sozialismus die Löhne der verschiedenen Arbeitsarten in einem ähnlichen Geist.

3. Eine mögliche Korrektur der Lösung Morishimas

Die obige Analyse der von Morishima vorgeschlagenen Lösung führt uns zu einer alternativen Methode zur Bestimmung der Umwandlungsquoten. Unterstellen wir, daß der Wert der Arbeitskraft durch die Kosten ihrer Reproduktion bestimmt ist. Das bedeutet, daß der Wert einer Stunde ungelernter Arbeit wie folgt definiert wird:[7]

$$w_0 = \mathbf{p}*\mathbf{f}\ , \tag{8}$$

während der Wert gelernter Arbeit

$$\mathbf{w}* = \mathbf{p}*F + \mathbf{w}*N + w_0\mathbf{n}* \tag{9}$$

ist. Rufen wir uns ins Gedächtnis, daß $n_s \geq 1$ ist und die Differenz die Menge einfacher Arbeitskraft darstellt, die bei der Ausbildung der Arbeitskraft angewendet wird (1 bezeichnet die ausgebildete Arbeitskraft). Folglich ist $w_s - w_0$, d.h. die Differenz zwischen den Werten der gelernten Arbeit s und der ungelernten Arbeit, faktisch gleich den Kosten der Ausbildung.
Die Annahme einer einheitlichen Mehrwertrate impliziert, daß sich die Wertprodukte verschiedener Arbeitskräftearten wie ihre Werte zueinander verhalten. Demnach sind die Umwandlungsquoten, die für die Reduktion gelernter Arbeit auf einfache Arbeit benötigt werden, durch den Vektor $\frac{1}{w_0}\mathbf{w}$ gegeben.

Wenn wir (9) durch w_0 dividieren und die resultierenden Umwandlungsquoten wieder mit dem Vektor **u** bezeichnen, bekommen wir folgende Definitionsgleichung:

$$\mathbf{u}* = \frac{1}{w_0}\mathbf{p}*F + \mathbf{u}*N + \mathbf{n}*\ ;$$

und indem wir die bereits bekannte Beziehung $\frac{1}{w_0} = 1 + r$ in die Überlegung einbeziehen, ergibt sich:

$$\mathbf{u}* = (1+r)\mathbf{p}*F + \mathbf{u}*N + \mathbf{n}*\ . \tag{10}$$

---

[7] Der Einfachheit halber nehmen wir an, daß die Reproduktion einfacher Arbeit allein keine Arbeitskräfte erfordert.

Die obige Definition unterscheidet sich von Morishimas Formel (2) nur in dem Multiplikator (1+r) vor $\mathbf{p}^*F$. Folglich können wir (10) als Korrektur von Gleichung (2) auffassen.[8]
Im Unterschied zu Morishima leiten wir die Quoten von den Werten der Arbeitskraft und der einheitlichen Mehrwertrate ab. Diese Variablen können gleichzeitig bestimmt werden, und zwar zusammen mit den Werten der gewöhnlichen Waren, indem man ein parametrisches Eigenwertproblem löst. Wir werden dies jetzt demonstrieren.
Die Werte der gewöhnlichen Waren lassen sich mit Hilfe der Gleichung (1) bestimmen, die wir in die folgende Form umschreiben:

$$\begin{aligned}\mathbf{p}^* &= \mathbf{p}^* R + \mathbf{w}^* M + w_0\mathbf{m}^* + r(\mathbf{w}^* M + w_0\mathbf{m}^*) \\ &= \mathbf{p}^* R + (1+r)(\mathbf{w}^* M + w_0\mathbf{m}^*)\end{aligned} \tag{11}$$

Auf der Grundlage der Gleichungen (8), (9) und (11) kann man das vollständige Wertsystem, das aus $\mathbf{p}^*$, $\mathbf{w}^*$, w_0 und r besteht, durch das folgende Eigenwertproblem bestimmen:

$$(w_0, \mathbf{w}^*, \mathbf{p}^*) = (w_0, \mathbf{w}^*, \mathbf{p}^*)\begin{pmatrix} 0 & \mathbf{n}^* & (1+r)\mathbf{m}^* \\ 0 & N & (1+r)M \\ \mathbf{f} & F & R \end{pmatrix} \quad , \tag{12}$$

wobei das Niveau des Wertevektors so gewählt werden muß, daß $w_0(1+r)=1$ ist. Anhand der obigen Formel kann man sehen, daß die Mehrwertrate durch die technischen Koeffizienten bestimmt ist. Sie müssen so beschaffen sein, daß der Eigenwert der obigen Koeffizientenmatrix 1 ist und damit zusätzlich ein nicht-negativer linksseitiger Eigenwert (Wertevektor) verbunden ist. Die Frage erhebt sich, welche Bedingungen sichern, daß das obige Problem eine ökonomisch sinnvolle und eindeutige Lösung hat. Ohne Beweis präsentieren wir eine Behauptung, die ziemlich allgemein hinreichende Bedingungen feststellt, unter denen alle Werte positiv sind und die Mehrwertrate ebenfalls positiv ist.[9]

SATZ *(über die Existenz eines Arbeitswertsystems)*: wenn
A) *die Arbeit unverzichtbar ist* (Arbeit ist direkt und indirekt für die Produktion jeder gewöhnlichen Ware erforderlich), und

---

8 U. P. Reich (1979) gelangte zu derselben Korrektur von Morishimas Formel, allerdings auf anderem Wege.

9 Der formale Beweis ist für den homogenen Fall vom Autor in (Zalai 1982) und (Zalai 1989) geliefert worden und kann leicht auf den heterogenen Fall ausgedehnt werden.

B) die Koeffizientenmatrix der Gleichung (12) bei $r = 0$ produktiv ist (*die Möglichkeit eines Mehrwerts*),
dann hat das Wertsystem $(w_0, \mathbf{w}^*, \mathbf{p}^*$ und $r)$, das durch die Gleichung (12) definiert wird, eine eindeutige, streng positive Lösung für alle Variablen.

Wie bekannt kann im Fall homogener (gesellschaftlicher Durchschnitts-) Arbeit der Gebrauch einer geschlossenen Form, d.h. die simultane Bestimmung des ganzen Wertsystems, vermieden werden. In jenem Fall kann das Wertsystem rekursiv bestimmt werden: zuerst die Werte der gewöhnlichen Waren (als des gesamten Arbeitsinhalts), dann der Wert der Arbeitskraft und davon abgeleitet die Mehrwertrate. Im Fall heterogener Arbeit und einer allgemeinen (einheitlichen) Mehrwertrate scheint die Verwendung einer geschlossenen Form unverzichtbar zu sein.

4. Alternative Formen zur Bestimmung des Wertsystems

Die obige Analyse unterstützt und erweitert einen früheren Vorschlag Bródys (vgl. Bródy 1970), der die Bestimmung der Umwandlungsquoten folgendermaßen umreißt:

> „Alles, was wir tun müssen, besteht darin, den Arbeitssektor unserer Matrix A zu disaggregieren (oder besser: nicht zu aggregieren). Wenn wir bei Einfacher Reproduktion so viele Zeilen und Spalten für die Arbeit haben wie die Zahl der verschiedenen Geschicklichkeiten, werden wir immer noch eine nicht-negative und irreduzible Matrix haben, die einen eindeutigen, positiven linksseitigen Eigenvektor liefert: die Werte. Die relativen Gewichte der verschiedenen Geschicklichkeiten, d.h. ihre Werte, können danach benutzt werden, um die Arbeit auf einen gemeinsamen Maßstab hin zu homogenisieren."[10]

Bródys Behauptung ist richtig, erfordert aber ein paar weitere Konkretisierungen. Bródy gründete seine Feststellung auf die Analyse des *Null-Mehrwert-Falles* und gab keine Formel an. Er dachte sogar, daß seine Lösung nicht völlig befriedigend ist, wenn in einer Ökonomie ein Mehrwert existiert. Das veranlaßte ihn, aus sei-

10 „All we have to do is to disaggregate (or rather not to aggregate) the labour sector in our matrix *A*. If under Simple Reproduction we have as many rows and columns for labour as the number of different skills, we will still have a non-negative and irreducible matrix yielding a unique positive left-hand eigenvector: values. The relative weights for different skills, that is, their values can be used thereafter to homogenize labour to a common standard." (Bródy 1970, S. 87).

nen Untersuchungen eine einheitliche Mehrwertrate auszuschließen. Wir werden seine Beschreibung konkretisieren und sie in eine mathematische Form bringen, die von unserer abweicht, und außerdem werden wir zeigen, daß sein Vorschlag auch im Fall einer (von Null verschiedenen) einheitlichen Mehrwertrate funktioniert.

Wir müssen den Leser daran erinnern, daß Bródy im Fall eines aggregierten Arbeitskraftsektors annimmt, daß die Reproduktion der Arbeitskraft direkt keine Arbeit erfordert. Wie wir wissen, ist dies eine kaum aufrecht zu erhaltende Annahme, und die Einbeziehung der Arbeit in ihre eigene Reproduktion ist von Bródy im Fall homogener Arbeit nicht einwandfrei gelöst worden. Nichtsdestoweniger werden wir zeigen, daß man sich durch Umordnung der Input-Matrix und Modifikation der Bedeutung des Arbeitskraftsektors formal von dem Bedarf direkter Arbeit befreien kann.

Bródys augmentierte und disaggregierte Input-Koeffizienten-Matrix möge die folgende Form haben:

$$\begin{pmatrix} 0 & \overline{M} \\ \overline{F} & R \end{pmatrix}.$$

Wenn die Reproduktion der Arbeitskraft Bedarf an direktem Arbeitsinput hat, kann diese Matrix nicht dieselbe wie die unsrige sein, die - bei einer ähnlichen Anordnung - die folgende Form hat:

$$\begin{pmatrix} 0 & \mathbf{n}^* & \mathbf{m}^* \\ 0 & N & M \\ \mathbf{f} & F & R \end{pmatrix}.$$

Auf der Grundlage unserer Inputmatrix können wir jedoch die Komponenten der disaggregierten Matrix Bródys so definieren, daß sie ebenfalls die korrekte Lösung ergibt.

Die Spalten, die den gewöhnlichen Waren entsprechen, ändern sich nicht dabei, deshalb ist $\overline{M}$ in Bródys Matrix dieselbe wie in unserer, d.h.

$$\overline{M} = \begin{pmatrix} \mathbf{m}^* \\ M \end{pmatrix}.$$

Andererseits muß man $\overline{F}$ in folgender Weise definieren:

$$\overline{F} = \left[\mathbf{f}, (F + \mathbf{f}\,\mathbf{n}^*)(E - N)^{-1}\right].$$

Es kann leicht gezeigt werden, daß mit den obigen Konkretisierungen Bródys Matrix dieselbe Lösung wie unsere Matrix ergibt. Überprüfen müssen wir nur die Gleichungen, die der Bestimmung der Werte gelernter Arbeitskraft entsprechen. Sie ergeben sich aus Bródys Formel folgendermaßen:

$$\mathbf{w}^* = \mathbf{p}^*(F + \mathbf{f}\,\mathbf{n}^*)(E - N)^{-1} \tag{13}$$

Beachten wir, daß $\mathbf{p}^*\mathbf{f} = w_0$ ist, und multiplizieren beide Seiten mit $(E - N)$, so wird man nach einer geeigneten Umordnung unmittelbar sehen, daß die Gleichungen (9) und (13) tatsächlich äquivalent sind. Dies beweist unsere Behauptung.

Es ist nützlich, die oben gegebene Form weiter zu untersuchen und nachzuschauen, was die Bedeutung der verschiedenen Terme ist, die in Gleichung (13) erscheinen. Die s-te Spalte der Matrix $(E - N)^{-1}$ zeigt, wie viel von den unterschiedlichen Arten gelernter Arbeit insgesamt produziert werden muß, um eine Einheit der gegebenen gelernten Arbeit zum Gebrauch in der „produktiven" Sphäre (d.h. für die Produktion der gewöhnlichen Waren) zu liefern.

Matrix F enthält die *direkten* materiellen Inputs, die bei der Reproduktion gelernter aus ungelernter Arbeitskraft benötigt werden, wogegen die Matrix $\mathbf{f}\,\mathbf{n}^*$ den *indirekten* Konsumtionsbedarf für diese Arbeitskraft zeigt, die durch die ungelernte, einfache Arbeit vermittelt wird, die in diesem Prozeß angewandt wird (teilweise als Gegenstand der Ausbildung). Darum enthält die Matrix $(F + \mathbf{f}\,\mathbf{n}^*)(E - N)^{-1}$ nichts anderes als die direkte und indirekte notwendige Konsumtion, die für die gesellschaftliche Reproduktion einer Einheit *produktiv anwendbarer* gelernter Arbeitskraft der verschiedenen Arten erforderlich ist. Folglich muß bei der Anwendung der Formel Bródys beachtet werden, daß sich die Koeffizienten der Arbeitskräftesektoren nicht allgemein auf Arbeitskräfte beziehen können, sondern daß ihre Interpretation auf die Arbeitskräfte beschränkt werden muß, die direkt zur Produktion von gewönlichen Waren verwendet werden.

Es ist ebenfalls interessant festzustellen, daß die obige Form der Darstellung der notwendigen Konsumtion völlig mit der Definition übereinstimmt, die Marx im *Kapital* gegeben hat. Stets hat Marx betont, daß man beim Berechnen der notwendigen Konsumtion (oder der Arbeit für diesen Fall) nicht nur die Konsumtion der in der produktiven Sphäre beschäftigten Arbeiter in Betracht zu ziehen hat, sondern ebenso die Konsumtion jener „unproduktiven" Arbeiter, deren Dienste für die Reproduktion der Arbeitskraft unverzichtbar sind (Ärzte, Lehrer usw.). Als wir die ursprüngliche Definition des Wertes der Arbeitskraft verschiedener Arten, bei denen die unproduktive Arbeit durch ihre Arbeitszeit dargestellt wird,

umgeordnet haben, bestimmten wir in Wirklichkeit den Teil der gesamten notwendigen Konsumtion, der durch jene „unproduktiv beschäftigten" Arbeiter verbraucht wird. Dies ist eine weitere Rechtfertigung dafür, daß wir den Wert der Arbeitskraft in Marxschem Geist definiert haben.
Von den obigen Überlegungen kann man auch einen Weg ableiten, auf dem das doppelte Zählen der einfachen Arbeitskraft, die zur gelernten ausgebildet wird, vermieden werden kann. Es sollte klar sein, daß für die Zwecke der Analyse der physischen Seite des Reproduktionsprozesses die obigen augmentierten Matrizen der Inputkoeffizienten nicht ganz geeignet sind. An ihrer Stelle sollte man die folgende Form verwenden[11]

$$\begin{pmatrix} 0 & (\mathbf{n}-\mathbf{1})^* & m^* \\ 0 & N & M \\ f & F+\mathbf{f1}^* & R \end{pmatrix},$$

die sowohl für die Analyse des wertmäßigen als auch des physischen Aspekts des Reproduktionsprozesses passend ist.
Um dies zu zeigen, sei der Vektor $\mathbf{q}$ das Produktionsniveau der gewöhnlichen Waren, der Vektor $\mathbf{h}$ die Menge gelernter Arbeit der verschiedenen Arten und h_0 die Menge der ungelernt gelassenen Arbeit (folglich ist $\sum_{i=0}^{n} h_i$ die gesamte verfügbare Arbeitszeit). Das Produkt der obigen Matrix von Inputkoeffizienten mit dem Vektor (h_0, $\mathbf{h}$, $\mathbf{q}$) ergibt den Wareninputvektor, der für die Produktion der unterschiedlichen materiellen und Arbeits-Waren erforderlich ist. Auflösen der Bedingungen des physischen Gleichgewichts liefert die folgenden Ungleichungen:

$$(\mathbf{n}-\mathbf{1})^*\mathbf{h}+\mathbf{m}^*\mathbf{q} \le h_0 \,,$$

die für den Gebrauch und die Quelle der ungelernten Arbeit steht,

$$N\mathbf{h}+M\mathbf{q} \le \mathbf{h}$$

für den Gebrauch und die Quelle gelernter Arbeit der verschiedenen Arten,

$$\mathbf{f}h_0+(F+\mathbf{f1}^*)\mathbf{h}+R\mathbf{q} \le \mathbf{q} \,,$$

[11] Die fettgedruckte 1* bedeutet hier den Zeilenvektor [1,1,...,1] - Anm. d. Hg.

die für die durch das Ersetzen der physischen und der Arbeits-Inputs erforderlichen Inputs und das Bruttoprodukt steht (die Differenz der zwei Seiten ist das Mehrprodukt).
Die obigen Beziehungen können in die folgende kombinierte Form umgeschrieben werden:

$$\begin{pmatrix} 0 & (\mathbf{n}-\mathbf{1})^* & \mathbf{m}^* \\ 0 & N & M \\ \mathbf{f} & F+\mathbf{f}\mathbf{1}^* & R \end{pmatrix} \begin{pmatrix} h_0 \\ \mathbf{h} \\ \mathbf{q} \end{pmatrix} \leq \begin{pmatrix} h_0 \\ \mathbf{h} \\ \mathbf{q} \end{pmatrix}.$$

Es ist anzumerken, daß die Gleichgewichtsbedingungen einer autarken Ökonomie in der Form eines Eigenwertproblems erscheinen, wenn wir oben anstelle der Ungleichungen Gleichungen aufschreiben.
Die den Wert bestimmende Form, d.h. das Äquivalent von (12), ist in diesem Fall die folgende Gleichung:

$$(w_0, \mathbf{w}^*, \mathbf{p}^*) = (w_0, \mathbf{w}^*, \mathbf{p}^*) \begin{pmatrix} 0 & (\mathbf{n}-\mathbf{1})^* & (1+r)\mathbf{m}^* \\ 0 & N & (1+r)M \\ \mathbf{f} & F+\mathbf{f}\mathbf{1}^* & R \end{pmatrix}.$$

5. Reflexionen über eine alte Debatte: gelernte und ungelernte Arbeit

Wir haben nicht die Absicht, die ganze Debatte zu reproduzieren, sondern nur, die Hauptelemente in Erinnerung zu rufen. Im Kern der Debatte findet man einige verstreute, offensichtlich widersprüchliche Hinweise im *Kapital* über die Reduktion der gelernten auf einfache Arbeit. Die folgenden Zitate werden das Wesen des Problems beleuchten.

> „Die Arbeit, die als höhere, kompliziertere Arbeit gegenüber der gesellschaftlichen Durchschnittsarbeit gilt, ist die Äußerung einer Arbeitskraft, worin höhere Bildungskosten eingehn, deren Produktion mehr Arbeitszeit kostet und die daher einen höheren Wert hat als die einfache Arbeitskraft. Ist der Wert dieser Kraft höher, so äußert sie sich daher auch in höherer Arbeit und vergegenständlicht sich daher, in denselben Zeiträumen, in verhältnismäßig höheren Werten." (Marx 1986, S. 211 f.).

Man beachte, daß Marx lediglich eine gegenseitige Abhängigkeit impliziert, nicht irgendeine Art von unidirektoraler Kausalität zwischen der Geschicklichkeit der Arbeit und dem Wert der Arbeitskraft, die sie ausübt. Geschicktere Arbeit ist die

Äußerung einer Arbeitskraft, die einen größeren Wert hat und, aus umgekehrter Sicht, Arbeitskraft mit größerem Wert vergegenständlicht sich in komplizierterer Arbeit. Allein die Ausbildungskosten scheinen irgendeine Art von Kausalität in die Beschreibung einzubringen. Wir werden darauf später zurückkommen. Unter dem obigen Zitat kann man in der Fußnote 18 lesen:

> „Der Unterschied zwischen höherer und einfacher Arbeit ... beruht zum Teil auf bloßen Illusionen oder wenigstens Unterschieden, die längst aufgehört haben, reell zu sein, und nur noch in traditioneller Konvention fortleben... Zufällige Umstände spielen dabei so große Rolle, daß ... im allgemeinen brutale Arbeiten, die viel Muskelkraft erfordern, (sich verkehren) in höhere gegenüber viel feineren Arbeiten, die auf die Stufe einfacher Arbeit herabsinken..." (Ebenda, S. 212).

Und schließlich zu der Reduktion gelernter Arbeit:

> „Daß diese Reduktion beständig vorgeht, zeigt die Erfahrung. Eine Ware mag das Produkt der kompliziertesten Arbeit sein, ihr *Wert* setzt sie dem Produkt einfacher Arbeit gleich und stellt daher selbst nur ein bestimmtes Quantum einfacher Arbeit dar. Die verschiednen Proportionen, worin verschiedne Arbeitsarten auf einfache Arbeit als ihre Maßeinheit reduziert sind, werden durch einen gesellschaftlichen Prozeß hinter dem Rücken der Produzenten festgesetzt und scheinen ihnen daher durch das Herkommen gegeben" (Ebenda, S. 59).

Diese Zitate sind häufig und in verschiedener Weise interpretiert worden. Wir werden ebenfalls versuchen zusammenzufassen, wie wir sie verstehen. Beginnen wir mit dem letzten! Unserer Interpretation entsprechend behauptet Marx nicht mehr, als daß diese Reduktion der verschiedenen Arten von Arbeit auf ein gemeinsames Maß in der Praxis realisiert und dort wahrgenommen werden muß, wenn man glaubt, daß die Grundlage für den Tauschwert der Arbeitswert (die abstrakte Arbeit, vergegenständlicht in der Ware) und der Austausch eine gewöhnliche empirischer Tatsache ist. Andererseits findet diese Reduktion - nach Marx - ohne bewußtes und exaktes Messen statt, durch Versuch und Irrtum. Was können die „realen" Proportionen sein, die durch die Tradition bewahrt und verzerrt werden? Diese Frage wird teilweise im zweiten Zitat beantwortet. Hier scheinen wiederum zwei Elemente wichtig zu sein. Das erste ist, daß Marx den deformierenden Einfluß der Tradition betont, der Anlaß zu beträchtlichen und zufälligen Abweichungen zwischen den vorherrschenden und den realen Umwandlungsquoten gibt. Zweitens verweist er auf die enge Beziehung zwischen der

Komplexität der Arbeit und der Qualifikation der Arbeitskraft. Dieses Element erscheint pointiert im ersten Zitat. Marx sagt hier, daß größere Ausbildungskosten kompliziertere Arbeit zum Resultat haben und andererseits eine Arbeitskraft höheren Werts. Tatsächlich erklärt Marx ziemlich klar, daß die Arbeit nur deshalb als komplizierter (geschickter) vorausgesetzt wird, weil sie größere Ausbildungskosten verkörpert. Ein anderes interessantes Element im ersten Zitat ist, daß die wertschaffende Potenz irgendeiner Arbeitskraft notwendigerweise auch größer ist, wenn ihr Wert höher ist.

Aber selbst unter jenen, die dazu tendieren, eine hohe Korrelation zwischen den Reproduktionskosten (dem Wert) und der Geschicklichkeit (der Kompliziertheit) der Arbeit zu akzeptieren, besteht Uneinigkeit darüber, ob dies als eine lineare Entsprechung verstanden werden sollte. Die Annahme einer einheitlichen Mehrwertrate (siehe Gleichung 6!) impliziert klar eine solche Linearität.

Es ist aber auch nicht ganz klar, wie man den Konsum verschiedener Gruppen von Arbeit bestimmen sollte, den man als für ihre Reproduktion gesellschaftlich notwendig erachten kann. In unserem Ansatz wählten wir ein Verfahren, bei dem die notwendige Konsumtion in zwei Teile aufgespalten wird. Der eine Teil wurde als einheitliches Konsummuster gegeben, das für die Reproduktion der einfachen, ungelernten Arbeit notwendig ist. Die gelernte Arbeit verbraucht mehr als dies, allein durch ihren Ausbildungsprozeß. Folglich könnte unser Ansatz als ein *normativer* betrachtet werden.

Von einem *beschreibenden* Standpunkt aus ist die obige Lösung jedoch nicht ganz befriedigend. Kann der beobachtete Konsum unterschiedlicher Gruppen von Arbeitskraft als die für ihre Reproduktion gesellschaftlich notwendige Konsumtion betrachtet werden? Marx betont, daß zufällige Faktoren und traditionelle Übereinkünfte zu bedeutenden Abweichungen zwischen dem beobachteten und dem notwendigen Konsum führen können. Die gesellschaftlich notwendige Konsumtion ist allgemein ein ziemlich locker definierter Begriff (im Fall der homogenen Arbeit ebenfalls). Die Konsumtion der Arbeitskraft ist zu einem großen Teil ein biologisch, ethisch, sozial und historisch bestimmtes Verteilungsproblem. Dies wird auch von Marx selbst betont, und viele Autoren tendieren dazu, die für die Reproduktion der Arbeitskraft notwendige Konsumtion als identisch mit dem beobachteten Konsum zu betrachten.

Die Frage wird komplizierter, wenn heterogene Arbeit untersucht wird. In diesem Fall wäre es eine kaum akzeptable Antwort (obgleich eine mögliche Interpretation), daß die Inputs, die für die Reproduktion der verschiedenen Arten von Arbeitskraft notwendig sind, gleich ihren beobachteten, tatsächlichen Konsummustern sind. Die beobachtbaren Unterschiede im kulturellen Niveau und im Lebensstandard unterschiedlicher Gruppen von Arbeitern sind kaum durch unterschiedliche Reproduktionserfordernisse zu rechtfertigen. Genauer gesagt: Wenn wir dieses Konzept akzeptierten, gründeten wir die Bestimmung der gesellschaftlichen Inputs, die für die Reproduktion der Arbeitskraft notwendig sind, auf den gegenwärtigen Verteilungsmustern. Folglich kann die grundlegende Frage, die noch mehr untersucht werden muß, in folgender Weise formuliert werden: Enthält die Definition des für die Reproduktion unterschiedlicher Arten von Arbeitskraft gesellschaftlich notwendigen Konsums irgendein normatives Element, oder haben wir sie als allein durch den vorherrschenden Verteilungsprozeß bestimmt zu betrachten? Wie auch immer, die Überprüfung unserer früher präsentierten Lösung allein von diesem Standpunkt aus stellt kein großes Problem dar. Alles, was wir tun müssen, ist, die tatsächlichen Koeffizienten für den Konsum der verschiedenen Arten der Arbeitskraft zu verwenden, und nicht die für die Konsumtion der ungelernten Arbeit, angereichert durch die Ausbildungskosten.

Ein anderes Schlüsselproblem ist die Bestimmung der wertschaffenden Fähigkeit. Haben wir recht damit, anzunehmen, daß die wertschaffenden Kräfte unterschiedlicher Arbeitsarten proportional zu ihren Werten sind, d.h. eine einheitliche Mehrwertrate vorauszusetzen? Obwohl Marx die Herstellung einer einheitlichen Mehrwertrate als ein tendenzielles Gesetz ansah, wird dieses Gesetz in der Realität durch verschiedene Faktoren blockiert: Unterschiede zwischen den Fähigkeiten, die Tatsache, daß einige Formen der Ausbildung nicht für jedermann verfügbar sind, unterschiedliches soziales Prestige der verschiedenen Berufe, usw. Die Frage ist, ob die Wirkung all' dieser Faktoren als zufällig betrachtet werden kann oder nicht. Wenn nicht, sollte man in der Lage sein, in irgendeiner Weise entweder die unterschiedlichen Ausbeutungsraten oder die wertschöpfende Kraft der unterschiedlichen Arbeitsarten zu bestimmen. Wenn man eine der beiden Größen bestimmen kann, dann kann die andere durch den Wert der Arbeitskraft bestimmt werden. Wenn nicht, bleiben die Werte unbestimmt.[12]

Dies sind einige der ungelösten Schlüsselprobleme und alternativen Methoden, mit ihnen umzugehen. Wir lassen sie ohne definitive Antwort; in den nächsten Abschnitten werden wir die Bestimmung eines vollen Wertsystems in geschlossener Form anhand eines Zahlenbeispiels illustrieren. Wir werden auch einen Fall darstellen, bei dem eine einheitliche Mehrwertrate und unterschiedliche Ausbeutungsraten unterstellt werden, d.h., bei dem der Arbeitsmarkt segmentiert ist.

6. Numerische Illustrationen

Betrachten wir eine Volkswirtschaft, in der drei produzierende Sektoren unterschieden werden: die Industrie, die Landwirtschaft und die Luxusproduktion. Ihr Gesamtausstoß sei 1000, 2000, und 100 Einheiten. Die Input-Matrix dieser Ökonomie sei die folgende:

---

12 S. Bowles und A. Gintis (1977) schlagen vor, die Werte besser als Vektoren und nicht als Skalare zu definieren, um das Reduktionsproblem zu vermeiden. Parallel dazu muß die Mehrwertrate ebenfalls als ein Vektor behandelt werden.

Tabelle 1: Intersektorale Ströme

	Verbraucher		
Produzent	Industrie	Landwirtschaft	Luxusproduktion
Industrie	300	400	20
Landwirtschaft	200	200	30
Luxusproduktion	0	0	0

Wir nehmen an, daß die Arbeiter in drei homogene Gruppen eingeteilt werden können: hochqualifizierte, gelernte und ungelernte Arbeiter. Die Input-Matrix für die Arbeit, gemessen in Arbeitsstunden, sei durch Tabelle 2 gegeben:

Tabelle 2: Produktiv verwendete Arbeit

	Industrie	Landwirtschaft	Luxusproduktion
hochqualifiziert	50	60	10
gelernt	400	200	0
ungelernt	200	800	60

Ausgehend von den obigen Produktionsdaten können wir die folgenden Input-Koeffizienten errechnen:

$$\mathbf{m}^* = \begin{pmatrix} 0{,}20 & 0{,}40 & 0{,}60 \end{pmatrix}$$

$$M = \begin{pmatrix} 0{,}05 & 0{,}03 & 0{,}10 \\ 0{,}40 & 0{,}10 & 0{,}00 \end{pmatrix}$$

$$R = \begin{pmatrix} 0{,}30 & 0{,}20 & 0{,}20 \\ 0{,}20 & 0{,}10 & 0{,}30 \\ 0{,}00 & 0{,}00 & 0{,}00 \end{pmatrix} .$$

Weiterhin werde angenommen, daß die für die Reproduktion einer Stunde einfacher Arbeit erforderliche Konsumtion durch

$$\mathbf{f} = \begin{pmatrix} 0,05 \\ 0,30 \\ 0,00 \end{pmatrix}$$

gegeben sei und daß die Input-Koeffizienten für die Ausbildung gelernter Arbeiter wie folgt sind:

$$\mathbf{n}^* = \begin{pmatrix} 1,10 & 1,05 \end{pmatrix}$$

$$N = \begin{pmatrix} 0,02 & 0,10 \\ 0,00 & 0,00 \end{pmatrix}$$

$$F = \begin{pmatrix} 0,10 & 0,05 \\ 0,30 & 0,20 \\ 0,00 & 0,00 \end{pmatrix}.$$

Aufgrund der obigen Daten wird die Lösung des parametrischen Eigenwertproblems (12) gegeben durch:
$r = 1,2$ (die Ausbeutungsrate ist 120 %).
Die Werte einer Stunde der verschiedenen Arten Arbeitskraft sind:
$w_0 = 0,4545$, $w_1 = 1,0742$, $w_2 = 0,9206$;
und schließlich sind die Werte der gewöhnlichen Waren
$p_1 = 1,9517$, $p_2 = 1,1913$, $p_3 = 1,5884$.
In unserem Beispiel erweist sich eine Stunde hochqualifizierter Arbeit 2,36 mal und gelernte Arbeit 2,03 mal so kompliziert wie jene einfacher Arbeit.
In unserer bisherigen Diskussion haben wir durchweg angenommen, daß die Mehrwertrate identisch ist mit dem Ausbeutungsgrad. Jedoch ist es möglich, die angenommene Homogenität der Arbeiter bei der Produktion des Mehrwerts aufrecht zu erhalten und trotzdem zur gleichen Zeit für unterschiedliche Ausbeutungsgrade einen segmentierten Arbeitsmarkt zuzulassen.[13] Man kann dies in folgender Weise begründen: Gesetzt, der zur Reproduktion verschiedener Arten der Arbeitskraft gesellschaftlich notwendige Input kann durch irgendeine geeignete Methode bestimmt werden. Auf dieser Grundlage und mit Hilfe anderer Input-Parameter können wir dann das volle Wertsystem bestimmen, indem wir eine einheitliche Mehrwertrate voraussetzen. Im nächsten Schritt kann man den Wert der aktuellen Konsumtion verschiedener Gruppen von Arbeitskräften berechnen,

13 Das Problem der Segmentation wurde von Bowles und Gintis (1977) aufgeworfen und von Reich (1979) aufgenommen. Wir schlagen hier eine etwas andere Behandlung des Problems vor.

indem wir das resultierende Wertsystem als gegeben betrachten. Der aktuelle Ausbeutungsgrad kann dann als das Verhältnis des Wertprodukts zum Wert der aktuellen Konsumtion der verschiedenen Arten Arbeitskraft identifiziert werden.

Aber wie kann man den gesellschaftlich notwendigen Konsum der verschiedenen Gruppen Arbeit bestimmen? Ein möglicher Weg, dies zu tun, könnte der folgende sein. Die gesellschaftliche Gesamtausgabe der Arbeiter, die direkt oder indirekt in produktive Aktivitäten involviert sind, sollte in zwei Teile aufgespalten werden: Ausgaben, die mit dem Lebensunterhalt verbunden sind und solche, die mit der Ausbildung zu tun haben. Der gesamte Konsum, der mit den Ausgaben zum Lebensunterhalt verbunden ist, geteilt durch die Anzahl der gesamten Arbeitsstunden, könnte als die für die Reproduktion einer Stunde einfacher Arbeitskraft gesellschaftlich notwendige Konsumtion betrachtet werden. Die pro Stunde notwendige Konsumtion einer besonderen Art gelernter Arbeitskraft könnte dann als die Summe der notwendigen Konsumtion einer einfachen Arbeitskraft plus die Ausgaben pro Stunde Ausbildung definiert werden. Auf diese Weise würden die Ausbildungskosten und das historisch-ethische Element bei der Bestimmung des Werts der Arbeitskraft zusammen erscheinen.

Wir möchten die skizzierte Prozedur mit Hilfe des folgenden Beispiels illustrieren. Gesetzt, daß die Reproduktionsbedürfnisse der verschiedenen Arbeitergruppen in den Lebensunterhalt und die Ausbildungskonsumtion disaggregiert sind, wie dies die Tabelle 3 zeigt:

Tabelle 3: Konsumtion für den Lebensunterhalt und für die Ausbildung von verschiedenen Arbeitergruppen

	hoch-qualifiziert		gelernt		ungelernt		insgesamt	
	Lebens-unterhalt	Konsum für Ausbildung	Lebens-unterhalt	Konsum für Ausbildung	Lebens-unterhalt	Konsum für Ausbildung	Lebens-unterhalt	Konsum für Ausbildung
Industrie	24	19	30	30	40	-	94	49
Landwirtschaft	135	55	180	120	250	-	565	175
Luxusproduktion	0	0	0	0	0	-	0	0
hochqualifiziert	0	4	0	60	0	-	0	64
gelernt	0	0	0	0	0	-	0	0
ungelernt	0	18	0	30	0	-	0	48

In unserem Beispiel werden in der Ökonomie so 137, 830 und 100 Einheiten der industriellen, landwirtschaftlichen und Luxusgüter-Produktion als Mehrprodukt erzeugt, und dafür werden 184, 600 und 1108 Stunden hochqualifizierter, gelernter und einfacher Arbeit verwendet. Die Kapitalisten nutzen 1892 Arbeitsstunden und geben 94 Einheiten des industriellen Produkts und 565 Einheiten des landwirtschaftlichen Produkts den Arbeitern für den Konsum. Folglich sind die Koeffizienten für den Lebensunterhalt pro Stunde dieselben wie jene für die notwendige Konsumtion der einfachen Arbeit (**f**) in unserem früheren Beispiel: (0,05; 0,30; 0,00). Die Koeffizienten für die Ausbildungsausgaben sind ebenfalls dieselben, folglich ist das Wertsystem dasselbe.

Mit diesem berechneten Wertsystem können wir nun den Wert der aktuellen Konsumtionsmuster in Tabelle 3 bestimmen und sie mit dem Wertprodukt der verschiedenen Arbeitsarten vergleichen. Die aktuellen Ausbeutungsraten werden in unserem Beispiel bedeutend voneinander differieren. Die tatsächliche Rate der Ausbeutung einfacher Arbeitskraft ist 195%, die der gelernten Arbeitskraft ist 120% und jene hoch-qualifizierter Arbeitskraft ist 35%. Folglich scheint der Arbeitsmarkt bedeutend segmentiert zu sein.

Literatur

Bowles, S./Gintis, H. (1977), The Marxian theory of value and heterogeneous labour: a critique and reformulation. *Cambridge Journal of Economics*.

Bródy, A. (1970), Proportions, price and planning. Budapest. Akadémiai Kiadó. Amsterdam / London.

Marx, K. (1986), Das Kapital, Erster Band [1867], in: K. Marx und F. Engels, Werke, Bd. 23, Berlin.

Marx, K. (1964), Das Kapital, Dritter Band [1894], in: K. Marx und F. Engels, Werke, Bd. 25, Berlin.

Morishima, M. (1973), Marx's economics, a dual theory of value and growth. Cambridge University Press.

Reich, U. P. (1979), From heterogeneous to abstract labour and the definition of segmentation, *Acta Oeconomica*, Vol. 23, No. 3-4.

Zalai, E. (1980), Heterogeneous labour and the determination of value. *Acta Oeconomica*, Vol. 25, No. 3-4.

Zalai, E. (1982), An eigenvalue model of Marxian labour values, in: Input-output techniques, Proceedings of the Third Hungarian Conference, Statistical Publishing House, Budapest.

Zalai, E. (1985), Joint production and labour values, *Acta Oeconomica*, Vol. 35, No. 3-4.

Zalai, E. (1989), Eigenvalues and labour values, *Economic Systems Research*, Vol. 1, No. 3.

Zalai, E., Production Prices and Proportions Revisited, in: Simonovits and Steenge (Hrsg.): Prices, Growth and Cycles: Essays in Honour of András Bródy. Macmillan Press and St. Martin's Press, (erscheint demnächst).

Hans Klemm

Zur Herausbildung des Produktionspreises - Theorie und rechentechnische Umsetzung

1. Herausbildung des Produktionspreises im Reproduktionsmodell

Die freie Konkurrenz bewirkt durch die qualitative Gleichheit der Kapitale eine Tendenz zur einheitlichen Rate des Profits im Verhältnis zu dem jeweils vorgeschossenen Einzelkapital. (Dabei muß Einzelkapital durchaus nicht ein individuelles, sondern kann ebenso ein „Gruppenkapital" sein). Unter Kapital wird hier nicht lediglich der Kapitalstock, *c*, oder - wie in den meisten ökonomischen Modellen - *K*, sondern sämtlicher zur Produktion erforderliche Kapitalaufwand, also auch *v* oder - wie in ökonomischen Modellen ebenfalls häufig anzutreffen - *L* bzw. mitunter *w* usw. verstanden. Diese einheitliche oder durchschnittliche Profitrate ist allerdings nur ein Oszillationstrend, existiert immer nur in sich neu vollziehender Annäherung, weil der Drang jedes Einzelkapitals nach höchster Verwertung, nach Extraprofit, Gegenkräfte erzeugt, die zu Abweichungen führen. Im Ergebnis dieser Abweichungen „reinigt sich" das Gesamtkapital von unrentablen Betrieben und Unternehmungen, verändern sich Produktionsstrukturen zwischen Sektoren, können einige Unternehmen Monopolstellungen erhalten und sich dem Prozeß der Neukonstituierung der Profitrate für längere Zeit mehr oder weniger entziehen. Aber auch diese entgehen schließlich nicht der Konkurrenz; sie bleiben deren Gesetzen unterworfen.

Die Durchschnittsprofitrate ist erforderlich, um jedem Kapital die Möglichkeit zu verschaffen, sich in jeder beliebigen Sphäre anzusiedeln, um eine vielfältige Entwicklung der Produktivkräfte zuzulassen.

Bereits David Ricardo und Karl Marx haben der Durchschnittsprofitrate große Aufmerksamkeit gewidmet. Marx bewies logisch, wie diese Durchschnittsprofitrate zu einer Verwandlung der Werte in Produktionspreise führt (vgl. Marx 1964, 9. Kap.). Das bedeutet: Im Unterschied zur einfachen Warenproduktion werden die kapitalistisch produzierten Waren nicht zu den in ihnen enthaltenen gesellschaftlich durchschnittlich notwendigen Arbeitsmengen (-zeiten) - ausgedrückt in Geldeinheiten und -quanta -, sondern nach den zur Herstellung der einzelnen Waren zweigspezifischen Kostpreisen (den auf die jeweiligen Waren entfallenden Abschreibungskosten für Arbeitsmittel, den Kosten für Arbeitsgegenstände und den anteilmäßigen Lohnkosten) + einem Profit, der sich aus der Durchschnittsprofitrate und der Größe des vorgeschossenen Einzelkapitals ergibt, ausgetauscht. Um diesen Produktionspreis schwanken dann die konkreten Marktpreise, die im einzelnen durch Angebot/Nachfrage-Verhältnisse beeinflußt werden und zum Teil

kurz- oder auch längerfristig wiederum von den Produktionspreisen nach oben oder unten abweichen können.
Diese von Marx herausgearbeitete Verwandlung der Werte in Produktionspreise wird in der Literatur allgemein als das „Transformationsproblem“ bezeichnet. Die Auffassungen über deren Gültigkeit sind zum Teil sehr widersprüchlich. Wir verzichten hier darauf, den Inhalt des Disputs wiederzugeben. Besonders aufschlußreich ist jedoch eine Arbeit von Luigi Pasinetti, die erstmals im Jahre 1975 in italienischer Sprache erschien. Er ergänzt gewissermaßen die logische Herleitung der Verwandlung der Werte in Produktionspreise bei Marx durch algebraisch-mathematische Betrachtungen (vgl. Pasinetti 1988, S. 143 ff.). Im Ergebnis seiner Analyse bemerkt er:

> „Wir können abschließend sagen, daß das Marxsche Problem der 'Transformation der Werte in Produktionspreise', das so viele Dispute in der ökonomischen Literatur ausgelöst hat, sich analytisch als eine algebraische Operation, nämlich eine lineare Transformation darstellt. ... Nach Marx ist die 'Transformation von Werten in Produktionspreise' nicht nur eine analytisch-algebraische Operation, sondern sie reflektiert auch ein wesentliches historisches Phänomen.“ (Ebenda, S. 167).

Weder Ricardo noch Marx haben allerdings die Wirkungen der Durchschnittsprofitrate auf Reproduktionsmodelle untersucht. Ricardo konnte es nicht, weil er a) nicht bis zum Produktionspreis vordrang und b) am Smithschen Dogma kleben blieb, wonach sich aller Wert lediglich in Arbeitslohn und Profit (Ricardo ergänzt: und Grundrente) teilt.
Die von Marx verfolgte Logik beim Gesamtaufbau des „*Kapital*“ ließ die Analyse des Reproduktions- und Zirkulationsprozesses des gesellschaftlichen Gesamtkapitals nur unter Wertbedingungen zu; denn zur Herleitung des Durchschnittsprofits und Produktionspreises ging er erst im dritten Buche über. Dazu reichten Schemata aus, die man als Parallel-Sektoren-Schemata auffassen kann. Auf Austauschprozesse zwischen den beiden großen Abteilungen der gesellschaftlichen Gesamtproduktion kommt er mit Ausnahme des neunundvierzigsten Kapitels nicht wieder zurück; jedoch abstrahiert er gerade an dieser Stelle wieder vom Durchschnittsprofit. Im übrigen beläßt er es bei den Bemerkungen:

> „Außer daß der Preis des Produkts z. B. von Kapital B abweicht von seinem Wert, weil der in B realisierte Mehrwert größer oder kleiner sein mag als der im Preis der Produkte von B zugeschlagne Profit, so gilt auch derselbe Umstand wieder für die Waren, die den konstanten Teil des Kapitals B, und indirekt, als Lebensmittel

> der Arbeiter, auch seinen variablen Teil bilden.“ (Marx 1964, S. 170).
>
> „Der Durchschnittspreis der Arbeit, d.h. der Wert der Arbeitskraft, ist bestimmt durch den Produktionspreis der notwendigen Lebensmittel.“ (Ebenda, S. 876).

Wir haben demnach zu analysieren, wie die Produktionspreise die Größen der einzelnen Sektoren-Elemente beeinflussen und welche Konsequenzen sich daraus für die Verteilungsverhältnisse ergeben. Mit einer derartigen Aufgabe hat sich bereits Mark Blaug beschäftigt. Er benützt dazu ein Drei-Sektoren-Schema: Abteilung I (Produktion von Produktionsmitteln), Abteilung II (Produktion von Mitteln für die Konsumtion der Arbeiter) und Abteilung III (Produktion von Luxusmitteln für die Bourgeoisie). (Vgl. Blaug 1972, S. 157 ff.). Damit behandelt er das Problem anhand eines Zweistufen- plus eines Parallelsektoren-Schemas. Nach Abarbeitung mehrerer Formeln kommt Blaug u.a. zu einem wichtigen Ergebnis, das wir hier zunächst nur festhalten möchten:

> „Wir sehen also, daß bei unserer Lösung zwar die Summe aller Preise und die Summe aller Werte ... weiterhin gleichgroß sind, daß aber die Summen von Profit und Mehrwert divergieren. Desgleichen kommen wir zu folgendem Ergebnis: Wenn wir von dem Postulat ausgehen, Profitsumme und Mehrwertsumme blieben einander gleich, ... stellt sich heraus, daß die Summe aller Preise nicht mehr mit der Summe aller Werte übereinstimmt.“ (Ebenda, S. 160).

Folgen wir der Marxschen Einteilung der gesellschaftlichen Gesamtproduktion in zwei große Abteilungen - I: Produktion von Produktionsmitteln und II: Produktion von Konsumtionsmitteln - und der von Lenin vorgenommen Untergliederung der Abteilung I in I a: Produktion von Produktionsmitteln zur Produktion von Produktionsmitteln sowie Gruppe I b: Produktion von Produktionsmitteln zur Produktion von Konsumtionsmitteln - so gelten zunächst: I a hat sowohl seine verbrauchten Produktionsmittel als auch diejenigen von I b wieder zu ersetzen, während das Gesamtprodukt von I b die stofflichen Bedingungen zur Produktion in II zu erneuern hat. Von den Ergebnissen der Produktion in Abteilung II sind alle Bevölkerungsschichten mit Konsumtionsmitteln zu versorgen.

Um die drei Produktionsstufen nicht durch ihre teilweise Zusammenfassung in Abteilung I zu verwischen, sollen unsere drei Stufen mit arabischen Ziffern gekennzeichnet werden: also (1)=I a, (2)=I b und (3)=II. Damit lassen sich unsere Sektoren außerdem gut in einem Computerprogramm (beispielsweise in der Programmiersprache GW-BASIC) verarbeiten; sie nehmen dort die Funktion von Indizes an, die der elektronische Rechner bekanntlich nur als Klammerausdrücke akzeptiert. Für Modellberechnungen empfiehlt sich eine solche Vorgehensweise. Durch die für ein funktionierendes Modell gegebenen Abhängigkeiten haben wir nur wenige Elemente zu setzen. Anzunehmen ist zunächst ein $c(1)$ in einer bestimmten Größe. Die technische Beschaffenheit der Produktionsmittel in (1) entscheidet wesentlich über die Anzahl der sie in Bewegung bringenden und haltenden Arbeitskräfte, die wiederum in einer gewissen Höhe von v ausgedrückt wird. Wir haben deshalb für Modellierungen als zweites eine Kapitalzusammensetzung als Verhältnis von *c/v* anzunehmen, die für jedes neue Modell beliebig gewählt werden kann. Da wir unterstellen, dieses wertmäßige Verhältnis spiegelt eine bestimmte technische Zusammensetzung zwischen Produktionsmitteln und Arbeitskräften wider, können wir es als organische Zusammensetzung des Kapitals betrachten.

> „Die Wertzusammensetzung des Kapitals, insofern sie durch seine technische Zusammensetzung bestimmt wird und diese widerspiegelt, nennen wir die organische Zusammensetzung des Kapitals." (Marx 1964, S. 155).

Sie erhält von uns das Symbol *o*. Schließlich ist noch ein Verhältnis zwischen dem Surplus bzw. Mehrwert und *v* als $m' = 100 \cdot m/v$ festzulegen. Diese Rate des Mehrwerts wird mit *rm* aufgenommen.
Daraus ergeben sich folgende Gleichungen:[14]

$v(1) = c(1)/o(1)$
$m(1) = v(1) \cdot rm/100$
$W(1) = c(1) + v(1) + m(1)$ (Produktenwert von 1).

Die Profitrate ist das Verhältnis des Mehrwerts zum vorgeschossenen Gesamtkapital. Ohne Existenz der Durchschnittsprofitrate - also als eine Art individuelle Profitrate - wäre sie für (1) $ri(1) = 100 \cdot m(1)/(c(1) + v(1))$.
Für $c+v$ als den Kapitalvorschuß, den wir der Einfachheit halber mit dem als Kostpreis verbrauchten Kapital identifizieren, wollen wir *e* setzen: $e(1) = c(1) + v(1)$. Damit erhalten wir für die Profitrate von (1) jetzt

14 Aus programmtechnischen Gründen ist es nicht möglich, das traditionelle m' als Symbol für den Mehrwert zu verwenden. Deshalb wird hier die Bezeichnung *rm* verwendet. Dabei gilt selbstverständlich $rm \equiv m'$.

$$ri(1) = 100 \cdot m(1)/e(1) \ .$$

Die dementsprechende Profitmenge *fi* wäre dann

$$fi(1) = e(1) \cdot ri(1)/100 \ .$$

Bevor wir den Durchschnittsprofit für alle drei Sektoren ermitteln können, sind die Sektoren (2) und (3) aufzubauen.
Für den Sektor (2) bedeutet dies bei einfacher Reproduktion, und nur diese wird hier behandelt: $c(2)$ wird erneuert durch Produktionsmittel von (1), und zwar jene, die nicht die verbrauchten Produktionsmittel in diesem Sektor zu ersetzen haben. Damit ist

$$c(2) = v(1) + m(1) \ .$$

Festlegen können wir allerdings nun wieder ein Verhältnis zwischen c und v im Sektor (2), also $o(2)$. Ist dies geschehen, so ergibt sich für den Sektor (2) logischerweise folgende Struktur:

$$v(2) = c(2)/o(2)$$
$$m(2) = v(2) \cdot rm/100$$

(Wir nehmen auch wieder der Einfachheit halber eine einheitliche Mehrwertrate für alle drei Sektoren an.) Weiterhin gilt:

$$W(2) = c(2) + v(2) + m(2)$$
$$e(2) = c(2) + v(2)$$
$$ri(2) = 100 \cdot m(2)/e(2)$$
$$fi(2) = e(2) \cdot ri(2)/100 \ .$$

Für Sektor (3) ist c damit wieder gegeben; denn es ist durch das Gesamtprodukt von (2) zu reproduzieren. Also ist

$$c(3) = c(2) + v(2) + m(2) = W(2) \ .$$

Wählen wir nun auch für den Sektor (3) eine Kapitalzusammensetzung, o, so wiederholen sich die Gleichungen für (1) und (2); lediglich der den Sektor ausweisende Index ist zu ändern:

$$v(3) = c(3)/o(3)$$
$$m(3) = v(3) \cdot rm/100$$
$$W(3) = c(3) + v(3) + m(3)$$
$$e(3) = c(3) + v(3)$$
$$ri(3) = 100 \cdot m(3)/e(3)$$
$$fi(3) = e(3) \cdot ri(3)/100 \ .$$

Jetzt ist unser Ausgangsmodell nach Werten aufgebaut, und wir können uns der „Transformation" des Werts über den Durchschnittsprofit zum Produktionspreis zuwenden.
Die Durchschnittsprofitrate erhalten wir nach Marx, indem wir alle Mehrwerte summieren (*sm*) und diese durch die Summe aller vorgeschossenen Kapitale (*se=sc+sv*) dividieren. Da wir sie als Rate auffassen, ist das Ergebnis mit 100 zu multiplizieren. Die so ermittelte Durchschnittsprofitrate nennen wir rd (Rate des Durchschnittsprofits):

$$rd = 100 \cdot sm/(sc + sv) = 100 \cdot sm/se \ .$$

Der danach auf die einzelnen Sektoren entfallende Durchschnittsprofit in seinen absoluten Größen *(fw)* berechnet sich nach den jeweiligen Kapitalvorschüssen *e* multipliziert mit der Durchschnittsprofitrate *rd*, dividiert durch 100:

$$fw(1) = e(1) \cdot rd/100$$
$$fw(2) = e(2) \cdot rd/100$$
$$fw(3) = e(3) \cdot rd/100 \ .$$

So kommen wir zu den Produktionspreisen als der Summe der jeweiligen Kostpreise e plus den auf die Kapitalvorschüsse entfallenden Durchschnittsprofite *fw*:

$$p(1) = e(1) + fw(1)$$
$$p(2) = e(2) + fw(2)$$
$$p(3) = e(3) + fw(3) \ .$$

Bis hierher sind wir prinzipiell den Marxschen Verwandlungen gefolgt; denn der Produktionspreis ergibt sich als Summe, gebildet aus dem Kostpreis (dem durchschnittlichen) der Sphäre plus dem auf jedes vorgeschossene Kapital entsprechend seiner Größe entfallenden Profit (abgeleitet aus der Durchschnittsprofitrate).

Damit haben wir zwar Verwandlungen der Mehrwerte und der Produktenwerte als Ergebnisse der einzelnen Sektoren verfolgt, aber noch ausgespart, was mit den Kapitalteilen *c* und *v* geschieht. Das ist jetzt zu ergänzen.

Zunächst kann man annehmen, die Verwandlung der Werte in Produktionspreise vollzieht sich außerhalb der Produktion, im Prozeß der Verteilung, ist damit immer nur Ergebnis der Verteilung und des Austausches. Das hat zur Folge: Waren aus dem Sektor (1) müssen von (2) nicht zum Wert, sondern in Höhe der Produktionspreise gekauft werden. Damit haben die neu angeschafften Produktionsmittel im Sektor (2) die Form von Produktionspreisen. Das heißt, die nunmehr verwendeten Produktionsmittel besitzen nicht mehr die „reine" Wertform. *c(2)* hat sich mit dem Reproduktionsprozeß aus der Wertform in eine Produktionspreisform, also einer ganz spezifischen Erscheinung des Wertes, - nennen wir sie *cp(2)* - verwandelt. Ähnlich verhält es sich mit *c(3)*. Es wird mit Waren aus dem Sektor (2) ersetzt; aber diese Waren haben ebenfalls im Verteilungsprozeß die Gestalt von Produktionspreisen angenommen. Sie stellen deshalb nunmehr ebenfalls ein verwandeltes *c(3)*, verwandelt in *cp(3)*, dar. Die Produkte des Sektors (3) dienen als Konsumtionsmittel. Jedoch auch sie erscheinen im Austausch als Produktionspreise. Sofern diese als stoffliche Repräsentanz von *v* dienen, verwandelt sich auch diese Wertkategorie in eine Produktionspreiskategorie, *v* in *vp*.

Wenn wir also davon ausgehen, zunächst wird alles als Wert produziert, nur die Verteilungsverhältnisse arrangieren die Verwandlung in Produktionspreise, sind wir spätestens im folgenden Reproduktionsprozeß überall bei Produktionspreisen angelangt. Das trifft dann auch für die Produktionsmittel zu, die Sektor (1) zum eigenen Ersatz der verbrauchten Vorgänger benutzt. Betrachten wir demnach den Produktionsprozeß in seiner ständigen Wiederholung, als Reproduktionsprozeß einschließlich der vermittelnden Verteilungs- und Zirkulationsprozesse, so sind die Verwandlungen von *c* und *v* in Produktionspreiskategorien bei der Herausbildung des Durchschnittsprofits und des Produktionspreises mit zu erfassen.

Die Abweichungen der Produktionspreise von den Werten lassen sich in einem Verhältnis ausdrücken, das aus den jeweiligen Größen der Produktionspreise und den ihnen zugrundeliegenden Werten gebildet wird. Bezeichnen wir dieses Verhältnis mit *q*, dann ist

$$q(i) = p(i)/W(i) \ .$$

Da Sektor (1) die Produktionsmittel sowohl für den Ersatz im selben Sektor als auch für Sektor (2) liefert, sind diese mit dem Abweichungsverhältnis im Sektor (1) (*q(1)*) behaftet, Produktionsmittel, die als Reproduktionsmittel dem Sektor (3) dienen, mit dem Abweichungsverhältnis von Sektor (2) (*q(2)*); denn sie kommen aus diesem Sektor. Indem *v* einheitlich mit Produkten aus dem Sektor (3) reproduziert wird, wirkt hier das Abweichungsverhältnis des Sektors (3) (*q(3)*). So gelten:

$$cp(1) = c(1) \cdot q(1)$$
$$cp(2) = c(2) \cdot q(1)$$
$$cp(3) = c(3) \cdot q(2)$$
$$vp(i) = v(i) \cdot q(3) \ .$$

Nehmen die Wertkategorien *c* und *v* Produktionspreisform *cp* und *vp* an, muß sich das konsequenterweise bei den Kategorien, die aus *c* und *v* gebildet werden, widerspiegeln. So wird die wertmäßige Kapitalzusammensetzung, *o*, einen Produktionspreisausdruck - nennen wir ihn *op* - und der Kostpreis bzw. Kapitalvorschuß, *e*, ebenfalls einen solchen - sagen wir *ep* - erhalten.
Diese Wandlungen von *c* in *cp*, *v* in *vp*, *o* in *op* und *e* in *ep*, die dem durchschnittlichen Profit und dessen Folge, der allgemeinen Verwandlung der Werte in Produktionspreise geschuldet sind, schlagen ihrerseits auf die allgemeinen Produktionspreise zurück, verändern deren Strukturen. Dies betrifft nicht nur die Struktur ihrer unmittelbaren Kapitalteile. Sie erfassen ebenso das Verhältnis zwischen den unmittelbaren Kapitalteilen und den Profiten. Wachsen im Verwandlungsprozeß die Kostpreise, sinken die Profitmassen, fallen jene, so steigen diese. Die bisher auf Wertbasis ermittelten Profite *fw* treten in den Hintergrund und werden durch die Differenz zwischen den Produktionspreisen und den neu konstituierten Kostpreisen verdrängt. Wir können dann die Profite nicht mehr mit *fw* bezeichnen, da sie nunmehr auf Produktionspreisbasis beruhen. Wir wollen Ihnen deshalb *fp* zuweisen. Für die einzelnen Sektoren wären ihre Größen:

$$fp(i) = p(i) - \left[cp(i) + vp(i)\right] = p(i) - ep(i) \ .$$

Die Produktionspreise ergeben sich dann aus den Kostpreisen *ep* plus diesen Profiten *fp*:

$$pp(i) = ep(i) + fp(i) \ .$$

Die Preisveränderungen, die sowohl die Produktionsmittel als auch die Arbeitskräfte im Prozeß der Herausbildung der Produktionspreise erfahren, bleiben - von Ausnahmen abgesehen - nicht ohne Einfluß auf die Gesamtprofite der Gesellschaft, und dies stets dann, wenn sich die Summe der Kostpreise *sep* ändert. Das wiederum führt zu einem neuen Verhältnis zwischen der Summe der Profite und der Summe der Kapitalvorschüsse. Es resultiert bereits aus einem Verwandlungsprozeß, nennen wir diese Profitrate *rg*, dann läßt sich auch sagen, *rd* wird zu *rg*. Damit wäre

$$rg = 100 \cdot sfp / sep$$

2. Modellvarianten

In diesem Abschnitt wollen wir die Aufmerksamkeit vor allem folgenden Problemen widmen:
1. Ist die Verwandlung der Werte in Produktionspreise bereits in einem Reproduktionszyklus abgeschlossen oder sind dazu mehrere Zyklen erforderlich?
2. Welche Kapitalstrukturen bewirken im Prozeß der Transformation welche Veränderungen in den Verteilungsverhältnissen? Welche Veränderungen davon sind nur scheinbar, bedeuten nur andere Ausdrucksformen, und welche Wandlungen in den Verteilungsverhältnissen vollziehen sich real?
Dies soll anhand von Zahlenbeispielen geschehen, die in drei Grundvarianten - ausgehend von drei Grundvarianten der Kapitalstrukturen zwischen den Sektoren - dargestellt werden.

2.1 Variante 1: *o(1)>o(2), o(2)>o(3)*

In ihr soll die Kapitalzusammensetzung *(o)* im Sektor (1) am höchsten und im Sektor (3) am niedrigsten sein.
Annahmen: *c(1)*=400; *o(1)*=4/1; *o(2)*=3/1; *o(3)*=2/1; die Mehrwertrate als Verhältnis des Mehrwertes zum variablen Kapital, multipliziert mit 100 - $m' = 100 \cdot m/v$ - betrage einheitlich für alle drei Sektoren 100 %.
Aus diesen Vorgaben entwickelt sich - entsprechend der im 1.Abschnitt hergeleiteten Abhängigkeiten - folgendes Ausgangsschema bzw. folgender Zyklus 0 (siehe Tabelle 1 weiter unten!). (Der Übersichtlichkeit wegen runden wir die Zahlen eine Stelle nach dem Komma auf bzw. ab.)
Die Wirtschaftsstrukturen zu Produktionspreisen unterscheiden sich demnach in allen ihren Elementen von der zu Werten. Die Preise der Produktionsmittel liegen für alle Sektoren über ihren Werten, weil die Faktoren, mit denen sie als Produktionspreise zu berechnen sind, 1,0 übersteigen. Dadurch hat auch die Summe der Produktionspreise für die Produktionsmittel einen höheren Betrag angenommen (968,4 statt 933,3 oder fast um 4 %). Demgegenüber ist durch den mit *v* zu multiplizierendee Faktor kleiner als 1 der Produktionspreisausdruck (*vp*) für die Bezahlung der Arbeitskräfte zurückgegangen (von insgesamt 333,3 auf nunmehr 315,8 oder um mehr als 5 %). Da nun die Preise für Produktionsmittel zwar prozentual weniger, aber in ihren absoluten Größen stärker angewachsen als die Preise für die Arbeitskräfte gefallen sind, kletterten in allen Sektoren die Kostpreise bzw. Kapitalvorschüsse *ep* im Verhältnis zu *e* (von 1266,7 auf 1284,2 oder um fast 1,2 %). Dies wirkt sich auf die Differenz zwischen Werten bzw. Produktionspreisen und Kostpreisen aus, indem diese verringert, demzufolge die Profitrate insgesamt verkleinert (um mehr als 6 %) wird.

Tabelle 1:

Beispiel Nr.1
Zyklus 0 zu Werten

	(1)	(2)	(3)	Gesamt
Kap.Zus.	4,0	3,0	2,0	2,8
c	400,0	200,0	333,3	933,3
v	100,0	66,7	166,7	333,3
m	100,0	66,7	166,7	333,3
Wert	600,0	333,3	666,7	1600,0
e	500,0	266,7	500,0	1266,7
fw	131,6	70,2	131,6	333,3
fw-m	31,6	3,5	-35,1	0,0
p	631,6	336,8	631,6	1600
p/W %	105,3	101,1	94,7	

Mehrwertrate in % 100,00
Durchschn.Prof.R rd in % 26,316

****

Zyklus 0 zu Produktionspreisen

Kap.Zus.	4,4	3,2	2,1	3,1
cp	421,1	210,5	336,8	968,4
vp	94,7	63,2	157,9	315,8
ep	515,8	273,7	494,7	1284,2
fp	115,8	63,2	136,8	315,8
Prod.Pr	631,6	336,8	631,6	1600,0

Durchschnittsprofitrate in %
bei Werten 26,321
bei Produktionspreisen 24,590
****

Daraus ergeben sich keine Konsequenzen für die Warenmenge, die für die Konsumtion zur Verfügung steht. Es ist die gleiche wie unter Wertbedingungen, lediglich ihre Werte haben einen anderen Preisausdruck erfahren. Ebenso bleibt davon die Aufteilung des gesamten Konsumtionsfonds zwischen den Klassen unberührt.

Anders verhält es sich jedoch mit der Verteilung innerhalb der Bourgeoisie. Kapitale mit höherer als der durchschnittlichen Zusammensetzung (in unserem Beispiel die in den Sektoren (1) und (2) gewinnen an Profiten, sofern wir die Differenz zwischen *p* und *e* betrachten, während Kapitale mit niedrigerer als der mittleren organischen Zusammensetzung weniger Profite abwerfen als in ihnen Mehrwerte geschaffen wurden. Das muß sich schließlich für die Verteilung der Konsumtionsmittelmengen bemerkbar machen. Bevorteilt sind alle Kapitale mit einer überdurchschnittlichen Kapitalintensität.

Dies gilt in vollem Umfange allerdings unter den Bedingungen, unter denen eine durchschnittliche Profitrate auf Wertbasis ermittelt wird, ohne bereits die Verwandlung der einzelnen Kapitalelemente in Produktionspreise zu berücksichtigen. Widergespiegelt wird das im Zyklus 0 zu Werten, sofern wir die Zeilen *o* und *fw-m* miteinander vergleichen. In den Sektoren (1) und (2) liegen die Kapitalzusammensetzungen mit 4,0 und 3,0 über dem Mittelwert von 2,8, und dementsprechend sind die Differenzen zwischen dem Durchschnittsprofit *fw* und dem Mehrwert m hier positiv. Im Sektor (3) gestalten sich die Verhältnisse umgekehrt.

Jedoch ist diese Verteilung des Profits nur fiktiv, nur ein theoretisches Übergangsstadium; denn im selben Moment nehmen eben auch die Kapitalelemente die Form von Produktionspreisen an, indem sie mit den Quotienten *p/W* zu veranschlagen sind. Diese Quotienten unterscheiden sich aber nach den Sektoren, wirken sich deshalb ebenso unterschiedlich auf *c* und *v* aus. Damit verändern sich die Größen der Gesamtkapitale bzw. die Kostpreise der mit ihnen erzeugten Waren zwischen den Sektoren nicht einheitlich. Das hat Konsequenzen für die Differenzen zwischen den Bruttoproduktionspreisen und den Kostpreisen *ep*, also für die Profitmengen, die den einzelnen Sektoren zufallen. In unserem Beispiel Nr.1 verringern sie sich gegenüber der fiktiven Verteilung auf Wertbasis in den Sektoren (1) $fw - pw = 131{,}6 - 115{,}8 = -15{,}8$ und (2) $fw - pw = 70{,}2 - 63{,}2 = -7{,}0$ während sie im Sektor (3) $fw - pw = 131{,}6 - 136{,}8 = +5{,}2$ anwuchs. Gegenüber den produzierten Mehrwerten hingegen übersteigt der Profit in (1) (um 15,8) die produzierte Profitmasse und liegt in (2) (um 3,5) sowie in (3) (um 22,9) darunter. Da jedoch der Preis für *v* durch die Verwandlung in Produktionspreise in unserem jetzigen Beispiel um 5,3 % gesunken ist, schlägt sich die Preisverschiebung in der dafür erhältlichen Produktenmenge nieder. Die tatsächlich aneigbare Produktenmenge durch die Bourgeoisie ist so in (1) größer als es *fp(1)* gegenüber *m(1)* ausweist. Umgekehrt sind bei (2) und (3) die Produktverluste in der Aneignung durch die Bourgeoisie geringer als es die Differenzen zwischen *m-fp* aussagen. Bei (2) kann etwa die gleiche Produktenmenge für *fp(2)* wie für *m(2)* erworben werden, da das Verhältnis von fp(2)/*m(2)* etwa dem Verhältnis *q(3)* als *p(3)/W(3)* entspricht.

Die Verschiebungen zwischen *e* und *fp* bringen Veränderungen in der Profitrate hervor. In unserem Falle ist *ep* gegenüber *e* gestiegen und demzufolge *fp* gefallen. Die durchschnittliche Profitrate *rg* erreicht nicht mehr die Höhe der durchschnittlichen Profitrate *rd*, wie sie auf Wertbasis existiert (nur noch 24,59 gegenüber 26,316 %).
Kehren wir nun zu der Frage zurück, ob damit die Verwandlung der Werte in die Produktionspreise abgeschlossen ist oder ob es sich nur um einen Schritt in diesem Prozeß handelt.
Das erfahren wir, wenn wir die Durchschnittsprofitrate *rg* mit den jeweiligen Kapitalvorschüssen in Form der Produktionspreise, also *ep*, multiplizieren und durch 100 dividieren. Erhalten wir im Ergebnis die gleichen Profitmengen für die einzelnen Sektoren, so ist der Vorgang abgeschlossen; andernfalls noch nicht.

Für Sektor (1): $ep(1) \cdot rg/100 = 515{,}8 \cdot 24{,}59/100 = 126{,}8$ (*fp* war aber nur 115,8).

Für Sektor (2): $ep(2) \cdot rg/100 = 273{,}7 \cdot 24{,}59/100 = 67{,}3$ (*fp* war aber lediglich 63,2).

Für Sektor (3): $ep(3) \cdot rg/100 = 494{,}7 \cdot 24{,}59/100 = 121{,}6$ (fp belief sich jedoch auf 136,8).

Das ergibt eine ganz andere Profitverteilung als im Zyklus 0 zu Produktionspreisen. Demzufolge fallen die jetzt ermittelten Profite bei (1) und (2) zum Teil erheblich höher, bei (3) hingegen wesentlich niedriger als die vermeintlichen Durchschnittsprofite *fp* aus, obwohl ihre Summen (Ungenauigkeiten nach dem Komma sind Abweichungen durch Rechenoperationen) übereinstimmen.
Wir müssen folgern: Die Preisveränderungen sind noch nicht endgültig. Offensichtlich sind weitere Reproduktions- und Zirkulationszyklen zu durchlaufen, bevor die Wandlungen ihr Ende erreicht haben. Wir wollen dies jedoch hier nur in den Ansätzen darstellen und dann gleich zum Resultat springen.
Die aus Zyklus 0 zu Produktionspreisen ermittelte Durchschnittsprofitrate *rg* bildet die Grundlage für die Berechnung der Durchschnittsprofite *fd*. Dies geschieht durch ihre Multiplikation der Kapitalvorschüsse, ep, mit rg:

$$fd(1) = ep(1) \cdot rg/100 \;;$$
$$fd(2) = ep(2) \cdot rg/100 \;;$$
$$fd(3) = ep(3) \cdot rg/100 \;.$$

Damit verändern sich die Produktionspreise, o, als Summen von *ep+fd*:

$p(1) = ep(1) + fd(1)$;
$p(2) = ep(2) + fd(2)$;
$p(3) = ep(3) + fd(3)$.

Allgemein läßt sich auch schreiben:

$p(i) = ep(i) + fd(i)$.

Für ein Computerprogramm wäre zu empfehlen, die Indizes (1) bis (3) für diese und die folgenden Operationen durch die Indizes (4) bis (6) zu ersetzen. Das hieße: „for i=4 to 6".
Die erhaltenen *p* sind jetzt durch die Produktenwerte der einzelnen Sektoren zu dividieren, um die neuen Koeffizienten für die in den Zyklus 1 eingehenden Kapitalelemente zu erhalten:

$q(i) = p(i)/W(i)$.

Jetzt kann Zyklus 1 aufgebaut werden. Dazu verwenden wir statt der Indizes (1)-(3) die Indizes (4)-(6).

$cp(4) = c(1)q(4)$;
$vp(i) = v(i)q(6)$;
$cp(5) = c(2)q(4)$;
$cp(6) = c(3)q(5)$;
$op(i) = cp(i)/vp(i)$;
$ep(i) = cp(i)+vp(i)$;
$fp(i) = p(i)-ep(i)$.

Als neue Durchschnittsprofitrate *rf* gilt Summe der *fp*(4-6) durch Summe *ep(*4-6) multipliziert mit100.
Im Zyklus 1 stellen wir die einzelnen Elemente der verschiedenen Sektoren nach Werten und nach Produktionspreisen als Ergebnis des ersten Reproduktionsprozesses gegenüber und weisen die Profitraten auf Wertbasis, *rd*, auf Produktionsbasis im Zyklus l-1 (in diesem Falle im Zyklus 0 auf Produktionspreisbasis), *rg*, und die Profitrate im laufenden Zyklus l, *rf*, aus. (Vgl. Tabelle 2).
Wir erkennen Veränderungen, die alle Preise und alle Kapitalelemente sowie die Profitgrößen erfahren haben. Außerdem ist die Durchschnittsprofitrate im laufenden Zyklus, *rf*, kleiner gegenüber der des vorangegangenen Zyklus l-1, *rg*, geworden. Sie beträgt jetzt nur noch 23,848 % gegenüber *rg* =24,59 % oder ist um rund 3 % niedriger.

Damit ist aber eine völlige Herausbildung der allgemeinen Profitrate und mit ihr die Verwandlung der Werte in Produktionspreise noch immer nicht beendet. Erkennbar ist das an den Differenzen der Profitraten *rf* und *rg* (im laufenden zum vorangegangenen Zyklus). Der Prozeß wäre also weiter zu verfolgen. Wie viele Zyklen dazu noch erforderlich sind, kann uns leicht ein Rechner mitteilen, wenn wir ihn so programmieren, um bei Übereinstimmung von *rf* mit *rg* seine Tätigkeit zu beenden.

Tabelle 2:

Beispiel Nr.1
Zyklus 1

	(1)	(2)	(3)	Gesamt
Kap.Zus.	4,0	3,0	2,0	2,8
op	4,6	3,5	2,2	3,2
c	400,0	200,0	333,3	933,3
cp	428,4	214,2	341,0	983,6
v	100,0	66,7	166,7	333,3
vp	92,5	61,6	154,1	308,2
m	100,0	66,7	166,7	333,3
fp	121,7	65,1	121,3	308,2
Wert	600,0	333,3	666,7	1600,0
Prod.Pr	642,6	341,0	616,4	1600,0
p/W %	107,1	102,3	92,5	

****

Durchschnittsprofitrate in %

bei Werten =*rd*	26,316
im Zyklus 0 =*rg*	24,590
im Zyklus 1 =*rf*	23,858

****

Der Prozeß käme für unser Beispiel Nr.1 nach dem zehnten Zyklus zum Stillstand. Die Struktur ist der Tabelle 3 zu entnehmen.

Nun liegen die Produktionspreise des Sektors (1) um 7,7 % und des Sektors (2) um 2,6 % über, die des Sektors (3) um 8,2 % unter den Werten der Waren dieser

Sektoren. Die Kapitalzusammensetzung stellt sich jetzt im Sektor (1) um 17,5 %, im Sektor (2) um 16 % und im Sektor (3) um 10 % höher (im Durchschnitt um rund 14 %). Auch die Profitverteilung hat weitere Veränderungen erfahren. Seine Anhäufung im Sektor (1) auf Kosten insbesondere von (3) hat sich fortgesetzt. Gegenüber der Wertverteilung weist sie folgende Verschiebungen auf (siehe Tabelle 4!)

Tabelle 3:

Beispiel Nr.1
Zyklus 10

	(1)	(2)	(3)	Gesamt
Kap.Zus.	4,0	3,0	2,0	2,8
op	4,7	3,5	2,2	3,2
c	400,0	200,0	333,3	933,3
cp	430,7	215,4	341,9	988,0
v	100,0	66,7	166,7	333,3
vp	91,8	61,2	153,0	306,0
m	100,0	66,7	166,7	333,3
fp	123,6	65,4	117,3	306,0
Wert	600,0	333,3	666,7	1600,0
Prod.Pr	646,1	341,9	612,0	1600,0
p/W %	107,7	102,6	91,8	

****

Durchschnittsprofitrate in %

bei Werten	26,316
im Zyklus 9	23,647
im Zyklus 10	23,647

****

Tabelle 4:

Profitverteilung im Zyklus 10 gegenüber
der Mehrwertproduktion im Beispiel Nr.1,
nach Realpreisen:

Sektor	Veränderungen in %	
(1)	+ 23,6	+34,6
(2)	- 2,0	+ 6,8
(3)	- 29,6	- 23,3

Damit ist der Konsumtionsfonds, der für den Profit eingelöst werden kann, in (1) ganz erheblich höher als bei „reiner" Wertgrundlage. Auch für (2) fällt die Bilanz des Konsumtionsfonds aus den Profiten günstig aus, obwohl in der absoluten Größe des Profits ein Manko erscheint. Wenn daher die durchschnittliche Profitrate im Prozeß ihrer Herausbildung insgesamt mehr und mehr fällt, mindert dies zwar nicht die Menge der Konsumtionsmittel, aber durch die damit einherlaufenden Veränderungen in den Verteilungsverhältnissen sammelt sich bei (1) ein wachsendes Quantum von Konsumtionsmitteln an. Würden sie (zumindest zum Teil) für reale Lohnerhöhung der Beschäftigten in diesem Sektor verwendet, so geschehe dies keineswegs durch Konsumverzicht der Bourgeoisie dieses Sektors; Es würde allerdings zwischen den n volkswirtschaftlichen Bereichen die Lohndifferenzierungen verschieben.
Auswirkungen auf die Verteilungsverhältnisse der Profite, wie sie von der Verwandlung der Werte in Produktionspreise ausgehen, sind um so größer, je mehr sich die Kapitalstrukturen zwischen den Sektoren voneinänder unterscheiden. Das bleibt nicht ohne Einfluß auf die Zyklenanzahl, die zu durchlaufen ist, bevor der Prozeß der Herausbildung einer einheitlichen Profitrate vor und nach den Zirkulationsprozessen seinen Abschluß findet.
Nehmen wir beispielsweise ein Ausgangsschema an, das die Kapitalzusammensetzungen von 8 zu 1 im Sektor (1), von 5 zu 1 im Sektor (2) und 2 zu 1 im Sektor (3) aufweist, So meldet der Rechner erst beim Zyklus 15 die Übereinstimmung der Profitrate mit der des vorangegangenen Zyklus' 14. Im Zyklus 8 würde sie allerdings bereits mit der dritten Stelle nach dem Komma ihre Endgröße erreicht haben. Ansonsten würden wir die gleichen Prozesse wie im Beispiel Nr.1 beobachten können, also die Grundaussagen bestätigt erhalten. Natürlich setzt bei einer solchen höheren Kapitalzusammensetzung schon die Ausgangsprofitrate niedriger ein (*rd* = rund 18 %), und sie gleitet auf 14,273 % ab. Die Unterschiede zwischen den Produktionspreisen und den Werten sind dann allerdings größer - p/W in % wäre 109,3 im Sektor (1), beliefe sich auf 102,6 im Sektor (2) und betrüge nur 82,1 im Sektor (3).
Verdeutlichen wir uns dies in einem Beispiel Nr. 2, in dem wir das Ausgangsschema 0 gleich mit dem Zyklus 15 verknüpfen (siehe Tabelle 5!).

2.2 Variante 2: o(1)<o(2), o(2)<o(3)

Wir nehmen an, die Kapitalzusammensetzung sei im Sektor (1) am niedrigsten und im Sektor (3) am höchsten. Dazu kehren wir einfach die im Beispiel Nr. 1 unterstellten Verhältnisse um. Im übrigen belassen wir den Wertumfang der Pro-

Tabelle 5:

Beispiel Nr.2
Zyklus 15

	(1)	(2)	(3)	Gesamt
Kap.Zus.	8,0	5,0	2,0	4,6
op	10,7	6,7	2,5	6,0
c	400,0	100,0	140,0	640,0
cp	437,2	109,3	143,7	690,2
v	50,0	20,0	70,0	140,0
vp	41,0	16,4	57,5	114,9
m	50,0	20,0	70,0	140,0
fp	68,3	17,9	28,7	114,9
Wert	500,0	140,0	280,0	920,0
Prod.Pr	546,5	143,7	229,8	920,0
p/W %	109,3	102,6	82,1	

****

Durchschnittsprofitrate in %

bei Werten =*rd*	17,949
im Zyklus 14 =*rg*	14,273
im Zyklus 15 =*rf*	14,273

****

duktionsmittel in (1) bei 400 und die Mehrwertrate für alle Sektoren bei 100 %. Das ergibt folgendes Ausgangsschema (siehe Tabelle 6!).
In diesem Falle sinken die Preise für Produktionsmittel, während diejenigen der Konsumtionsmittel steigen. Die Kapitalvorschüsse bzw. Kostpreise der Waren gehen bei (1) und (2) zurück, bei (3) hingegen nehmen sie zu; volkswirtschaftlich verringern sie sich. *fw* ist bei (1) kleiner, bei (2) und (3) jedoch größer als der

produzierte Mehrwert; fp liegt aber bei (1) und (2) über, bei (3) unter den *fw*-Ausdrücken; gesamtgesellschaftlich übersteigt *fp fw*. Demzufolge ist im Gegensatz zum Beispiel Nr.1 *rg>rd*.
Die Profitrate scheint also im Prozeß der Herausbildung ihres Durchschnitts eine steigende Tendenz zu haben. Das unterstreicht Zyklus 1: (Siehe Tabelle 7: Beispiel Nr. 3 Zyklus 1!)

Tabelle 6:

Beispiel Nr.3
Zyklus 0 zu Werten:

	(1)	(2)	(3)	Gesamt
Kap.Zus.	2,0	3,0	4,0	2,9
c	400,0	400,0	666,7	1466,7
v	200,0	133,3	166,7	500,0
m	200,0	133,3	166,7	500,0
Wert	800,0	666,7	1000,0	2466,7
e	600,0	533,3	833,3	1966,7
fw	152,4	135,6	211,9	500,0
fw-m	-47,5	2,3	45,2	0,0
p	752,5	668,9	1045,2	2466,7
p/W %	94,07	100,34	104,52	

zu Produktionspreisen:

op	1,8	2,7	3,8	2,7
cp	376,3	376,3	668,9	1421,5
vp	209,0	139,4	174,2	522,6
ep	585,3	515,6	843,1	1944,1
fp	167,2	153,3	202,1	522,6
Prod.Pr	652,5	668,9	1045,2	2466,7

Durchschnittsprofitrate in %

bei Werten =*rd*	25,424
bei Produktionspreisen =*rg*	26,882

****

Die Preise für Produktionsmittel sind weiter gesunken, diejenigen für Konsumtionsmittel weiter angestiegen. Die Warenpreise fielen insbesondere für Erzeugnisse von (1), weniger für Produkte von (2) Für (3) wuchsen sie weiter an, weil in diesem Sektor die Kapitalzusammensetzung über dem Durchschnitt liegt.

Tabelle 7:

Beispiel Nr.3
Zyklus 1

	(1)	(2)	(3)	Gesamt
Kap.Zus.	2,0	3,0	4,0	2,9
op	1,7	2,6	3,7	2,6
c	400,0	400,0	666,7	1466,7
cp	371,3	371,3	654,2	1396,9
v	200,0	133,3	166,7	500,0
vp	214,0	142,6	178,3	534,9
m	200,0	133,3	166,7	500,0
fp	157,4	140,3	237,2	534,9
Wert	800,0	666,7	1000,0	2466,7
Prod.Pr	742,7	654,2	1069,8	2466,7
p/W %	92,8	98,1	107,0	

****

Durchschnittsprofitrate in %

bei Werten =*rd*	25,424
im Zyklus 0 =*rg*	26,882
im Zyklus 1 =*rf*	27,689

****

Die Verschiebungen in den Preisstrukturen dauern wiederum mehrere Zyklen hindurch an. Erst im Zyklus 10 ist die gleiche Profitrate wie im Zyklus davor (9) erreicht. (Siehe Tabelle 8!)

Gegenüber dem Zyklus 1 weisen jetzt die Produktionsmittel etwas höhere Preise auf; dagegen sind die Konsumtionsmittel billiger geworden; beide Warenarten erreichen jedoch nicht wieder das Niveau der Wertpreise. Die Profite übersteigen im Zyklus 10 in den Sektoren (1) und (2) den Umfang des Zyklus 1, haben sich jedoch im Sektor (3) verkleinert; ihre Gesamtmasse ist gewachsen. Gleichermaßen ist das Verhältnis P/W jetzt in (1) und in (2) wieder etwas größer geworden; es hat sich in (3) verringert. Damit haben sich die Veränderungen, die vom Ausgangszyklus 0 bis zum Zyklus 1 vor sich gegangen sind, nicht bis zur völligen Herausbildung der Durchschnittsprofitrate fortgesetzt. In keinem Falle nehmen jedoch die Preise wieder den Wertumfang an. Das trifft auch für ihre einzelnen Elemente zu.

Tabelle 8:

Beispiel Nr.3
Zyklus 10

	(1)	(2)	(3)	Gesamt
Kap.Zus.	2,0	3,0	4,0	2,9
op	1,8	2,6	3,7	2,6
c	400,0	400,0	666,7	1466,7
cp	373,5	373,5	656,7	1403,8
v	200,0	133,3	166,7	500,0
vp	212,6	141,7	177,1	531,4
m	200,0	133,3	166,7	500,0
fp	161,0	141,5	229,0	531,4
Wert	800,0	666,7	1000,0	2466,7
Prod.Pr	747,1	656,7	1062,9	2466,7
p/W %	93,4	98,5	106,3	

****

Durchschnittsprofitrate in %

bei Werten =*rd*	25,424
im Zyklus 10 =*rf*	27,461

****

Dadurch haben sich nunmehr im Sektor (3) mehr Profite angesammelt als dies unter Wertprämissen gegeben war. Indem im Sektor (3) Konsumtionsmittel hergestellt werden, kann von dieser Profitanhäufung keine Akkumulation ausgehen: Lediglich eine Akkumulation für *v* - also eine Beschäftigung zusätzlicher Arbeitskräfte - in diesem Bereiche wäre denkbar. Da es jedoch an entsprechenden Produktionsmitteln fehlt, würde das eine Verringerung der Kapitalintensität hervorrufen müssen. Eine Verwandlung von Konsumtionsmitteln in Produktionsmittel ist nur ganz bedingt möglich, weil ihre stofflichen Gestaltungen das in den meisten

Fällen nicht zulassen. Nur für bestimmte Rohstoffe kann eine wahlweise Verwendung als Konsumtions- oder Produktionsmittel erfolgen.
Natürlich könnten aus den vermehrten Profiten in (3) Lohnerhöhungen für die Beschäftigten dieses Sektors gespeist werden. Damit würde sich die technische Zusammensetzung nicht verändern, obwohl eine sinkende Kapitalintensität ausgewiesen würde. Dennoch könnte dadurch die Kapitalintensität in (3) überdurchschnittlich bleiben. So blieben auch die Konsequenzen für die Profitverteilung zugunsten dieses Sektors grundsätzlich erhalten.
Insgesamt ist die Konstellation $o(1)<o(2)$ und $o(2)<o(3)$ für ein volkswirtschaftliches Wachstum ungeeignet. Soll sich aus dieser Struktur ein Wachstum entwikkeln, so darf keine Durchschnittsprofitrate existieren, die die Profite in den Bereich der Konsumgüterproduktion zieht. Hier können nur differenzierte Profitraten Lösungen bringen.

2.3 Variante 3: $o(2)<o(1)<o(3)$

Neben den bisher behandelten Varianten, bei denen eine mit den Produktionsstufen ab- bzw. aufsteigende Kapitalzusammensetzung angenommen wurden, sind zahlreiche andere Möglichkeiten denkbar. So können sich jeweils zwei Kapitalzusammensetzungen gleichen und eine darüber oder darunter liegen. Auch kann die Kapitalzusammensetzung in (1)>(2), aber in (2)<(3) sein. Sie kann ebenso in (1) unter der von (2), jedoch in (2) über der von (3) stehen usw. Wir verzichten hier darauf, alle möglichen Varianten darzustellen, obwohl jede für sich eine bestimmte Modifizierung mit sich bringt.
Typisch scheint eine Struktur der Volkswirtschaft zu sein, in der die Kapitalzusammensetzung *o* in (2) ein niedrigeres Verhältnis als in (1) und in (3) aufweist. Wir wollen uns deshalb dieser Variante noch etwas widmen, ohne in aller Ausführlichkeit auf sie einzugehen.
Ist $o(2)<o(1)$ und gleichzeitig $o(2)<o(3)$, dann ist eine Profitabwanderung die Folge, indem dort produzierter Mehrwert bzw. Profit Sektoren mit höheren Kapitalzusammensetzungen zufällt. Es wird von den Größenverhältnissen der Kapitalzusammensetzungen zwischen (1) und (3) abhängen, welcher Sektor davon am meisten (im wahrsten Sinne des Wortes) profitiert. Sofern $o(1)>o(3)$, werden wir uns der Variante 1 nähern; bei $o(1)<o(3)$ kommt gewiß Variante 2 mit ihren Grundaussagen mehr oder weniger intensiv zum Tragen. Dabei sind sicher die Differenzen zwischen o(1) und o(3) entscheidend, welcher Sektor in der Profitverteilung bevorzugt wird.
Wir wollen zu dieser Grundvariante 3 zwei Zahlenbeispiele bilden. Eins davon (Beispiel Nr.4) unterstellt $o(1)>o(3)$, das andere (Beispiel Nr.5) nimmt $o(1)<o(3)$ an. In beiden Fällen ist $o(2)<o(1)$ und $o(2)<o(3)$.

Um rasch zu den Ergebnissen zu gelangen, fassen wir in den beiden Beispielen das Wertmodell mit der Produktionspreis-Situation nach Herausbildung der tatsächlichen Durchschnittsprofitrate zusammen. Wir kennzeichnen die Herausbildungsdauer mit der Zyklennummer.
Die Verschiebungen in den Preisstrukturen dauern wiederum mehrere Zyklen hindurch an. (Siehe Tabelle 9!)

Tabelle 9:

Beispiel Nr.4
Zyklus 14

	(1)	(2)	(3)	Gesamt
Kap.Zus.	4,0	2,0	3,0	3,0
op	4,6	2,3	3,1	3,3
c	400,0	200,0	400,0	1000,0
cp	435,2	217,6	384,6	1037,5
v	100,0	100,0	133,3	333,3
vp	94,4	94,4	125,8	314,6
m	100,0	100,0	133,3	333,3
fp	123,2	72,6	118,8	314,6
Wert	600,0	400,0	666,6	1666,7
Prod.Pr	652,9	384,6	629,2	1666,7
p/W %	108,8	96,1	94,4	

****

Durchschnittsprofitrate in %
bei Werten =*rd* 25,000
im Zyklus 14 =*rf* 23,269

****

Im Beispiel Nr. 4 bestätigt sich zunächst völlig die Feststellung, wonach Sektor (1) einen beträchtlichen Profitzuwachs erfährt, da dort die Kapitalzusammensetzung den Mittelwert überschreitet.
Aber auch im Beispiel 5 (siehe Tabelle 10!) übersteigt die Kapitalzusammensetzung von (1) nach Preisen den Mittelwert.
Dementsprechend kann sich in diesem Sektor ein Profit bilden, der positiv zum produzierten Mehrwert steht, wenn die Differenz zwischen beiden auch geringer

als im Beispiel Nr.4 ist. Dabei handelt es sich nicht nur um einen preislichen Überschuß, sondern auch nach Warenmengen hat (1) gewonnen; denn die Preiserhöhung für die Waren von (1) beträgt nur 1,1 %, die Profite von (1) hingegen weisen preislich eine Differenz zu den Mehrwerten von +2,5 % aus. Einbußen erleidet in diesem Beispiel Nr. 5 nur Sektor (2); Sektor (3) hingegen wird am meisten begünstigt. Insofern ist die Möglichkeit für einen Übergang von der Kreisbewegung der Volkswirtschaft zum Wachstum im Beispiel Nr.5 besser als im Beispiel Nr. 3 gegeben, es reicht aber nicht für die Voraussetzungen, wie sie in den Beispielen Nr. 1, 2 und 4 vorzufinden sind.

Tabelle 10:

Beispiel Nr.5
Zyklus 11

	(1)	(2)	(3)	Gesamt
Kap.Zus.	3,0	2,0	4,0	3,0
op	3,0	2,0	3,8	2,9
c	400,0	266,7	533,3	1200,0
cp	408,7	272,4	510,4	1191,4
v	133,3	133,3	133,3	400,0
vp	134,8	134,8	134,8	404,3
m	133,3	133,3	133,3	400,0
fp	136,7	103,2	163,4	404,3
Wert	666,7	533,3	800,0	2000,0
Prod.Pr	681,1	510,4	808,6	2000,0
p/W %	102,2	95,7	101,1	

****

Durchschnittsprofitrate in %

bei Werten =*rd*	25,000
im Zyklus 11 =*rf*	25,335

****

Stellen wir im Beispiel Nr.5 nicht lediglich den Wertzustand und den Abschluß der Verwandlung der Werte in Produktionspreise gegenüber, sondern verfolgen wir auch alle einzelnen Zyklen, so wird noch ein anderes Phänomen sichtbar. Dazu wollen wir die durchschnittlichen Profitraten der ersten 7 Zyklen anführen (siehe Tabelle 11!).

Eine nähere Betrachtung dieser Profitratenentwicklung läßt uns zu dem Schluß gelangen: Sie bewegt sich nicht in einer Richtung. Vielmehr pendelt sie das Einemal etwas nach oben, danach wird sie niedriger, steigt wieder an, um erneut zu sinken, wobei die Senkung jedesmal die vorangegangene Steigerung mehr als paralysiert, bis sie sich auf ein bestimmtes Niveau zubewegt hat, von dem sie nicht mehr hoch kommt.
Deutlich wird dabei ebenfalls eine sinkende Tendenz im Prozeß ihrer Herausbildung erkennbar. Dies trifft für alle 5 Beispiele zu.

Tabelle 11:

Entwicklung der Profitraten im Beispiel Nr. 5

Zyklus	Profitrate %
1	25,275
2	25,402
3	25,329
4	25,340
5	25,335
6	25,336
7	25,335

3. Ergebnisse der Analysen[15]

Fassen wir die wichtigsten Ergebnisse der Modellvarianten zur Herausbildung des Produktionspreises zusammen, so läßt sich folgendes formulieren:

1. Die Verwandlung der Werte in Produktionspreise ist ein Prozeß, der mehrere Zyklen hindurch andauert, bevor er als abgeschlossen betrachtet werden kann. Die Zyklenanzahl hängt von den Differenzen zwischen den Kapitalzusammensetzungen der einzelnen Sektoren ab; je größer diese sind, desto mehr Zyklen sind erforderlich. Joan Robinson bemerkt unter anderem: „Historisch betrachtet ... griff der Kapitalismus an mehreren Punkten zugleich an. Jede einzelne Ware mußte anfangs ihre eigene Ausbeutungs- und ihre eigene Profitrate aufweisen. Der Wettbewerbsprozeß begann dann, die Profitraten anzugleichen.“ (Robinson 1987, S. 11)

[15] Interessenten können das Computerprogramm gegen Erstattung der Versandkosten beim Autor oder den Herausgebern erhalten.

2. In allen betrachteten Beispielen unterliegt die durchschnittliche Profitrate im Fortgang ihrer Konstituierung einer sinkenden Tendenz. Dies trifft selbst für Fälle zu, in denen die Kapitalzusammensetzung im Sektor (3) den höchsten Ausdruck gegenüber denen der anderen Sektoren besitzt. Allerdings verläuft die Senkung der Profitrate in dieser Konstellation wesentlich langsamer und geringfügiger. Unter bestimmten Bedingungen ist ihre Höhe im Herausbildungsprozeß Schwankungen, Schwingungen ausgesetzt, bevor sie ihren „Endstand“ erreicht.
3. Im Prozeß der Konstituierung der allgemeinen Profitrate verschieben sich preislich die Strukturen sowohl zwischen den Sektoren als auch innerhalb derselben. Dadurch ist in ihrem Verlaufe die eigentliche Wertstruktur immer weniger und nach Abschluß dieses Prozesses überhaupt nicht mehr erkennbar. Lediglich die Summe der Produktionspreise ist nach unserer Annahme noch mit der Summe der Werte identisch und insofern erkennbar.
4. Sollten während des Prozesses in einzelnen Sektoren Veränderungen in den technischen Ausstattungen vorgenommen werden, die auch die Kapitalzusammensetzungen berühren, so daß neue Konstellationen entstehen, kann das die Zeit bis zur völligen Herausbildung einer allgemeinen Profitrate und damit der Produktionspreise - je nach ihren Wirkungsrichtungen - verkürzen oder verlängern.
5. Die Produktionspreise verhüllen zwar die ihnen zugrunde liegenden Werte einschließlich aller ihrer Teile, gegenseitige Abhängigkeiten ihrer Größen werden dadurch jedoch nicht aufgehoben, sofern der einfache Reproduktionsprozeß reibungslos funktionieren soll. Daher gelten auch bei Existenz der Produktionspreise die gleichen Austauschbedingungen wie bei Reproduktion zu Werten. Lediglich die neuen Gestalten der Kategorien sind dafür einzusetzen. Alle Gleichgewichtsbedingungen wandeln sich nur im Rahmen der Transformation der Wertkategorien. Das bedeutet:

$$\begin{aligned} w(1) &= c(1) + c(2) & \qquad pp(1) &= cp(1) + cp(2) \\ v(1) + m(1) &= c(2) & \qquad vp(1) + fp(1) &= cp(2) \\ w(2) &= c(3) & \qquad pp(2) &= cp(3) \\ w(1) + w(2) &= sc & \qquad pp(1) + pp(2) &= scp \\ w(3) &= sv + sm & \qquad pp(3) &= svp + sfp \end{aligned}$$

Diese Gleichheiten werden im Entstehungsprozeß der Produktionspreise gestört, sofern wir die auf die einzelnen Sektoren entfallenden Profite *fp* nicht aus der Differenz zwischen *p* und *ep* (*p(i)-ep(i)*) ableiten, sondern sie als Durchschnittsprofite - sich ergebend aus *rg* als der jeweils neuen Durchschnittsprofitrate, multipliziert mit den jeweiligen Kapitalvorschüssen, dividiert durch $100\,(ep(i) \cdot rg/100)$ - den Kostpreisen der Sektoren zuschlagen. Das hieße, bei der Profitverteilung die nächste Stufe der Verwandlung vorwegzunehmen. Die Profitverteilung entspräche nicht der Stufe, auf der sich die Herausbildung der Produktionspreise gerade befindet. Die Produktionspreise würden mehr oder weniger losgelöst von den Produktions- und Verteilungsbedingungen der vorangegangenen Stufe betrachtet. Die Mengen der den einzelnen Sektoren zukommenden Profite und die Größen der in den Sektoren entstandenen Produktionspreise stünden in Verhältnissen zueinander, aus denen sich keine der angeführten Gleichgewichtsbedingungen mehr realisieren ließe. Im Ergebnis dessen ist die Zirkulation der Waren nicht mehr in vollem Umfange gewährleistet, und zumindest strukturelle Wirtschaftskrisen sind unausbleiblich. Schließlich müssen die Austauschprozesse die Gleichgewichte wiederherstellen, jedoch zu den im 1. Abschnitt entwickelten Bedingungen.

6. Wir haben für jeden einzelnen Sektor eine für diesen Sektor homogene Kapitalstruktur und eine für alle Sektoren einheitliche Mehrwertrate unterstellt. In der Praxis unterscheiden sich jedoch die Kapitalzusammensetzungen auch innerhalb jedes Sektors. Dadurch sind die Profitvergrößerungen bzw. Profitverringerungen während des Angleichungsprozesses der Profitraten innerhalb der einzelnen Sektoren ebenfalls nicht einheitlich; sie können sich sogar gegensätzlich verhalten, sofern sowohl überdurchschnittliche als auch unter dem Mittelwert stehende Kapitalzusammensetzungen in einem Sektor vorhanden sind. Das modifiziert selbstverständlich die analysierten Verhältnisse. Dies wiederum fördert den Differenzierungsprozeß zwischen einzelnen Kapitalen, verstärkt die Konkurrenz und bringt ein objektives Streben nach Durchschnittsbedingungen innerhalb der Sektoren hervor.
7. Völlig außer Acht haben wir bei unseren Analysen die Angebots/-Nachfrage-Wirkungen gelassen. Es wurde gewissermaßen eine Identität beider Marktpole als gegeben angenommen. Einerseits erscheint uns dies für die Betrachtung theoretischer Grundzusammenhänge statthaft und zunächst sogar unerläßlich. Andererseits bringen Angebot/Nachfrage-Verschiebungen zwar Verzerrungen in die Prozeßabläufe, sie sind jedoch zugleich Faktoren, die wieder zum Einpegeln auf die gesetzmäßigen Bedingungen beitragen. Insofern übt der Markt, auf dem die Angebot/Nachfrage-Verhältnisse sichtbar werden, eine doppelte Wirkung aus. Er zeigt einerseits an, ob und in welchem Grade die erforderlichen Proportionen gewahrt oder gestört sind. Divergenzen zwischen Angebot und Nachfrage lösen dann im allgemeinen unmittelbar gesellschaftliche Verluste aus, indem Produktionsmittel und Arbeitskräfte brachgelegt bzw. Waren vernichtet werden. Durch diese Vergeudung von Produktivkräften und Waren stellt sich andererseits schließlich das Gleichgewicht zwischen den und innerhalb der Sektoren wieder her; der gesetzmäßige Zustand bricht sich erneut Bahn. So fungiert der Markt nicht nur als Vermittler zwischen den Sektoren,

indem sich auf ihm die Austauschverhältnisse realisieren, (oder auch nicht), sondern er fungiert ebenso als ein Faktor, ein Vehikel zur Durchsetzung ökonomischer Gesetze.

Literatur

Blaug, M. (1972), Systematische Theoriengeschichte der Ökonomie, Bd. 2., München.

Marx, K. (1964), Das Kapital, Dritter Band [1894], in: K. Marx und F. Engels, Werke, Bd. 25, Berlin.

Pasinetti, L. L. (1988), Vorlesungen zur Theorie der Produktion, Marburg.

Robinson, J. (1987), Grundprobleme der Marxschen Ökonomie, Marburg.

Georg Quaas

Werttheoretische Rekonstruktion der Konkurrenz als Ursache der Unterentwicklung

Im folgenden sollen werttheoretische Überlegungen zu einem einfachen Modell verdichtet werden, in dem sowohl Warenproduktion unter der Bedingung internationaler Arbeitsteilung als auch Warenaustausch auf einem als einheitlich angenommenen Weltmarkt dargestellt werden. Wie in jedem mathematischen Modell werden dabei Vereinfachungen vorgenommen, die in der Realität nur annähernd so vorkommen und die bei einer eventuellen quantitativen empirischen Überprüfung der theoretischen Behauptungen noch zusätzliche analytische Anstrengungen erforderten. Eine solche Vereinfachung ist beispielsweise schon in der Einheitlichkeit des Weltmarktes zu sehen, der - wie jeder weiß - realiter in einzelne Segmente untergliedert ist. Andererseits - so könnte man argumentieren - gibt es eine starke Tendenz, künstlich errichtete und natürlich oder historisch überkommene Grenzen immer mehr zurückzudrängen, zu unterlaufen oder zu überwinden. Wer jedoch unbedingt möchte, kann die Gültigkeit des folgenden Modells durchaus auf das Maß einschränken, in dem jene Tendenz tatsächlich Platz greift. Man wird aber bald sehen, daß der Gegenstand werttheoretischer Überlegungen - zumindest wenn sie wie hier vom Preis abstrahieren - von solchen Einschränkungen an und für sich nicht betroffen ist. Es handelt sich um die Darstellung von Wertverhältnissen, die zwar in den auf dem Markt regulierten Preisen erscheinen, aber nicht mit ihnen identisch sind. Zollschranken haben keinerlei Einfluß auf den Wert der auf dem Weltmarkt angebotenen Waren.

Unter gewissen Bedingungen ist der Marktpreis sicherlich eine empirische Instanz für die Überprüfung werttheoretischer Überlegungen - wenn auch vermittelt über den theoretisch abzuleitenden Produktionspreis. Aber nicht so in dieser Arbeit. Im folgenden wird es darum gehen, Entwicklungstendenzen werttheoretisch zu rekonstruieren, deren Realität anhand der vorliegenden, jedem bekannten Resultate einer historischen, vor unseren Augen ablaufenden Entwicklung kaum bezweifelt werden kann. Im Kern handelt es sich um die Tatsache der Unterentwicklung, für die es sicherlich historische Ursachen gibt, die aber für sich genommen nicht ausreichen, den Fortbestand der Unterentwicklung zu erklären. (Vgl. Elsenhans 1977, S. 6).

Jede Theorie ist nur begrenzt leistungsfähig. Hier wird vor allem auf den Nachweis einer allgemeinen Tendenz Wert gelegt, die sich aus der Existenz des Warenaustausches auch dann ergibt, wenn es keine Ausbeutung, Unterdrückung, einseitige Abhängigkeit oder ähnliches gäbe.[1] Diese Tendenz läßt sich grob als *ökonomische Polarisierung* bezeichnen. Wie gezeigt werden wird, ist ökonomische Polarisierung kein einfaches Phänomen, erst recht kein linearer, schicksalhafter Prozeß, der die Verlierer des Konkurrenzkampfes unentrinnbar in der sogenannten „Armutsfalle" gefangen hält. Vielmehr ist es möglich, in der komplexen Realität ökonomischer Tendenzen einzelne Punkte aufzuzeigen, bei denen menschliches, genauer gesagt: politisches Handeln ansetzen kann, um den sonst zwangsläufigen Ruin aufzuhalten. Genau in dieser Hinsicht möchte ich die Konkretheit des folgenden Modells entfalten: zur Darstellung einer Mannigfaltigkeit von Tendenzen und ihrer Bedingtheit. Die Konkretheit statistischer Zahlen ist dagegen ein ander' Ding.

Nichtsdestoweniger handelt es sich um ein mathematisches Modell. Wer jedoch Mathematik mit Rechenübungen verwechselt, sollte sich eines besseren belehren lassen. Einiges könnte noch über Unterschiede und Gemeinsamkeiten des folgenden Modells zu bzw. mit anderen Theorien, seien sie nun werttheoretischer Art oder nicht, gesagt werden. Doch dies würde wahrscheinlich nur einige Spezialisten interessieren, die die Unterschiede sowieso bemerken werden. Nur eins soll ausdrücklich hervorgehoben werden: obwohl - oder gerade: weil - es sich um ein Modell handelt, das vom mathematischen Aufwand her als „einfach" bezeichnet werden kann, sollte man die zugrunde liegende ökonomisch-mathematische Theorie nicht allein nach den folgenden Überlegungen beurteilen. Im Rahmen dieser Darstellungen bleibt eine Reihe von Fragen unbeantwortet, von denen zumindest einige in anderen Veröffentlichungen desselben Autors ausführlich erörtert worden sind. Da man aber davon ausgehen kann, daß diese weiterführenden Fragen für das Thema *Unterentwicklung* relativ unerheblich sind, erspare ich dem Leser die Mühen einer unnötig komplizierten Darstellung.

Wo erforderlich, werden die unterstellten Vereinfachungen kenntlich gemacht. Gleich in den nächsten Absätzen wird zum Beispiel unterstellt, daß jeder *Industriezweig* ein und nur ein Produkt herstellt. Selbstredend handelt es sich dabei um eine (implizite) Definition dessen, was hier unter einem „Industriezweig" verstanden werden soll. *Wirkliche Industriezweige* sind natürlich anders beschaffen. Statistische Zahlen, die sich auf wirkliche Industriezweige (z.B. *die Elektroindustrie*) beziehen, müßten deshalb mit dem Instrumentarium der folgenden Theorie erst reanalysiert werden, ehe sie zum Beleg oder zur Widerlegung verwendet werden können.

[1] Wenn im folgenden Text von einem „reinen" Wirken der Wertgesetze gesprochen wird, dann ist damit die Abstraktion von jener autoritativen Allokation der Güter im internationalen System gemeint, die beschrieben wird von Ernst-Otto Czempiel (Vgl. Czempiel 1981, S.17).

1. Strukturierung der empirischen Basis

Global existieren im allgemeinen mehrere Produktionsprozesse, in denen Waren einer bestimmten, auf dem Markt als identisch angesehenen Art a_0 hergestellt werden. Es seien

$$A_1, A_2, \ldots, A_n; \quad n \geq 1 \tag{1}$$

sämtliche Produktionsprozesse, die Waren der Sorte a_0 (und nur diese - eine hier vorgenommene idealtypische Vereinfachung) herstellen und die vermittels dieser Waren auf dem Weltmarkt konkurrieren. Die Gesamtheit der Prozesse (1) konstituiert im folgenden theoretischen Modell einen bestimmten *Industriezweig*, dessen einzelne Elemente Produktionsprozesse sind, deren Standorte empirisch feststellbar über den Bereich der am Weltmarkt teilnehmenden Länder verstreut sind. Um aus den folgenden Überlegungen die Möglichkeit eines absoluten Monopols, für das die Gültigkeit der Werttheorie bezweifelt werden könnte, nicht von vornherein auszuschließen, lassen wir formal den Fall $n = 1$ zu: Man wird sehen, daß sich dann die Phänomene der Konkurrenz für das Verhältnis des Monopolisten zu anderen, artfremden Industriezweigen ableiten lassen.
Den konkret-einzelnen Produktionsprozessen (1) sind in einem bestimmten Zeitraum Δt ganz bestimmte Gütermengen zuzuordnen - je nach ihrem Produktenausstoß:

$$a_1, a_2, \ldots, a_n \, . \tag{2}$$

Zur hier verwendeten Notation ist zu bemerken, daß in die Variablen stets die Maßeinheiten mit eingehen, beispielsweise gilt: $a_n = z \cdot a_0$, wobei z eine reine Zahl und a_0 die jeweils gültige Maßeinheit der entsprechenden Gütermenge ist.
Die Zuordnung zwischen Prozessen und Gütern können wir für die Gesamtheit (1) durch eine einzige Funktion ausdrücken:

$$a_i = a(A_i) \, , \quad i = 1, \ldots, n \, . \tag{3}$$

Entsprechende Funktionen lassen sich prinzipiell auch für die anderen, über den Markt vermittelten Industriezweige

$$B_1, \ldots, B_m; \; C_1, \ldots, C_l; \; \ldots \; ; \; m, l, \ldots \geq 1 \tag{4}$$

aufstellen. Als Resultat einer entsprechenden Messung erhält man nicht nur theoretisch formulierbare, sondern auch empirisch belegbare Funktionen der Art

$$b_j = b(B_j)\ ,\ j = 1,\ldots,m$$
$$c_k = c(C_k)\ ,\ \mathrm{k} = 1,\ldots,l \qquad (5)$$
$$\ldots\ldots\ldots\ldots\ldots\ldots$$

Die Formeln (3) und (5) stellen - nach Industriezweigen differenziert - einen Teil der Handelsstatistik dar, nämlich die physischen Mengen der während der Periode Δt produzierten und ausgetauschten Waren.
Ein weiterer, für werttheoretische Betrachtungen grundlegender Parameter eines beliebigen Produktionsprozesses A_i ist die Arbeitszeit $t(A_i)$, die im Zeitraum Δt und unter den objektiven und subjektiven Bedingungen von A_i insgesamt verausgabt wird, um die Warenmenge a_i herzustellen. Innerhalb eines Industriezweiges sind die Arbeitszeiten i.a. verschieden voneinander, je nachdem, welchen Produktionsprozeß wir betrachten: $t(A_i)$ ist also in dem gleichen Sinne eine Funktion der Produktionsprozesse wie die oben verwendeten *Gütermengen*. Die Gesamtheit der Arbeitszeit-Funktionen

$$t(A_i)\ \text{für}\ i = 1,\ldots,n$$
$$t(B_j)\ \text{für}\ j = 1,\ldots,m \qquad (6)$$
$$t(C_k)\ \text{für}\ k = 1,\ldots,l$$
$$\ldots\ldots\ldots\ldots\ldots$$

bildet zusammen mit den Funktionen für das gebrauchswertmäßige Produkt (Gütermengen) denjenigen Teil der empirischen Basis der Werttheorie, an dem das hier entwickelte Modell nicht überprüft werden kann, weil jene Daten zu den Determinanten der theoretischen Variablen gehören.
Für einen beliebigen Produktionsprozeß, z.B. A_i, ist das Verhältnis

$$p(A_i) = \frac{a(A_i)}{t(A_i)}\ ,\ i = 1,\ldots,n \qquad (7)$$

ein einfaches Maß für die in A_i unter physischem Gesichtspunkt entwickelte Performanz, die man etwas altmodisch als *individuell entwickelte Produktivkraft* bezeichnen könnte. „Individuell" bezieht sich hier allerdings nicht auf ein menschliches Individuum, sondern auf einen einzelnen Produktionsprozeß, gegebenenfalls auf ein Unternehmen, wenn es die analytische Bedingung, nur ein einziges Produkt herzustellen, erfüllt.
Die Gesamtheit der Funktionen (7) über die Menge aller Produktionsprozesse der verschiedenen Industriezweige stellt offenbar einen weiteren (abgeleiteten) Parameter der ökonomischen Basis der Weltgesellschaft von Warenproduzenten dar.

Insgesamt wird während der Periode Δt in dem Industriezweig (1) die Menge $\sum_{i=1}^{n} a_i$ produziert, ein Datum, das seine Rolle in den üblichen Input-Output-Matrizen solcher ökonomischen Modelle spielt, die von der Konkurrenz in und zwischen den Industriezweigen abstrahieren. - Analoge Verbindungsstücke zu makroökonomischen Theorien lassen sich natürlich auch für die anderen Warenarten angeben.

2. Konstruktion der *gesellschaftlich notwendigen Arbeitszeit*

Um nun allerdings den Wert einer beliebigen, auf dem Markt erscheinenden Warenmenge a zu bestimmen, muß man die Größe der *gesellschaftlich notwendigen Arbeitszeit t(A)* kennen, die zur Herstellung von a erforderlich ist. Ist a Produkt des Produktionsprozesses A_i (also $a = a_i$), so läßt die Kenntnis des tatsächlichen Arbeitsaufwandes $t(A_i)$ - selbst wenn man wie wir hier vom Wert der Produktionsmittel abstrahiert - zunächst keinen Schluß auf diejenige Arbeitszeit zu, die wertbildend gewirkt hat: Die empirisch ermittelbare Arbeitszeit zur Herstellung einer bestimmten Ware in einem konkret-einzelnen Produktionsprozeß ist aus werttheoretischer Sicht prinzipiell nicht mit der gesellschaftlich notwendigen Arbeitszeit identisch und kann deshalb nicht einmal als Schätzwert für diese Größe verwendet werden.

Das Problem der „Reduktion"[2] der empirisch ermittelbaren Arbeitszeiten auf die gesellschaftlich notwendige Arbeitszeit läßt sich - wie an anderer Stelle gezeigt - unter der Voraussetzung von Konkurrenzbedingungen in und zwischen den Zweigen durch eine einfache Durchschnittbildung lösen. (Vgl. Quaas 1984, S. 228 ff). Der Vorteil dieses hypothetischen Ansatzes liegt u.a. in der Vermeidung jeglicher normativen Komponente und damit in der Zugänglichkeit für ein empirisches Theorieverständnis, insofern nämlich jene Durchschnittbildung erlaubt, die theoretische Größe der gesellschaftlich notwendigen Arbeitszeit auf die eben angegebene empirische Basis zurückzuführen. Beginnen wir nun mit der Konstruktion der entsprechenden theoretischen Größe!

Sei also *t(A)* die gesellschaftlich notwendige Arbeitszeit zur Produktion der Warenmenge a. Die in der Funktion *t(A)* auftretende Variable A bezeichnet dann einen Produktionsprozeß von *gesellschaftlicher Durchschnittsqualität*, der die Äußerung einer durchschnittlichen Produktivkraft und zugleich einen Wertbildungsprozeß darstellt. Die qualitativen Merkmale eines solchen Prozesses sind: (i) gesellschaftlich normale Produktionsbedingungen und (ii) gesellschaftlicher

---

2 Um die „Reduktion", von der hier die Rede ist, von der Reduktion komplizierter auf einfache Arbeit zu unterscheiden, steht jener Ausdruck in Anführungszeichen.

Durchschnittsgrad an Geschick und Intensität der in ihm integrierten Arbeit. (Vgl. Marx 1986, S.53 und 210).
In einem beliebigen Produktionsprozeß eines (ebenfalls beliebigen) Industriezweiges wird ein gleich großes, qualitativ gleichartiges physisches Produkt in der Regel nicht unter jenen „idealen" Bedingungen hergestellt. Man kann jedoch unterstellen, daß jene, für die Wertbestimmung grundlegenden Bedingungen den Durchschnitt der variierenden Produktionsbedingungen innerhalb eines Industriezweiges darstellen. Damit wird das für den einzelnen Prozeß normative Element der Wertbestimmung auf der Ebene des Zweiges völlig auf Faktisches zurückgeführt. Betrachtet man auf dieser Ebene beispielsweise den Industriezweig (1) als einen einzigen Prozeß $\overline{A}$, so ist das Verhältnis $p(\overline{A})$ die gesamt-gesellschaftlich entwickelte Produktivkraft zur Herstellung der Produkte a und es stellt - bezogen auf die einzelnen Produktionsprozesse - den Durchschnitt in diesem Zweig dar, von dem die individuelle Produktivkraft eines konkret-einzelnen Produktionsprozesses $p(A_j)$ je nach den speziell vorgefundenen Produktionsbedingungen mehr oder weniger abweicht. Es gilt:

$$p(\overline{A}) = \frac{\sum_{j=1}^{n} a(A_j)}{\sum_{k=1}^{n} t(A_k)} . \tag{8}$$

Unter der allgemeinen Herrschaft ökonomischer Verhältnissen, für die die Leistungsfähigkeit der Marktteilnehmer das letztlich entscheidende Überlebenskriterium darstellt, sollte man in der Theorie von der Hypothese ausgehen können, daß sich die für die Bestimmung der Werte grundlegende *Durchschnittsqualität* eines Produktionsprozesses eindeutig durch das Maßverhältnis der Produktivkraft bestimmen läßt. Nach dieser Annahme ist die Produktivkraft eines Produktionsprozesses A von gesellschaftlicher Durchschnittsqualität - bezogen auf den Industriezweig (1) - quantitativ identisch mit der Produktivkraft, die von der Gesamtheit der ihn konstituierenden Prozesse entwickelt wird:

$$p(A) \equiv p(\overline{A}) .$$

Man kann jetzt genau angeben, wann ein beliebiger Produktionsprozeß A_i in die Klasse der Arbeitsprozesse mit gesellschaftlicher Durchschnittsqualität gehört: Das ist genau dann der Fall, wenn gilt:

$$p(A_i) = p(\overline{A}) \equiv p(A) \tag{9}$$

(Definition der Durchschnittsqualität von A_i).
Unter der Bedingung (9) ist die Arbeitszeit $t(A_i)$ mit der zur Herstellung des Produkts $a(A_i)$ gesellschaftlich notwendigen Arbeitszeit *t(A)* identisch, und die folgenden beiden Gleichungen können benutzt werden, um die Größe der in einem Produktionsprozeß von gesellschaftlicher Durchschnittsqualität idealtypisch erzeugten Gütermenge und den Wert dieser Warenmenge zu bestimmen:

$$a(A) = p(A) \cdot t(A) \tag{10}$$

$$W(a) = u(A) \cdot t(A)\text{, wobei } a = a(A) \text{ ist.}^{3} \tag{11}$$

Während die erstere dieser Gleichungen einen schon beinahe trivialen Zusammenhang zwischen dem physischen Produkt, der Produktivkraft und der (gesellschaftlich notwendigen) Arbeitszeit ausdrückt,[4] wird durch die Gleichung (11) die von allen Werttheoretikern vertretene Intention formuliert, daß es einen quantitativen Zusammenhang zwischen dem Wert einerseits und andererseits der wertbildenden Arbeit, gemessen an der Arbeitszeit, gibt. Aus mathematischer Sicht handelt es sich um eine funktionale Abhängigkeit zwischen der Größe des Werts $W(a)$ und der (gesellschaftlich notwendigen) Arbeitszeit $t(A)$ - wobei a natürlich das Produkt von A sein muß - , für die man im einfachsten (aber: nichttrivialen) Fall eine lineare Funktion ansetzen kann.
Dazu ist folgendes zu anzumerken:

1. Für den Ansatz mit einer linearen Funktion spricht, daß die Annahme, Marx oder irgendein anderer Vertreter eines werttheoretischen Ansatzes hätte eine quadratische oder eine noch kompliziertere Theorie im Sinn gehabt, sehr unwahrscheinlich ist.[5]
2. Eine Konstante entfällt in dem Ansatz mit einer linearen Funktion aus ökonomischen Gründen. Sie würde nämlich bedeuten, daß der Wert einer Ware auch ohne menschliche Arbeit zustande kommt. (Wir hätten es dann zumindest nicht mehr mit einer reinen *Arbeits*werttheorie zu tun.)
3. Die Wertgröße $W(a)$ ist diesem Ansatz gemäß zwar durch die Größe der Arbeitszeit bestimmt, aber nicht mit ihr identisch. Man kann für diese Differenzierung - die nicht immer vorgenommen wird - verschiedene Argumente ins Feld führen: (i) ein „ontologisches": Wert ist vergegenständlichte Arbeit, d.h. ein Merkmal von Arbeitsprodukten, die Arbeitszeit der physikalische Ausdruck

---

3 Da die betrachtete Warenart „a" beliebig ist, können diese Gleichungen natürlich auch auf andere Warenarten b, c, ... ausgedehnt werden. Die dazugehörigen Produktionsprozesse müssen dann in einem analogen Sinn *Durchschnittsqualität* besitzen.

4 „Die nützliche Arbeit wird ... reichere oder dürftigere Produktenquelle im direkten Verhältnis zum Steigen oder Fallen ihrer Produktivkraft." (Marx 1986, S. 60).

5 Einen ähnlichen Standpunkt vertritt auch Jindrich Zelený (vgl. Zelený 1968, S. 145).

für die Dauer des zugrunde liegenden Prozesses; (ii) ein begrifflich-dogmatisches Argument: der Kern werttheoretischer Überlegungen besteht in der Erklärung des Wertes mit Hilfe der Arbeit(szeit), dies setzt die Nicht-Identität von Erklärtem und Erklärendem voraus; (iii) ein inhaltlich-ökonomisches: das Maßverhältnis zwischen Wert und Arbeitszeit ist selbst eine Größe, die einer sinnvollen ökonomischen Interpretation fähig ist (siehe unten!).

4. In den sog. „exakten Wissenschaften" ist es üblich, für jede spezielle Größenart eine gesonderte Maßeinheit einzuführen. Für die Werttheorie ist dies noch keine besonders sinnvolle Frage, solange jedenfalls selbst unter den Kennern ihrer Geschichte und ihres gegenwärtigen Zustandes nicht nur die Meßbarkeit, sondern sogar die Existenz des Wertes als ein theoretisches Objekt umstritten ist. Andererseits ist es bei der Entwicklung einer Theorie nun einmal erforderlich, bestimmte, unterscheidbare Dinge zu bezeichnen. Hier geht es um die Unterscheidung zwischen Maßzahl und Maßeinheit. Um diese zu berücksichtigen, wollen wir bei der Angabe von Werten einfach von x „Werteinheiten" (W_0) sprechen. Die Größe W hat also selbst die Struktur

$$W = x \cdot W_0 \ ,$$

wobei W_0 die quantitativ noch zu definierende Werteinheit bedeutet und x eine reine Zahl darstellt. Der Proportionalitätsfaktor $u(A)$ im Ansatz (11) hat demnach die Dimension *Werteinheiten pro Zeiteinheit*.

5. Der Faktor $u(A)$ kann ökonomisch als der Kompliziertheitsgrad der (im Produktionsprozeß A involvierten) Arbeit interpretiert werden, und er ist dann in der Regel eine von Industriezweig zu Industriezweig verschiedene Größe. Ist $u(A)$ beispielsweise der Faktor für einfache Durchschnittsarbeit und $u(B)$ der für kompliziertere Arbeit mit dreimal größerem spezifischem Gewicht, also

$$u(B) = 3 \cdot u(A) \ ,$$

so ergibt sich aus (11), daß wertmäßig gesehen „ein komplizierter Arbeitstag gleich drei einfachen Arbeitstagen" sein kann (vgl. Marx 1986, S.59):

$$u(A) \cdot t(A) = u(B) \cdot t(B) = 3 \cdot u(A) \cdot t(B) \Rightarrow t(A) = 3 \cdot t(B)$$

Im Prozeß A muß demnach dreimal so lange wie in B gearbeitet werden, um das gleiche Wertprodukt zu erhalten.

Dies kleine Zahlenbeispiel zeigt, daß das Maßverhältnis zwischen Wert und Arbeitszeit durchaus einen ökonomischen Sinn hat. Eine mathematische Determination dieser zweigspezifischen Größe kann unter gewissen Voraussetzungen im Rahmen einer makroökonomischen Analyse der Wertverhältnisse gegeben werden. (Vgl. Quaas 1987, S. 394 ff.). Eine solche Differenzierung ist hier jedoch nicht notwendig; deshalb wird im weiteren die Reduktion auf einfache Arbeit unterstellt. Dann läßt sich der Faktor u für alle Industriezweige einheitlich und im Rahmen der hier angenommenen Voraussetzungen willkürlich festlegen:

$$u = u(A) = u(B) = \ldots = 1 \text{ Werteinheit} \cdot h^{-1} . \tag{12}$$

Damit hat u lediglich die Funktion, die physikalische Dimension der Zeit, hier in Stunden (h) angegeben, in die ökonomische Dimension des Werts zu verwandeln.

6. Um das mathematische Modell für die Analyse der ökonomischen Beziehungen auf dem Weltmarkt nicht unnötig aufzublähen, haben wir auf die Einbeziehung des Wertes der Produktionsmittel bei der Wertbestimmung der produzierten Gütermengen verzichtet. Realiter ist eine Produktion ohne Produktionsmittel, die ja sowohl einen Beitrag zur Determination der Performanz als auch des Produktenwerts leisten, unvorstellbar. Man muß deshalb unterstellen, daß die Produktion der erforderlichen Produktionsmittel phasenmäßiger Bestandteil der betrachteten Produktionsprozesse ist und so über die Höhe der gesellschaftlich notwendigen Arbeitszeit auf die Größe des Produktenwerts Einfluß nimmt. Diese Vereinfachung kann selbst dann aufrecht erhalten werden, wenn Produktionsmittel aufgrund eines technologischen Rückstandes eines Landes oder einfach eines komparativen Vorteils der internationalen Arbeitsteilung wegen auf dem Weltmarkt gekauft werden. Denn letztlich müssen auch diese Produktionsmittel mit der eigenen Arbeit erkauft werden, wenn man nicht unterstellen will, daß beispielsweise die entwickelten Industrieländer ihre Technik an die sog. „Entwicklungsländer" verschenken.

Mit Hilfe des linearen Ansatzes für den Zusammenhang zwischen Wert und (gesellschaftlich notwendiger) Arbeitszeit erhält man nun folgenden Ausdruck für die gesellschaftlich notwendige Arbeitszeit $t(A)$ zur Herstellung der Gütermenge $a(A)$:

$$t(A) = a(A) \cdot \frac{\sum_{j=1}^{n} t(A_j)}{\sum_{k=1}^{n} a(A_k)} . \tag{13}$$

Diese Formel ist für jede beliebige Warenmenge a gültig. Dabei ist A der (u.U. fiktive) Arbeitsprozeß von gesellschaftlicher Durchschnittsqualität, als dessen Produkt jene Warenmenge wertmäßig betrachtet erscheint. $t(A)$ ist die gesellschaftlich notwendige Arbeitszeit, die - unabhängig von der tatsächlich verausgabten Arbeit - objektiv als wertbildend zählt. Gleichung (13) vermittelt also nichts anderes als die „Reduktion" auf die gesellschaftlich notwendige Arbeitszeit. Aus Formel (11) ergibt sich dann die Wertgröße.

3. Leistungsvergleich unterschiedlicher Industriezweige

In zwei Punkten muß die bis hierhin dargelegte Theorie der Wertverhältnisse auf dem Weltmarkt noch als innerlich mangelhaft erscheinen: (i) im Falle eines absoluten Monopols reduziert sich der Industriezweig auf einen einzigen Produktionsprozeß, dessen objektive und subjektive Bedingungen damit automatisch „gesellschaftliche Durchschnittsqualität" erhalten. (ii) Eine Vergleichbarkeit zwischen Produktionsprozessen verschiedener Industriezweige ist über die Größe *Produktivkraft* nicht gegeben, die nur produktbezogen einen Sinn macht.
Wie man leicht einsieht, setzt die Behandlung des ersten Problems die Lösung des zweiten voraus: die Performanz eines Monopolisten läßt sich ja nur im Vergleich mit der anderer Produktionsprozesse überhaupt erörtern.
Programmatisch gesehen gehen wir deshalb so vor, daß zunächst ein dimensionsloses Maß für die Leistungsfähigkeit eines Produktionsprozesses in einem Industriezweig ($n > 1$) definiert und dann ökonomisch interpretiert wird, um in einem weiteren Schritt dieses Maß für den Vergleich zwischen Prozessen verschiedener Industriezweige zu verallgemeinern.
Im Industriezweig (1) weicht ein beliebiger Produktionsprozeß A_j in der Regel von dem (idealen) Arbeitsprozeß A mit gesellschaftlicher Durchschnittsqualität ab, d.h. es gilt in der Regel

$$p(A_j) \neq p(A) .$$

Als Maß für diese individuellen Abweichungen des Prozesses A_j vom gesellschaftlichen Durchschnitt führen wir die Größe

$$i(A_j) = \frac{p(A_j)}{p(A)} , \quad \text{für } j = 1,\dots,n \tag{14}$$

ein. Der Variabilitätsbereich der Größe $i(A_j)$ ist das Intervall $(0,\infty)$. Dabei ist $i(A_j) = 1$, wenn die individuelle Produktivkraft des Produktionsprozesses A_j dem gesellschaftlichen Durchschnitt entspricht.

Ist $i(A_j)$ gegeben (nach den Formeln (7), (8) und (14) zu berechnen), so erhält man für das Wert- und für das Gebrauchswertprodukt eines beliebigen Arbeitsprozesses A_j folgende Gleichungen:

$$a_j = p(A)\, i(A_j)\, t(A_j) \tag{15}$$

$$W(a_j) = u(A)\, i(A_j)\, t(A_j)\,. \tag{16}$$

Außerdem gilt:

$$W(a_0) = \frac{u(A) \cdot a_0}{p(A)}\,. \tag{17}$$

Die Gleichungen (15) und (16) stellen zusammenfassend den exakten Zusammenhang zwischen den Größen Wert- und Gebrauchswertprodukt einer beliebigen auf dem Weltmarkt erscheinenden Warenmenge und den Parametern der Produktionssphäre dar. Zwar geht die tatsächliche Arbeitszeit in beiden Fällen direkt ein, sie wird aber gewissermaßen durch das Spektrum der Größe $i(A_j)$, die sämtliche Daten über den betreffenden Industriezweig zusammenfaßt, gebrochen. Die Produktivkraft und der Kompliziertheitsgrad der Arbeit vermitteln dann die aus der „Brechung" resultierende Größe *gesellschaftlich notwendige Arbeitszeit* mit der Gebrauchswertmenge bzw. dem Wertprodukt.

Bevor wir die eben eingeführte Größe verallgemeinern, soll sie zunächst ökonomisch interpretiert werden. Wir werden versuchen, den folgenden Satz zu belegen: Die durch Gl.. (14) definierte Größe $i(A_j)$ ist ein Maß für die Wirkung der Arbeitsintensität, mit der in A_j unter den dort vorhandenen Produktionsbedingungen gearbeitet wird, auf das Wert- und Gebrauchswertprodukt. $i(A_j)$ zeigt nämlich anhand der Formeln (15), (16) und (17) folgende drei wesentliche Eigenschaften, die von der werttheoretischen Kategorie der *Arbeitsintensität* erfaßt werden:

1. Aus Gl. (15) folgt: Bei größerer Intensität $i(A_j)$ werden in der gleichen Arbeitszeit mehr Gebrauchswerte hergestellt als bei geringerer.

> „Der intensivere Arbeitstag verkörpert sich ... in mehr Produkten als der minder intensive von gleicher Stundenzahl." (Marx 1986, S. 547).

Dies unterscheidet die *Arbeitsintensität* vom *Kompliziertheitsgrad* der Arbeit, d.h. ein größerer Kompliziertheitsgrad der Arbeit führt *nicht* unmittelbar zu einer größeren Gütermenge.

2. Bei größerer Intensität der Arbeit sinkt der Wert der Ware a_0 nicht wie im Fall einer Erhöhung der Produktivkraft, sondern bleibt konstant. Der Wert der Ware a_0 hängt nämlich nach (17) gar nicht von $i(A_j)$ ab.

> „Der intensivere Arbeitstag verkörpert sich ... in mehr Produkten als der minder intensive von gleicher Stundenzahl. Mit erhöhter Produktivkraft liefert zwar auch derselbe Arbeitstag mehr Produkte. Aber im letztern Fall sinkt der Wert des einzelnen Produkts..., im erstern Fall bleibt er unverändert..." (Ebenda).

3. Nach Gl.(16) wird in der gleichen Arbeitszeit bei größerer Intensität ein größerer Wert produziert. Mit anderen Worten:

> „Bei gleichbleibender Stundenzahl verkörpert sich ... der intensivere Arbeitstag in höherem Wertprodukt..." (Ebenda).

Dies unterscheidet die *Intensität* von der *Produktivkraft* der Arbeit.

4. Es muß darauf hingewiesen werden, daß die ökonomische Größe $i(A_j)$ keineswegs mit der Arbeitsintensität im Sinne der arbeitsmedizinischen Verausgabung von Arbeitskraft und dem damit verbundenen höheren Verschleiß identisch ist, da sie auch von den objektiven Faktoren, die die „individuelle" Produktivkraft bestimmen, abhängt. Wir haben es hier eben nicht mit einem menschlichen Individuum als Träger der Produktivkraft, sondern in der Regel mit (industriellen) Produktionsprozessen zu tun.

Wie man leicht sieht, ist die oben definierte Arbeitsintensität eine dimensionslose Größe, die - vereinfacht ausgedrückt - das Maß der Abweichung von zweigspezifischen Durchschnitt erfaßt. Als solche ist sie nun auch beim Vergleich von Prozessen verschiedener Zweige anwendbar. Nach (16) gilt, daß zwei Produktionsprozesse A_j und B_k, in denen Arbeiten von durchschnittlich derselben Kompliziertheit geleistet werden, $u(A_j) = u(B_k)$, und dies auch noch in derselben Menge, d.h. $t(A_j) = t(B_k)$, dann und nur dann denselben Produktenwert erzeugen, wenn sich ihre Stellung zur durchschnittlichen Performanz des Industriezweiges, dem sie jeweils angehören, genau gleicht, wenn also $i(A_j) = i(B_k)$ ist. Daß dies nur eine höchst seltene Ausnahme sein kann, während die Ungleichheit der Wertschöpfung selbst bei vergleichbarem Aufwand die Regel ist, dürfte einleuchten.

Nachdem nun die Vergleichbarkeit von Prozessen verschiedener Industriezweige hergestellt worden ist, werde ich im folgenden zeigen, daß selbst ein Monopolist der Konkurrenz nicht entgehen kann. Dies ist allerdings Teil der Rekonstruktion der Konkurrenz als allgemeines Phänomen der Warenproduktion und des Warenaustausches, das in anderen ökonomischen Theorien in der Regel als gegeben vorausgesetzt wird.

4. Wirkung der Wertverhältnisse auf die Marktteilnehmer - Tendenzen der Polarisierung

Auf dem Markt treten sich die Produkte verschiedener Industriezweige als Waren gegenüber. Als Resultat ihres wiederholten Austausches bilden sich nicht nur wechselseitige Abhängigkeiten zum gegenseitigen Vorteil heraus, sondern auch extrem asymmetrische Verteilungen des global erzeugten Reichtums, die sich für manche Länder als schier ausweglose Lagen darstellen. Manchmal begegnet man der Meinung, daß eine gerechtere Weltwirtschaftsordnung zustande käme, wenn anstelle der Preise, die durch das Monopol der entwickelten Industrieländer auf technischen Fortschritt und durch die Notwendigkeit eines gewissen Profits diktiert werden, ein Marktpreis gesetzt werden könnte, der den tatsächlichen Arbeitsaufwand der Erzeuger widerspiegelt. Um dies zu überprüfen, nehmen wir jetzt an, daß sich der Austausch der Waren strikt unter der Herrschaft des Wertgesetzes vollzieht. Dann muß beim Austausch zweier beliebiger, aber verschiedener Waren a und b gelten :

$$W(a) = W(b) \tag{21}$$

(Wertgesetz im Warenaustausch) .

Wir untersuchen zunächst die Entwicklungstendenzen, die sich durch die Herrschaft des Wertgesetzes innerhalb eines Industriezweiges vollziehen würden, bevor wir dies auf die Mitglieder verschiedener Industriezweige verallgemeinern. Dafür müssen wir unterstellen, daß der Zweig mindestens zwei Prozesse umfaßt. Durch die Tatsache, daß immer nur gleiche Werte ausgetauscht werden, also niemand übervorteilt wird, ist die Gütermenge noch nicht bestimmt, die ausgetauscht werden muß, um eine bestimmte Produktionseinheit arbeitskräftemäßig zu reproduzieren. Es sei

$$a', b', \ldots, c' \tag{18}$$

die qualitativ und quantitativ bestimmte Gesamtheit aller Lebensmittel, die eine Arbeitskraft im Durchschnitt zu ihrer identischen Reproduktion während der Zeit von t_1 bis t_2, braucht. Dann ist

$$W' = W(a') + W(b') + \ldots + W(c') \tag{19}$$

der Wert der „Summe" notwendiger Lebensmittel, die zur Reproduktion einer Arbeitskraft im Durchschnitt notwendig ist. Damit ist W' dann auch der Wert, der nach Ablauf der Produktionsperiode Δt von einer Arbeitskraft (mindestens) produziert worden sein muß, um ihre eigene, wenigstens identische Reproduktion zu sichern: das Wertprodukt einer Arbeitskraft muß (mindestens) so groß wie der Wert der einzutauschenden Lebensmittel sein.

Als das Minimum an Arbeitszeit, die ein Arbeiter zu seiner identischen Reproduktion im Produktionsprozeß A_j aufwenden muß, bezeichnen wir die Größe $t_{\min}(A_j)$. Nach (16) ist dieses Minimum durch folgende Gleichung bestimmt:

$$t_{\min}(A_j) = W' \cdot u(A)^{-1} \cdot i(A_j)^{-1} \,. \tag{20}$$

Gleichung (20) stellt eine Bedingung für die identische Reproduktion einer Arbeitskraft dar, die sich ihren Lebensunterhalt vollständig durch Warenproduktion und -austausch beschaffen muß und die den Produktionsbedingungen von A_j unterworfen ist.

Da die Produktivkraft, die die Gesellschaft in den einzelnen Industriezweigen entwickelt, eine Durchschnittsgröße ist, gibt es in jedem Industriezweig, der einen Produktionsprozeß mit überdurchschnittlicher individueller Produktivkraft enthält, auch mindestens einen mit einer unterdurchschnittlichen individuellen Produktivkraft.[6] Es existiere z.B. in (1) ein Produktionsprozeß A_j mit dem Parameter $p(A_j) > p(A)$, dann gibt es einen anderen Produktionsprozeß A_k für den die Relation $p(A_k) < p(A)$ zutrifft. Das Verhältnis der Arbeitsintensitäten zueinander ist dann

$$\frac{i(A_j)}{i(A_k)} > 1 \,. \tag{21}$$

Wir untersuchen nun, welche Entwicklungstendenzen sich aus der Existenz von Produktivitätsunterschieden ergeben, die man wohl als die Regel unterstellen darf.[7]

---

6 Diese Behauptung ist intuitiv klar, läßt sich aber auch streng beweisen, und zwar mit Hilfe von Gl. (8). Der Beweis ist indirekt zu führen, d.h. durch den Nachweis, daß die Annahme des Gegenteils auf Widersprüche stößt.

7 Um Mißverständnissen vorzubeugen, sei noch einmal angemerkt, daß es sich hier nicht um große zweigliche Produktivitätsunterschiede handelt, die man innerhalb eines „Entwicklungslandes" finden kann, sondern um gegebenenfalls geringfügige Produktivitätsdifferenzen

Es sei $n(A_j)$ die Anzahl der in A_j und $n(A_k)$ die Anzahl der in A_k tätigen Arbeiter, durch $t_{ind}(A_j)$ und $t_{ind}(A_k)$ werde die für alle Arbeiter einer Produktionseinheit einheitliche individuelle Arbeitszeit bezeichnet. Dann ist

$$t(A_j) = n(A_j) \cdot t_{ind}(A_j) \quad k \neq j$$
$$t(A_k) = n(A_k) \cdot t_{ind}(A_k) \quad k, j \in (1,n) \ . \tag{22}$$

Wendet man die Bedingung für die identische Reproduktion (20) auf beide Produktionsprozesse an und berücksichtigt, daß der Wert der notwendigen Lebensmittel für alle Arbeiter innerhalb eines Zweiges gleich ist, so erhält man die Gleichung

$$u(A) \cdot i(A_j) \cdot t_{\min}(A_j) = u(A) \cdot i(A_k) \cdot t_{\min}(A_k) \ .$$

Wegen (21) folgt daraus sofort die Ungleichung

$$t_{\min}(A_j) < t_{\min}(A_k) \ , \tag{23}$$

d.h., um das für seine Existenz und Reproduktion notwendige Wertprodukt herzustellen, muß ein Arbeiter von A_k länger als einer von A_j arbeiten. - Dies ist die erste, hier darzustellende Wirkung des Wertgesetzes: Die Herrschaft des Durchschnitts (das heißt des Wertgesetzes) erfordert unterschiedlich große Anstrengungen zur Existenzsicherung infolge ungleichmäßiger Verteilung der produktivitätsbestimmenden Faktoren.

Um die weiteren Wirkungen des Wertgesetzes möglichst ungetrübt von Nebenumständen darstellen zu können, nehmen wir vereinfachend an, daß die individuellen Arbeitszeiten für den gesamten Industriezweig (1) einheitlich festgesetzt sind (natürliche oder gesetzliche Grenze). Es sei also $t_{ind}(A_j) = t_{ind}(A_k)$. Läge diese Grenze unter der Größe $t_{\min}(A_k)$, so würde in A_k nur eine verkümmerte Reproduktion der Arbeitskräfte stattfinden. Um diese Möglichkeit nicht von vornherein zu postulieren, nehmen wir weiterhin an, daß die einheitliche Arbeitszeit genau dem notwendigen Minimum in A_k entspricht. Es gelte also:

$$t_{\min}(A_k) = t_{ind}(A_k) = t_{ind}(A_j) > t_{\min}(A_j) \ . \tag{24}$$

---

innerhalb eines Industriezweiges, der sich über verschiedene Länder erstreckt. (Vgl. zum ersteren Aspekt Elsenhans 1984, S. 38 f.)

In A_j gibt es jetzt überschüssige Arbeitszeit

$$t_{mehr}(A_k) = t_{ind}(A_j) - t_{\min}(A_j) > 0 \ . \qquad (25)$$

Durch diese über das Existenznotwendige hinaus geleistete Arbeit erfährt die Produktionseinheit A_j während der Periode Δt einen wertmäßigen Zuwachs, der in Form von zusätzlichen Lebens- und Produktionsmitteln angeeignet werden kann, und dessen Größe durch

$$(a_j) - W' \cdot n(A_j) = u(A) \cdot i(A_j) \cdot n(A_j) \cdot t_{mehr}(A_j) \qquad (26)$$

bestimmt ist. - Dies ist eine weitere (in unserer Zählung: die zweite) Folge des Wertgesetzes: die Akkumulation von produktivitätsfördernden Faktoren an den Orten produktiverer Wirtschaftseinheiten.

Der Zuwachs (26) versetzt die Produktionseinheit A_j langfristig in die Lage, mehr Arbeitskräfte als vorher zu reproduzieren und zu beschäftigen: das dritte Phänomen, das man bei einem reinen Wirken des Wertgesetzes beobachten könnte, ist demnach die arbeitskräftemäßige Ausdehnung der Produktionseinheiten mit relativ hoher Produktivkraft. Je nachdem, wie diese neu hinzugekommenen Arbeitskräfte eingesetzt werden - und hier kommen offenbar zunehmend wirtschaftspolitische Entscheidungen ins Spiel - erzeugen sie durch extensive Nutzung der vorhandenen Produktionsbedingungen entweder ein noch größeres Wertprodukt und damit einen noch größeren Zuwachs an Reichtum (zweite Wirkung wird beschleunigt), oder, falls die Arbeiter wenigstens zum Teil für die Verbesserung der Produktionsbedingungen oder/und der Produktionsmethoden eingesetzt werden, erhöhen sie die individuelle Produktivkraft $p(A_j)$ noch weiter über den Durchschnitt. - Dies ist ein viertes Phänomen, das allerdings nur bei entsprechender Verwendung des „Überflusses" eintritt: die Steigerung der Performanz der produktiveren Wirtschaftssubjekte.[8]

In einer warenproduzierenden Gesellschaft ist es jedoch nicht möglich, die eigene Stellung unter den Konkurrenten zu verbessern, ohne die Lage anderer zu verschlechtern: Wegen der Beziehung (8) steigt mit der Erhöhung der individuellen Produktivkraft eines einzelnen Produktionsprozesses die gesellschaftliche Produktivkraft $p(A)$ etwas an: dies wäre eine fünfte Wirkung des Wertgesetzes, die unmittelbar Konsequenzen für die weniger produktiven Einheiten hat. Die Arbeitsintensität in A_k sinkt infolge der allgemeinen Produktivkrafterhöhung noch weiter ab (siehe Gl. 14!); das wäre eine weitere (sechste) Folge des wiederholten

8 Andere Verwendungsweisen beschreibt Ruth Leger Sivard. (Vgl. Leger Sivard 1983, S.6 ff.)

Warenaustausches bei Herrschaft des Wertgesetzes. Durch den Fall der Arbeitsintensität in A_k steigt nach (20) das Minimum an notwendiger Arbeitszeit; wegen der einheitlichen Festsetzung der Arbeitszeit kann in A_k dieses Minimum nicht mehr erreicht werden. Die identische Reproduktion der Arbeitskräfte in A_k schlägt unter den Bedingungen der Warenproduktion in eine verkümmerte Reproduktion um: das siebente Phänomen beinhaltet, daß die zunächst ausgeschlossene Möglichkeit einer verkümmerten Reproduktion nach einer gewissen Zeit automatisch eintritt - falls eine natürliche oder gesellschaftliche Grenze der Selbstausbeutung der eigenen Arbeitskraft existiert.

Der wirtschaftliche Niedergang der weniger produktiven Einheit im Vergleich zur produktiveren erzeugt insgesamt einen ökonomischen Druck auf A_k, entweder die eigene Arbeitsintensität zu erhöhen (achte Wirkung), wozu hier aber wesentlich schlechtere Voraussetzungen da sind als im Produktionsprozeß A_j: ein fühlbarer Widerspruch zwischen Notwendigkeit und Möglichkeit einer Produktivkrafterhöhung tritt auf - ein Phänomen, das den patriotischen Wirtschaftspolitiker unterentwickelter Länder zur Konzentration auf Hauptaufgaben zwingt. Jede solche Wirtschaftspolitik wird dabei immer gegen die Tendenz ankämpfen müssen, als produktive Einheit überhaupt zugrunde zu gehen, exekutiert beispielsweise durch Arbeitskräfte-Drain zu den produktiveren Einheiten hin. (Vgl. Mayer/Schmidt 1978, S. 138 f.).

Ähnliche Resultate erhält man, wenn man zwei Produktionsprozesse A_j und B_k verschiedener Industriezweige betrachtet, da sich für sie eine zu (21) völlig analoge Beziehung aufstellen läßt.[9] Dabei ist es zulässig, daß einer der beiden Zweige nur aus einem einzigen Prozeß besteht. Die abgeleiteten Phänomene treten auf, sobald sich der Warenaustausch unter der Herrschaft des Wertgesetzes vollzieht. Der Monopolist konkurriert dann gegen die Prozesse anderer Zweige, die eine überdurchschnittliche Produktivkraft aufweisen und ihre Produkte mit ihm austauschen.

Die Entwicklungstendenz bei einem reinen Wirken des Wertgesetzes ohne Modifikation durch das Verhältnis von Angebot und Nachfrage oder anderen, übergeordneten Verhältnissen läßt sich folgendermaßen zusammenfassen: Sowohl auf die Reproduktion der Arbeitskräfte durch die verfügbaren Lebensmittel als auch auf die entwickelbare Produktivkraft bezogen gilt eine einfache Wahrheit waren-

9 Obwohl die Ausdrücke $p(A_j)$ und $p(B_k)$ wegen ihrer qualitativen Verschiedenheit nicht vergleichbar sind, ergibt sich doch über die Größe der Arbeitsintensität $i(A_j)$ und $i(B_k)$, die ja dimensionslos, also reine Zahlen sind, eine Vergleichsmöglichkeit für die Produktivität von Produktionsprozessen verschiedener Industriezweige unter wertmäßigem Gesichtspunkt.

produzierender Gesellschaften: Wer hat, dem wird gegeben, wer wenig hat, dem wird das Wenige noch genommen.[10]
Da das hier skizzierte Szenario dem zu entsprechen scheint, was sich im internationalen Wirtschaftsgeschehen im großen ganzen tatsächlich abspielt, könnte man geneigt sein, die Bedeutsamkeit der Werttheorie zur Erklärung der Phänomene wirtschaftlicher Asymmetrie anzunehmen.[11] Dabei muß man allerdings bedenken, daß eine werttheoretische Analyse des Weltmarktes und seiner Entwicklungstendenzen theoretisch vom Produktionspreis (und nicht von einem wertadäquaten Preis) ausgehen müßte, und empirisch nicht nur von der extremen Ungleichmäßigkeit der Entwicklung, sondern auch von den feststellbaren Tatsachen der Überwindung von Unterentwicklung durch eine kluge Wirtschaftspolitik. Für den letzteren Aspekt können werttheoretische Überlegungen, wie sie hier vorgelegt worden sind, immer nur Ansatzpunkte aufzeigen. Hinsichtlich des anderen Aspekts könnte man argumentieren, daß sich durch den Übergang vom Modell wertadäquater Preise zu einem Modell der Produktionspreise - wie sie vor langer Zeit schon von Bortkiewicz diskutiert worden sind (vgl. Bortkiewicz 1907) - die „terms of trade" der weniger produktiveren Einheiten noch weiter verschlechtern, daß im wesentlichen also die gleichen Tendenzen verstärkt auftreten. Dies zeigt, daß wertadäquate Preise bestenfalls einen Schritt zu einer gerechteren Weltwirtschaftsordnung darstellten, der aber für sich genommen nicht ausreicht, um die durch den Markt hervorgerufene extreme Polarisierung der Entwicklungschancen zu verhindern.[12]

---

10 Der äquivalente Austausch ist demnach allein nicht geeignet, die relative ökonomische Selbständigkeit der Produktionseinheiten zu garantieren.

11 Damit möchte ich einer bei Befürwortern und Gegnern der Werttheorie verbreiteten Meinung entgegentreten, nach der sich ihre Funktion auf die Erklärung der Preise reduziert.

12 Die Frage der Durchsetzbarkeit der Forderung einer „zunehmenden Gleichheit der Nutzenverteilung ... in der internationalen Politik" diskutiert Ernst-Otto Czempiel. (Vgl. Czempiel 1981, S. 34 ff.).

Literatur

Bortkiewicz, L. v. (1907), Zur Berichtigung der grundlegenden theoretischen Konstruktion von Marx im dritten Band des „Kapital", in: *Jahrbücher für Nationalökonomie und Statistik*, Bd. 34, S.319-335.

Czempiel, E.O. (1981), Internationale Politik. Ein Konfliktmodell, Paderborn / München / Wien / Zürich.

Elsenhans, H. (1977), Ungleichheit und Unterentwicklung. Staat - Wirtschaft - Gesellschaft in der unterentwickelten Welt, *Berliner Studien zur Internationalen Politik*, Schriftenreihe Bd.2, Rheinstetten.

Elsenhans, H. (1984), Nord-Süd-Beziehungen. Geschichte-Politik-Wirtschaft. Stuttgart / Berlin / Köln / Mainz.

Leger Sivard, R. (Hrsg.) (1983), Entwicklung der Militär- und Sozialausgaben in 140 Ländern der Erde, 2. dt. Ausgabe.

Marx, K. (1986), Das Kapital, Bd.1, [1867], Berlin.

Mayer, W./Schmidt, A. (1978), Kapitalistische Durchdringung und Mobilität von Arbeitskraft in Westafrika, in: Elsenhans, H. (Hg.), Migration und Wirtschaftsentwicklung, Frankfurt / New York.

Quaas, G. (1984), Eine mathematische Darstellung der marxistischen Werttheorie, in: *Wissenschaftliche Zeitschrift der Karl-Marx-Universität Leipzig*. Gesellschafts- und sprachwissenschaftliche Reihe, 33. Jg, Heft 2.

Quaas, G. (1987), Wert und Gebrauchswert als Strukturen im ökonomischen Reproduktionsprozeß einer warenproduzierenden Gesellschaft, in: *Wissenschaftliche Zeitschrift der Karl-Marx-Universität Leipzig*, Gesellschaftswissenschaftliche Reihe, 36. Jg., Heft 4.

Zelený, J. (1968), Die Wissenschaftslogik bei Marx und „Das Kapital", Berlin.

Personenindex

A

B

C

D

E

F

G

H

I

J

K

L

M

N

O

P

Q

R

S

T

V

W

Z

Sachwortindex

(Begriffe, die fast auf jeder Seite erscheinen, wie *Arbeit*, *Produktion*, *Preis*, *Ware* und *Wert*, sind nicht aufgenommen worden.)

A

Ä

A

B

D

E

F

G

H

I

J

K

L

M

N

Ö

O

P

Q

R

S

T

U

V

W

Z

Autoren und Herausgeber

Prof. Dr. Gerhard Huber

Geb. 1935 in München; 1954-1958 Studium der Volkswirtschaftslehre an der Universität München; 1959-1960 Wissenschaftlicher Redakteur am „Handwörterbuch der Sozialwissenschaften" in Göttingen; 1961-1967 Assistent von Prof. Dr. Erich Preiser in München, 1967 Promotion; seit 1972 Prof. für Politische Ökonomie, Fachbereich Politische Wissenschaft der Freien Universität Berlin; 1985 „Visiting Professor" an der Indiana University in Bloomington (Ind.), USA; 1988-1990 Wissenschaftlicher Leiter des DFG-Projektes „Die Verflechtungsstruktur des öffentlichen Beteiligungsbesitzes von Bund und Ländern".
Ausgewählte Publikationen: °Klassenverteilung? Gleichverteilung? Zur Einkommensverteilung in der Bundesrepublik Deutschland 1973, in: W. J. Mückl und A. E. Ott (Hrsg.): Wirtschaftstheorie und Wirtschaftspolitik, Gedenkschrift für Erich Preiser (1981). °Kapitalbeteiligungen von Bund und Ländern. Eine Analyse auf Basis einer Verflechtunqsrechnung, (Mitautor: Stefan Ryll), in: Zeitschrift für öffentliche und gemeinwirtschaftliche Unternehmen (1989). °Adam Smith: Der Zusammenhang von Moralphilosophie, Ökonomie und Institutionenlehre, in: G.Göhler, K. Lenk, H. Münkler, M. Walther (Hrsg.), Politische Institutionen im gesellschaftlichen Umbruch. Ideengeschichtliche Beiträge zur Theorie politischer Institutionen (1990). °Politische Ökonomie in der alten Bundesrepublik, in: Camilla Warnke und Gerhard Huber (Hrsg.), Zur Kritik der deutsch-deutschen Ökonomie. Konzeptionen, Positionen und Methoden wirtschaftswissenschaftlicher Forschung in Ost und West (1996).

Prof. Dr. Hans Klemm

Geb. 1930 in Obersaida/Erzgebirge; 1952-1954 Studium der Wirtschaftswissenschaften in Leipzig und 1954-1956 Humboldt-Universität Berlin; 1956-1990 an der Karl-Marx-Universität Leipzig tätig als wissenschaftlicher Assistent, wissenschaftlicher Mitarbeiter, wissenschaftlicher Oberassistent, Dozent und Ordentlicher Professor für Politische Ökonomie des Kapitalismus; Promotion 1962; Habilitation 1968; emeritiert am 01.04.1990; Forschungsschwerpunkte: Probleme der Reproduktion des gesellschaftlichen Gesamtkapitals, Theoretische Probleme des Werts und Gebrauchswerts der Ware Arbeitskraft, Ökonomische Gesetze des Kapitalismus.
Ausgewählte Publikationen: °Das Kapital und der Wert und der Gebrauchswert der Ware Arbeitskraft, in: Theoretische und methodologische Probleme der Politischen Ökonomie (1979). °Mehrwert heute (1981 und 1985). °Karl Marx über den Wirkungsmechanismus ökonomischer Gesetze im Kapitalismus, in: Wissen-

schaftliche Zeitschrift der Karl-Marx-Universität Leipzig. Ges.-wiss. Reihe (3/1987).

Prof. Dr. Thomas Kuczynski

Geb. 1944 in London, aufgewachsen in Berlin/DDR; Studium der Statistik an der Hochschule für Ökonomie Berlin-Karlshorst; Arbeit als Wirtschaftshistoriker, bis zur Promotion (1972) ebenda, danach im Institut für Wirtschaftsgeschichte der Akademie der Wissenschaften der DDR, 1988-1991 Direktor dieses Instituts; seit 1992 erwerbsarbeitslos, aber zuweilen auch bezahlte wissenschaftliche Lehr- und Forschungstätigkeiten in Ökonomie, Politologie und Geschichte, darunter an der Universität Liverpool, der Berlin-Brandenburgischen Akademie der Wissenschaften und der Humboldt-Universität zu Berlin.

Ausgewählte Publikationen: °Handbuch Wirtschaftsgeschichte (Mithrsg. und -autor) (1981). °Wirtschaftsgeschichte und Mathematik (Hrsg. und Mitautor) (1985). °Geschichte der Produktivkräfte in Deutschland. Bd. 1-3 (Mithrsg. und -autor) (1985-90). °Das Kommunistische Manifest von Marx und Engels (Neuedition) (1995).

Prof. Dr. Dietmar Meyer

Geb. 1954 in Falkensee; 1973-1979 Studium an der Karl-Marx-Universität Budapest; 1979-1983 wissenschaftlicher Mitarbeiter an der Humboldt-Universität Berlin; gleichzeitig Aspirant an der Ungarischen Akademie der Wissenschaften; seit 1984 Lehre an der Budapester Wirtschaftuniversität; 1991-1993 Leiter des Lehrstuhls für Allgemeine Ökonomik an der Hochschule „Istvan Szechenyi" in Gyor; seit 1992 Lehrstuhlleiter Makroökonomik an der Budapester Wirtschaftsuniversität; Forschungsschwerpunkte: dynamische Wirtschaftstheorie, evolutorische Ökonomik, Dogmengeschichte.

Publikationen: °mehrere Lehrbücher zur Makrökonomik.°ca. 30 Artikel in Fachzeitschriften.

Dr. Friedrun Quaas

Geb. 1954 in Lutherstadt Wittenberg; 1972-1977 Studium der Mathematik in Leipzig, 1977-1982 Tätigkeit in der Wirtschaft; 1982-1987 Studium der Politischen Ökonomie; Promotion 1991 an der Universität Leipzig, dort 1991-1992 wissenschaftliche Mitarbeiterin, seit 1992 Habilitationsassistentin im Fach Wirtschaftspolitik, 1993-1994 Gastdozentin für Volkswirtschaftslehre in Merseburg.

Ausgewählte Publikationen: °Wolfgang Mühlpfordt - ein Vorgänger von Bortkiewicz? Zu den theoretischen Quellen des sogenannten Transformationsproblems, in: *Jahrbücher für Nationalökonomie und Statistik* (5/1991). °Das Transformationsproblem. Ein theoriehistorischer Beitrag zur Analyse der Quellen und Resultate seiner Diskussion (1992). °Wolfgang Mühlpfordt and the 'transformation problem': some remarks on articles by Howard and King and Gilibert, in: *Cambridge Journal of Economics* (1994). °Perspektiven der Sozialen Marktwirtschaft, hrsg. mit T. Straubhaar (1995).

Doz. Dr. Georg Quaas

Geb. 1951; 1970-1974 Studium der Physik an der Karl-Marx-Universität Leipzig; 1974-1977 Aspirantur und 1979 Dissertation auf dem Gebiet der „Philosophischen Probleme der Naturwissenschaften"; 1986 Habilitation zur dialektischen Methode im „Kapital"; 1988-1995 tätig als Dozent an der Universität Leipzig; Schwerpunkt in Lehre und Forschung: Methodologie und Erkenntnistheorie; 1995-1996 „visiting scholar" an der University of Michigan mit Stipendium der DFG; gegenwärtiges Interesse: dynamische und statistische Modelle in der Politikwissenschaft; e-mail: quaas@aol.com

Ausgewählte Publikationen: °Dialektik als philosophische Theorie und Methode des 'Kapital'. Eine methodologische Untersuchung des ökonomischen Werkes von Karl Marx (1992). °Massenkonsum oder Unterentwicklung in der 'Dritten Welt'? Randbemerkungen zu den polit-ökonomischen Thesen von Hartmut Elsenhans, in: COMPARATIV. Leipziger Beiträge zur Universalgeschichte und vergleichenden Gesellschaftsforschung (3/1993). °Wert und Gebrauchswert als Strukturen im ökonomischen Reproduktionsprozeß einer warenproduzierenden Gesellschaft, in: Wiss. Zeitschrift der Karl-Marx-Universität Leipzig. Ges.-wiss. Reihe (4/1987). °Zum Verhältnis von Wert und Preis aus mathematischer Sicht, in: Wirtschaftswissenschaft (11/1984).

Prof. Dr. Peter Ruben

Geb. 1933; 1955-1958 und 1961-1963 Studium der Philosophie in Berlin; 1958-1961 zwangsexmatrikuliert und „Bewährung in der Produktion" als Bauarbeiter; 1969 Promotion in Berlin; 1977 Habilitation in Berlin; 1964-1965 wissenschaftlicher Assistent; 1965-1968 wissenschaftlicher Aspirant; 1968-1975 wissenschaftlicher Oberassistent in Berlin; 1973-1974 Zusatzstudium in Leningrad; 1975-1976 Gastprofessor in Aarhus (Dänemark); 1975-1980 wissenschaftlicher Arbeitsleiter am Zentralinstitut für Philosophie der Akademie der Wissenschaften der DDR; 1981 wegen „Revisionismus" verurteilt und bis 1989 aus der wissenschaftlichen Kommunikation ausgeschlossen; 1990-1991 gewählter Direktor des Zentralinstituts für Philosophie; 1990 zum Professor ernannt; 1992-1993 Mitarbeiter der KAI e.V. im Rahmen des Wissenschaftler-Integrations-Programms (WIP); seit 1994 Mitarbeiter an der Fakultät für Kulturwissenschaften an der

Europa-Universität Viadrina Frankfurt (Oder) im Rahmen des WIP; seit 1990 Herausgabe der Zeitschrift Berliner Debatte INITIAL.
Ausgewählte Publikationen: °Zum Kantverständnis unserer Zeit (hrsg. mit Hermann Ley und Gottfried Stiehler) (1975). °Dialektik und Arbeit der Philosophie (1978). °Philosophie und Mathematik (1979). °Widerspruch und Naturdialektik (1995,1975 verfaßt).

Prof. Dr. Bertram Schefold
Geb. 1943; Studium der Mathematik, Physik und Philosophie; Promotion in Wirtschaftswissenschaften an der Universität Basel; seit 1974 Ordinarius für Wirtschaftswissenschaften an der Universität Frankfurt/Main; längere Forschungsaufenthalte an den Universitäten Cambridge und Harvard; Gastprofessuren in Nizza, Rom, Venedig, Toulouse und Trondheim; Theodor-Heuss-Professor in New York; Rufe an die Universität Wien und an die Hochschule St. Gallen; Mitglied wissenschaftlicher Gesellschaften und Mitherausgeber von Fachzeitschriften. 1986-1990 Vorsitzender des Dogmenhistorischen Ausschusses im „Verein für Socialpolitik"; geschäftsführender Herausgeber der Faksimile-Edition „Klassiker der Nationalökonomie"; Forschungsschwerpunkte: klassische Wertlehre und Keynesianismus; Geschichte der ökonomischen Theorie, Umweltpolitik und Energieanalyse.
Ausgewählte Publikationen: °Nachworte zu: Piero Sraffa: Warenproduktion mittels Waren (1976). °Wert und Preis in der marxistischen und neoklassischen Akkumulationstheorie, in: mehrwert. Beiträge zur Kritik der politischen Ökonomie (2/1974). °Mr. Sraffa on Joint Production and other Essays (1989). °„John Locke: ein ökonomisch engagierter Philosoph". Einleitung zur Neuausgabe von Lockes 'Two Treatises on Government'. Kommentarband („Vademecum") zur Faksimileausgabe des Werkes in der Reihe 'Klassiker der Nationalökonomie' (1993).

Prof. Dr. Ian Steedman
Geb. 1941 in London, Studium an den Universitäten Cambridge und Manchester; Promotion 1967 in Manchester; 1970/71 Stipendiat der Nuffield Foundation in Florenz; Professur an der University of Manchester; Gastprofessuren in Kanada, Spanien, Frankreich, Deutschland, Österreich, Schweden; seit 1995 Researchprofessor für Ökonomie an der Manchester Metropolitan University.
Ausgewählte Publikationen: °Marx after Sraffa (1977). °Trade amongst Growing Economies (1979), °From Exploitation to Altruism (1989). °Socialism and Marginalism in Economics. 1870-1930 (Hrsg.) (1995).

Prof. Dr. Tomonaga Tairako

Geb. 1951 in Funabashi, Japan, 1969-1974 Studium der Philosophie, Soziologie und Politischen Ökonomie an der Hitotsubashi Universität in Tokyo; 1976 Magister für Soziologie; 1979 Abschluß des Doktorkurses; 1979-1981 Assistent an der Hitotsubashi Universität; 1981-1987 Associate Professor für Politische Ökonomie an der Hokkaido Universität in Sapporo; 1987-1994 Associate Professor für Philosophie an der Fakultät für Sozialwissenschaften der Hitotsubashi Universität; seit 1994 Ordentlicher Professor für Philosophie; Gastprofessuren an der Humboldt Universität zu Berlin, der Universität Wien und der Universität Heidelberg.

Ausgewählte Publikationen: °Versachlichung und Verdinglichung in ihrer Beziehung zur Hegelschen Dialektik. Zur Erschließung der Logik der Verkehrung, in: Hokudai Economic Papers, Bd 12 (1982 - 1983). °Der fundamentale Charakter der Dialektik im „Kapital". Zur „Logik der Verkehrung", in: Bönisch, S./Fiedler, F./Iwasaki, C. (Hrsg.): Marxistische Dialektik in Japan. Beiträge japanischer Philosophen zu aktuellen Problemen der dialektisch-materialistischen Methode (1987). °Bürgerliche Gesellschaft und Staat. Untersuchungen zur Klassischen Politischen Theorie der Moderne, in: Economic Journal of Hokkaido University, Bd. 19 (1990). °Die rationale Betriebsführung und die Produktivkraft des Kapitals, in: Hitotsubashi Journal of Social Studies, Bd. 25 (1993).

Prof. Dr. Ernő Zalai

Geb. 1943 in Budapest; 1961-1966 Studium der Wirtschaftswissenschaften in Budapest, 1968 Promotion; 1971-1972 Ford Foundation Postdoctoral Fellow an der Carnegie-Mellon University in Pittsburgh, USA; 1977-1978 Visiting Professor an der Duquesne University, Pittsburgh, USA; 1981-1984 Forschungsaufenthalt am Internationalen Institut für angewandte Systemanalyse (IIASA) in Laxenburg, Österreich; 1991 Gastprofessor an der Universität Austin, USA; Lehrstuhl für Mathematische Ökonomie und Ökonometrie an der Wirtschaftsuniversität Budapest; Schwerpunkte in Forschung und Lehre: Mathematische Ökonomie, Input-Output-Analyse, Marxsche Ökonomie, multisektorale Volkswirtschaftsmodelle, Vergleich ökonomischer Systeme.

Ausgewählte Publikationen: °Fixed Points and Equilibria in Economic Models (1978). °Eigenvalues and Labor Values (1988) °Introduction into Mathematical Economics (1989) °Input-Output Economics (1991).

Seungwan Han

Marx in epistemischen Kontexten

Eine Dialektik der Philosophie und der 'positiven Wissenschaften'

Frankfurt/M., Berlin, Bern, New York, Paris, Wien, 1995. 235 S.
Philosophie und Geschichte der Wissenschaften. Studien und Quellen.
Herausgegeben von Hans Jörg Sandkühler und Pirmin Stekeler-Weithofer. Bd. 32
ISBN 3-631-49356-8 br. DM 69.--*

Diese wissenschaftsgeschichtliche und wissenschaftsphilosophische Studie stellt Marx' theoretische Praxis bis zum *Kapital* als einen Prozeß der Theoriebildung dar, der sich in verschiedenen epistemischen Kontexten bewegt. Diese sind u.a. die Methodendiskussion innerhalb der englischen politischen Ökonomie, die Hegelsche Dialektik und die Naturwissenschaften seiner Zeit. Gegenüber der Behauptung einer 'einheitlichen Marxschen Methode' wird die Komplexität seiner methodologischen Ansätze kritisch analysiert. Die Rekonstruktion, in der erstmals ausführlich auch die Rezeptionen naturwissenschaftlicher Theorien durch Marx beleuchtet werden, zeigt: In der Theoriebildung koexistieren und konfligieren – mit unterschiedlichen Dominanzen in verschiedenen Etappen der Werkentwicklung – so unterschiedliche Erkenntnis- und Methodenideale wie die Hegelsche Logik und das induktive Paradigma der positiven Wissenschaften.

Aus dem Inhalt: Die Methodenkonzeption der politischen Ökonomie im 19. Jahrhundert · Die wissenschaftliche Erkenntnismethode bei Marx und Hegel · Die Rolle der Hegelschen Logik im Theorietypus von Marx · Essentialismus · Wechselwirkung der Naturwissenschaften und Sozialwissenschaften · Theorie und Empirie · Das Problem des Naturalismus